Jean-Pierre Pernaut

L'Almanach 2012 des RÉGIONS

Michel LAFON

Préface

« Faire route à pied par un beau temps,
dans un beau pays, sans être pressé,
et avoir pour terme de ma course un objet agréable :
voilà de toutes les manières de vivre
celle qui est le plus à mon goût. »
Jean-Jacques Rousseau, Les Confessions,
livre IV, 1765-1767

Je le disais en 2011 : trois cent soixante-cinq jours, c'est bien un minimum pour visiter la France. Et l'année n'a-t-elle pas passé bien trop vite, entre mots et images, souvenirs et découvertes ? Nous ne pouvions pas en rester là ! Voici donc un deuxième *Almanach des régions*, afin de prolonger le plaisir de la déambulation entamée l'an dernier avec vous.

Cette promenade à travers les régions et les saisons est ainsi une nouvelle fois l'occasion de parcourir notre patrimoine, décidément merveilleux, passionnant, et inépuisable. Redécouvrir des lieux mythiques ou se perdre dans des endroits mystérieux, partager des recettes transmises de génération en génération ou revisiter des spécialités gastronomiques séculaires avec audace... Comme l'année dernière, monuments, paysages et gastronomie sont chaque jour à l'honneur, mais cette fois la nature l'est davantage encore, grâce à une nouvelle rubrique quotidienne consacrée à la faune et à la flore si particulières de nos villes et campagnes. Les savoir-faire ont cédé la place aux savoirs d'antan, ces petites astuces de grand-mère qui facilitent la vie et redonnent du charme aux tâches ménagères comme aux petits travaux de bricolage. Les personnalités qui ont fait la richesse de nos régions nous en disent davantage tous les jours sur la petite histoire comme la grande, et les quiz et les dictons ou citations reviennent régulièrement jouer avec les mots, les villes et les villages français. Tous les week-ends, enfin, le spectre de croyances anciennes, de mythes cocasses et de monstres disparus hantent les pages de cet almanach.

Qu'il s'agisse d'un texte, d'une photo ou d'un dessin inédits, d'une image plus ancienne évoquant tant de souvenirs, chaque étape de ce livre donne à voir et à comprendre ces terroirs qui constituent notre patrimoine, l'histoire de nos ancêtres, indissociable de la nôtre et de celle des générations futures.

Jean-Pierre Pernaut

dimanche 1er janvier

Jour de l'An

Mythes et légendes

Bretagne

Gui, baiser et prospérité

D'où peut-il bien venir que, à chaque passage de la nouvelle année, nous ayons coutume de nous embrasser sous... un parasite végétal ? Car c'est bien de cela qu'il s'agit : le gui ne pousse pas sur les arbres pour faire joli, mais pour survivre à leurs dépens, leur volant eau et sels minéraux. Mais, s'il est un fléau pour les végétaux qu'il affaiblit, l'homme, lui, l'a longtemps considéré comme une plante sacrée. Voici ce qui arriva.

L'hiver avait envahi la Gaule. Par une froide nuit bretonne, un druide, tout de blanc vêtu, marmonnant, s'enfonça dans la forêt. Sa serpe d'or étincelait sous les rayons de lune. Il s'arrêta au pied d'un chêne, leva les yeux, sourit : le gui était là, accroché à une branche, entre ciel et terre. Il cessa de murmurer, et, désormais à voix haute, scanda *O Ghel an Heu !*, « Que le blé germe ! », devenu, par quelques détours linguistiques moyenâgeux, « Au gui l'an neuf ! ». Il tendit un drap de lin immaculé : si le gui sacré touchait le sol, ses pouvoirs seraient anéantis. Et quels pouvoirs ! Ces branches soigneusement récoltées purifiaient les âmes, chassaient les mauvais esprits, empêchaient les poisons d'agir, apportaient fertilité et fécondité à la terre, mais aussi... aux couples.

L'amoureuse tradition ne s'installa pas cette nuit-là, mais petit à petit, au fil des nuits de Nouvel An. Accorder un baiser magique, sous la lune, en échange d'une année de paix et de fortune, c'est bien peu ; mais quelle délicieuse coutume... Et qui n'intéresse pas que les fiancés en mal de prospérité : on raconte que, lorsque deux guerriers ennemis se croisaient sous une boule de gui, ceux-ci devaient cesser de combattre pendant toute une journée, en signe d'amitié. Il ne faut donc pas craindre, aujourd'hui encore, d'embrasser tout un chacun, au lieu de se contenter d'offrir un baiser à l'être aimé : la paix des trois cent soixante-cinq jours à venir pourrait bien en dépendre...

lundi 2 janvier

lever : 8 h 44
coucher : 17 h 04

St Basile

À table !

Le gâteau nantais

Pays de la Loire

Pour 6 personnes

Mélanger 250 g de beurre demi-sel ramolli avec 300 g de sucre en poudre et 200 g de poudre d'amandes, jusqu'à obtenir un mélange crémeux. Ajouter 6 œufs battus en omelette, 80 g de farine, 2 c. à soupe de confiture d'abricots et 5 cl de rhum. Fouetter. Verser la préparation dans un moule à manqué beurré et cuire 45 min dans le four préchauffé à 180 °C. Mélanger 5 cl de rhum avec du sucre glace, pour obtenir une pâte épaisse. Recouvrir le gâteau de ce glaçage et réserver jusqu'au lendemain.

Un jour en *France*

2 janvier 1907

Suite à l'élan donné par la loi de 1905 sur la séparation de l'Église et de l'État, le gouvernement français décide de la suppression des crucifix dans les salles de classe.

La rubrique du 13 h

LE FORT DE BRÉGANÇON

Provence-Alpes-Côte d'Azur

Depuis la nuit des temps, les chefs de guerre ont compris l'importance stratégique de cet îlot rocheux. D'abord seigneurie, puis forteresse royale et militaire chargée de défendre les rades d'Hyères et de Toulon, le fort de Brégançon, dans le département du Var, est devenu, en 1968, un lieu de villégiature officiel des présidents de la République française. La présence du chef de l'État est signalée par le pavillon présidentiel flottant sur le fort. Relié à la commune de Bormes-les-Mimosas par une digue, l'îlot est un site archéologique classé.

Faune & flore

La mojhette de Pont-l'Abbé-d'Arnoult

Poitou-Charentes

La mojhette – qui signifie « haricot » – en patois saintongeais – de Pont-l'Abbé-d'Arnoult est une variété ancienne, originaire d'Amérique, comme tous les haricots. Son originalité ? Une peau très fine et une texture savoureuse qui font de la mojhette un légume aux nombreuses qualités gustatives.

Ils ont marqué leur région…

Les frères Le Nain

Picardie

Nés à Laon et attachés à leur terroir, Louis, Antoine et Mathieu Le Nain ont immortalisé, sur une soixantaine de toiles, la vie paysanne de la France du XVIIe siècle. Ces artistes ont marqué la peinture du Grand Siècle en témoignant, dans des scènes de la vie quotidienne, de l'humanité des gens simples. Les amateurs ont souvent du mal à différencier les toiles de chaque membre de cette fratrie, chacun signant uniquement de son patronyme. Mais le plus connu d'entre eux est Louis, dont certaines œuvres, comme *La Forge* ou *Le Repas des paysans*, sont exposées au Louvre.

Faune & flore

La carotte de Colmar à cœur rouge

Alsace

Cette variété est non seulement résistante au froid, mais également réputée pour donner de très grosses carottes. Elle se cultive sur de nombreux types de sols, dès lors que la terre reste bien aérée. La carotte de Colmar se consomme de préférence crue, car sa chair, rouge, est sucrée jusqu'au cœur.

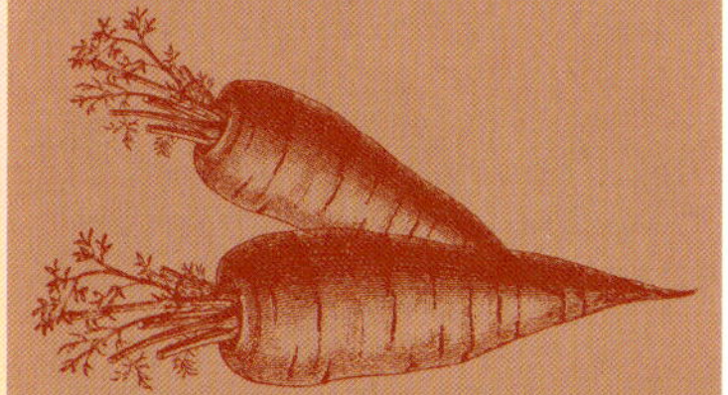

La rubrique du 13 h

LE PONT GUSTAVE-FLAUBERT DE ROUEN

Haute-Normandie

Les Rouennais n'ont pas hésité longtemps pour baptiser le sixième franchissement de la Seine dans la capitale haut-normande : un gigantesque ouvrage pour célébrer un gigantesque écrivain amoureux de sa région. Inauguré en septembre 2008, le pont Gustave-Flaubert culmine à quatre-vingt-six mètres, et ses deux tabliers peuvent s'élever à quarante-cinq mètres au-dessus du fleuve, ce qui fait de lui le pont mobile le plus haut d'Europe. Il relie le port au centre historique de Rouen, permettant aux paquebots et aux grands voiliers de jeter l'ancre au cœur de la ville.

À table !

La rigotte de Condrieu

Rhône-Alpes

Ce petit fromage de chèvre rond et plat est issu du massif montagnard du Pilat. Il tire son nom d'un mot patois désignant les ruisseaux qui descendent du Pilat vers les vallées. On peut le consommer frais ou affiné ; dans ce cas, la croûte devient progressivement bleue.

Quiz des villes & villages de France

Ce village fortifié de l'Allier porte le nom d'un petit mammifère qui se roule en boule en cas de danger.

?

_ _ _ _ _ _ _ _

Ils ont marqué leur région...

Jackson Richardson

La Réunion

Médaillé de bronze aux JO de Barcelone, en 1992, et double champion du monde avec les Barjots, le handballeur réunionnais Jackson Richardson a été le porte-drapeau de la délégation française lors des JO d'Athènes, en 2004. Longtemps capitaine de l'équipe de France, le sportif a battu tous les records, avec quatre cents sélections sous le maillot des Bleus. En 2009, après vingt ans de carrière au plus haut niveau, le jeune retraité est rentré à La Réunion, pour se reconvertir dans les affaires et s'occuper des jeunes.

Hérisson

mercredi 4 janvier

lever : 8 h 43
coucher : 17 h 07

St Odilon

À table !

L'alcool de gentiane

Auvergne

La gentiane jaune pousse abondamment sur les volcans du Massif central. Il ne faut pas confondre l'alcool de gentiane, qui utilise la racine de la plante – de laquelle est extraite une essence amère –, avec la liqueur, qui utilise les fleurs. L'alcool de gentiane se consomme pur ou en mélanges.

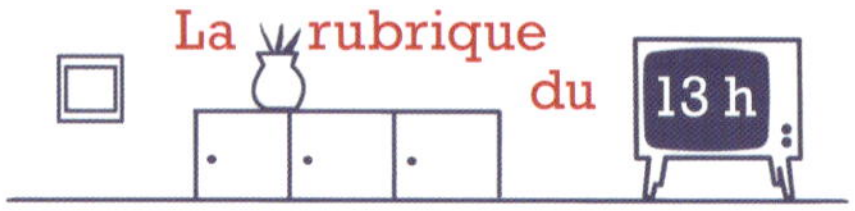

LE MOULIN À PAPIER DE LA ROUZIQUE

Aquitaine

Autrefois, sur les rives de la Couze, en Dordogne, les moulins à papier se succédaient. Dès le XVe siècle, le savoir-faire des maîtres papetiers de la Couze est reconnu, notamment grâce à la qualité des eaux de la rivière. Cette renommée s'étend hors des frontières de la France, puisque de ces moulins sortent des papiers aux armes d'Amsterdam. Le moulin de la Rouzique, mis en service au XVIe siècle, est toujours en activité : transformé en écomusée, il produit aujourd'hui encore du papier chiffon, selon des techniques traditionnelles.

Faune & flore

La salicorne

Bretagne

Parfois appelée « haricot de mer », la salicorne pousse sur le littoral et aux abords des marais salants de Bretagne. Les jeunes pousses, tendres et charnues, peuvent être consommées de différentes manières, aussi bien confites dans du vinaigre que préparées en salade.

Un jour en *France*

4 janvier 1972

Un nouveau jeu voit le jour sur les écrans de télévision. Il s'intitule « Des chiffres et des lettres ». Quarante ans plus tard, il passionne toujours les férus de calcul et de vocabulaire : c'est la plus ancienne émission quotidienne encore diffusée.

Ils ont marqué leur région...

Georges-Louis Leclerc, comte de Buffon

Bourgogne

Principalement connu en tant que naturaliste, le comte de Buffon fut aussi mathématicien, cosmologiste et écrivain ; il était tout simplement le savant le plus connu et le plus lu de son époque. Intendant du Jardin des Plantes de 1739 à 1788, il a travaillé sur l'acclimatation d'espèces animales et végétales sur le sol français. Né en Côte-d'Or, il construisit des forges modernes – qu'on visite aujourd'hui encore –, contribuant ainsi aux progrès de la métallurgie. Il fit également aménager le parc Buffon, un jardin historique bâti sur un ancien château des ducs de Bourgogne, où il rédigea son *Histoire naturelle*.

jeudi 5 janvier

lever : 8 h 43
coucher : 17 h 08

St Édouard

Faune & flore

Le hibou grand duc

Franche-Comté

Celui que l'on appelle également « grand duc d'Europe » ne porte pas son nom pour rien ! Plus grand rapace nocturne de nos contrées, il possède une envergure de près d'un mètre quatre-vingts. Cet oiseau rupestre vit en hauteur, ce qui lui permet de repérer les petits mammifères et les autres proies dont il se nourrit.

DICTON

Midi-Pyrénées

Pluie qui dure en janvier suffit pour toute l'année.

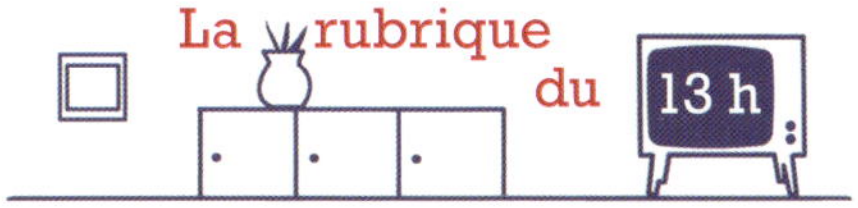

LA CATHÉDRALE SAINTE-CROIX D'ORLÉANS

Centre

Érigée sur l'emplacement d'une cathédrale primitive détruite à la fin du Xᵉ siècle, la cathédrale Sainte-Croix est le monument le plus remarquable d'Orléans, notamment grâce à sa façade magnifique. Inauguré au XIVᵉ siècle, l'édifice traversa difficilement les époques et les guerres, si bien qu'il ne fut réellement achevé qu'au XIXᵉ siècle. Sainte-Croix n'a jamais été consacrée par le clergé : d'après la légende, lors de la cérémonie, la main de Dieu serait apparue au-dessus de l'autel, et il aurait ainsi béni lui-même la cathédrale.

À table !

Mille-feuilles d'andouillettes

Champagne-Ardenne

Pour 4 personnes

Faire fondre 5 min, dans de l'huile, 2 oignons rouges émincés ; réserver.
Faire dorer 2 andouillettes piquées avec une fourchette dans un mélange d'huile et de beurre pendant 5 min. Flamber avec 3 c. à soupe d'eau-de-vie de fruits, ajouter 1 verre de vin blanc et cuire encore 10 min. Couper les andouillettes en rondelles.
Couper 4 pommes en tranches fines, retirer le cœur et les faire dorer dans du beurre, sur feu vif.
Dans des moules individuels, alterner pommes, oignons et andouillettes. Bien tasser et arroser du jus de cuisson, avant d'enfourner 7 min à 200 °C.

Ils ont marqué leur région…

Prosper Mérimée

Corse

C'est un voyage de deux mois en Corse qui inspire à Mérimée, en 1840, la nouvelle *Colomba*. À cette époque, l'auteur sillonne l'île en tant qu'inspecteur des Monuments historiques. C'est à Fozzano, à quelques kilomètres des plages de Propriano, que Prosper Mérimée rencontre Colomba Carabelli, dont le fils a été victime d'une vendetta. Cette mère en deuil devient, sous sa plume, une héroïne vengeresse, au cœur des guerres entre familles corses.

vendredi 6 janvier

lever : 8 h 43
coucher : 17 h 09

Épiphanie

À table !

Crème catalane

Languedoc-Roussillon

Pour 4 personnes
Faire infuser 1 bâton de cannelle et le zeste de 1 citron dans ½ l de lait bouillant. Fouetter 6 jaunes d'œufs avec 100 g de sucre. Ajouter 1 c. à café de vanille liquide et d'eau de fleur d'oranger. Délayer 15 g de Maïzena dans un peu de lait froid et l'ajouter aux œufs. Filtrer le lait et le verser sur les œufs en remuant, puis cuire sur feu doux jusqu'à épaississement. Verser dans des ramequins et placer au réfrigérateur 2 h, au moins. Saupoudrer les ramequins de sucre et les faire caraméliser au chalumeau ou sous le gril du four.

La rubrique du 13 h

LA TOUR EIFFEL

Île-de-France

Emblème par excellence de Paris et de la France, la tour Eiffel n'a plus de secret pour personne. Pourtant, depuis 1889 et son édification sur les bords de la Seine, à l'occasion de l'Exposition universelle, elle impressionne toujours autant. Trésor national – elle est le monument payant le plus visité au monde –, la tour Eiffel est bichonnée. Au cours de chaque campagne de peinture, on utilise soixante tonnes de brun tour Eiffel, une couleur qui n'est fabriquée que pour la tour. Un dégradé du sombre au clair affine la silhouette de la dame de fer.

DICTON

Bourgogne

Au matin, bois le vin blanc.
Le rouge au soir,
Pour faire le sang.

Faune & flore

Le navet de Nancy

Lorraine

Parmi les quelque trente variétés de navets cultivées sur nos sols, celle de Nancy fait sans aucun doute partie des plus productives. Ce légume, qui se récolte en automne et en hiver, entre dans la composition de plusieurs plats régionaux, comme la potée lorraine ou la quiche aux navets.

Ils ont marqué leur région...

Patrick Sébastien

Limousin

De « Carnaval » au « Plus grand cabaret du monde », en passant par « Le grand bluff », on connaît, depuis trente ans, Patrick Sébastien comme un homme de télévision, à la fois animateur, chanteur et imitateur. Mais ce n'est pas tout : Patrick Sébastien est aussi un vrai fan de rugby, qui, comme tous les enfants corréziens, a chaussé les crampons dès son plus jeune âge. La passion l'a amené non seulement à présider le club de Brive – notamment en 1997, quand il a remporté la Coupe d'Europe –, mais aussi à se marier au stade, en 1998.

samedi 7 & dimanche 8 janvier

St Raymond St Lucien

Mythes et légendes

Pays de la Loire

Le cheval Mallet

Blanche robe et noir esprit

« Arrière Satan, ne me tente jamais par la vanité.
Ce que tu offres, ce n'est que du mal, ravale ton poison. »
Signification des lettres gravées sur la médaille de saint Benoît

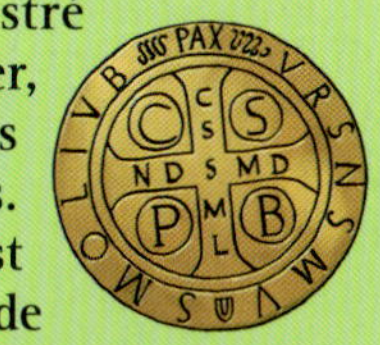

Dans certaines contrées, on le prétend sombre, noir comme l'enfer, lustré et luisant comme un lac sans fond. Mais ici, à Saint-Benoist-sur-Mer, il est blanc comme le brouillard. Ne vous y trompez pas, il n'en est pas plus pur pour autant… Il est pâle comme le sont les chevaux maudits. Cet animal, où qu'on le croise, et qu'il se nomme Mallet, Merlet ou Merlette, est bien un terrible démon, dont la blancheur de la robe n'a d'égale que la noirceur de l'esprit. Alors qu'un soir d'hiver, une fois la nuit tombée, vous rentrerez à pied, las et épuisé, il surgira, docile, caressant, soumis, vous incitant à grimper sur son dos puissant. Surtout, ne montez pas ! Bravez votre fatigue, résistez. Sitôt enfourché, l'animal se transformera en furie, galopant fiévreusement toute la nuit, ne vous laissant descendre qu'au point du jour, vous jetant alors au sol, brisé, rompu, mort.

Nombreux sont les inconscients qui perdirent ainsi la vie. Pourtant, il existe un moyen de ne pas trépasser et, mieux encore, de dompter la bête ! Certains parlent d'eau bénite, d'autres de signes de croix, mais la plus sûre façon d'échapper à la mort est de porter sur soi une médaille de saint Benoît. On dit qu'un homme des environs, tenant fermement la sainte pacotille, aurait même réussi à convaincre l'animal diabolique de l'emmener jusqu'à Paris. Il y serait resté trois jours, guinchant en bonne compagnie, avant de rentrer tranquillement chez lui. Henri Dontenville, dans *La France mythologique : bibliothèque du merveilleux*, rapporte même qu'il lui aurait parlé ainsi : « Cheval Mallet, au nom daus grand Saint Benoît, maintenant te va m'obéir. Y'a bé longtemps qui vu aller à Paris, te m'y conduis, pi après te me ramènes auprès daus mè bourgeoise. »

lundi 9 janvier

lever : 8 h 42
coucher : 17 h 12

Ste Alix

Faune & flore
Le goéland marin
Basse-Normandie

Sur la côte granitique de la pointe de Barfleur, niche le goéland marin, la plus grande espèce de mouettes et de goélands. La petite tache rouge qui orne son bec a une fonction très précise : elle sert de point de repère aux petits, qui tapent avec leur bec à cet endroit précis quand ils ont faim.

À table !
Le cou d'oie farci
Midi-Pyrénées

Le cou farci – il peut s'agir d'un cou de canard – est une spécialité du Sud-Ouest. Le cou est soigneusement désossé, avant d'être farci de viande de volaille et de porc, de foie gras, de truffe et d'armagnac. Recousu, il est cuit dans la graisse et servi en tranches épaisses.

La rubrique du 13 h

LE FRONT DE MER DE MERS-LES-BAINS
Picardie

Située sur la côte picarde, cette station balnéaire n'a pas volé son nom : dès le XIXe siècle, les Parisiens se précipitent sur sa plage, pour découvrir les joies des bains de mer. Les villas du front de mer de Mers-les-Bains, aux façades colorées et aux balcons travaillés, ont gardé de nombreuses traces de ces années de faste, et l'ensemble du quartier balnéaire est aujourd'hui un lieu sauvegardé. Le temps d'une promenade, on y admire une architecture d'inspiration anglo-normande, flamande, napoléonienne ou encore des années 1930.

Quiz des villes & villages de France

C'est près de cette ville de Haute-Corse que Pasquale Paoli et son armée battirent les troupes françaises de Louis XV, en 1768.

?

_ _ _ _ _

Ils ont marqué leur région...
Jeanne Maillotte
Nord-Pas-de-Calais

L'histoire raconte que, en 1582, une cabaretière travaillant dans une échoppe de la place aux Bleuets aurait repoussé un raid pillard de hurlus – surnom donné aux protestants des Pays-Bas espagnols. Jeanne Maillotte, maniant avec fougue la hallebarde, aurait galvanisé la résistance des catholiques lillois et entraîné les archers de la confrérie de saint Sébastien, qui réussirent à repousser les agresseurs. La légende de Jeanne, dont l'existence n'est pas avérée, a suscité de nombreux récits et chansons populaires au XIXe siècle.

Borgo

mardi 10 janvier

lever : 8 h 42
coucher : 17 h 14

St Guillaume

Faune & flore

Le mouflon d'Europe

Auvergne

Plus petit ovin sauvage du monde, le mouflon d'Europe vit notamment dans les zones forestières du sud du Massif central. Agile grimpeur et sauteur hors pair, il possède une jolie paire de cornes enroulées. C'est en les observant que l'on peut déterminer l'âge de l'animal.

Savoirs d'antan

Votre linge est un peu trop rêche, il manque de souplesse ? Ajoutez à votre lessive ordinaire une petite quantité de vinaigre blanc. Votre linge sera plus doux, et votre machine à laver débarrassée du calcaire qui l'endommage.

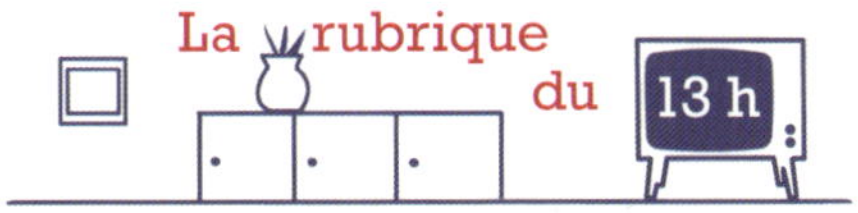

LE MARCHÉ DE SAINT-PAUL

La Réunion

Il est difficile de séjourner à La Réunion sans faire un petit détour, en fin de semaine, par le marché forain de Saint-Paul, la plus vieille commune de l'île où les Français débarquèrent jadis. Véritable concentré de vie locale, le marché offre un choix remarquable de saveurs, de senteurs et de couleurs, provenant de tout l'océan Indien. Ici, il y en a pour toutes les papilles, pour tous les yeux ; sur le front de mer, les touristes flânent et découvrent l'artisanat local aux côtés des familles réunionnaises.

À table !

Limande à la normande

Haute-Normandie

Pour 4 personnes

Beurrer généreusement un plat à four et y déposer 2 limandes préparées de 800 g chacune. Parsemer les poissons avec 3 c. à soupe d'un mélange de persil et de cerfeuil ciselés. Saler et poivrer. Porter 50 cl de cidre brut à ébullition et le verser sur les poissons. Couvrir le plat d'une feuille d'aluminium et mettre au four, préchauffé à 220 °C, pendant 10 min. Sortir le plat du four, ôter l'aluminium, verser 20 cl de crème fraîche sur les poissons et saupoudrer de chapelure. Enfourner de nouveau 10 min.

Ils ont marqué leur région...

Charles Berling

Poitou-Charentes

VAUBAN

Depuis son succès dans *Ridicule* de Patrice Leconte, Charles Berling est un comédien français incontournable, autant sur les planches que devant la caméra. L'acteur est un habitué de l'île de Ré, depuis son plus jeune âge : il a passé beaucoup de temps à Saint-Martin-de-Ré, dont certains monuments – la citadelle, l'enceinte et le corps de garde – ont été construits par Vauban. Il a présidé, en 2007, l'association L'Étoile de Vauban et milité pour l'inscription, au patrimoine mondial de l'Unesco, de l'œuvre du bâtisseur de forteresses.

mercredi 11 janvier

lever : 8 h 41
coucher : 17 h 15

St Paulin

Savoirs d'antan

Si votre maison est envahie par les souris, mais que ces petites bêtes vous sont tout de même sympathiques, il existe un moyen très simple de les éloigner. Imbibez d'essence d'eucalyptus des cotons, placez-les dans les endroits visités, et les souris, qui ont horreur de cette odeur, s'en iront.

À table !

La socca niçoise

Provence-Alpes-Côte d'Azur

Confectionner la socca ne semble pas bien difficile : il suffit de mélanger de la farine de pois chiches avec de l'eau. Mais l'étape la plus délicate est la cuisson : la fine galette est cuite sur une plaque de cuivre, dans un four à pain ou à pizza, avant d'être immédiatement dégustée.

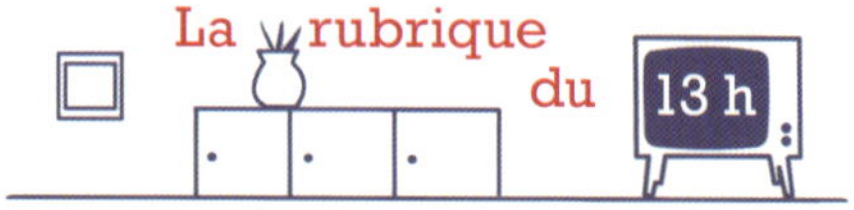

LE CHÂTEAU DE GIEN

Centre

Le château de Gien, dans le Loiret, est l'un des plus anciens de la région : il fut édifié à la fin du XVe siècle sur les ruines d'une forteresse médiévale. À la demande d'Anne de Beaujeu, comtesse de Gien et fille aînée de Louis XI, il fut remanié dans un style préfigurant celui de la Renaissance, mais il se distingue toutefois des autres châteaux qui se dressent le long de la Loire par ses briques rouges et sa toiture d'ardoise. Propriété du département depuis 1823, il fut sous-préfecture, tribunal et prison avant de devenir un musée dédié à la chasse.

Faune & flore

La vache limousine

Limousin

Ça roule pour la rustique du Limousin ! Outre sa réputation mondiale pour la qualité de sa viande à la fois maigre et juteuse, cette race bovine possède, entre autres caractéristiques, un grand instinct maternel. Avec un effectif avoisinant les neuf cent mille vaches reproductrices, elle est, en France, la deuxième race à viande.

Ils ont marqué leur région...

Marie Pape-Carpantier

Pays de la Loire

Née à La Flèche, dans une famille modeste, au début du XIXe siècle, Marie Pape-Carpantier s'est consacrée, pendant quarante ans, à l'éducation de la petite enfance. À cette époque, les ouvrières faisaient garder leurs enfants dans ce qu'on appelait des « salles d'asile », pour les empêcher de traîner seuls dans la rue et pour les protéger de mauvaises rencontres. Opposée aux châtiments corporels, cette Sarthoise est à l'initiative d'une réforme pédagogique, instituant notamment la leçon de choses, une approche sensible et intuitive de la connaissance.

jeudi 12 janvier

lever : 8 h 41
coucher : 17 h 16

Ste Tatiana

Faune & flore

La myrtille sauvage

Midi-Pyrénées

Très répandue dans les forêts et les landes pyrénéennes, la myrtille sauvage donne de petites baies, à déguster entre fin juillet et début septembre, selon les années. Ses fruits servent également à cuisiner toutes sortes de préparations sucrées, dont une confiture parfois servie avec... du fromage !

La rubrique du 13 h

LA CITADELLE DE BELFORT

Franche-Comté

Depuis le belvédère, le panorama est remarquable, mais on ne visite pas la citadelle de Belfort uniquement pour la vue. Arpenter les remparts permet aussi de se pencher sur l'histoire de ce petit territoire pris autrefois entre l'Empire germanique et la France. Après que la ville devient possession française, au XVIIe siècle, le roi charge Vauban de la fortifier. L'architecte militaire s'appuie alors sur la forteresse médiévale et la citadelle déjà existantes. Son système de fortifications fera ses preuves : en 1870, la France perd l'Alsace-Lorraine, mais conserve Belfort.

À table !

Poêlée strasbourgeoise

Alsace

Pour 4 personnes

Faire sauter 400 g de pommes de terre coupées en dés dans 25 g de beurre et 1 c. à soupe d'huile. Ajouter une petite botte d'oignons ciselés et 2 brins de thym émiettés. Ôter la peau de ½ cervelas et le tailler en bâtonnets. Découper en lanières 6 tranches de bacon. Quand les pommes de terre commencent à dorer, ajouter le cervelas et le bacon. Remuer régulièrement. Dans une autre poêle, cuire 4 œufs au plat dans du beurre. Glisser les œufs sur la poêlée de pommes de terre et servir.

DICTON

Guadeloupe

Une petite hache coupe un gros arbre.

Ils ont marqué leur région...

Dan Ar Braz

Bretagne

En 1967, le guitariste est serveur à Bénodet. Il y rencontre Alan Stivell, qui lui fournit l'occasion de se lancer dans la musique celtique. Dans les années 1990, il est à l'initiative de l'aventure *L'Héritage des Celtes*, un spectacle conçu à l'origine pour le Festival de Cornouaille – à Quimper –, réunissant près de quatre-vingts artistes. Ces musiciens, bretons, irlandais, écossais et gallois, enregistrent plusieurs albums, dont *Finisterres* et *Bretagnes à Bercy*. « J'ai de nouveau besoin de rêver ma Bretagne », explique Dan Ar Braz, en mars 2011, alors qu'il prépare son nouvel album, *L'Héritage des Celtes*.

lever : 8 h 40
coucher : 17 h 18

Ste Yvette

À table !

Beurre et crème d'Isigny

Basse-Normandie

À la limite du Cotentin et du Bessin, le climat tempéré et les embruns iodés du territoire d'Isigny-sur-Mer donnent aux pâturages une qualité incomparable. Depuis le XVIe siècle, cet environnement unique produit un beurre couleur bouton-d'or et la seule crème à bénéficier d'une AOC.

Un jour en

Franche-Comté

13 janvier 1968

Ce jour-là, à Mouthe, la température est descendue à -36,7 °C ! Ce record de froid n'a jamais été surpassé depuis, nulle part en France, ce qui vaut à la commune du Doubs le surnom de « petite Sibérie ».

La rubrique du 13 h

LE PALAIS DE L'ILE À ANNECY

Rhône-Alpes

Situé au cœur de la vieille ville, le palais de l'Isle est un des emblèmes d'Annecy. Avec sa forme en pointe, qui lui fait ressembler à la proue d'un navire, le palais, bâti au XIIe siècle sur une île naturelle, semble s'avancer entre les canaux du Thiou, un sous-affluent du Rhône. Menacé de démolition, puis classé monument historique à l'aube du XXe siècle, le palais fut tour à tour résidence seigneuriale, palais de justice, chambre des comptes, caserne et prison, avant d'être racheté par Annecy et reconverti en musée d'histoire de la ville et de la Savoie.

Faune & flore

La fougère aigle

Centre

Celle que l'on appelle également la « grande fougère » pousse en quantité dans la forêt d'Orléans. Toxique pour la plupart des êtres vivants, elle se comporte de manière invasive. Ses grandes feuilles ont néanmoins longtemps servi à confectionner des paillasses et à protéger les cultures.

Ils ont marqué leur région...

André Courrèges

Aquitaine

« Les choses n'ont plus jamais été les mêmes après l'explosion provoquée par André Courrèges », expliquait en 1966 Yves Saint Laurent. Après dix années chez Balenciaga, André Courrèges lance, en 1961, sa propre maison de couture et installe quelques années plus tard ses ateliers de fabrication à Pau, sa ville natale. Le couturier a marqué l'époque avec ses minijupes futuristes blanches et argentées, ses bottes en PVC et avec l'invention de la matière dite « seconde peau ». Diplômé des Ponts et Chaussées et passionné d'architecture, il crée des lignes de vêtements épurées, des combinaisons structurées, des robes trapèzes.

samedi 14 & dimanche 15 janvier

Ste Nina St Rémi

Mythes et légendes
Haute-Normandie

Les Énervés de Jumièges

De l'éducation des enfants turbulents

« Grave supplice afin que les enfants,
Par tel exemple, apprennent à ne faire
Chose qui soit à leurs parents contraire. »
Pierre de Ronsard, La Franciade, *Chant IV, 1572*

Bien que cela rime, Clovis II n'était pas preux. Fils de Dagobert Ier, il fut même celui qui inaugura la lignée des rois fainéants. C'est dire s'il n'était pas courageux. Il était roi de Neustrie, et le resta toute sa vie, fort courte d'ailleurs, longue d'une vingtaine d'années tout au plus. Eh bien, peu importe. Car ce n'est pas ce que dit la légende, et c'est elle que nous allons raconter.

Il était une fois un roi nommé Clovis II. Il était brave, marié à Bathilde, à laquelle il avait donné deux fils. N'écoutant que sa foi et son courage, il décida de se rendre en Terre sainte mener les nobles croisades, laissant à sa tendre épouse le soin de gouverner son royaume. Moult adieux déchirants et embrassades plus tard, le voici loin, très loin, combattant corps et âme au nom de Dieu. Mais revenons en Neustrie, où ses fils ont grandi. Fougueux, révoltés, ils n'en font qu'à leur tête et, excluant la bonne Bathilde du Conseil, prennent le pouvoir, au grand dam de leur mère. Triste, inquiète, elle fait prévenir Clovis II. Or, un guerrier, s'il ne doit pas abandonner ses troupes, ne peut pas non plus laisser son royaume en proie à la déchéance. Et le voici qui revient constater par lui-même ce qu'on lui a narré, afin de mettre fin à la révolte.

Malheureusement pour ses deux fils, le roi triomphe de leur armée : l'heure de la punition a sonné ! Mais de quelle façon peut-on, sans leur ôter la vie, réprimander les deux jeunes hommes qui, tout de même, ont dépassé les bornes ? Après des jours de réflexion, voici ce qui est décidé : les princes seront « énervés », pratique fort répandue au temps des rois fainéants, et consistant à couper nerfs, tendons et ligaments. On brûle donc en toute simplicité les jarrets des deux rebelles, puis leur mère les place dans un douillet radeau, sur lequel veille un serviteur, et on laisse le courant de la Seine décider de leur sort. Fort heureusement, la progéniture de Clovis II s'en est remise à Dieu, priant sans cesse : le fleuve est clément et dépose l'embarcation à Jumièges, où Philibert, fondateur de l'abbaye, les reçoit charitablement. Repentis, ils deviennent moines et finissent leur vie dans ce lieu saint.

N'est-ce pas une bonne leçon que voilà ?

lundi 16 janvier

lever : 8 h 38
coucher : 17 h 22

St Marcel

À table !

Soupe de pois chiches

Corse

Pour 4 personnes

La veille, faire tremper 500 g de pois chiches pendant 24 h. Le lendemain, faire bouillir de l'eau et y plonger les pois chiches égouttés, 3 gousses d'ail épluchées, 3 feuilles de sauge, 1 branche de romarin, 1 pied de porc préalablement ébouillanté, 125 g de poitrine demi-sel et 1 trait d'huile d'olive ; poivrer. Couvrir et laisser cuire à feu très doux pendant 3 h, en ajoutant de l'eau si besoin. Couper le pied de porc en petits morceaux et le répartir dans les assiettes, avec une tranche de pain grillé. Recouvrir de soupe.

La rubrique du 13 h

RIOM

Auvergne

Les amoureux du patrimoine et de l'architecture ne savent plus où donner de la tête, dans les rues de Riom. En effet, l'ancienne capitale administrative et judiciaire de l'Auvergne est labellisée « pays d'art et d'histoire ». Ses nombreux monuments et bâtiments – pour la plupart classés – témoignent du rayonnement de la ville tout au long de son histoire. En admirant les riches demeures bourgeoises, la cour d'appel, la Sainte-Chapelle, l'hôtel de ville ou encore la tour de l'Horloge, on se replonge aisément au cœur du Moyen Âge, de la Renaissance et du XVIIIe siècle.

Faune & flore

Le vignoble de Chablis

Bourgogne

Aussi célèbre qu'ancien, le vignoble aurait été planté au Ier siècle, alors que la région était encore sous l'occupation romaine. Les vins produits, tous blancs, sont aujourd'hui mondialement connus et chacun bénéficie d'une des quatre AOC décernées au vignoble.

Quiz des villes & villages de France

L'écrivain Philippe Delerm a enseigné le français dans un collège de cette sous-préfecture normande, où coule la paisible Charentonne.

Ils ont marqué leur région…

Alphonse Daudet

Languedoc-Roussillon

Chroniqueur, dramaturge et poète, Alphonse Daudet était aimé du grand public, mais fut reconnu tardivement par ses pairs. Romancier des mœurs de son temps, il situa le plus souvent ses histoires dans le sud de la France. Ainsi, « La chèvre de Monsieur Seguin », une nouvelle des *Lettres de mon moulin*, prend pour cadre les paysages montagneux du Gard. Son expérience douloureuse au collège d'Alès, en tant que maître d'étude, lui inspira *Le Petit Chose*, l'histoire d'un enfant rêveur, timide et pauvre.

Bernay

mardi 17 janvier

lever : 8 h 37
coucher : 17 h 23

Ste Roseline

Faune & flore

Le cincle plongeur

Limousin

Pour se nourrir, ce passereau au corps rond et trapu a mis au point une technique de pêche très perfectionnée. En utilisant la pression de l'eau et les courants, il est capable de se maintenir au fond des petits cours d'eau, et même d'y marcher. Idéal lorsque l'on raffole d'insectes aquatiques !

Savoirs d'antan

Vous voulez des dents blanches ? Deux ingrédients très faciles à trouver peuvent remplacer un tube de dentifrice acheté dans le commerce. Il vous suffit de mélanger de la poudre d'argile et du citron, et de vous brosser les dents avec cet amalgame.

La rubrique du 13 h

L'ABBAYE DE CLAIRVAUX

Champagne-Ardenne

En 1115, le jeune Bernard défriche une clairière pour y bâtir l'abbaye de la « claire vallée ». Dans cette terre de pauvreté, où règne le silence, les moines cisterciens vivent en autarcie et passent leurs journées à prier et à recopier les livres saints, laissant un fonds médiéval très important. L'architecture épurée des lieux n'en est pas moins magnifique : elle symbolise l'ascèse monastique. Extrêmement puissante jusqu'à la Révolution, l'abbaye est aujourd'hui une prison, et ce depuis 1808. Toutefois, certains bâtiments historiques peuvent être visités.

À table !

Risotto parisien

Île-de-France

Pour 4 personnes

Émincer 3 échalotes et les faire blondir dans 20 g de beurre. Ajouter 200 g de riz rond et cuire 5 min. Ajouter 20 cl de vin blanc sec et cuire jusqu'à évaporation. Poursuivre la cuisson à couvert 15 min en ajoutant régulièrement du bouillon de légumes (50 cl en tout). Nettoyer et émincer 200 g de champignons de Paris et les ajouter au riz. Cuire à découvert 5 min, saler et poivrer. Servir chaud parsemé d'une noix de beurre, de persil ciselé et de parmesan.

Ils ont marqué leur région...

Jeanne d'Arc

Lorraine

Le destin de Jeanne « la bonne Lorraine », arrêtée à Orléans, brûlée à Rouen, a été marqué par son enfance à Domrémy, sur la rive gauche de la Meuse. Fille de Jacques Darc, un modeste laboureur du Barrois, Jeannette grandit dans la piété. C'est à 13 ans que la jeune fille entend les voix célestes qui vont l'inciter à prendre les armes, quelques années plus tard, pour sauver le royaume de France de l'occupation anglaise et faire sacrer le futur Charles VII.

mercredi 18 janvier

lever : 8 h 37
coucher : 17 h 25

Ste Prisca

À table !

Soupe des hortillons

Picardie

Après les avoir épluchés, couper un chou en 8, émincer 6 blancs de poireaux, couper 4 pommes de terre en dés, ciseler 1 laitue et 1 poignée d'oseille. Écosser 500 g de petits pois frais (poids avec les cosses). Dans un faitout, faire fondre 100 g de beurre sur feu doux, ajouter le chou et les poireaux ; couvrir. Au bout de 10 min, mouiller avec 2 l d'eau, ajouter les pommes de terre, du sel et du poivre. Poursuivre la cuisson 10 min et ajouter les petits pois, la laitue et l'oseille. Cuire encore 10 min et servir la soupe parsemée de cerfeuil et accompagnée de pain grillé.

La rubrique du 13 h

L'ÉGLISE SAINT-GEORGES DE CHÂTENOIS

Alsace

Le long de la route des vins, les villages alsaciens rivalisent de charme. En arrivant à Châtenois, dans le Bas-Rhin, on est immédiatement attiré par l'église Saint-Georges. Enserrée dans les vestiges médiévaux du cimetière fortifié, elle date du XVIIIe siècle. Elle occupe l'emplacement d'une ancienne église romane, dont on a conservé le clocher chatoyant. Réalisé en châtaignier – c'est de cet arbre que vient le nom Châtenois –, ce dernier est recouvert de tuiles émaillées. Tout ici appelle à la tranquillité : les âmes reposent au pied des vignes.

Faune & flore

La banane

Guadeloupe et Martinique

Importée au XVIe siècle par les Portugais, la banane a trouvé en Guadeloupe et en Martinique des conditions climatiques favorables à son développement. Première richesse agricole des deux îles, elle est désormais cultivée à l'aide de méthodes respectueuses de l'environnement.

Un jour en

Île-de-France

18 janvier 1900

En l'église Saint-Eustache, à Paris, on joue le *Messie* de Haendel. C'est la toute première fois qu'un concert est donné dans une église. L'idée ne plaît qu'à moitié aux autorités religieuses, inquiètes de voir un lieu de culte transformé en salle de spectacle.

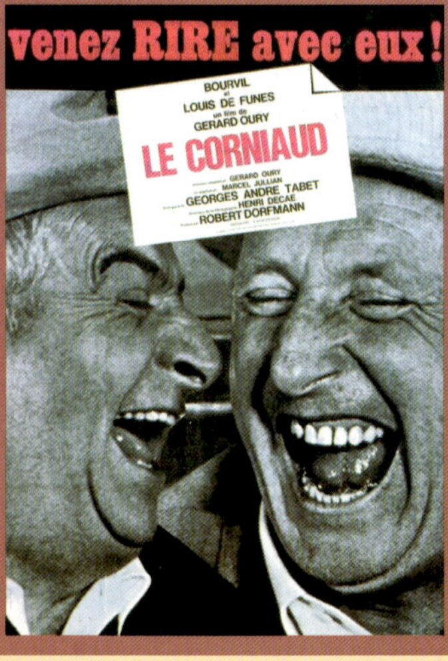

Ils ont marqué leur région…

Bourvil

Haute-Normandie

André Raimbourg a grandi à Bourville, un petit village du pays de Caux qui lui a inspiré son pseudonyme d'artiste. Ce fils de cultivateur a commencé sa carrière avec des numéros comiques, dans lesquels il jouait souvent le paysan ou le naïf ; mais elle a véritablement décollé en 1945, avec la chanson *Les Crayons*. S'ensuivent vingt-cinq ans de succès, sous la direction des plus grands réalisateurs, dans des classiques du cinéma français tels que *La Traversée de Paris*, *Le Corniaud*, *La Jument verte* et *La Grande Vadrouille*.

jeudi 19 janvier

lever : 8 h 36
coucher : 17 h 26

St Marius

Faune & flore

Le blanchon

Rhône-Alpes

Habitant des hauts alpages, l'insaisissable lièvre variable est difficile à observer. Son secret ? Un pelage aux couleurs changeantes, qui se fond parfaitement bien avec son environnement. Gris en été et blanc en hiver, il est un peu plus trapu que le lièvre d'Europe, afin de limiter la perte de chaleur.

La rubrique du 13 h

LE CHÂTEAU DES DUCS DE BRETAGNE À NANTES

Pays de la Loire

Avant le rattachement de la Bretagne à la France, le château de Nantes avait une double fonction : il était à la fois résidence ducale et forteresse prête à se défendre contre le pouvoir royal. C'est ainsi que, côté cour, l'élégance de la façade en pierre de tuffeau contraste avec les sept tours en granit, côté Loire. Quand la région fut rattachée au royaume, l'architecture du palais fut transformée, marquée par l'influence de la Renaissance italienne. Appartenant à la ville de Nantes depuis 1915, il en est devenu, en 1924, le musée municipal.

À table !

Betteraves à la poitevine

Poitou-Charentes

Éplucher 1 kg de betteraves rouges cuites et les couper en tranches. Peler et émincer 4 oignons jaunes et les faire fondre dans 80 g de beurre. Saler, poivrer et saupoudrer de farine. Laisser cuire, en ajoutant de l'eau si nécessaire. Ajouter les betteraves et laisser cuire pendant 3 ou 4 min, toujours à feu doux, avant de verser 1 c. à soupe de vinaigre. Mélanger et servir aussitôt.

Quiz des villes & villages de France

Richelieu a fait de cette cité du Finistère un grand port maritime. Elle met aujourd'hui ce patrimoine en valeur, notamment avec le parc de loisirs Océanopolis.

_____

Ils ont marqué leur région…

Edmond Rostand

Midi-Pyrénées

Si le Marseillais Edmond Rostand a si bien donné vie au plus célèbre des Gascons de la littérature française, c'est qu'il a passé plus de vingt étés dans les Pyrénées. L'auteur de *Cyrano de Bergerac* est même à l'origine de la fête des Fleurs qui a lieu, depuis plus de cent ans, à Bagnères-de-Luchon. L'histoire raconte qu'Edmond Rostand, se rendant au champ de courses dans un magnifique attelage décoré de fleurs des champs, improvisa avec des amis une mémorable bataille de fleurs.

Brest

vendredi 20 janvier

lever : 8 h 35
coucher : 17 h 28

St Sébastien

À table !

Cake du verger

Haute-Normandie

Pour 6 personnes

Mélanger 250 g de farine avec 1 sachet de levure, 1 pincée de sel et 2 pincées de cannelle. Travailler 150 g de beurre mou avec 100 g de sucre. Ajouter 3 œufs, la farine, 10 cl de cidre et 4 pommes coupées en dés. Cuire 10 min au four préchauffé à 210 °C, puis baisser à 180 °C et poursuivre la cuisson 40 min. Démouler le cake et le laisser refroidir sur une grille.

La rubrique du 13 h

LE TEMPLE DE JANUS À AUTUN

Bourgogne

La ville d'Autun, aux portes du Morvan, était autrefois une puissante cité de la Gaule romaine, comme en témoignent les nombreux vestiges antiques découverts sur son territoire. Parmi ceux-ci, les restes d'un temple, au-delà des remparts de la ville. Associé par erreur, au XVIe siècle, au culte du dieu Janus, il a néanmoins gardé son nom ; en vérité, on ne sait pas à quel dieu il était dédié. Même s'il n'en reste que les deux pans d'une tour carrée, ce temple est l'un des mieux conservés de l'époque gallo-romaine.

Faune & flore

Le chevalier gambette

Picardie

Les observatoires du parc du Marquenterre, au nord de la baie de Somme, permettent d'admirer nombre d'oiseaux, dont le chevalier gambette. Cet échassier, d'une petite trentaine de centimètres de long, est facilement reconnaissable à la couleur rouge de ses pattes et de son bec.

Quiz des villes & villages de France

Les habitants de cette ville de l'Essonne se nomment les Chiroquois. Pourtant, il ne s'agit pas d'une tribu indienne…

______-_______

Ils ont marqué leur région…

Luc Alphand

Provence-Alpes-Côte d'Azur

Neige, dunes, eau : le Briançonnais, fou de vitesse, est un homme tout-terrain ! D'abord à skis, discipline dans laquelle il a excellé jusqu'en 1997, remportant trois coupes du monde de descente. Puis au volant d'une voiture de rallye, avec onze participations au Dakar, dont une victoire. Friand de nouveaux défis, Luc Alphand commence en 2011 une carrière de skipper, en participant à la Transat Jacques Vabre. L'enfant de la vallée a donné son nom à une microbrasserie – créée avec son frère Lionel, à Vallouise –, où sont produits huit cents hectolitres de bière par an, ainsi qu'à une course cyclosportive, la Serre Che.

Chilly-Mazarin

samedi 21 & dimanche 22 janvier

Ste Agnès St Vincent

Pour se débarrasser des basajaunak

Les basajaunak sont, comme leur nom l'indique en basque, les « seigneurs de la forêt ». Ils protègent les alentours sylvestres, mais aussi la nature en général, et les hommes qui dépendent du travail de la terre. Ils alertent ainsi les bergers, en criant, si l'orage approche, afin qu'ils mettent leurs troupeaux à l'abri. Mais alors, me direz-vous, pourquoi diable chercher à se débarrasser de ces créatures bienveillantes ?

Eh bien, pour commencer, leurs relations avec les paysans ont toujours été un peu houleuses : barbu, corpulent, en un mot, sauvage, le basajaun n'est pas d'allure avenante. En outre, il fut un temps où ce sauvage avait le droit de cultiver la terre, tandis que l'homme pas. C'est donc lui qui l'y autorisa, mais guère de bonne grâce : par la ruse d'un humain qui aurait gagné un pari avec l'un d'eux. Certains disent même que cet homme intrépide aurait volé des graines à l'hirsute personnage…

Que cela vienne de ce point litigieux ou d'ailleurs, il se trouve que, de nos jours, l'homme craint et respecte encore – la plupart du temps – les basajaunak, mais – et c'est là l'important – que ces derniers ne font pas de même. Ainsi, il n'est pas rare que le « seigneur de la forêt » en sorte, afin de venir piller sans vergogne les garde-manger des villageois. Néanmoins, avant de l'accuser, assurez-vous qu'il ne s'agit pas d'un ours : en cette saison, les basajaunak laissent, dans la neige, des traces bien particulières, constituées d'empreintes juxtaposées d'un pied d'humain et du pied d'un cheval. Les empreintes sont là ? C'est donc bien lui, rien de plus simple. Voici ce que qu'il vous reste à faire.

Trouvez Herensugue, le serpent qui protège ces êtres sans gêne, éventrez-le, puis attrapez par les deux oreilles le lièvre qui s'échappera de son ventre. Saisissez ensuite la colombe, elle-même sortie du ventre du lièvre, tenez-la jusqu'à ce qu'elle ponde un œuf, et frappez avec ce dernier le basajaun sur le front. Il tombera raide mort, et vos provisions ne risqueront plus rien.

lundi 23 janvier

lever : 8 h 32
coucher : 17 h 32

St Barnard

À table !

Macarons de Saint-Émilion

Aquitaine

Pour 30 macarons
Mélanger 175 g de poudre d'amandes, 75 g de sucre, 1 c. à café de miel, 1 blanc d'œuf et 1 c. à soupe de vin blanc moelleux.
Faire chauffer doucement 5 min, en remuant sans cesse, puis ajouter de nouveau 1 c. à soupe de vin blanc moelleux. Laisser refroidir le mélange dans un saladier et ajouter 75 g de sucre glace et 1 blanc d'œuf.
Disposer des petits tas de pâte sur une plaque recouverte de papier sulfurisé et les aplatir légèrement.
Saupoudrer de sucre glace et cuire 20 min dans le four préchauffé à 180 °C.

La rubrique du 13 h

LE MUSÉE DE LA COHUE DE VANNES

Bretagne

Le mot « cohue » est issu d'un vieux mot breton qui désigne la halle, lieu de commerce et de justice. En effet, le musée des Beaux-Arts de Vannes, dans le Morbihan, est une ancienne halle médiévale du XIIIe siècle, qui abritait de petites échoppes et une cour de justice. C'est dans cette possession ducale que fut signé l'acte stipulant le rattachement de la Bretagne à la France, et le Parlement exilé s'y installa au XVIIe siècle. Devenue un théâtre au XIXe siècle, la Cohue fut restaurée à partir de 1970, avant l'installation du musée.

DICTON

Poitou-Charentes

Il n'est de chabichou que du Poitou.

Faune & flore

Le Clos Montmartre

Île-de-France

Plantée dans les années 1930 pour empêcher la construction d'un immeuble sur le site, la vigne du Clos Montmartre donne chaque année quelque cinq cents litres de vin. Un projet qui se place dans une démarche de solidarité, l'argent de la vente étant reversé aux œuvres sociales du XVIIIe arrondissement.

Ils ont marqué leur région…

Raphaël Mezrahi

Champagne-Ardenne

On se souvient que, dans les années 1990, l'apprenti journaliste aimait, dans ses entretiens incongrus avec des célébrités, faire référence à Troyes, la ville où il a grandi. D'Henri Salvador à Brad Pitt, il a piégé plus de cent personnalités, suscitant la perplexité, parfois même l'énervement. Acteur au théâtre et au cinéma, humoriste, Raphaël Mezrahi a même été le présentateur d'une émission de jardinage : c'est de sa maison de Troyes qu'il a animé, en 2007, un programme intitulé « Les carottes, ça a des poils ».

mardi 24 janvier

lever : 8 h 31
coucher : 17 h 34

St François de Sales

À table !

La geline de Touraine

Centre

Nouveau fleuron gastronomique de la région, la geline de Touraine est devenue une grande volaille, recherchée pour sa chair fine et moelleuse, entre faisan et pintade. Élevée en plein air, pendant cent vingt jours au moins, cette race de poule est connue sous le nom de « dame noire ».

Faune & flore

Nourrir les oiseaux

France

En cette période hivernale, les oiseaux apprécieront ce petit coup de pouce. Vous pouvez leur donner les restes de vos repas (riz, gâteaux rassis, croûtes de fromage…), en évitant les aliments trop salés ou trop secs. N'oubliez pas de placer un petit récipient d'eau, notamment quand il gèle.

La rubrique du 13 h

LE LAC DES PISES

Languedoc-Roussillon

Aujourd'hui l'un des joyaux du parc national des Cévennes, le lac des Pises est un lac artificiel créé en 1963. Situé sur le massif du Lingas, au sud de l'Aigoual, il est entouré de sous-bois et de prairies où paissent des moutons : le site est un espace protégé pour la transhumance des troupeaux. Les quatorze hectares du lac font le bonheur des randonneurs et des touristes qui s'y rafraîchissent ; le lac des Pises est aussi un endroit très prisé des pêcheurs, puisque ses eaux sont peuplées de nombreuses truites – la pêche y a été interdite pendant trois ans, le temps de permettre à l'espèce de proliférer à nouveau.

Savoirs d'antan

Un bain de pieds de racines de guimauve, préalablement bouillies dans de l'eau, soulage les douleurs. La guimauve pousse dans les régions méditerranéennes, et l'on peut en commander facilement en pharmacie.

Ils ont marqué leur région…

Fadela Amara

Auvergne

Avant d'être connue du public en tant que créatrice et présidente de l'association Ni putes ni soumises, Fadela Amara a passé son enfance à Clermont-Ferrand, dans une famille de onze enfants. Adolescente, elle participe à une marche civique pour l'inscription des jeunes sur les listes électorales, et fait du porte-à-porte pour obtenir la réhabilitation de son quartier que l'on menace de raser. Elle commence sa carrière de femme politique en 2001, en étant élue conseillère municipale à Clermont-Ferrand.

mercredi 25 janvier

lever : 8 h 30
coucher : 17 h 35

Conversion de St Paul

Faune & flore

La châtaigne corse

Corse

C'est au Moyen Âge que les habitants de Corse, contraints par les autorités génoises qui gouvernaient alors l'île, se sont lancés dans la culture de la châtaigne. Depuis, le fruit est devenu emblématique de la région. Très savoureux, il se déguste grillé, en confiture ou sous forme de farine.

À table !

La mimolette vieille

Nord-Pas-de-Calais

L'origine de la mimolette est française et non pas hollandaise. Créé sous Colbert, ce fromage rougeâtre est également appelé « boule de Lille ». En effet, au XVIIe siècle, la production de la mimolette se faisait exclusivement dans le Nord. Ce n'est plus le cas aujourd'hui, mais l'affinage est une spécialité lilloise.

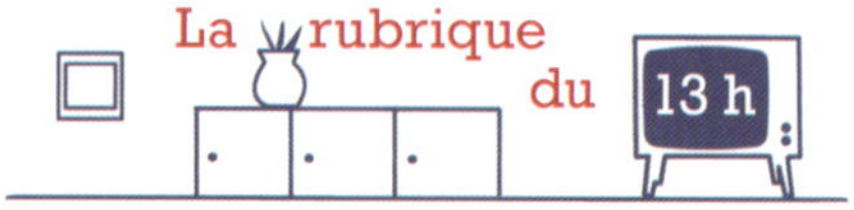

LA BASE SOUS-MARINE DE LA ROCHELLE

Poitou-Charentes

S'il n'a pas les meilleurs atouts pour vanter les charmes de La Rochelle, cet immense bloc de béton est un témoignage précieux du rôle qu'a joué le port charentais pendant la Seconde Guerre mondiale. Appartenant au célèbre mur de l'Atlantique, édifié par les Allemands, la base sous-marine de La Rochelle est faite de murs pouvant atteindre trois mètres cinquante d'épaisseur sur près de deux cents mètres de long. Construite à partir de 1941, afin d'abriter une flottille de sous-marins allemands, elle est désormais rattachée au grand port maritime de La Rochelle.

Un jour en

Rhône-Alpes

25 janvier 1924

C'est l'ouverture des premiers jeux Olympiques d'hiver, qui ont lieu à Chamonix. Neuf disciplines sont au programme, et toutes sont réservées aux hommes, à l'exception du patinage artistique, qui comporte une épreuve féminine et une épreuve en couple.

Ils ont marqué leur région...

Goethe

Alsace

C'est en 1770 que Johann Wolfgang von Goethe débarque à Strasbourg, à l'âge de 21 ans, pour étudier le droit. Cette année est décisive pour la formation de la pensée du dramaturge, notamment grâce à sa rencontre avec Herder, philosophe et poète, avec lequel il recueille et étudie une dizaine de chansons folkloriques de la région. Quelques années avant d'écrire son *Faust*, Goethe compose ses premières poésies lyriques, destinées à la fille du pasteur de Sessenheim, un bourg situé au nord de Strasbourg.

jeudi 26 janvier

lever : 8 h 29
coucher : 17 h 37

Ste Paule

DICTON
Pays de la Loire
Muscadet le matin chasse le médecin !

Faune & flore
Le troglodyte mignon
Haute-Normandie

Il a beau faire partie des plus petits, ce passereau sait se faire entendre ! Son chant est si puissant qu'il peut être perçu à deux cents mètres à la ronde. Sa grande vivacité est tout aussi remarquable, bien que peu surprenante, lorsque l'on sait que le troglodyte mignon entretient plusieurs nichées à la fois.

La rubrique du 13 h

LE THÉÂTRE DU PEUPLE À BUSSANG
Lorraine

Situé dans le massif des Hautes-Vosges, Bussang attire de nombreux visiteurs. Ils ne viennent pas uniquement pour skier, randonner ou admirer le cadre idyllique, ils viennent aussi pour assister aux pièces interprétées par la troupe du Théâtre du peuple. Fondé à la fin du XIXe siècle, ce théâtre réunit comédiens amateurs et professionnels, dans une salle entièrement construite en bois. Le bâtiment, classé et aujourd'hui propriété de l'État, ressemble à un bateau renversé, tandis que l'arrière-scène s'ouvre sur la forêt vosgienne.

À table !
Bréjaude
Limousin

Pour 4 personnes
Entailler 500 g de poitrine de lard maigre et la plonger dans 3 l d'eau.
Ajouter 1 bouquet garni et porter à ébullition.
Couvrir et laisser mijoter 1 h.
Éplucher et couper en morceaux 2 carottes, 1 chou-rave, 2 poireaux et 4 pommes de terre ; couper 1 chou vert en gros quartiers.
Émietter le lard et le remettre avec sa couenne dans le bouillon, avec les carottes, le chou-rave, les poireaux et le chou vert. Au bout de 20 min, ajouter les pommes de terre et poursuivre la cuisson 30 min.
Servir cette soupe sur des tranches de pain.

Ils ont marqué leur région...
Philippe Auguste
Île-de-France

Philippe Auguste, dit « le Conquérant » ou « le Rassembleur », est l'un des Capétiens les plus admirés et les plus étudiés. Roi de France pendant plus de quarante ans, il a contribué au façonnement du Paris du haut Moyen Âge. Faisant de la ville la capitale d'un pays en pleine extension, il édifie le premier château du Louvre et construit une muraille de cinq kilomètres de long et de trois mètres d'épaisseur, pour protéger les habitants. Il participe enfin à l'essor culturel de la France en donnant, en 1200, des statuts à la future Sorbonne.

vendredi 27 janvier

lever : 8 h 28
coucher : 17 h 39

Ste Angèle

À table !

Daube de bananes plantain

Martinique

Pour 4 personnes

Éplucher et couper en gros morceaux 6 bananes plantain jaunes ; arroser de jus de citron. Couper 200 g de lard demi-sel en petits dés, éplucher et hacher 6 échalotes, 2 gousses d'ail et 1 morceau de piment frais. Dans une cocotte, faire rissoler le lard, ajouter les bananes, les échalotes, l'ail, le piment et 2 branches de thym. Laisser cuire 3 min, puis baisser le feu et verser 20 cl d'eau chaude. Ajouter 1 pincée de cannelle, couvrir et laisser mijoter 20 min. Parsemer de persil plat avant de servir.

La rubrique du 13 h

LE PLATEAU DU LÉVÉZOU

Midi-Pyrénées

Au cœur de l'Aveyron, entre les villes de Millau et Rodez, le haut plateau du Lévézou s'élève à neuf cents mètres d'altitude en moyenne. Profitant des fortes précipitations annuelles à cet endroit et des différentes rivières qui traversent le plateau, EDF implante, dans les années 1950, un complexe hydroélectrique de cinq mille hectares dans la région. Cet ensemble de barrages est réparti sur plusieurs lacs – le plus vaste est le lac de Pareloup, qui s'étend sur près de mille trois cents hectares –, développant ainsi le tourisme dans une zone principalement agricole.

Faune & flore

La lavande

Provence-Alpes-Côte d'Azur

Aussi plaisante à sentir qu'à regarder, la lavande est, à l'origine, une plante sauvage. Cultivée, puis transformée en huile essentielle dès le XIXe siècle, pour répondre à la forte demande de l'industrie de la parfumerie, elle est aujourd'hui un symbole de la région.

Savoirs d'antan

La propolis, substance que l'on prélève dans les ruches, adoucit les gorges irritées par un rhume ou une angine. Elle se consomme sous différentes formes : sprays, collutoires, gommes à mâcher ou gélules. Elle est considérée comme un véritable antibiotique naturel.

Ils ont marqué leur région...

Georges Blanc

Rhône-Alpes

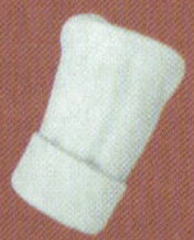

Trois étoiles au *Guide Michelin* et quatre toques au *Gault Millau*, c'est le palmarès de Georges Blanc, qui tient, depuis quarante ans, l'institution fondée en 1872 par ses arrière-grands-parents, à Vonnas. Déjà, dans les années 1930, la mère Blanc avait été déclarée « meilleure cuisinière du monde ». Avec une cuisine du terroir simple, mais exigeante, la maison Georges Blanc est l'établissement le plus anciennement étoilé au monde. Président du comité interprofessionnel de la volaille de Bresse, juré de l'émission « Un dîner vraiment parfait », le chef infatigable est aussi propriétaire de quatre brasseries, de deux hôtels de luxe et d'un vignoble en Bourgogne !

samedi 28 & dimanche 29 janvier

St Thomas d'Aquin St Gildas

Mythes et légendes

Mayotte

Le baobab orgueilleux

« Je fis remarquer au Petit Prince que les baobabs ne sont pas des arbustes, mais des arbres grands comme des églises et que, si même il emportait avec lui tout un troupeau d'éléphants, ce troupeau ne viendrait pas à bout d'un seul baobab. »
Antoine de Saint-Exupéry, Le Petit Prince, *1943*

Alors qu'il créait le monde, Dieu, se penchant sur l'île de Mayotte, en vint à décider quels arbres y pousseraient. Il colora ainsi la terre de quelques flamboyants, du précieux ylang-ylang, de cocotiers et de manguiers délicieux. Car il songeait au bien-être de l'homme. Il ajouta l'arbre à pain, le jacquier dont les pommes font d'exquises confitures, mais aussi des arbres pour protéger les êtres vivants du soleil et les mettre à l'abri. Naquirent ainsi le kapokier et le baobab. Résistant, immense et somptueux, ce dernier faisait de l'ombre comme nul autre. Aux hommes et aux animaux... mais également aux autres végétaux.

En effet, plus le baobab grandissait, plus il attirait d'oiseaux en quête de fraîcheur, venant se nicher dans ses branches interminables. Et plus on le remerciait, plus on louait son imposante domination, plus le tronc du baobab enflait et plus ses branches s'allongeaient, tant et si bien que le géant s'enorgueillit. Un peu, beaucoup... puis beaucoup trop. Si le kapokier omettait un matin de vanter sa majesté, le baobab s'agaçait. Si le flamboyant ne pensait pas à agiter ses branches gracieuses en guise de respect, il se fâchait. Lorsque la tourterelle tambourette se posait en son feuillage sans le remercier pour tant de luxe, il entrait dans une colère noire.

Un beau jour, ses compagnons en eurent assez et, arbres comme oiseaux, tous commencèrent à se plaindre. Le Créateur les entendit et vint mettre en garde l'arbre prétentieux et capricieux. Mais rien n'y fit : son orgueil n'avait pas plus de limites que sa force et sa taille. Navré, et à regret – cet arbre était alors si beau... –, Dieu, d'une seule et humiliante main, déracina l'arbre souverain et le replanta... à l'envers ! C'est pourquoi, aujourd'hui, les baobabs semblent avoir des racines démesurées et des branches atrophiées.

lundi 30 janvier

lever : 8 h 24
coucher : 17 h 43

Ste Martine

À table !

Claquebitou

Bourgogne

Éplucher et hacher finement 4 échalotes et 2 gousses d'ail. Ciseler 1 bouquet de ciboulette et 1 bouquet de persil plat. Démouler 500 g de fromage en faisselle (de chèvre, si possible) et le fouetter légèrement avec 1 c. à soupe de vinaigre de vin. Ajouter l'ail, les échalotes et les herbes ; saler et poivrer. Mettre 2 h au réfrigérateur et servir en entrée ou avec le fromage, accompagné de crème fraîche.

Quiz des villes & villages de France

Louis-Philippe a ordonné, dans cette ville, la construction du Haras de la Vendée, aujourd'hui consacré à la conservation des espèces et au tourisme.

__ _____-____-___

La rubrique du 13 h

LES HALLES CENTRALES DE LIMOGES

Limousin

Rénovées dans les années 1990, les halles de Limoges témoignent de plus d'un siècle de commerce sur la place de la Motte. En observant le bâtiment classé au titre des monuments historiques, il n'est pas difficile d'en deviner l'époque de conception : la fin du XIXe siècle. En effet, la charpente métallique rappelle immédiatement le style de Gustave Eiffel. Le reste de l'édifice est fait de briques, de verre et de zinc, tandis que, sur la façade, une frise de carreaux – on est dans la capitale de la porcelaine – évoque divers métiers de bouche.

Faune & flore

Le pin maritime

Aquitaine

La forêt des Landes, qui borde le littoral atlantique, est presque exclusivement composée de pins maritimes, ou pins des Landes. Ces conifères, mesurant jusqu'à 30 mètres de hauteur, dégagent une odeur caractéristique que tout promeneur saurait apprécier.

Ils ont marqué leur région…

Charles Nodier

Franche-Comté

Ce n'est pas pour rien si l'on peut trouver à Besançon une rue et un collège Charles-Nodier : c'est ici que le pionnier du romantisme a passé son enfance. Politiquement engagé, il écrit en 1802 *La Napoléone*, un poème anti-bonapartiste, pour lequel il est condamné à trente-six jours de prison. Cet amoureux des belles-lettres, curieux des littératures étrangères, s'impose avec des articles littéraires, des poèmes, des romans et des récits de voyage, et est élu à l'Académie française en 1833. Charles Nodier est resté attaché à la Franche-Comté, dont il décrit les paysages dans ses *Voyages pittoresques et romantiques dans l'ancienne France.*

La Roche-sur-Yon

mardi 31 janvier

lever : 8 h 23
coucher : 17 h 45

Ste Marcelle

Faune & flore

Le drosera

Auvergne

Petite plante discrète, vivant dans les tourbières et les marais auvergnats, le drosera est surtout connu pour son caractère carnivore. Il se nourrit de petits insectes qui, confondant avec de la rosée les fines gouttes de mucus qui recouvrent ses tentacules, se retrouvent pris au piège.

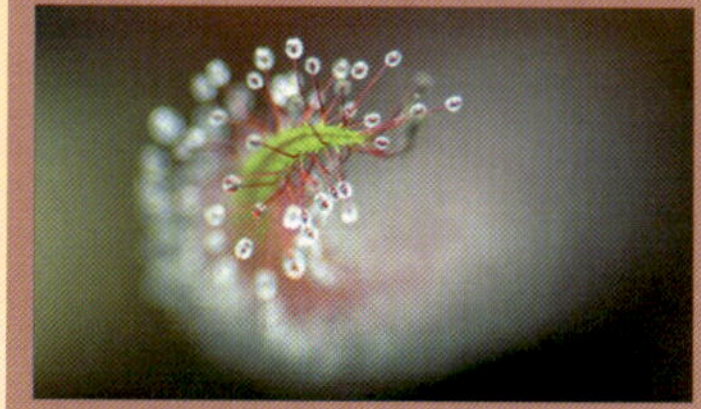

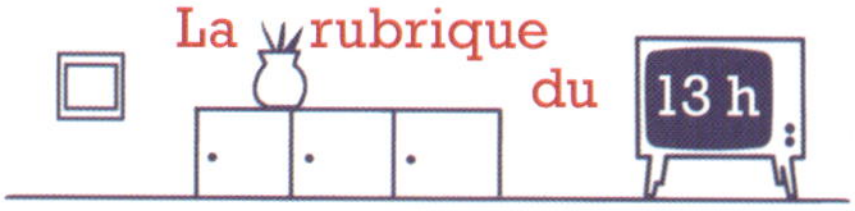

LE NEZ DE JOBOURG

Basse-Normandie

Dans le Cotentin, à la pointe de la Hague, autant dire au bout du monde, le Nez de Jobourg s'avance dans la mer depuis deux milliards d'années. Au détour de l'ancien sentier des douaniers, au sommet d'un pic ou dans le secret d'une cavité, le panorama surprend chaque fois le promeneur. Minuscule, il n'ose se mesurer à ces falaises parmi les plus hautes d'Europe. L'accès au Nez de Jobourg est interdit, car trop dangereux – et c'est tant mieux pour les nombreux oiseaux qui y nichent. Alors, on reste un peu à l'écart, pour admirer cette nature préservée.

À table !

Sauté de porc aux cocos de Paimpol

Bretagne

Pour 4 personnes

Faire revenir 5 min 500 g de sauté de porc dans une cocotte avec 2 c. à soupe d'huile et réserver. Dans la cocotte, faire revenir dans un peu d'huile 1 oignon et 1 gousse d'ail émincés. Ajouter 1 c. à soupe de concentré de tomates, 1 c. à soupe de graines de cumin, 2 pincées de piment en poudre, 1 bouquet garni, du sel et du poivre. Ajouter 20 cl d'eau, remettre la viande et cuire 45 min à feu doux et à couvert. Couper 2 poivrons rouges en dés et les ajouter à la viande ; poursuivre la cuisson 15 min. Ajouter 600 g de cocos déjà cuits et laisser mijoter encore 15 min.

Un jour en

Île-de-France

31 janvier 1981

Lors de la sixième édition des Césars, François Truffaut triomphe avec *Le Dernier Métro* : les chassés-croisés amoureux de Gérard Depardieu et de Catherine Deneuve, dans un théâtre, sous l'Occupation, sont récompensés par dix statuettes, un record jamais égalé.

Ils ont marqué leur région…

Jeanne, comtesse de Flandre

Nord-Pas-de-Calais

L'hospice Comtesse, un bâtiment classé monument historique au cœur du Vieux-Lille, rend hommage à Jeanne de Constantinople, comtesse de Flandre, qui ordonna, au milieu du XIIIe siècle, la construction d'un hôpital destiné aux malades, aux pauvres et aux pèlerins de passage. Plusieurs fois détruit par des incendies, puis reconstruit, il devint un orphelinat, puis un musée qui abrite notamment des tapisseries et des pièces d'orfèvrerie.

mercredi 1er février

lever : 8 h 21
coucher : 17 h 47

Ste Ella

À table !

Omelette au boudin de Nancy

Lorraine

Pour 6 personnes

Éplucher et émincer 200 g d'oignons et les faire fondre dans 40 g de beurre. Battre 8 œufs, ajouter les oignons et 4 brins de persil plat ciselés ; saler et poivrer. Retirer la peau de 400 g de boudin noir. Couper le boudin en rondelles et le faire revenir doucement dans 20 g de beurre. Dans une grande poêle, faire fondre 40 g de beurre sur feu vif et verser les œufs. Quand ils commencent à prendre, garnir la moitié de l'omelette avec le boudin et la plier en 2, encore baveuse, avant de servir.

Savoirs d'antan

Mâcher des pâquerettes peut aider à guérir les aphtes, lorsque l'on n'a rien d'autre sous la main. Cette fleur si commune était utilisée en médecine traditionnelle pour nettoyer les plaies. Elle est encore employée de nos jours en homéopathie, sous la forme de teinture mère, pour les soins de l'épiderme.

La rubrique du 13 h

LES CALANQUES DE PIANA

Corse

On le sait, la Corse est l'île de Beauté. Mais, avec ces falaises de granit rouge qui plongent dans la mer, la nature s'est vraiment surpassée. Enfin, si l'on en croit la légende, Satan l'a aidée : il serait tombé amoureux d'une bergère qui se refusait à lui et l'aurait transformée en statue, puis retenue prisonnière dans cette cité de pierre. À ses côtés, on retrouve d'autres figures désormais bien connues, comme celles du chien, du cœur ou de l'évêque. Visibles depuis la terre et la mer, les calanques sont classées d'intérêt mondial par l'Unesco.

Faune & flore

Le baudet du Poitou

Poitou-Charentes

Vraisemblablement introduit en France au XVIe siècle, le baudet du Poitou est considéré comme le plus ancien des ânes. Son pelage abondant lui confère pourtant une allure peu commune. Du fait de sa grande taille, il est principalement élevé pour la production mulassière, un travail qui lui va... au poil !

Ils ont marqué leur région...

Eugène Labiche

Centre

S'inscrivant dans la tradition de la farce, avec un sens aigu de la caricature, Eugène Labiche a régné sur le théâtre comique du second Empire. Parmi les cent soixante-quatorze pièces qu'il a écrites, *La Cagnotte* et *Le Voyage de Monsieur Perrichon* sont des vaudevilles encore joués aujourd'hui. Dans les années 1860, à l'apogée de sa carrière, le fin observateur de la bourgeoisie se retira dans le Loir-et-Cher et acheta le château de Launoy, à Souvigny-en-Sologne, commune dont il fut le maire pendant une dizaine d'années.

jeudi 2 février

lever : 8 h 20
coucher : 17 h 48

Chandeleur

DICTON
Alsace

Épines et chardons piquent fort,
mais mauvaises langues
bien plus encore.

À table !

Flans de roquefort

Midi-Pyrénées

Pour 6 personnes
Écraser 120 g de roquefort et le mélanger à 4 œufs, 30 cl de crème liquide et 30 g de cerneaux de noix concassés ; poivrer. Verser la préparation dans 6 ramequins beurrés et cuire 15 min au four préchauffé à 200 °C. Servir avec une salade.

Faune & flore

La chauve-souris

Champagne-Ardenne

Plus de vingt-quatre espèces de chauves-souris logent dans les milieux souterrains de Champagne-Ardenne. En effet, le microclimat de ces cavités naturelles ou artificielles, très humide et à la température constante, offre des conditions optimales pour leur hibernation.

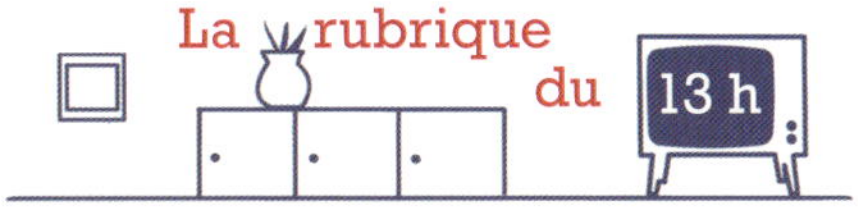

LE SACRÉ-CŒUR

Île-de-France

Du haut de sa butte, la basilique veille sur Paris et, où qu'ils soient dans la capitale, les Parisiens gardent un œil sur elle. Montmartre a toujours été un lieu de culte, d'abord païen, puis chrétien. Aussi, quand il a été question, en pleine guerre contre la Prusse, dans les années 1870, d'ériger une église consacrée au cœur du Christ, le lieu s'est-il imposé de lui-même. Les travaux du Sacré-Cœur furent financés par des dons collectés dans toute la France, et la basilique d'inspiration romano-byzantine fut consacrée en 1919.

Ils ont marqué leur région…

Gracchus Babeuf

Picardie

Gracchus, un prénom peu commun pour un Picard… François Noël Babeuf avait adopté ce pseudonyme en hommage aux frères Gracchus qui, dans la Rome antique, militaient pour une réforme agraire. Car Babeuf est un révolutionnaire de la fin du XVIIIe siècle, dont l'idéal était de changer le monde et d'en réduire les inégalités. Il participa, à la veille de la Révolution française, à la rédaction des cahiers de doléances de Roye. En 1797, il fut à l'origine de la conjuration des Égaux, une conspiration qui visait à instaurer un régime communiste. Sombre destin pour cet idéaliste, guillotiné après avoir passé la moitié de sa vie en prison !

vendredi 3 février

lever : 8 h 18
coucher : 17 h 50

St Blaise

À table !
Fricassée de poulet
Pays de la Loire

Pour 6 personnes
Faire revenir, dans du beurre, un poulet coupé en 12 morceaux. Ajouter 24 oignons grelots pelés et mouiller avec 30 cl de vin blanc d'Anjou. Saler, poivrer et laisser mijoter 20 min à couvert. Ajouter 350 g de champignons nettoyés et coupés en 4, préalablement revenus dans 50 g de beurre. Laisser cuire encore 20 min. En fin de cuisson, ajouter 20 cl de crème fraîche et servir.

La rubrique du 13 h

LE FORT DES SALETTES À BRIANÇON
Provence-Alpes-Côte d'Azur

Au carrefour de cinq vallées, Briançon, dans le département des Hautes-Alpes, fut une zone stratégique, quelle que fût l'époque. Du fait de sa proximité avec l'Italie, la ville a toujours abrité une garnison, c'est pour cela qu'elle est un modèle en matière d'architecture militaire, surtout en milieu montagnard. C'est Vauban qui conçut le fort des Salettes, sur un éperon rocheux. Également appelé « redoute », le fort fut achevé au début du XVIIIe siècle et agrandi au XIXe ; il est dans un excellent état de conservation.

Faune & flore
Les pommes à cidre
Basse-Normandie

Impossible d'évoquer la Normandie sans citer la pomme, très cultivée dans le Calvados pour la production de boissons alcoolisées et d'alcools (cidre, pommeau, calvados...). Il en existe de nombreuses variétés, généralement regroupées en quatre familles : les douces, les douces-amères, les amères et les acidulées.

Savoirs d'antan

Un manque d'appétit peut être guéri par du vin de romarin. Pour le confectionner, faites macérer des fleurs de romarin dans un litre de bon vin, pendant sept jours, puis buvez un petit verre de cette préparation avant chaque repas.

Ils ont marqué leur région...

Florence Arthaud
Guadeloupe

La Fiancée de l'Atlantique, tel est le surnom de Florence Arthaud, qui effectue sa première transatlantique à l'âge de... 17 ans ! En 1990, après quatorze jours de mer en solitaire, elle remporte la quatrième édition de la Route du Rhum, qui relie Saint-Malo à Pointe-à-Pitre. Son arrivée en Guadeloupe à bord du *Pierre-Ier*, un trimaran grâce auquel elle avait battu le record de la traversée de l'Atlantique trois mois plus tôt, a marqué les esprits. « À la toute fin, se souvient-elle, c'est du délire, il y a une véritable horde sur l'eau autour de mon beau *Pierre-Ier* ! »

samedi 4 & dimanche 5 février

Ste Véronique — Ste Agathe

Les pierres-sottes

Au cours d'une balade dans le Berry, il peut être surprenant d'observer un passant du cru scrutant une pierre au détour d'un chemin. Si vous lui demandez pourquoi il lorgne de façon si intensive, voire méchante, ce gros caillou de calcaire ou de granit, voici ce qu'il vous expliquera. Ces pierres isolées, dites « sottes » ou « caillasses », qui jonchent les sentiers de la région, ont l'air de simples morceaux de roche. Pourtant, certains affirment que, si votre visage ne leur revient pas, ces cailloux, dont les rides semblent creusées par des siècles d'érosion, se défigurent. Tordant leurs crevasses minérales jusqu'à grimacer, ils menacent alors les promeneurs de leur figure difforme. Et ce n'est pas tout !

Car parfois on les voit, mais parfois on ne les voit plus. On n'aurait pas fait attention ? Quelqu'un les aurait déplacés ? Non, ils sont, d'eux-mêmes, partis faire un tour ! Voir du paysage ? Que nenni ! Il semble plutôt qu'ils prennent un malin plaisir à se placer en travers des routes pour empêcher les voyageurs de passer, avant de retourner à leur place, renversant tout sur leur passage. Seulement voilà, ces pierres n'étant pas des lumières, il arrive qu'elles ne retrouvent pas leur chemin, et qu'elles se posent où bon leur semble : dans un champ, dans un fossé ou, si là encore vous les avez regardées de travers, au beau milieu de votre jardin, écrasant vos chères plates-bandes de leur poids séculaire. Si vous trouvez l'une d'entre elles debout, c'est qu'elle s'est perdue : lorsqu'une pierre bouge, elle ne peut se coucher, si elle n'est pas revenue à sa place, condamnée à la verticalité pendant toute une année.

lundi 6 février

lever : 8 h 14
coucher : 17 h 55

St Gaston

Un jour en
Île-de-France
6 février 1929

À Paris, un épicier espagnol crée une petite entreprise qu'il nomme « Danone », du surnom de son fils, Danon (« petit Daniel », en catalan). Ses yaourts à base de ferments lactiques, développés avec l'Institut Pasteur, seront d'abord vendus en pharmacie.

À table !

Écrevisses à la nage

Rhône-Alpes

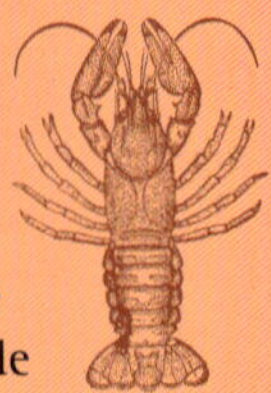

Pour 4 personnes

Préparer la nage : éplucher et couper en fines rondelles 100 g de carottes et 100 g de petits oignons, puis hacher 4 échalotes et 1 gousse d'ail. Mettre le tout dans un faitout, avec 75 cl de bourgogne blanc et 35 cl d'eau. Cuire à petits frémissements 30 min. Plonger dans la nage 48 écrevisses, lavées et préparées, et cuire 3 min. Servir les écrevisses avec la nage filtrée.

La rubrique du 13 h

LE PARC DU FUTUROSCOPE

Poitou-Charentes

Au début des années 1980, il n'y a guère que René Monory, le président du conseil général de la Vienne, pour croire au Futuroscope. Pourtant, en 1987, le projet voit le jour. Occupant soixante hectares, à une dizaine de kilomètres de Poitiers, le Futuroscope est aujourd'hui l'un des parcs à thèmes les plus fréquentés de France, avec ses spectacles et sa vingtaine d'attractions répartis dans plusieurs pavillons à l'architecture futuriste. Dédié aux nouvelles technologies et à l'image – robots, images en trois dimensions, simulateurs –, le Futuroscope innove constamment.

Faune & flore

Le houblon

Alsace

Depuis son apparition dans la région, au XIXe siècle, le houblon a su gagner ses lettres de noblesse, la bière alsacienne faisant aujourd'hui partie des plus fameuses. La plante pousse particulièrement bien dans la partie basse du pays, où les précipitations sont suffisamment abondantes.

Ils ont marqué leur région…

Sadi Carnot

Limousin

Au cœur de Limoges, la place Sadi-Carnot rend hommage au président de la IIIe République, né dans la préfecture limousine. Diplômé de Polytechnique et des Ponts et Chaussées, dont il sortit major de promotion en 1863, Sadi Carnot devint ministre de Travaux publics avant d'accéder à la tête de l'État. Dans un contexte d'agitation syndicale et politique, il fut poignardé en 1894, lors de l'Exposition internationale et coloniale de Lyon, par un anarchiste italien. Son assassinat poussa la Chambre à adopter la plus célèbre des lois scélérates : elle interdit, aux anarchistes, tout type de propagande.

mardi 7 février

lever : 8 h 13
coucher : 17 h 57

Ste Eugénie

Faune & flore

La volaille de Licques

Nord-Pas-de-Calais

Originaire d'un petit village situé dans le Pas-de-Calais, la volaille de Licques est célèbre pour la qualité de sa viande. Forte de sa labellisation en 1979, la dinde de Licques est devenue, depuis, la star des festivités organisées chaque année par la commune, vers la mi-décembre. Lors des défilés, mais aussi, bien sûr, dans la marmite...

La rubrique du 13 h

L'ABBAYE SAINT-GEORGES DE BOSCHERVILLE

Haute-Normandie

Dans la charmante commune de Saint-Martin-de-Boscherville, en Seine-Maritime, l'abbaye Saint-Georges mérite qu'on s'y arrête quelques heures. De style presque entièrement roman, cette abbaye bénédictine fut construite aux XIIe et XIIIe siècles. Dans la vallée de la Seine, à une douzaine de kilomètres de Rouen, ses imposantes pierres blanches dominent et illuminent les jardins monastiques. Étendus sur quatre hectares, ils se composent de jardins à la française, redessinés à partir de plans du XVIIe siècle, d'un potager, d'un verger et d'un cloître de verdure.

À table !

Soupe au chou

Auvergne

Pour 6 personnes

Rincer 700 g de lard demi-sel dans une grande marmite. Mouiller avec 2 l d'eau, porter à ébullition avec 1 bouquet garni et écumer régulièrement. Éplucher et couper en morceaux 3 carottes, 2 navets et 3 pommes de terre. Éplucher 1 chou vert, le couper en 4 et le faire blanchir 5 min. Après 1 h 30 de cuisson du lard, ajouter les carottes et les navets. Au bout de 15 min, ajouter le chou émincé et, 15 min plus tard encore, les pommes de terre ; poursuivre la cuisson 25 min. Couper le lard en tranches et servir avec du pain de campagne.

Quiz des villes & villages de France

En trois lettres : chef-lieu des Hautes-Alpes où l'on peut déguster de fameux tourtons, beignets fourrés d'une garniture salée ou sucrée.

_ _ _

Ils ont marqué leur région...

Patrick Fiori

Corse

Les racines de l'enfant de Cargèse lui collent à la peau. En 1993, Patrick Fiori décroche la quatrième place au concours de l'Eurovision, avec la chanson *Mama Corsica*, que François Valéry a écrite pour lui. Il triomphe bientôt avec la troupe de *Notre-Dame de Paris* et le titre *Belle*, interprété avec Daniel Lavoie et Garou et élu Chanson de l'année 1999. En 2005, il enregistre, sur l'île de Beauté, les quinze titres de son album *Si on chantait plus fort*.

mercredi 8 février

lever : 8 h 11
coucher : 17 h 58

Ste Jacqueline

CITATION
Centre

« On ne dîne pas aussi luxueusement en Berry qu'à Paris, mais on y dîne mieux. »

Honoré de Balzac

Faune & flore

L'oignon de Roscoff

Bretagne

Une couleur rosée caractéristique et des qualités gustatives indéniables, telles sont les deux principales propriétés de ce petit oignon. Produite uniquement dans la région, la plante potagère a été importée du Portugal au XVIIe siècle, par un moine capucin.

À table !

Le riz de Camargue

Languedoc-Roussillon

Amorcée en Camargue dès le XIVe siècle, sous l'impulsion d'Henri IV, la culture du riz prend véritablement son essor pendant la Seconde Guerre mondiale. La zone de production s'étend aujourd'hui au-delà du delta du Rhône, dans un territoire au climat privilégié.

La rubrique du 13 h

L'ESPLANADE DES QUINCONCES À BORDEAUX

Aquitaine

Avec une superficie de douze hectares, l'esplanade des Quinconces – son nom lui vient de la façon dont sont plantées les allées d'arbres qui la bordent – est la plus grande place d'Europe. Aménagée au XIXe siècle, en bordure de la Garonne, elle est un haut lieu de la vie bordelaise : elle accueille chaque année des manifestations diverses. L'esplanade des Quinconces est aussi un lieu de mémoire, qui célèbre d'illustres Bordelais comme Montaigne, Montesquieu ou les députés Girondins guillotinés en 1793.

Ils ont marqué leur région...

Sonia Delaunay

Île-de-France

Artiste née près d'Odessa, Sonia Delaunay est la première femme à avoir eu, de son vivant, une rétrospective au Louvre. Après avoir passé son enfance, puis ses années d'études entre la Russie, la Finlande et l'Allemagne, elle s'installe en 1905 à Paris, capitale de la création artistique de la Belle Époque. Peintre et décoratrice, elle travaille sur les constructions abstraites et lance, avec son mari Robert, un mouvement artistique proche du cubisme, l'orphisme. Ce terme a été proposé par Apollinaire pour caractériser une tendance picturale marquée par l'utilisation de couleurs vives et de formes géométriques.

jeudi 9 février

lever : 8 h 09
coucher : 18 h

Ste Apolline

Faune & flore

Le chèvrefeuille des bois

Franche-Comté

En se promenant dans la grande forêt de Chaux, dans le Jura, on peut apprécier l'odeur forte et suave, très utilisée en parfumerie, du chèvrefeuille des bois. Celui-ci forme des lianes, poussant parfois à même le sol ou s'enroulant et grimpant autour des arbres et des arbustes.

Un jour en *France*

9 février 1900

Une loi stipule que les magasins doivent, désormais, être munis d'un nombre de sièges égal à celui des femmes qui y sont employées. C'est un progrès pour la condition des vendeuses, qui sont donc autorisées à s'asseoir sur leur lieu de travail.

La rubrique du 13 h

LE MONASTÈRE DE LA GRANDE-CHARTREUSE

Rhône-Alpes

C'est à la fin du XIe siècle que le chanoine Bruno fonde le monastère de la Grande-Chartreuse, au cœur du massif qui lui a donné son nom : la vallée étroite et boisée est un lieu propice au recueillement. Pourtant, tout n'a pas toujours été si paisible, et le monastère a connu bien des mésaventures : plusieurs fois détruit par le feu, les avalanches ou les éboulements, il a été chaque fois rebâti. La visite du monastère est incompatible avec le silence prôné par les chartreux, mais un musée situé en aval permet de comprendre comment vivent les moines.

À table !

Beignets champenois

Champagne-Ardenne

Pour 4 personnes

Travailler 250 g de fromage blanc égoutté, en incorporant peu à peu 1 œuf entier, 1 jaune d'œuf, 50 g de sucre et 70 g de farine. Saler et laisser reposer 1 h au frais. Faire chauffer de l'huile pour friture à 170 °C et y plonger des boules de pâte. Sortir les beignets lorsqu'ils sont gonflés et dorés, les rouler dans du sucre en poudre et servir chaud.

Ils ont marqué leur région…

La Grande Mademoiselle

Bourgogne

Anne Marie Louise d'Orléans, duchesse de Montpensier, tire son surnom de Grande Mademoiselle de son père Gaston d'Orléans, frère de Louis XIII et, à ce titre, Grand Monsieur. Fâchée de ne pas avoir réussi à s'unir à Louis XIV, son cousin, elle prend en 1652, lors de la Fronde, le parti des princes. Exilée, elle s'installe dans l'Yonne, dans son château de Saint-Fargeau, et y entreprend des travaux considérables. Elle fait intervenir Le Vau pour moderniser sa résidence, construire un théâtre et dessiner les plans d'un jardin à la française.

vendredi 10 février

lever : 8 h 08
coucher : 18 h 02

St Arnaud

À table !

Tarte aux oignons

Alsace

Pour 4 personnes
Éplucher et émincer 600 g d'oignons et les faire fondre doucement dans de l'huile. Saupoudrer de farine, remuer et laisser cuire 2 min. Fouetter 4 œufs, 25 cl de lait et 25 cl de crème fraîche. Ajouter les oignons, du sel, du poivre et de la noix de muscade. Préchauffer le four à 180 °C. Garnir un moule à tarte beurré avec une pâte brisée et verser la préparation. Cuire 40 min et servir aussitôt.

La rubrique du 13 h

LA CASCADE DE FOURGASSIER

Guyane

La cascade de Fourgassier est un lieu de détente idéal. Le week-end, elle est très prisée par les Guyanais – elle est à quarante-cinq minutes de route de Cayenne –, qui viennent admirer le site, y pique-niquer et se baigner dans les eaux vives et claires. La cascade se brise sur plusieurs paliers successifs, le long desquels un sentier et des passerelles ont été aménagés. Il est alors facile de se glisser sous la chute d'eau et ses jets puissants. Et ceux qui préfèrent le calme, à la vigueur et au bruit assourdissant de la cascade, trouvent leur bonheur au pied des nombreux arbres qui l'ombragent.

Faune & flore

L'ibéris de Viollet

Lorraine

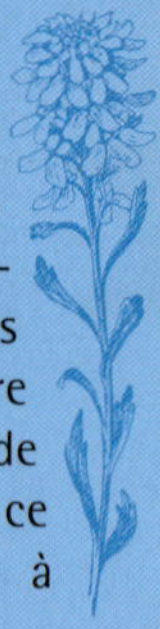

Nulle part ailleurs vous ne pourrez observer cette jolie plante héliophile, qui pousse exclusivement sur les éboulis calcaires. Espèce très rare et très protégée, l'ibéris de Viollet a su s'adapter à ce milieu spécifique grâce à son réseau de racines.

Savoirs d'antan

Pour venir à bout des ballonnements, rien de tel que le charbon végétal, sous forme de granules à croquer ou de gélules à avaler. Absorbant hors pair, il fixe à sa surface bactéries, toxines et gaz, qui sont ensuite éliminés par les voies naturelles.

Ils ont marqué leur région…

Radegonde de Poitiers

Poitou-Charentes

Au VIe siècle, Clotaire, fils de Clovis, épousa de force une princesse allemande, Radegonde. Très pieuse, la jeune femme s'était consacrée aux pauvres et souhaitait dévouer sa vie à Dieu. Clotaire la laissa finalement partir, expliquant : « Ce n'est pas une reine que j'ai là, c'est une nonne. » Radegonde fonda un hospice près de Saix, puis l'abbaye Sainte-Croix de Poitiers. Déjà vénérée de son vivant, on lui attribue de nombreux miracles et guérisons. Elle est l'une des rares saintes à avoir été reconnue comme telle par la croyance populaire, avant même d'être canonisée par le pape.

samedi 11 & dimanche 12 février

Notre-Dame de Lourdes — St Félix

Mythes et légendes
Provence-Alpes-Côte-d'Azur

Alpus et Azurine

Des dangers de l'amour boueux

« La Provence dissimule ses mystères derrière ses évidences. »
Jean Giono

Croyez-vous vraiment que le massif du Garlaban soit né de diverses évolutions géologiques ? Pensez-vous sérieusement que les quelque sept cents mètres de la petite montagne éponyme soient le fruit des caprices de la tectonique ? Non, bien sûr. La Provence de Marcel Pagnol, odorante, mystérieuse et fleurie n'est pas terre à se former de façon aussi prosaïque. Pourtant, rares sont ceux qui savent ce qui arriva en réalité. Le conteur Georges Berni était de ceux-là et, grâce à lui, nous connaissons encore aujourd'hui le fin mot de l'histoire.

Il y a fort longtemps, du temps où Gargantua et autres géants maladroits arpentaient la France en déformant les paysages de leurs chutes et de leurs coups de pieds, vivait celui que l'on nommait Alpus – on imagine bien par son seul nom les dégâts qu'il fit dans le sud-est du pays... Celui-ci, vadrouillant et combattant dans la région, était toujours tout crotté, semant ici et là une boue qui, en séchant, laissait nombre de monticules derrière lui. Or ce géant fréquentait une fée répondant au doux nom d'Azurine. Bien inspirée, celle-ci dessina notamment le rivage que nous appelons de nos jours... la « Côte d'Azur ».

Après cet habile labeur, elle retrouva son amant, dans les environs de l'actuelle Aubagne. Comme à son habitude, Alpus vint au rendez-vous maculé de boue. L'amoureuse fée ne fut pas rebutée et resta dans ses bras toute la nuit. Au petit matin, le géant partit battre la campagne, laissant sa maîtresse aux bons soins de la rosée. Ce fut la dernière nuit d'Azurine : la boue l'avait recouverte, la fée était pétrifiée, et c'est son visage aujourd'hui que les promeneurs admirent, quand ils ne croient voir qu'une montagne nommée Garlaban.

lundi 13 février

lever : 8 h 03
coucher : 18 h 07

Ste Béatrice

À table !

Pissaladière aux sardines

Provence-Alpes-Côte d'Azur

Pour 4 personnes

Couper 6 oignons en rondelles et les cuire 10 min dans de l'huile d'olive. Ajouter 3 tomates coupées en dés, saler, poivrer et cuire encore 10 min sur feu doux. Dérouler une pâte à pizza et y étaler la fondue d'oignons. Répartir dessus 1 c. à soupe de câpres, 12 olives noires et 300 g de sardines à l'huile égouttées. Cuire 20 min au four préchauffé à 210 °C. Émietter 50 g de feta sur la pissaladière avant de servir.

La rubrique du 13 h

LE FAMILISTÈRE DE GUISE

Picardie

Ce village un peu particulier est né au milieu du XIXe siècle, de la volonté de Jean-Baptiste Godin. Fondateur de la manufacture de poêles en fonte du même nom, et lui-même d'origine modeste, il voulait de meilleures conditions de vie pour ses ouvriers. Le familistère – ou palais social – se compose d'appartements au confort moderne pour l'époque, répartis dans trois pavillons autour d'une cour intérieure. En plus des logements, on trouve un parc, des potagers, des écoles, un théâtre, une piscine et des économats, aujourd'hui transformés en musée.

Faune & flore

L'ours brun

Midi-Pyrénées

Surnommé « moussus » (« monsieur » en patois) par les habitants de la région, l'ours brun a bien failli disparaître définitivement des Pyrénées dans les années 1990. Ce n'est que grâce à une campagne de réintroduction d'ours slovènes, ses plus proches cousins, que l'espèce a pu être sauvée.

DICTON

Limousin

Du porc, on ne perd que le cri.

Ils ont marqué leur région...

Alfred Jarry

Pays de la Loire

Né en 1873, dans une famille bourgeoise de Laval, Alfred Jarry commence à écrire jeune et se fait remarquer par ses tenues extravagantes et ses objets insolites. L'auteur est indissociable de son *Ubu roi*, pièce écrite à 21 ans, dont le personnage principal lui est inspiré par un de ses professeurs de lycée. Initiateur de la pataphysique, son Père Ubu s'amuse à déformer les mots et devient un symbole du délire du pouvoir exercé sans humanité. À la fin de sa courte vie – il disparaît à 34 ans –, Jarry s'identifie tellement au personnage qu'il signe Ubu.

mardi 14 février

lever : 8h01
coucher : 18h08

St Valentin

Faune & flore

L'anémone pulsatille

Languedoc-Roussillon

Petite plante vivace des milieux calcaires, la jolie anémone pulsatille s'épanouit particulièrement bien dans les gorges du Tarn. Il faut néanmoins résister à l'envie de la cueillir, car, fraîche, elle est très toxique. Une fois séchée, elle est utilisée pour apaiser, entre autres maux, les migraines.

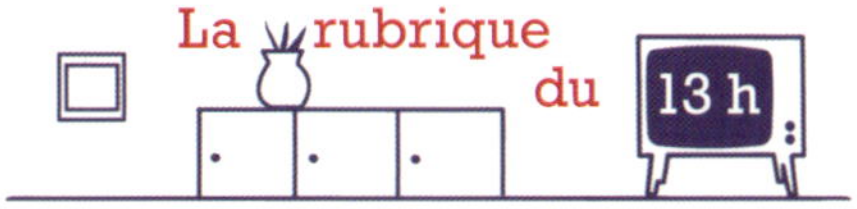

LA GROTTE CHAUVET

Rhône-Alpes

La découverte par hasard, en 1994, de la grotte Chauvet par un groupe de trois spéléologues fut vécue comme un événement chez les spécialistes d'art pariétal. En effet, la grotte, datée d'environ trente mille ans avant notre ère, présente un fascinant bestiaire de plus de trois cent cinquante animaux, réalisé à l'aide de techniques différentes de celles observées dans d'autres grottes. Classée dès 1995, la grotte est fouillée et étudiée depuis, et d'importantes mesures de conservation ont été mises en place, afin d'éviter tout contact avec l'air extérieur.

À table !

La liqueur de myrte

Corse

Souvent ménagère sur l'île de Beauté, cette liqueur est faite à partir des baies du myrte, un petit arbre sauvage caractéristique du maquis corse. Après la cueillette en hiver, les baies macèrent dans de l'alcool, auquel est ajouté ensuite un sirop.

Un jour en *Bretagne*

14 février 1974

Des membres du FLB (Front de libération de la Bretagne) plastiquent un émetteur de l'ORTF installé à Roc'h Tréludon. Ils veulent dénoncer l'absence de la culture bretonne sur le petit écran. Les Bretons seront privés de télévision pendant plus d'un mois.

Ils ont marqué leur région…

Rosa Bonheur

Aquitaine

« J'étais le plus garçon de tous », confesse Rosa Bonheur, qui a passé son enfance près de Bordeaux, au château Grimont, à Quinsac. Elle fume des havanes, chasse, porte les cheveux courts. Féministe, mais sans renier sa féminité, elle devient l'un des peintres animaliers les plus connus du XIXe siècle. Vaches, tigres et chevaux ornent ses toiles. Pour fréquenter les foires aux bestiaux, elle est d'ailleurs obligée de demander à la police l'autorisation de porter des pantalons. Rosa Bonheur fut, en 1865, la première femme artiste à être nommée chevalier de la Légion d'honneur, et elle dirigea l'une des premières écoles de dessin ouvertes aux jeunes filles.

mercredi 15 février

lever : 7 h 59
coucher : 18 h 10

St Claude

À table !
Omelette à la normande
Haute-Normandie

Pour 4 personnes
Casser 8 œufs et séparer les blancs des jaunes. Les battre séparément et assaisonner. Faire fondre 60 g de beurre dans une poêle et verser les jaunes. Cuire à feu vif jusqu'à ce qu'ils prennent. Étaler dessus 3 c. à soupe de crème fraîche et recouvrir avec les blancs battus. Laisser prendre sans remuer, mais en agitant la poêle. Plier l'omelette en la glissant sur un plat et l'arroser avec 40 g de beurre fondu.

CITATION
PACA

« Le soleil de Provence dissipe au moins à midi les plus épais chagrins. »

Madame de Sévigné, lettre du 27 novembre 1673 à Madame de Grignan

La rubrique du 13 h

LE CHÂTEAU DES DUCS DE WURTEMBERG
Franche-Comté

Composé d'un corps principal bâti au XVIIIe siècle – le bâtiment d'origine datait du XIIIe siècle – et de deux tours massives élevées à la Renaissance, le château de Montbéliard est situé sur un éperon rocheux, d'où il domine la vieille ville. Autrefois résidence des ducs de Wurtemberg, c'est aujourd'hui un musée dédié aux sciences, à l'archéologie et à l'histoire de la région : plusieurs salles rendent hommage à Georges Cuvier et à ses travaux en histoire naturelle, tandis qu'un circuit historique a été mis en place dans les anciennes cuisines.

Faune & flore
La primevère
Limousin

Dès le mois de février, cette plante vivace, dont il existe plus de quatre cents espèces, égaie nombre de jardins limousins. Optez pour des espèces qui se ressèment naturellement, et installez-les dans un endroit frais et ombragé : vous n'aurez alors qu'à vous soucier de bien les arroser en été.

Ils ont marqué leur région…
Yann Queffélec
Bretagne

Amoureux du Finistère, Yann Queffélec est depuis toujours attaché au petit port de l'Aber-Ildut, où il fut, adolescent, moniteur de voile. Lauréat du prix Goncourt, en 1985, avec son roman *Les Noces barbares*, il est également l'auteur d'une biographie d'Éric Tabarly, un navigateur qu'il a bien connu. « Je suis de sang, de famille, de racines bretonnes depuis des générations. Il n'y a que ça dans la famille. Et j'ai épousé une Bretonne. Sinon, je l'aurais bretonnisée ! », déclare-t-il avec humour.

jeudi 16 février

lever : 7 h 58
coucher : 18 h 11

Ste Julienne

Faune & flore

Le castor européen

Centre

À l'instar de nombreuses autres espèces, le castor était très présent en France, jusqu'à ce que sa chasse excessive eût presque raison de lui. Fort heureusement, les autorités protégèrent à temps l'animal, qui vit aujourd'hui au bord de nombreux cours d'eau, comme la Loire et tous ses affluents.

Savoirs d'antan

Saviez-vous que les crises d'asthme pouvaient être calmées en fumant certaines plantes? C'est le cas de la stramoine et de la sauge. Avec des feuilles séchées, confectionnez des cigarettes ou fumez, dans une pipe, le mélange de ces deux plantes.

La rubrique du 13 h

LA TERRE DES DEUX CAPS

Nord-Pas-de-Calais

À quelques kilomètres de Calais se trouve l'un des lieux emblématiques de la Côte d'Opale. La terre des deux caps, composée du cap Gris-Nez et du cap Blanc-Nez, est un site classé pour son intérêt écologique et se situe dans le parc naturel régional des Caps et Marées d'Opale. Mais c'est également un endroit chargé d'histoire, comme en témoignent encore aujourd'hui les bunkers et les cratères d'obus qui jalonnent le paysage depuis la Seconde Guerre mondiale. Aujourd'hui, ce détroit est devenu le plus fréquenté du monde; les navires sont souvent en proie aux courants et au brouillard, mais, par beau temps, la vue sur les côtes anglaises est saisissante.

À table !

Tarte Tatin aux pruneaux d'Agen

Aquitaine

Pour 6 personnes

Répartir 500 g de pruneaux dans un plat creux et les arroser de 1 l de thé chaud, dans lequel a infusé le zeste d'un ½ citron. Laisser gonfler 2 h, égoutter et dénoyauter les pruneaux. Chauffer 60 g de beurre, 7 c. à soupe de miel et le jus du ½ citron. Ajouter les pruneaux et cuire 2 min. Beurrer le moule. Disposer les pruneaux et les arroser du jus de cuisson. Recouvrir le tout d'une pâte brisée en rentrant les bords. Piquer la pâte. Cuire 20 min à 220 °C et retourner sur le plat de service.

Ils ont marqué leur région...

Le cardinal Mazarin

Lorraine

Le « duché de Mazarin », c'est ainsi que fut appelé le duché de Rethel, à partir de 1663. En partie ruiné, Charles II, duc de Mantoue, vendit en effet ses terres au cardinal italien. Mazarin était devenu le principal ministre de la régente Anne d'Autriche, à la mort de Louis XII, vingt ans plus tôt. Il s'enrichit tout au long de sa carrière, renforçant sa position après la Fronde. La correspondance secrète et cryptée, qui exista entre la régente et lui, amène les historiens à les soupçonner d'avoir été amants...

vendredi 17 février

lever : 7 h 56
coucher : 18 h 13

St Alexis

À table !

Crevettes chaudes

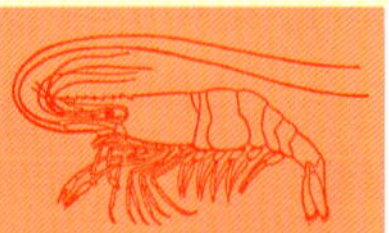

Basse-Normandie

Pour 4 personnes
Jeter 500 g de crevettes grises crues dans 2 l de court-bouillon en ébullition (ou dans de l'eau de mer ou du cidre). Égoutter, à la reprise de l'ébullition, et servir avec du pain grillé et du beurre demi-sel.

Quiz des villes & villages de France

Ville de l'Ardèche qui abrite le siège social de la fabrique de crème de marrons Clément Faugier. Marono, la mascotte de la marque, est habillé de bogues de châtaignes.

_ _ _ _ _ _

La rubrique du 13 h

LA CATHÉDRALE SAINT-PIERRE DE SAINT-FLOUR

Auvergne

Au XIVe siècle, Saint-Flour, dans le Cantal, est proclamée « capitale religieuse de la Haute-Auvergne », mais la cathédrale Saint-Pierre, de style gothique, ne sera achevée qu'à la fin du XVe siècle, sur les ruines d'un ancien prieuré. Édifiée sur un promontoire, la cathédrale domine la ville, comme le ferait un château fort. C'est la pierre volcanique utilisée pour sa construction, sombre et dure, qui lui donne cette apparente austérité, renforcée par une nef longue et étroite. À l'entrée du chœur se trouve un admirable christ noir, en noyer peint.

Faune & flore

La moule perlière

Bourgogne

Menacée d'extinction dans le monde entier, la moule perlière, ou mulette, peut encore être observée dans les eaux pures du Morvan. C'est son exploitation excessive pour la petite perle, que seul un spécimen sur mille possède, qui a fait de ce mollusque un animal rare et fragile.

Ils ont marqué leur région…

Hélène Grimaud

Provence-Alpes-Côte d'Azur

Originaire d'Aix-en-Provence, la pianiste en herbe est reçue, à 13 ans, première à l'unanimité au Conservatoire de Paris et enregistre son premier disque à 15 ans. Elle partage aujourd'hui sa vie entre Bach, Rachmaninov et… les loups. À 21 ans, sa rencontre avec une louve est une révélation, et elle décide de consacrer une partie de son temps à l'étude scientifique de l'animal. Passionnée et impulsive, elle ouvre près de New York un parc consacré aux loups. Après une décennie passée aux États-Unis, la virtuose est revenue en Europe se consacrer à son premier amour, la musique classique.

Privas

Tic-tac, tic-tac...

Le grand jour était arrivé. Elle se dressait là, immense, élégante, somptueuse, enfin achevée. Un chef-d'œuvre d'architecture, un « prodige du gigantisme et du délicat », comme le dirait plus tard Victor Hugo. C'était en l'an 1439, et tous les Strasbourgeois admiraient, euphoriques ou béats, la cathédrale qui avait demandé une patience séculaire, celle de milliers d'hommes, et de nombreuses tonnes de grès des Vosges. Tous les Strasbourgeois, sauf, dit-on, un. Un qui était resté chez lui au lieu de se presser, au son des cloches, sur le parvis. Un qui non seulement ne se réjouissait pas de cette inauguration, mais en plus pestait, du haut de sa lucarne, contre les passants. Vous l'avez compris, c'était un homme aigri, jaloux d'un succès qu'il aurait voulu connaître. Un scientifique qui avait travaillé toute sa vie, seul, sans la moindre reconnaissance.

Vint le moment où la fête prit fin, où le couvre-feu fut sonné et où chacun rentra chez soi. C'est alors que cet homme acariâtre s'approcha de la sainte bâtisse. Monologuant devant la maison du Seigneur, il déplorait sa destinée de pauvre mortel voué à devenir poussière, ignoré de tous, quand la cathédrale trônerait toujours fièrement, éternellement admirée... Lorsque le sergent du guet lui saisit le bras : « N'as-tu pas entendu le couvre-feu ? Qui es-tu pour braver ainsi mon autorité ? » L'homme, qui n'avait rien à perdre, dit son nom et proposa un marché : « Je suis un savant minutieux, un horloger comme vous n'en verrez jamais. Si vous ne me jetez pas en prison, je construirai un mécanisme prodigieux qui rappellera à l'homme sa vanité et la puissance divine. » Curieux, le gardien de la paix accepta la proposition, et c'est ainsi que naquit l'horloge astronomique de Strasbourg.

Une nouvelle fois, la populace se pressa dans la cathédrale pour admirer la mort leur rappelant leur fugace condition, les apôtres bénis par le Christ, et le coq battre des ailes trois fois avant de chanter. L'horloger fut acclamé, on organisa un banquet en son honneur, sa joie était à son comble... Mais il ne sut cacher sa fierté, et quelques envieux dénoncèrent son arrogance, murmurant d'une oreille à l'autre : « Il est brillant, mais il est dangereux, il en construira une plus belle ailleurs, il sait le faire, il ridiculisera notre belle cité ! » Tant et si bien... qu'on le bannit et qu'on brisa l'horloge ! Mais la légende dit que des morceaux subsistèrent à cette machiavélique destruction : c'est d'eux que naquit, des siècles plus tard, l'horloge que l'on admire ici aujourd'hui.

lundi 20 février

lever : 7 h 51
coucher : 18 h 18

Ste Aimée

À table !

La galette charentaise

Poitou-Charentes

Pour 4 personnes

Fouetter 2 œufs avec 12 g de sucre jusqu'à blanchissement. Ajouter progressivement 250 g de farine, 100 g de beurre fondu, 1 pincée de sel et ½ sachet de levure chimique. Verser la pâte dans une grande tourtière beurrée (ne pas dépasser 1 cm d'épaisseur) et répartir éventuellement dessus des morceaux d'angélique confite. Saupoudrer de sucre cristallisé. Cuire 20 min dans le four préchauffé à 220 °C et servir tiède.

Quiz des villes & villages de France

Ville du Nord qui a vu naître, en 1530, les Gayant, famille de géants en osier, dont le plus grand représentant atteint 8 m de haut.

?

La rubrique du 13 h

LA CATHÉDRALE NOTRE-DAME DE REIMS

Champagne-Ardenne

Reims, ville des sacres, abrite une magnifique cathédrale dédiée à la Vierge. Datant principalement du XIIIe siècle, l'édifice est parfois surnommé « Cathédrale des anges » du fait de sa statuaire abondante. L'Ange au sourire est la statue la plus célèbre : en 1914, à la suite de tirs d'obus, elle est détruite, tout comme une bonne partie de la cathédrale. Après la guerre, on songe à laisser la cathédrale martyre en ruines, mais la reconstruction est finalement entreprise, et la fameuse statue est reconstituée en 1926.

Faune & flore

L'Aloe vera

La Réunion

Les vertus de l'Aloe vera sont nombreuses, et pour cause ! Cette succulente, qui pousse en abondance sur l'île de La Réunion, contient plus de quatre cents principes actifs et deux cents nutriments. Largement utilisée dans l'industrie cosmétique, elle fait un excellent cicatrisant et un puissant anti-inflammatoire.

Ils ont marqué leur région…

L'homme de Tautavel

Languedoc-Roussillon

1971. L'équipe du professeur de paléontologie Henry de Lumley parcourt les Pyrénées-Orientales à la recherche des traces laissées par nos lointains aïeux. Dans la grotte de l'Arago, un crâne humain est découvert au milieu de restes culinaires. Le robuste individu au front fuyant a une vingtaine d'années. Il s'agit d'un des plus anciens hominidés connus à ce jour. Cet ancêtre de l'homme de Neandertal, né il y a trois cent mille à quatre cent cinquante mille ans, sera baptisé « l'homme de Tautavel », du nom du village voisin.

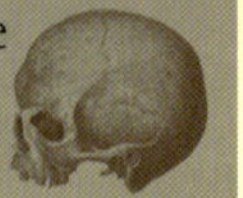

Douai

mardi 21 février

lever : 7 h 49
coucher : 18 h 20

Mardi gras

À table !

Fondue comtoise

Franche-Comté

Pour 4 personnes
Couper en lamelles 400 g de comté et 400 g d'emmental. Délayer 10 g de fécule dans 5 cl de kirsch. Couper 1 pain de campagne en petits cubes. Frotter un poêlon avec 1 gousse d'ail et y verser 40 cl de vin blanc sec. Dès qu'il commence à mousser, ajouter les fromages et faire fondre en remuant sans arrêt. Ajouter le kirsch et poivrer. Poser le poêlon sur un réchaud, au centre de la table, et tremper le pain dans la fondue.

Faune & flore

La mâche verte de Cambrai

Nord-Pas-de-Calais

Particulièrement résistante au froid, la verte de Cambrai est une espèce tardive, qui se récolte durant les mois d'hiver. Réalisez les semis de septembre à octobre, sur un sol frais et ferme, de préférence en lignes. En les arrosant quotidiennement, vous obtiendrez des salades dès décembre.

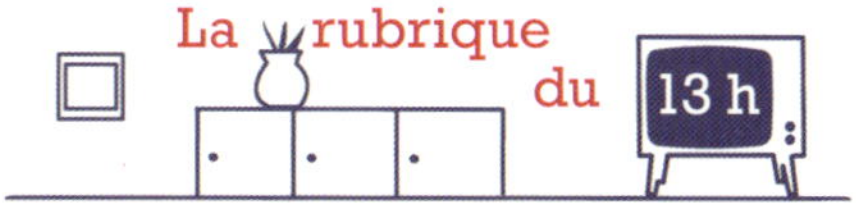

LES MARAIS SALANTS DE L'ÎLE DE NOIRMOUTIER

Pays de la Loire

Présents sur Noirmoutier depuis des siècles, les marais salants occupent toujours une grande partie de cette île rattachée au département de la Vendée. L'exploitation artisanale et non mécanisée utilise les mêmes bassins, parfois réaménagés, que ceux mis en place par les moines bénédictins au Ve siècle. Ici, les hommes et la nature œuvrent ensemble : en effet, le travail des sauniers permet d'extraire le sel de l'eau de mer par évaporation naturelle. L'action du vent et du soleil est donc essentielle, notamment pour récolter la fleur de sel.

CITATION

Aquitaine

« L'air, les raisins, le vin des bords de la Garonne et l'humeur des Gascons sont d'excellents antidotes contre la mélancolie. »

Montesquieu, *Correspondance*

Ils ont marqué leur région…

Georges René Pléville Le Pelley

Basse-Normandie

De corsaire à ministre, voilà le destin peu commun de ce fils de marins granvillais, de petite noblesse, ruinée. Sa passion pour la mer et son envie de retrouver son rang poussent Le Pelley, encore adolescent, à fuir son collège de Coutances, pour devenir mousse sur un terre-neuvas. Dans ses *Mémoires d'un marin granvillais*, l'aventurier raconte son parcours : corsaire en 1741, capitaine du port à la Martinique en 1763, puis gouverneur du port de Marseille en 1767 et ministre de la Marine sous le Directoire. Il est enfin l'un des premiers à être nommé grand officier de la Légion d'honneur par Bonaparte.

mercredi 22 février

lever : 7 h 47
coucher : 18 h 21

Ste Isabelle

À table !

Le vouvray

Centre

On trouvait déjà des vignobles sur ces coteaux, à proximité de la Loire, lorsque la région était contrôlée par les Romains. Planté en pineau de la Loire, appelé aussi « chenin blanc », le vouvray s'épanouit sous un climat tempéré et s'apprécie en vin blanc sec, demi-sec ou moelleux.

La rubrique du 13 h

« LA PETITE VENISE » DE COLMAR

Alsace

Ce quartier, parmi les plus visités et les plus pittoresques de Colmar – « la Petite Venise » semble être un concentré de l'Alsace –, doit son nom à la présence de nombreuses maisons à colombages le long de la Lauch. Ces bâtisses, magnifiquement restaurées, dont les plus anciennes remontent au XIVe siècle, forment une véritable cité sur l'eau. Autrefois, la rivière était surtout empruntée par les maraîchers qui acheminaient leurs marchandises en barques, tels des gondoliers vénitiens ; dorénavant, celles-ci font le bonheur des touristes.

Savoirs d'antan

Si les bouffées de chaleur de la ménopause vous gênent, une infusion d'aubépine peut vous éviter la sensation de vivre dans un sauna. L'aubépine agit sur la circulation et la tension artérielle, mais aussi sur l'anxiété.

Faune & flore

La betterave sucrière

Picardie

Surnommée à juste titre « le pays de la betterave », la Picardie en est la première région productrice de France. Plante bisanuelle, la betterave à sucre est cultivée à des fins nombreuses. Outre l'élaboration du sucre – notamment de la vergeoise –, elle permet la fabrication d'alcool et de carburant à base d'éthanol.

Ils ont marqué leur région…

Claude Nougaro

Midi-Pyrénées

Chez les Nougaro, la musique est une histoire de famille : sa mère est pianiste, son père chanteur d'opéra. Claude naît en 1929 et grandit à Toulouse, dans le quartier des Minimes, où il côtoie les exilés de la guerre d'Espagne. Son univers musical ? Piaf, Trenet, Armstrong, mais aussi Verdi et Bizet. À 18 ans, il monte à Paris et commence une carrière de compositeur et d'interprète, marquée par le jazz, puis par la musique brésilienne. En 1967, il écrit *Toulouse*, une chanson qui rend hommage à sa ville, évoquant son enfance sur les rives du canal du Midi.

jeudi 23 février

lever : 7 h 45
coucher : 18 h 23

St Lazare

À table !

Entrecôte marchand de vin

Île-de-France

Pour 4 personnes

Éplucher et hacher 2 échalotes, puis les mettre dans une petite casserole avec 30 cl de vin rouge. Porter à ébullition et faire réduire de moitié. Ajouter 30 cl de consommé de bœuf et chauffer jusqu'à évaporation presque complète. Travailler 150 g de beurre ramolli avec le contenu de la casserole, 1 c. à soupe de persil haché et 1 c. à soupe de jus de citron ; saler, poivrer et faire raffermir au réfrigérateur. Faire griller 2 entrecôtes épaisses, de 500 g chacune, pendant 6 min, sur feu vif, et servir avec une noix de beurre marchand de vin.

Faune & flore

Le cochon sauvage

Corse

Élevé en toute liberté dans les forêts d'altitude, le cochon corse se distingue de ses cousins continentaux par sa nourriture saine et son mode de vie quasi sauvage. Proche du sanglier, avec qui il se croise parfois, le cochon sauvage est à la base de diverses spécialités charcutières.

La rubrique du 13 h

AIGUES-MORTES, VILLE FORTIFIÉE

Languedoc-Roussillon

Au cœur de la Camargue, l'enceinte d'Aigues-Mortes semble s'élever des marais, ces « eaux mortes » qui lui ont donné son nom. Ce petit village, où l'on ne vivait autrefois que de la pêche et des salins, doit son développement à Saint Louis – c'est d'Aigues-Mortes qu'il part pour la dernière croisade. Désireux d'offrir à son royaume un accès à la Méditerranée, Saint Louis achète le village aux moines qui l'administrent et le fortifie : les remparts et les six tours forment un rectangle, percé de dix portes, encore intact aujourd'hui.

Un jour en *Guadeloupe*

23 février 1986

Au stade d'Anse-Bertrand, quarante mille personnes dansent et célèbrent ce soir-là des artistes dont les tubes feront le tour du monde : le groupe Kassav' donne un concert pour fêter son disque d'or, le premier de l'histoire de la musique antillaise.

Ils ont marqué leur région...

Marcel Duchamp

Haute-Normandie

Artiste complet, Marcel Duchamp fut à la fois peintre, plasticien, homme de lettres. Il naît en 1887 à Blainville-Crevon, en Seine-Maritime, et commence sa carrière à Paris, comme caricaturiste pour les journaux. Influencé par le cubisme, le futurisme, le surréalisme, il développe une démarche proche du mouvement dada, avec le concept des *ready-mades*, qui sont des objets manufacturés, tout faits, et qui deviennent de l'art par la seule volonté de l'artiste. Il bouleversa l'art du XXe siècle. Son œuvre la plus célèbre est la *Fontaine*, qui se présente comme un bidet renversé.

vendredi 24 février

lever : 7 h 43
coucher : 18 h 25

St Modeste

À table !

Gâteau aux noisettes

Limousin

Pour 6 personnes
Séparer les blancs des jaunes de 3 œufs. Fouetter les jaunes avec 180 g de sucre et 150 g de beurre ramolli. Ajouter 180 g de farine mélangée à ½ sachet de levure chimique. Ajouter 100 g de noisettes concassées. Battre les blancs d'œufs en neige ferme avec 1 pincée de sel. Les ajouter délicatement à la préparation. Verser la pâte dans un moule à manqué beurré et cuire 45 min dans le four préchauffé à 170 °C.

La rubrique du 13 h

LA PLAGE DES GRANDS SABLES DE L'ÎLE DE GROIX

Bretagne

La plage des Grands Sables de l'île de Groix n'est pas une plage comme les autres. Elle est convexe – le sable décrit un arc de cercle autour de la pointe est de l'île – et mobile : au fil du temps, les vents forts et les houles changent et déplacent les sédiments. La masse de sable est alors drainée par deux courants de vagues contraires, si bien que la plage bouge le long de la côte. Ce phénomène est observé depuis plusieurs siècles déjà, et, si la plage semble fixée pour l'instant, on ne sait si elle ne se remettra pas à vagabonder un jour !

Un jour en

Île-de-France

24 février 1982

Sous l'égide de l'équipe du Pr René Frydman, la petite Amandine voit le jour à l'hôpital de Clamart. Elle est le premier enfant français conçu par fécondation *in vitro*, quatre ans après l'Anglaise Louise Brown, premier bébé-éprouvette du monde.

Faune & flore

Planter les annuelles

France

Vous pouvez dès à présent commencer le semis de vos plantes annuelles, comme les bégonias ou les pétunias. Celles-ci devront d'abord être plantées dans une terrine. Repiquez-les au mois d'avril, en pots ou directement dans la terre, en veillant à respecter un espacement d'au moins quinze centimètres entre deux plants.

Ils ont marqué leur région…

Pierre Miquel

Auvergne

Né à Montluçon, ce fils de chapeliers parisiens, agrégé d'histoire, diplômé de lettres et de philosophie, a enseigné à Sciences Po et à la Sorbonne. Il a écrit plus de cent livres et présenté des émissions pour la télévision et pour la radio, notamment la série « Les oubliés de l'Histoire », qui connut un très grand succès. Son premier ouvrage traitait de l'affaire Dreyfus, le suivant de la vie de Poincaré, mais sa période historique de prédilection fut la Première Guerre mondiale.

samedi 25 & dimanche 26 février

St Roméo St Nestor

Mythes et légendes
Auvergne

Foutraque est le drac

Le drac peut, par une nuit opaque, entrer dans une bergerie, voler la couverture du berger endormi dans son hamac, l'imbiber de purin et la reposer en vrac sur l'homme, en criant pour le réveiller : « Je t'ai bien eu, vieux corbac ! » Il y a, en Auvergne, de quoi devenir paranoïaque, avec ce genre de micmac...

Le drac peut également, toute une nuit durant, décrocher les chaînes auxquelles sont attachées les vaches et les laisser tomber : clac ! Le paysan a beau les accrocher à nouveau, et, pour tenir le coup, boire quelques lampées de cognac, le phénomène se reproduit sans cesse : le pauvre craque et devient alors insomniaque !

Tard le soir, le drac bivouaque en bord de chemin, prenant l'apparence d'un agneau patraque : le passant attendri le prend sur ses épaules, mais petit à petit quelque chose se détraque... L'agneau se met à peser plus lourd qu'une Cadillac ! L'homme se croit hypocondriaque et s'interroge sur ses antécédents cardiaques... Puis il comprend : ce n'était pas un animal perdu, tremblant dans cette flaque, c'était le drac ! Sachez d'ailleurs qu'il traîne souvent vers le château de Calhac.

En somme, le drac donne le trac : on craint davantage ses claques que les coups de matraques. Mais il a une faiblesse : la cendre lui fait un nœud à l'estomac. Dès lors qu'il en voit dans un sac, il doit en compter chaque poussière : le drac n'est ni paranoïaque ni insomniaque ni cardiaque ni hypocondriaque, le drac est monomaniaque !

lundi 27 février

lever : 7 h 37
coucher : 18 h 29

Ste Honorine

À table !

Gâteau de patates douces

La Réunion

Pour 4 personnes

Faire cuire 15 min à la vapeur 600 g de patates douces pelées et coupées en morceaux, puis les passer au moulin à légumes. Dans un saladier, mélanger la purée avec 25 cl de lait tiède, 100 g de sucre et 5 cl de rhum. Gratter 1 gousse de vanille au-dessus de la préparation et mélanger. Ajouter ensuite 3 œufs, 30 g de farine mélangée à 1 sachet de levure chimique, 30 g de beurre fondu et 1 pincée de cannelle. Verser la préparation dans un moule beurré et fariné et cuire 45 min au four préchauffé à 180 °C.

La rubrique du 13 h

L'ÎLE MADAME

Poitou-Charentes

Quiconque veut oublier les bruits de la ville, pour quelques heures, est le bienvenu sur l'île Madame. En effet, ici, il n'y a pas d'habitations, tout juste un terrain de camping et une ferme aquacole, et les seules constructions qu'on y voit sont les carrelets, ces cabanes de pêcheurs sur pilotis. Mais, malgré son nom charmant, l'île n'a pas toujours été propice au romantisme : elle fut fortifiée à la fin du XVIIe siècle, pour défendre l'estuaire de la Charente. Accessible uniquement à marée basse, elle est aujourd'hui un endroit préservé.

Faune & flore

Jardinière aromatique

Île-de-France

Simples et rapides à entretenir, les plantes aromatiques ont fait leur apparition sur les balcons parisiens. Beaucoup de commerces vendent désormais, en petits pots, ciboulette, persil et autres fines herbes : il suffit de les replanter dans vos jardinières.

CITATION

Haute-Normandie

« Dieppe a son vieux château
soutenu par la dune,
Ses baigneuses cherchant la vague
au clair de lune,
Et ses deux monts en vain
par la mer insultés […]. »

Alfred de Vigny, Poèmes antiques et modernes, « La frégate La Sérieuse », 1837

Ils ont marqué leur région…

Jules Gosselet

Nord-Pas-de-Calais

C'est en donnant des cours de sciences naturelles à ses sœurs que Jules Gosselet se décida à devenir enseignant, plutôt que pharmacien. Né à Cambrai en 1832, il étudia, pendant de nombreuses années, la géologie du nord de la France, et participa aux travaux sur les extensions du bassin houiller jusque dans le Pas-de-Calais. Cet érudit créa l'école de géologie lilloise et réalisa la carte géologique du Nord au 1/80 000. Le prix Gosselet, décerné tous les quatre ans par la Société géologique de France, fut fondé en 1910 pour favoriser les progrès dans ce domaine.

mardi 28 février

lever : 7 h 35
coucher : 18 h 31

St Romain

Faune & flore

La coccinelle à sept points

Pays de la Loire

Chouchoutée par les jardiniers pour son appétit vorace de pucerons, la petite bête à bon Dieu à sept points possède une allure unique en son genre. Très présente dans les pays de la Loire – notamment dans les Mauges –, elle est aujourd'hui menacée par sa cousine asiatique, importée en Europe dans les années 1980.

Un jour en *France*

28 février 1946

« Le stade, l'air, la route » : tel est le slogan de *L'Équipe*, journal consacré au sport et qui paraît pour la première fois ce jour-là. D'abord en kiosque trois fois par semaine, il devient quotidien en 1948.

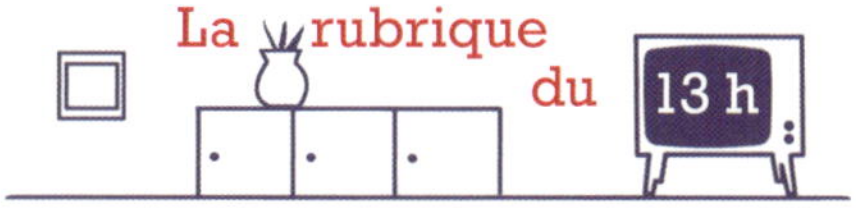

LE BEC D'ALLIER

Bourgogne

À la frontière entre la région Centre et la Bourgogne, la confluence de l'Allier et de la Loire offre un site naturel hors du commun : sur près de quatre mille hectares, les deux cours d'eau forment un labyrinthe de bras morts et d'îles sauvages, à la géographie sans cesse redéfinie. Ce réseau fluvial a permis de créer des paysages variés – plaines et forêts alluviales ou prairies bocagères – qui constituent un écosystème riche. Plus de deux cents espèces d'oiseaux migrateurs ont été repérées dans cette zone où se plaisent également canards, castors et poissons.

À table !

Saucisses de Toulouse en gratin

Midi-Pyrénées

Pour 4 personnes

Piquer 4 saucisses de Toulouse et les saisir 4 min. Les retirer et faire mijoter 8 min 2 oignons émincés, 1 c. à soupe de concentré de tomates, 800 g de tomates concassées égouttées, 250 g de haricots rouges, 10 cl de bouillon de volaille et du thym. Éplucher et couper en fines rondelles 800 g de pommes de terre et les cuire 5 min à l'eau bouillante salée. Mettre les saucisses et la sauce dans un plat à four. Recouvrir avec les rondelles de pommes de terre, en les faisant se chevaucher. Arroser d'un peu d'huile et cuire 40 min au four préchauffé à 220 °C.

Ils ont marqué leur région…

Sébastien Loeb

Alsace

Avant d'être un pilote de rallye d'exception, Sébastien Loeb a commencé sa carrière de sportif en tant que… gymnaste ! À 16 ans, l'Alsacien se découvre une passion pour la vitesse et commence une ascension sans fausses notes dans le monde du sport automobile. Plaisir suprême, gravé à jamais dans sa mémoire : son septième titre de champion du monde, avec Citroën, remporté chez lui, à Haguenau, devant ses supporters, dans une ferveur populaire indescriptible. Sébastien Loeb fait désormais partie du panthéon du sport français.

mercredi 29 février

lever : 7 h 34
coucher : 18 h 33

St Auguste

À table !

Soupe paysanne de Montbéliard

Franche-Comté

Pour 4 personnes

Nettoyer 1/4 de chou vert et le couper en 4. Éplucher et couper en morceaux 400 g de carottes, 400 g de pommes de terre et 200 g de navets. Mettre tous les légumes dans un faitout avec 1 feuille de laurier et 2 branches de thym. Recouvrir d'eau, saler et faire mijoter 1 h 15 à couvert. Ajouter 1 saucisse fumée de Montbéliard, 200 g de petits pois et 50 g de beurre. Poursuivre la cuisson 25 min. Couper la saucisse en morceaux et servir la soupe avec des tranches de poitrine fumée grillées.

La rubrique du 13 h

VAUCOULEURS

Lorraine

Cette petite ville de la Meuse ne serait peut-être pas entrée dans l'histoire si une certaine Jeanne d'Arc n'y était pas passée plusieurs fois. En effet, c'est de Vaucouleurs, en 1429, que la Pucelle partit à la rencontre du dauphin alors déchu de sa couronne : elle franchit la porte de France pour retrouver Charles VII à Chinon. À côté de la fameuse porte se trouve la crypte Notre-Dame, à l'intérieur de laquelle Jeanne s'est recueillie devant la statue de la Vierge à l'Enfant. Aujourd'hui, la mairie de la ville abrite un musée Jeanne-d'Arc.

Faune & flore

Le flamant rose

Provence-Alpes-Côte d'Azur

Seul site en France, voire en Europe, à abriter cette espèce, la Camargue offre des conditions de vie idéales au plus célèbre des flamants. Le sol, très vaseux, est riche en plancton, mollusques et crustacés, fournissant ainsi au flamant rose une réserve quasi inépuisable de nourriture.

Quiz des villes & villages de France

Cette ville du Loiret au nom appétissant a vu naître l'écrivaine lauréate du Goncourt et du Femina, Marie NDiaye.

_ _ _ _ _ _ _ _ _ _

Ils ont marqué leur région...

Sainte Ménehould

Champagne-Ardenne

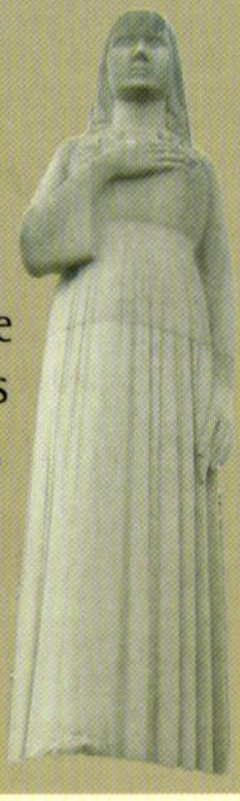

Née près de Saint-Dizier, au Ve siècle, Ménehould est la fille cadette du gouverneur du Perthois. La légende raconte que ses six sœurs, qui souhaitaient se consacrer à Dieu, auraient pris le voile en même temps qu'elle, dans le cadre d'une démarche religieuse, « la consécration des vierges ». Ménehould s'installa à Château-sur-Aisne, un village construit sur des marais, où les maladies étaient nombreuses. Elle y soigna les habitants avec une grande ferveur, et on lui attribue de miraculeuses guérisons. Elle était si populaire qu'on disait souvent « se rendre à Sainte-Ménehould » pour dire qu'on allait à Château-sur-Aisne. La ville fut ainsi rebaptisée en son honneur, au XIIe siècle.

Pithiviers

Faune & flore

Le saumon atlantique sauvage

Auvergne

Alors que le « roi des poissons » abondait encore dans nos régions au début du xxe siècle, seuls la Loire et l'Allier sont désormais empruntés par le saumon atlantique sauvage. Une situation surveillée de près par le Conservatoire national du saumon sauvage, chargé de repeupler les cours d'eau français.

Savoirs d'antan

Pour faire « déguerpir » les limaces, broyez des coquilles d'œufs et parsemez-en le pourtour de vos plantes. Ces gastéropodes trouveront trop inconfortable de ramper sur les coquilles et rebrousseront chemin.

La rubrique du 13 h

LES ÎLES LAVEZZI

Corse

À quelques encablures de Bonifacio, l'archipel des îles Lavezzi se compose d'une centaine d'îlots, formant presque autant de criques, où des dizaines de bateaux viennent mouiller. La multitude de petites plages a fait des îles Lavezzi un lieu très prisé des touristes. L'eau est si transparente que beaucoup en profitent pour s'adonner à la plongée, tandis que ceux qui préfèrent la terre ferme explorent l'archipel grâce aux nombreux sentiers qui le parcourent. Ce petit paradis n'en reste pas moins une zone de danger, comme en témoignent deux cimetières marins.

À table !

Beignets de pommes de terre sucrés

Picardie

Pour 6 personnes

Faire une purée fine avec 1 kg de pommes de terre et la mélanger avec 1 œuf, 100 g de sucre, 3 c. à soupe d'eau-de-vie et 10 cl de cidre. Malaxer, en ajoutant de la farine jusqu'à l'obtention d'une pâte ferme. Étaler la pâte au rouleau et y découper des disques. Plonger les disques dans un bain d'huile de friture bien chaud. Égoutter les beignets, quand ils sont dorés, et les servir chauds, saupoudrés de sucre.

Ils ont marqué leur région...

Roger Vailland

Rhône-Alpes

Jeune journaliste anticonformiste, Roger Vailland fréquente les milieux littéraires parisiens des années 1930. Par ennui, il goûte à la boxe, à la drogue, au libertinage. Après une cure de désintoxication, il s'engage dans la Résistance, aux côtés des gaullistes, puis des communistes. Il s'installe un moment près de Bourg-en-Bresse, afin de se consacrer à *Drôle de Jeu*, pour lequel il reçoit le prix Interallié, en 1945. « Las des discussions entre intellectuels de gauche », comme il l'explique, il quitte définitivement Paris, en 1954, pour Meillonnas, dans l'Ain, où il écrit *La Loi*, qui remporte le prix Goncourt.

vendredi 2 mars

lever : 7h30
coucher : 18h36

St Charles le Bon

À table !

L'endive

Nord-Pas-de-Calais

Apparue en Belgique au milieu du XIXe siècle, la culture de l'endive s'est rapidement développée dans le Nord. Aujourd'hui, largement consommée sur tout le territoire français, elle est de plus en plus cultivée hors sol, mais c'est la culture en pleine terre qui lui donne son amertume si caractéristique.

DICTON

Lorraine

À boire trop de mirabelle, on se retrouve à nager dans la Moselle.

La rubrique du 13 h

L'ABBAYE AUX DAMES DE CAEN

Basse-Normandie

Alors qu'il n'est pas encore roi d'Angleterre mais seulement duc de Normandie, Guillaume le Conquérant épouse sa cousine Mathilde de Flandre. Le pape condamne le mariage, forçant les deux époux à faire acte de pénitence en fondant deux abbayes à Caen : l'abbaye aux Hommes, où Guillaume est enterré, et l'abbaye aux Dames, qui accueille la sépulture de la reine Mathilde. Cette dernière fut un hôpital et un hospice, avant d'être rachetée et restaurée par le conseil régional de Basse-Normandie, dont elle est aujourd'hui le siège.

Faune & flore

Le merisier

Haute-Normandie

Dans la forêt d'Eawy, ancien fief des ducs de Normandie, pousse celui que l'on appelle également le « cerisier sauvage ». Ses petites baies, très appréciées des oiseaux, possèdent une chair ferme et savoureuse, qu'il est possible de consommer dès la fin du printemps.

Ils ont marqué leur région...

Honoré de Balzac

Centre

Avec quatre-vingt-quinze romans et près de deux mille personnages, Honoré de Balzac a construit, de 1829 à 1845, sa *Comédie humaine*, une œuvre monumentale, littéraire et historique. Inventeur du roman moderne, il eut l'ambition de décrire la société française de la Restauration à la monarchie de Juillet. C'est du château de Saché, en Indre-et-Loire, où Balzac aimait résider pour trouver la sérénité et le calme nécessaire à l'écriture, qu'il rédigea *Le Lys dans la vallée*. « Honte à qui n'admirerait pas ma joyeuse, ma belle, ma brave Touraine, dont les sept vallées ruissellent d'eau et de vin ! », écrivit-il sur cette région qu'il chérissait.

La grande histoire…

…fait la petite

L'histoire se passe en 1832. La duchesse de Berry, exilée en Angleterre, estime que le trône de Charles X, qui fut contraint d'abdiquer en août 1830, lui revient de droit. Elle décide alors de revenir en France et de se diriger vers la Vendée : elle songe à réunir des troupes pour mettre fin à la monarchie de Juillet. Mais Louis-Philippe ne l'entend pas de cette oreille, et le général Dermoncourt est envoyé pour contrer cette menace. Les hommes rechignent à s'engager au côté de la duchesse : on manque d'armes et de munitions… La belle aristocrate ne veut rien savoir, la guerre commence, mais l'insurrection ne dure pas : la duchesse se réfugie secrètement à Nantes, laissant ses hommes aux mains des troupes royales, c'est la débâcle.

C'est alors qu'arrive dans un village un soldat fort mal en point, blessé, épuisé, affamé. Il s'arrête devant une maison, frappe et demande l'hospitalité aux habitants. Comme ils acceptent, il leur explique qu'il est le trésorier de l'armée en déroute, et qu'il a dû, trop faible pour s'en encombrer, abandonner un sac rempli d'or, bien caché dans un tronc creux. Il leur promet, s'ils vont le chercher, de les remercier généreusement pour l'asile qu'ils lui offrent. Mais les hôtes ne se contentent pas d'une récompense : ils égorgent le soldat, l'enterrent, et gardent la pleine besace. Cependant, le père du malheureux, inquiet, battait la région à la recherche de son fils bien-aimé. Ses pas le conduisirent à la porte qui s'était ouverte pour son enfant : on lui assura qu'on ne l'avait jamais vu, qu'il n'était pas passé par là. Le vieillard ne les crut pas : il s'éloigna, mais maudit les habitants de la maisonnée de toute son âme.

Le lendemain soir, alors que la nuit recouvrait le village, une lueur apparut au-dessus de la maison des assassins : une curieuse étoile que nul n'avait encore jamais vue éclairait de toute sa force ce seul point de la terre. Chaque nuit, le phénomène se reproduisit, et une bête monstrueuse, hideuse, vint rôder en hurlant autour de la famille maudite. La légende dit que, sur trois générations après le drame, elle ne fut constituée que de fous.

lundi 5 mars

lever : 7 h 24
coucher : 18 h 40

Fête des Grands-Mères

Quiz des villes & villages de France

Cette cité du Nord, au nom odorant, est le berceau d'un fameux fromage qui aurait été inventé par un moine, au VIIe siècle.

_ _ _ _ _ _ _ _ _

Faune & flore

Le pruneau d'Agen

Aquitaine

Le petit fruit séché qui a fait la renommée de la ville d'Agen présente de nombreux avantages : facile à conserver, il est énergétique et riche en fibres. C'est grâce à son port ouvert sur la Garonne que la cité a joué, dès le XIXe siècle, un rôle important dans le commerce du pruneau.

À table !

L'époisses

Bourgogne

L'époisses est un fromage de lait de vache qui se caractérise par une couleur allant de l'orange au rouge brique. Classé AOC, l'époisses est fabriqué selon une méthode traditionnelle : pendant l'affinage de 4 semaines, il est frotté avec une solution de marc de Bourgogne.

La rubrique du 13 h

LE MONASTÈRE D'AUBAZINE

Limousin

Au cœur du bourg d'Aubazine, dans le département de la Corrèze, s'élève un ancien monastère cistercien. Il s'agit d'un monastère double : une abbaye pour les femmes est bâtie à six cents mètres du site d'Aubazine, dans le vallon du Coyroux. Fondé au XIIe siècle par saint Étienne d'Obazine, le monastère est extraordinairement bien préservé – ce n'est pas le cas de l'abbaye des moniales, qui fut abandonnée après la Révolution et qui est aujourd'hui en ruine.

Ils ont marqué leur région…

Marcel Gotlib

Île-de-France

Dessinateur et scénariste culte de bandes dessinées, Gotlib se forme à la prestigieuse école supérieure des arts appliqués Duperré et fait ses premiers pas au *Journal de Mickey*, comme lettreur. Il travaille, dans les années 1960, pour *Pif Gadget*, où il invente le personnage de Gai-Luron. En 1975, il crée *Fluide glacial*, le magazine d'« Umour » et de « Bandessinées », et il est coscénariste du film *Les vécés étaient fermés de l'intérieur*, dans lequel tournent Coluche et Jean Rochefort. Le maître de l'humour noir publie, en 1986, son dernier album de bande dessinée, *La Bataille navale ou Gai-Luron en slip*.

Maroilles

mardi 6 mars

lever : 7 h 22
coucher : 18 h 42

Ste Colette

Faune & flore

La rose trémière

Poitou-Charentes

Enchantez votre jardin en y plantant des roses trémières, qui donnent, de juin à septembre, une profusion de fleurs colorées. La plupart des espèces se plaisent sur n'importe quel type de sol et se renouvellent de manière quasi spontanée. Pensez juste à bien les placer à l'abri du vent.

Savoirs d'antan

Il n'est pas si difficile d'en finir avec les pucerons qui envahissent vos rosiers. Faites macérer des orties dans une cuvette d'eau, pendant quinze jours environ, et récupérez l'eau pour en vaporiser vos chères plantes.

La rubrique du 13 h

LE GOUFFRE DE PADIRAC

Midi-Pyrénées

Aux confins du Quercy et du Périgord se trouve l'un des plus beaux trésors d'architecture géologique au monde : le gouffre de Padirac. Cette immense cavité naturelle a pris le nom de la commune du Lot sur laquelle elle est située. Avant de pouvoir explorer les entrailles de la terre, il faut entamer une descente vertigineuse de cent trois mètres. Aussitôt, le temps s'arrête. En barque ou à pied, on explore les galeries majestueuses, à la découverte de lacs, comme le lac de la Pluie, nommé ainsi à cause des milliers de gouttes qui ne cessent de tomber de la voûte.

À table !

Veau à la mode d'Aix-les-Bains

Rhône-Alpes

Pour 4 personnes

Éplucher 12 carottes nouvelles, 12 petits navets, 1 botte d'oignons et 4 cœurs de céleri. Faire dorer 1 kg de noix de veau en rôti, dans une cocotte, avec 40 g de beurre.

Ajouter les légumes et couvrir de bouillon ; saler et poivrer. Couvrir et cuire à feu très doux pendant 1 h.

À mi-cuisson, retourner le rôti et ajouter 300 g de marrons au naturel, égouttés. Sortir la viande et les légumes ; réserver au chaud. Faire réduire la sauce et servir avec les légumes et le rôti découpé en tranches.

Ils ont marqué leur région...

Jean-François Stévenin

Franche-Comté

Avant de devenir acteur, puis réalisateur et scénariste, Jean-François Stévenin, étudiant à HEC, rédigeait une thèse sur l'économie du cinéma. À partir de 1970, le Franc-Comtois commence sa carrière devant la caméra de Godard, de Truffaut, de Mocky ou de Téchiné. Il est surtout connu pour ses nombreux seconds rôles, qui font de lui un visage incontournable du cinéma français. Tourné en 1978, son premier film en tant que réalisateur, *Le Passe-montagne*, raconte l'étonnante amitié, dans un village perdu du Jura, entre deux hommes que tout oppose interprétés par Jacques Villeret et Stévenin lui-même.

Faune & flore

Le sanglier

Champagne-Ardenne

Les forêts de Champagne-Ardenne sont très giboyeuses, et il n'est pas rare, au détour d'un sentier, de croiser la route d'un sanglier. Ce dernier est essentiellement nocturne et peut, seul ou en groupe, parcourir de très longues distances pour trouver de la nourriture ou échapper aux chasseurs.

À table !

Œufs cocotte au chou-fleur

Bretagne

Pour 4 personnes

Cuire à la vapeur, pendant 8 min, 150 g de chou-fleur nettoyé et détaillé en petits bouquets. Verser 1 c. à soupe de crème liquide dans 4 ramequins beurrés et répartir le chou-fleur. Casser délicatement 2 œufs dans chaque ramequin et les recouvrir de 1 c. à soupe de crème liquide. Saler, poivrer et parsemer de thym effeuillé. Cuire 12 min au bain-marie, au four préchauffé à 200 °C.

La rubrique du 13 h

LES ARÈNES D'ARLES

Provence-Alpes-Côte d'Azur

Ce magnifique amphithéâtre romain est l'un des mieux conservés au monde. Situé sur une colline, il fut achevé à la fin du Ier siècle, peu de temps après le Colisée de Rome, dont il s'inspire. De dimensions plus modestes, il compte deux rangées d'arcades et pouvait accueillir environ vingt-cinq mille spectateurs pendant les fameux jeux du cirque. Transformées en forteresse au Ve siècle, les arènes d'Arles servirent d'enceinte à quelque deux cents maisons, avant de redevenir un lieu de divertissement au XIXe siècle, avec des spectacles taurins qui perdurent.

Un jour en

Île-de-France

7 mars 1884

Pour lutter contre l'entassement des déchets dans les rues, le préfet Eugène René Poubelle impose aux Parisiens l'usage d'un récipient fermé, destiné à recueillir leurs ordures ménagères. L'objet sera vite désigné par le nom de son malheureux inventeur…

Ils ont marqué leur région…

Christiane Taubira

Guyane

Née en 1952, la « gamine de la rue des Trois-Cases » grandit à Cayenne avec ses huit frères et sœurs. Indépendante et engagée, la Guyanaise entre en politique en 1993, en créant son parti, Walwari, qui signifie « éventail » en amérindien. Elle se fait connaître en dénonçant les ravages de l'exploitation de l'or qui pollue les sols de sa région. Candidate à l'élection présidentielle en 2002, Christiane Taubira a également donné son nom à une loi française, votée en 2001, qui reconnaît comme crimes contre l'humanité la traite négrière et l'esclavage qui en a résulté.

jeudi 8 mars

lever : 7 h 17
coucher : 18 h 45

St Jean de Dieu

Faune & flore

La taille des rosiers

France

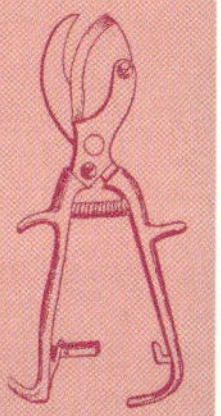

Le début du mois de mars est le moment idéal pour tailler vos rosiers. En effet, cette opération est essentielle pour assurer une belle floraison. Pour les branches un peu robustes, n'hésitez pas à vous servir d'un sécateur à deux mains, en plaçant toujours la lame coupante du côté du bois restant.

Un jour en *France*

8 mars 1886

Désormais, on ne travaillera plus le lendemain de Pâques ni celui de la Pentecôte. La loi vient d'instaurer deux jours fériés particulièrement précieux : fidèles au calendrier liturgique chrétien, ils ne peuvent « tomber » qu'un lundi !

La rubrique du 13 h

L'ABBAYE SAINT-OUEN DE ROUEN

Haute-Normandie

Parfait exemple de l'architecture gothique, l'abbaye Saint-Ouen était autrefois un puissant monastère bénédictin. Adossée à l'hôtel de ville, qui a investi le dortoir des moines d'autrefois, l'église abbatiale est plantée au cœur des anciens jardins du couvent, dont il ne reste qu'une aile du cloître et l'abbaye elle-même. Comptant parmi les plus beaux édifices religieux de Rouen, elle est aussi l'un des plus imposants. À l'intérieur, elle impressionne par sa luminosité, ses vitraux d'origine et son orgue, l'un des plus beaux instruments de France.

À table !

Madeleines

Lorraine

Pour 25 madeleines

Fouetter 3 œufs avec 130 g de sucre et 1 pincée de sel, jusqu'à ce que le mélange devienne mousseux. Ajouter 150 g de farine, 5 g de levure chimique et 120 g de beurre fondu refroidi. Laisser reposer cette pâte 30 min au réfrigérateur. Beurrer et fariner des plaques à madeleines et les remplir aux 2/3. Cuire 8 à 10 min au four préchauffé à 220 °C. Démouler et laisser refroidir sur une grille.

Ils ont marqué leur région...

Edmond Perrier

Limousin

Les invertébrés, tel était le dada d'Edmond Perrier – né à Tulle en 1844 –, qui consacra sa vie à l'étude et à l'enseignement de la zoologie. Il participa à des expéditions scientifiques, en Méditerranée, puis dans l'Atlantique, et il obtint, en 1876, la chaire d'histoire naturelle des mollusques, des vers et des zoophytes au Muséum national d'histoire naturelle de Paris, une institution dont il sera le directeur de 1900 à 1919. À la fin de sa vie, le Corrézien s'intéressa à la vulgarisation scientifique, comme en témoigne sa chronique « Le monde vivant », qui paraissait dans le journal *Le Temps*.

vendredi 9 mars

lever : 7 h 15
coucher : 18 h 47

Ste Françoise

Faune & flore

Le chanvre

Alsace

Jadis réputé pour sa hauteur et la résistance de ses fibres, le chanvre alsacien connaît un renouveau depuis ces dernières années. Utilisé dans l'industrie textile, il sert également de matériau d'isolation. Depuis 2005, la région soutient son utilisation ; un projet qui est loin de partir en fumée !

À table !

Le rivesaltes

Languedoc-Roussillon

Les vins doux naturels sont une grande spécialité de la région, et l'un des plus célèbres est sans doute le rivesaltes, du nom d'une commune des Pyrénées-Orientales. À base de grenache, le rivesaltes prend, en vieillissant, des arômes de pruneau, de raisin sec et de noix.

La rubrique du 13 h

LE PORT DE SAINT-JEAN-DE-LUZ

Aquitaine

Autrefois repaire de corsaires, Saint-Jean-de-Luz est aujourd'hui une station balnéaire réputée du Pays basque. Protégé des assauts de l'Atlantique par une baie, ce port à taille humaine doit sa renommée aux pêcheurs aventureux qui pourchassaient la baleine jusqu'aux côtes canadiennes de Terre-Neuve. Par la suite, il s'est spécialisé dans la pêche à la morue, à la sardine, à l'anchois et au thon. Si les bateaux de plaisance l'envahissent de plus en plus, certains thoniers pêchent encore traditionnellement, c'est-à-dire à la ligne.

Savoirs d'antan

Pour raviver l'éclat de vos verres en cristal, rien de tel qu'un bain d'épluchures de pommes de terre ! Gardez vos épluchures, mettez-les dans une bassine d'eau, et laissez-y tremper vos verres pendant quelques heures.

Ils ont marqué leur région...

Berthe au grand pied

Picardie

Fille de Caribert, comte de Laon, Berthe, ou Bertrade, devint reine des Francs en épousant vers 744 Pépin le Bref, auquel elle donna six enfants, dont « ce sacré Charlemagne ». L'origine de son surnom n'est pas sûre, mais la jeune femme aurait été affublée d'un pied-bot ou d'un pied plus grand que l'autre. Malgré cette difformité, elle a laissé d'elle l'image d'une reine féminine, douce et d'une beauté peu commune. Mais la légende parle aussi d'une femme de caractère et douée d'influence sur la politique du royaume, jusqu'à sa retraite à l'abbaye de Choisy-au-Bac, près de Compiègne, où elle mourut en 783.

St Vivien — Ste Rosine

Mythes et légendes
Corse

La mouche de Freto

Il arrive que l'on trouve, dans les montagnes corses, et plus particulièrement dans les grottes autour de Figari, des ossements humains. Ils ne sont bien sûr pas là par hasard…

Il y a bien longtemps, alors que la plaine de Figari portait encore le nom de Freto, un seigneur tyrannique, que l'on nommait Orso Alammano, l'« ours allemand », régnait sur la région. Cruel et débauché, il avait instauré des lois abominables : chaque jeune marié devait offrir la plus belle bête de son troupeau, au lendemain de la cérémonie, et, bien plus atroce encore, chaque jeune mariée se devait de passer sa nuit de noces avec lui. Des années durant, les paysans effrayés, humiliés, se plièrent à la terrible volonté de cet homme sans foi. Mais un jour, un certain Piobetta, qui devait se marier sous peu, décida, quoiqu'il lui en coûtât, de mettre fin à ces tributs pervers et honteux. Habile au lacet, il prépara son plus beau cheval et le conduisit, la veille de son mariage, à Orso Alammano, afin de lui présenter l'offrande qu'il comptait lui faire. Mais, alors que ce dernier inspectait la fière monture, Piobetta lança une corde autour de son cou, tira sur la boucle, et, l'étranglant, lança le cheval au galop. Quand il fit s'arrêter l'animal, le seigneur gisait en sang, mort, et le village tout entier accourut pour fêter l'accomplissement de son vœu le plus cher.

Le château d'Orso Alammano fut rasé, et on enterra l'infâme tyran. Cependant, quelques mois plus tard, l'on craignait encore de voir réapparaître celui que l'on prenait pour un suppôt de Satan : on alla ouvrir le cercueil, afin de vérifier que la dépouille s'y trouvait bien encore. Tandis que l'on procédait à l'étrange vérification, une mouche s'échappa du tombeau. Les villageois l'évitèrent de quelques claquements de main, et on l'oublia quelque temps. Mais il ne s'agissait pas d'une mouche comme les autres, et elle rappela bien vite sa présence aux paysans. Son haleine cadavérique faisait mourir les arbres, mais également les hommes, et, au bout de dix ans, la mouche avait la taille d'un bœuf. Pourtant, le courageux Piobetta, aidé d'un médecin, parvint encore une fois à débarrasser le village de l'insecte puant : il y laissa sa vie, contaminé par le souffle fétide. Il ne fut pas la seule victime de la mouche. L'histoire avait dépassé les frontières du village : plus personne n'osait y mettre les pieds, et l'on considéra bientôt tous les habitants de Freto comme des êtres maudits et dangereux. Ils furent chassés de chez eux par les bonifaciens et, contraints d'abandonner le village, s'enfuirent vivre dans les grottes des montagnes environnantes. Et ce sont les restes de ces parias que l'on trouve parfois, dans la plaine de Figari…

Un jour en France

10 mars 1818

La loi Gouvion-Saint-Cyr rétablit la conscription. Les appelés au service militaire – d'une durée de six ans – sont tirés au sort. Seule échappatoire pour « les mauvais numéros » : se faire remplacer par un autre, en échange d'une compensation financière.

lundi 12 mars

lever : 7 h 09
coucher : 18 h 51

Ste Justine

À table !

Le guignolet

Pays de la Loire

Le guignolet est une liqueur qui existe depuis le début du XVIIe siècle, date à laquelle des sœurs bénédictines commencèrent sa fabrication en tant que produit médicinal. Élaboré à partir de cerises, de griottes et de guignes, qui lui ont donné son nom, il se déguste aujourd'hui en apéritif.

Quiz des villes & villages de France

Ce joyau de la Saintonge, où l'on déguste de délicieuses mouclades, est situé à quelques kilomètres de Royan, sur l'estuaire de la Seudre.

______-___-______

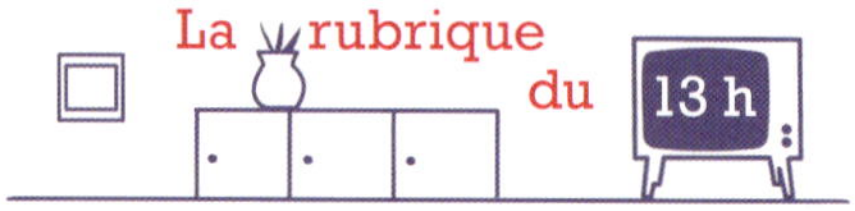

LE PALAIS JACQUES-CŒUR À BOURGES

Centre

Jacques Cœur, l'enfant de Bourges né vers 1395, a eu un destin hors du commun. Brillant homme d'affaires, son ascension est fulgurante : il fait fortune dans l'industrie et le commerce avec l'Orient, avant d'être nommé grand argentier de Charles VII et d'être anobli. Il entreprend alors, en 1443, la construction d'une grande demeure dans sa ville natale. Exemple unique d'architecture gothique civile, le palais présente un confort étonnant pour l'époque. Hélas, Jacques Cœur ne le verra jamais achevé, tombant en disgrâce en 1451.

Faune & flore

La digitale pourpre

Franche-Comté

Cette jolie plante, cultivée à des fins ornementales, croît en toute liberté sur le plateau des Mille Étangs, en Haute-Saône. Bien que son nom ait la même étymologie que le mot « doigt », mieux vaut s'abstenir de la toucher, car ses fleurs violettes magnifiques sont très toxiques.

Ils ont marqué leur région...

Guy Roux

Bourgogne

Il a beau être né en Alsace, Guy Roux incarne l'AJ Auxerre depuis un demi-siècle. Il faut dire qu'il a commencé sa carrière d'entraîneur dans ce club de football à... 23 ans ! Guy Roux sentait ses limites en tant que joueur et a préféré prendre les rênes d'une équipe qu'il hissera de la division d'honneur au sommet de l'Europe. L'éleveur de champions a vu évoluer, dans son club, de futures stars du ballon rond, parmi lesquelles Basile Boli, Éric Cantona ou Laurent Blanc. L'entraîneur le plus populaire du pays a pris sa retraite en 2005, après une quatrième victoire de l'AJ Auxerre en Coupe de France.

Mornac-sur-Seudre

Faune & flore

Le lynx boréal

Lorraine

Ce gros félin haut sur pattes se plaît beaucoup dans les forêts vosgiennes. Ces dernières regorgent en effet de ses proies préférées : les petits ongulés, comme les chevreuils et les chamois. Présent dès deux cent cinquante mètres d'altitude, le lynx se fait pourtant très discret, l'homme étant son principal – sinon unique – prédateur.

CITATION

Rhône-Alpes

« Quelques brumes fumaient sur les pentes des Alpes, effaçaient les vallées en rampant vers les sommets dont les crêtes dessinaient une immense ligne dentelée dans un ciel rose et lilas. »

Guy de Maupassant, La Vie errante, 1890

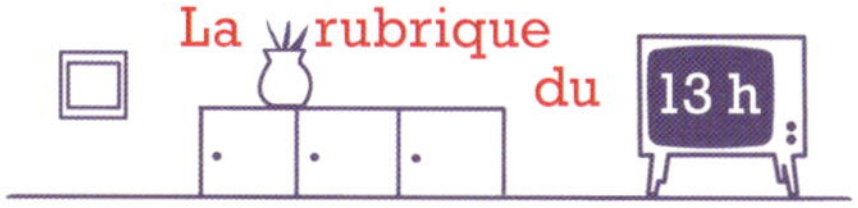

LE LAC DZIANI

Mayotte

Situé sur Petite-Terre, l'une des deux îles principales de Mayotte, le lac Dziani s'est formé dans le cratère d'un ancien volcan. L'eau, issue des précipitations, s'est chargée en soufre, ce qui lui a donné cette couleur vert émeraude. Un sentier permet de faire le tour du cratère, tout en offrant une vue magnifique sur le reste de l'île, avec d'un côté le lagon et de l'autre le grand large. Mais attention ! Car, selon la légende, le fond du lac Dziani est la porte des djinns : êtres malfaisants ou bienfaisants, ils hantent les lieux, la nuit.

À table !

Œufs au cantal

Auvergne

Pour 4 personnes

Râper 150 g de cantal. Casser 8 œufs et séparer les blancs des jaunes. Battre les blancs en neige avec 1 pincée de sel. Saler, poivrer, râper un peu de muscade sur les blancs battus et les verser dans un moule à manqué beurré. Creuser 8 trous avec une cuillère et y déposer les jaunes d'œufs. Répartir le cantal et napper avec 3 c. à soupe de crème fraîche. Cuire 12 min au four préchauffé à 220 °C et servir aussitôt.

Ils ont marqué leur région...

Sampiero Corso

Corse

Bien avant Pascal Paoli et Bonaparte, il fut le premier nationaliste corse. Né à l'aube du XVIe siècle, Sampiero vient d'un bourg montagnard situé à une trentaine de kilomètres d'Ajaccio. Mercenaire en Italie, il est fait prisonnier des Génois, puis libéré par Henri II. Il prend la tête d'une armée franco-turque et organise un débarquement à Bastia, pour déloger ces Génois, maîtres de l'île de Beauté. Selon la légende, Shakespeare se serait inspiré de l'histoire de Sampiero pour créer son *Othello* : le patriote corse étrangla sa femme Vannina, qui l'avait trahi, après que celle-ci eut demandé à mourir de ses mains.

mercredi 14 mars

lever : 7 h 05
coucher : 18 h 54

Ste Mathilde

Faune & flore

Le phoque gris

Bretagne

Loin des eaux subarctiques où on le trouve communément, le phoque gris est également présent en Bretagne. Les archipels de Molène et de Sept-Îles, particulièrement préservés de l'activité humaine, abritent de petites colonies, certainement implantées là depuis des centaines d'années.

À table !

Les nouilles alsaciennes

Alsace

Fabriquées autrefois dans les fermes, les pâtes alsaciennes furent ensuite confectionnées par les boulangers, avant de faire l'objet d'une production industrielle. Très fines, elles se caractérisent par leur forte concentration d'œufs : 7 pour 1 kg de semoule de blé dur.

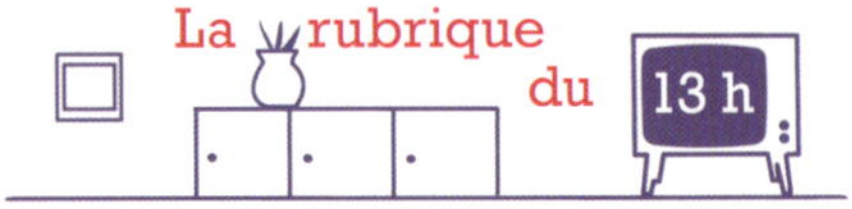

LE PARC JEAN-JACQUES-ROUSSEAU À ERMENONVILLE

Picardie

C'est dans ce parc que Jean-Jacques Rousseau aimait se promener. Le marquis de Girardin, ami de Rousseau, avait hérité d'un terrain de deux mille hectares de forêts et de marécages qu'il combla pour réaliser un jardin d'inspirations italienne et anglaise. Le chemin, ponctué par des fabriques, est aussi un cheminement philosophique. Par exemple, le temple de la philosophie est volontairement inachevé, car la pensée humaine se construit sans cesse. Aujourd'hui, le parc appartient au conseil général de l'Oise et il ne représente plus qu'un tiers du domaine initial.

Quiz des villes & villages de France

Cette ville de la Haute-Vienne fait partie de la très sérieuse Association des communes aux noms burlesques, au même titre que les communes de Corps-Nuds et de Trécon !

_ _ _ _ _ - _ _ - _ _ _ _ _

Ils ont marqué leur région...

René Monory

Poitou-Charentes

Le père du Futuroscope, c'est lui ! Son incroyable destin politique le conduit de la mairie de Loudun au ministère de l'Industrie, de l'Économie et des Finances, avant qu'il ne devienne le premier président français du comité intérimaire du Fonds monétaire international, à Washington, et qu'il ne finisse sa carrière en tant que président du Sénat. À la tête du conseil général de la Vienne pendant presque trente ans, il est l'initiateur du projet d'un parc européen de l'image. Une réussite, puisque le Futuroscope accueille aujourd'hui près de deux millions de visiteurs à l'année.

Arnac-la-Poste

jeudi 15 mars

lever : 7 h 03
coucher : 18 h 56

Ste Louise

DICTON

Corse

Que ce soit de paille ou de foin, l'important est que le ventre soit plein.

À table !

Tortilla aux aubergines

Provence-Alpes-Côte d'Azur

Pour 4 personnes

Émincer 1 oignon et couper 1 aubergine en dés. Faire dorer le tout dans de l'huile 5 min, sur feu vif. Ajouter 1 petit piment émincé, 1 gousse d'ail écrasée et 10 cl d'eau. Couvrir, baisser le feu et cuire 15 min. Battre 8 jaunes d'œufs avec 3 c. à soupe de lait. Ajouter les 8 blancs montés en neige, saler et poivrer. Verser les œufs dans une poêle et cuire 1 min sans remuer. Ajouter les aubergines, cuire encore 1 min et réserver. Au moment de servir, passer la tortilla 2 min sous le gril du four.

Faune & flore

L'alysson des Pyrénées

Languedoc-Roussillon

Ce petit arbrisseau de quinze à cinquante centimètres figure parmi les espèces endémiques des Pyrénées les plus remarquables. Il est en effet très exigeant et ne pousse qu'à flanc de falaise, entre mille six cent cinquante et mille huit cent cinquante mètres d'altitude. Il est d'autant plus rare qu'il est menacé d'extinction, en raison d'une cueillette excessive.

La rubrique du 13 h

LA CONCIERGERIE

Île-de-France

Ce majestueux bâtiment de style gothique, en bord de Seine, sur l'île de la Cité à Paris, tire son nom du concierge, l'intendant du roi chargé de la police, de la justice et de la garde des détenus. En effet, la Conciergerie fut une prison, la plus ancienne en France. D'abord demeure royale des Capétiens, le palais de la Cité devient prison à la fin du XIVe siècle, lorsque les rois de France le quittent pour le Louvre. Pendant la Révolution, la Conciergerie accueille de nombreux prisonniers condamnés à la guillotine, parmi lesquels Marie-Antoinette.

Ils ont marqué leur région...

Dom Pérignon

Champagne-Ardenne

Ce moine bénédictin de l'abbaye de Hautvillers découvrit au XVIIe siècle, lors d'un pèlerinage à l'abbaye de Saint-Hilaire, située entre Limoux et Carcassonne, le procédé de vinification des vins effervescents. De retour dans la Marne, Pierre Pérignon devint maître dans le choix des raisins, des cépages, et dans l'assemblage des crus. Ce cellérier mit au point la méthode de prise de mousse en bouteille, dite la « méthode champenoise », puis le bouchon en liège, et peut-être même la flûte à champagne. Dès le début du XVIIIe siècle, le champagne s'imposa comme la boisson favorite des tables royales.

vendredi 16 mars

lever : 7h01
coucher : 18h57

Ste Bénédicte

À table !

Le caneton à la rouennaise

Haute-Normandie

Cette célèbre recette de canard est née à la fin du XIXe siècle. Cette préparation est dite « à la presse » : le caneton étouffé, non saigné, est rôti avant d'être découpé. La carcasse est ensuite pressée, et le jus obtenu sert de base à la sauce qui a fait la renommée de ce plat.

Savoirs d'antan

Si votre chat rechigne à prendre ses médicaments, rien de plus simple ! Placez la pilule dans sa gueule et frottez son museau. Instinctivement, il le léchera et avalera du même coup son comprimé.

La rubrique du 13 h

LE CIRQUE D'ARCHIANE

Rhône-Alpes

Ce cirque naturel tient son nom d'un hameau de la commune de Treschenu-Creyers, dans la Drôme. Au sud du massif du Vercors, il constitue un accès au parc naturel régional et au domaine des Hauts-Plateaux, la plus grande réserve naturelle d'Europe. Ici, la nature est reine : falaises et aiguilles vertigineuses composent un paysage grandiose, où rivalisent le gris, le rose et l'ocre. Ce territoire naturel abrite de nombreuses espèces, telles que les bouquetins : réintroduits à la fin des années 1980, ils se sont approprié les lieux.

Faune & flore

Le compostage

France

Réussir son compost peut parfois prendre du temps, mais le résultat en vaut vraiment le coup. Qu'il soit disposé dans un bac ou en tas, veillez à ce que votre compost soit toujours en contact direct avec le sol, afin que les micro-organismes puissent accomplir leur travail de décomposition.

Ils ont marqué leur région...

Éric Tabarly

Pays de la Loire

Le nom d'Éric Tabarly est indissociable de celui de *Pen Duick*, qui signifie « mésange à tête noire » en breton. Le *Pen Duick* est en réalité une série de six voiliers, sur lesquels le Nantais va forger sa légende. Tabarly apprend la voile au côté de son père à partir de 7 ans. Il remporte la course transatlantique en solitaire en 1964, puis la Transpacifique en 1969. Respecté par de nombreux navigateurs pour son savoir-faire, son calme, son humilité, mais surtout pour sa détermination, il a contribué au développement du multicoque en France. Et c'est à bord du *Pen Duick* que le Sage de l'océan nous a quittés, en mer d'Irlande, une nuit de juin 1998.

samedi 17 & dimanche 18 mars

St Patrick St Cyrille

Mythes et légendes
Midi-Pyrénées

Le pont du Diable

Quand le malin porte mal son nom

« Je me moque du diable ! Il reçoit les âmes, mais ce n'est pas lui qui les damne. »
Jean-Paul Sartre, Le Diable et le Bon Dieu, *1951*

Il était une fois, non loin de la ville de Foix, des villageois. Les uns vivaient à Montoulieu, les autres à Ginabat. Ils étaient voisins, mais ne pouvaient pourtant pas se rejoindre : une rivière tumultueuse et sournoise avait creusé son lit inhospitalier entre les deux hameaux. Comme c'était agaçant de vivre si près, sans jamais se voir de près ! Condamnés à se retrouver après une longue et périlleuse marche à travers la forêt, à des kilomètres de chez eux, les habitants, amants comme commerçants, piaffaient et enrageaient, tout en sachant parfaitement qu'il était humainement impossible de construire un pont entre ces hautes parois rocheuses, qui plus est au-dessus d'un torrent aussi violent…

Humainement, certes, mais… « Si c'est ainsi, j'irai voir le diable, puisque nous autres ne pouvons rien faire ! », s'écria un jour l'un d'eux, exaspéré par la situation. Et l'on sait bien que, lorsqu'on cherche Satan, on le trouve ! Tous deux parvinrent ainsi à un accord : le diable bâtirait un beau pont, solide et pratique, contre l'âme du premier qui le traverserait. Il faut croire que le malin n'est pas si rusé : tous se passèrent le mot. Le pont fut bâti, comme il se doit, en une nuit, mais bien sûr… personne ne traversa ! Ce fut un chat qu'on y déposa, et le diable, furieux, put emmener son âme ! Ce dernier disparut dans le courant, en fulminant, et on ne le revit plus dans le coin, contrairement au pont, qui enjambe toujours la rivière agitée, et qui fut béni depuis, afin d'éviter tout souci.

lundi 19 mars

lever : 6 h 55
coucher : 19 h 02

St Joseph

À table !

Noix de saint-jacques à la mode de Honfleur

Basse-Normandie

Pour 4 personnes
Faire fondre 30 g de beurre dans une poêle et y faire dorer 12 noix de saint-jacques, 1 min par côté. Les répartir dans des poêlons individuels, saler et poivrer légèrement. Dans une petite casserole, chauffer 30 cl de crème fraîche épaisse avec 5 cl de calvados. Laisser mijoter jusqu'à ce que cela commence à épaissir. Napper les noix de saint-jacques avec cette crème et enfourner à 200 °C pendant 5 min. Servir immédiatement, parsemé de persil haché.

La rubrique du 13 h

LA MAISON SYNDICALE DE LENS

Nord-Pas-de-Calais

Après la catastrophe de Courrières, en 1906, qui fait mille quatre-vingt-dix-neuf victimes, la colère monte chez les mineurs. Face aux puissantes compagnies qui exploitent les gisements de charbon du nord de la France, il leur faut s'organiser : ils ont besoin d'un lieu où se réunir. Bâtie à l'aide de financements publics, mais surtout grâce à une souscription auprès des mineurs, la maison syndicale de Lens est inaugurée en 1911. Haut lieu de mémoire de la culture minière, elle est inscrite depuis 1997 à l'Inventaire des monuments historiques.

Faune & flore

L'ambroisie

Centre

Un nom divin pour une plante qui représente pourtant une grande nuisance dans la région. Principalement disséminée par l'homme, l'ambroisie est une espèce envahissante, dont le pollen provoque des réactions allergiques chez un certain nombre de personnes.

Un jour en France

19 mars 1917

L'heure d'été est instituée, afin d'économiser une énergie précieuse en temps de guerre. Cette mesure, qui permet de réduire les besoins d'éclairage en soirée, sera abandonnée en 1945, puis rétablie en 1976, pour faire face au choc pétrolier de 1973.

Ils ont marqué leur région…

Mireille Guiliano

Lorraine

Mireille Guiliano est-elle plus américaine que lorraine ? Cette femme d'affaires, née en Moselle, a fait carrière, dans les années 1980, aux États-Unis, où elle dirige la branche américaine d'une marque de champagne très célèbre. Avec son premier best-seller, *Ces Françaises qui ne grossissent pas*, elle est devenue la représentante d'un art de vivre à la française. Ce livre de recettes minceur, sorti en 2005, a fait un véritable carton, avec deux millions d'exemplaires vendus dans le monde. Et cette cuisine, c'est sa grand-mère alsacienne qui la lui a transmise !

lever : 6 h 52
coucher : 19 h 03

Printemps

Faune & flore

L'escargot de Bourgogne

Bourgogne

Célèbre pour le mets gastronomique qu'il sert à préparer, le « gros blanc » est un animal protégé en France. Aussi, le ramassage n'est-il autorisé que pendant une partie de l'année, la plupart des spécimens utilisés en cuisine étant importés d'Europe centrale.

Quiz des villes & villages de France

Le plus grand château féodal d'Europe se situe dans cette ville des Ardennes et accueille chaque année, depuis 1996, un festival médiéval.

_ _ _ _ _

La rubrique du 13 h

LE CHÂTEAU DE JOUX

Franche-Comté

Témoignage de dix siècles d'architecture militaire, le château de Joux domine la vallée du Doubs et la cluse de Pontarlier, située à cinq kilomètres. Édifié au XIe siècle, à presque mille mètres d'altitude, il avait pour mission de surveiller l'immense carrefour stratégique reliant plusieurs régions françaises, l'Italie et la Suisse. Le château fut agrandi sous Charles Quint, puis, lors du rattachement de la région au royaume de France, Vauban le transforma à son tour. Enfin, Joffre lui offrit ses dernières modifications entre 1879 et 1881.

À table !

Le brocciu

Corse

Fromage corse par excellence, le brocciu se fabrique avec du petit-lait – récupéré lors de l'élaboration d'autres fromages de chèvre ou de brebis –, que l'on mélange à du lait et que l'on chauffe. Blanc, moelleux et sans croûte, le brocciu se consomme frais, dans les 5 jours qui suivent sa fabrication.

Ils ont marqué leur région…

Saint Louis

Languedoc-Roussillon

Saint Louis, Louis IX de son vivant, avait une réputation de roi sage, juste et diplomate. En 1244, il tombe gravement malade et fait le vœu de partir en croisade s'il survit. Guéri, il organise ce qui sera la septième croisade, et choisit un site marécageux de Petite Camargue, la future Aigues-Mortes, pour la construction d'un port, où embarqueront les croisés. Il obtient les terres des moines d'une abbaye voisine, leur accordant, en retour, propriétés et privilèges. Le port est à peine achevé lorsqu'il prend, en 1248, la tête de son expédition pour la Terre sainte.

Sedan

mercredi 21 mars

lever : 6 h 50
coucher : 19 h 05

Ste Clémence

À table !

Bœuf à la ficelle

Île-de-France

Pour 6 personnes
Éplucher 300 g de carottes, 3 blancs de poireaux et 1 navet. Les mettre dans un faitout avec 1 oignon piqué d'1 clou de girofle et 2 l de bouillon de bœuf ; porter à ébullition. Nouer 2 bouts de ficelle aux extrémités d'un morceau de 1,5 kg de filet de bœuf ficelé sans barde. Plonger le morceau dans le faitout, en attachant la ficelle aux poignées, de sorte que la viande soit totalement immergée mais qu'elle ne touche pas le fond. Cuire 25 min en maintenant l'ébullition ; à mi-cuisson, ajouter 6 os à moelle. Servir la viande en tranches, avec les légumes, les os à moelle, des cornichons et du pain grillé.

La rubrique du 13 h

LE PUY DE SANCY

Auvergne

Point culminant du Massif central, le puy de Sancy s'appelait autrefois le « puy de la Croix », car une croix était fichée en son sommet. Il doit son nom actuel à un pèlerinage qui se déroulait le jour de la Saint-Sixte, terme qui fut déformé en Sancy. Paradis des alpinistes, des skieurs et des randonneurs, ce volcan offre une faune et une flore remarquables, que les moins sportifs pourront aussi découvrir grâce au téléphérique. Depuis son sommet, à mille huit cent quatre-vingt-six mètres d'altitude, le panorama est époustouflant ; par temps clair, il s'étend jusqu'aux Alpes.

Faune & flore

Le corail

Guadeloupe

Doté d'une extraordinaire longévité, le corail vit généralement en colonies. Présent dans les océans depuis plusieurs centaines de millions d'années, il fait aujourd'hui partie des animaux les plus menacés par le réchauffement climatique et pourrait bien disparaître des Antilles d'ici 2040.

CITATION

Picardie

« Sur le désir de ma femme je me fixe à Amiens, ville sage, policée, d'humeur égale, la société y est cordiale et lettrée. On est près de Paris, assez pour en avoir le reflet, sans le bruit insupportable et l'agitation stérile. »

Jules Verne, lettre à son ami Charles Wallut, 1873

Ils ont marqué leur région…

François René de Chateaubriand

Bretagne

Issu d'une vieille famille aristocratique désargentée, Chateaubriand grandit à Saint-Malo, Plancoët, Dol, Rennes et au château de Combourg – qu'il surnomme « le berceau du romantisme » –, où il passe une enfance souvent morose. Témoin d'un demi-siècle d'histoire de France, l'homme, qui eut une carrière d'auteur et d'homme politique, choisit de consacrer la fin de sa vie à l'écriture. Dans ses *Mémoires d'outre-tombe*, il rappelle son attachement à la cité malouine, une ville face à laquelle il a choisi d'être enterré, sur le rocher du Grand-Bé.

jeudi 22 mars

lever : 6 h 48
coucher : 19 h 07

Ste Léa

Quiz des villes & villages de France

Cette commune martiniquaise, spécialisée dans la culture de la banane, porte le même nom qu'un célèbre peintre de paysages français.

__ _______

Faune & flore

La joubarbe des toits

Midi-Pyrénées

Cette plante étrange, aux allures d'artichaut, aime coloniser les surfaces rocailleuses et se trouvera donc parfaitement à son aise le long d'un muret. Capable de résister à des températures extrêmes, froides comme chaudes, la joubarbe n'a besoin que d'ensoleillement pour s'épanouir.

La rubrique du 13 h

LE PALAIS BÉNÉDICTINE DE FÉCAMP

Haute-Normandie

Éclectique, voilà un adjectif qui pourrait résumer le palais Bénédictine ! Éclectique par son architecture originale, d'inspirations gothique et Renaissance, mais aussi par l'usage qui est fait du bâtiment. Le palais, construit à la fin du XIXe siècle, est un musée qui abrite diverses collections – peintures, sculptures, ivoires ou manuscrits – et une salle d'exposition d'art contemporain. Mais c'est aussi là que se trouvent la distillerie et les caves de la Bénédictine, la liqueur aux vingt-sept épices qui a fait la renommée de Fécamp.

À table !

Embeurrée de chou

Poitou-Charentes

Pour 4 personnes

Éplucher et rincer 1 petit chou vert, en éliminant les premières feuilles, en détachant les autres et en coupant les plus grosses côtes. Cuire les feuilles à l'eau bouillante salée pendant 30 min environ. Égoutter les feuilles de chou et les presser pour éliminer le maximum d'eau. Mettre le chou dans une casserole et l'écraser avec une fourchette, en ajoutant progressivement 100 g de beurre demi-sel coupé en dés ; poivrer. Mettre la casserole sur feu doux et bien mélanger. Servir chaud.

Ils ont marqué leur région...

Sainte Véronique

Aquitaine

Pourquoi sainte Véronique, appelée aussi sainte Bérénice, est-elle devenue la patronne des blanchisseuses et des photographes ? La légende s'est forgée au haut Moyen Âge. Cette jeune femme, qui serait née en Aquitaine, aurait prêté son voile au Christ sur son chemin de croix. Ce dernier aurait épongé la sueur de son visage et y aurait imprimé son image. Véronique est ainsi souvent représentée avec un tissu sur lequel transparaissent les traits de Jésus. Elle aurait fini sa vie dans le sud-ouest de la France avec son mari, Zachée, reconnu comme l'évangélisateur du Quercy.

Le Lorrain

vendredi 23 mars

lever : 6 h 46
coucher : 19 h 08

St Victorien

À table !

La tarte au sucre

Nord-Pas-de-Calais

Pour 6 personnes
Dans un saladier, mélanger 250 g de farine avec 1 pincée de sel, 100 g de beurre mou, 2 œufs et 15 g de levure de boulanger délayée dans 10 cl de lait tiède ; former une boule. Recouvrir d'un linge et laisser reposer 1 h. Abaisser la pâte sur une plaque recouverte de papier sulfurisé, faire des petits creux dans la pâte et laisser reposer de nouveau 1 h. Saupoudrer la pâte avec 150 g de vergeoise et répartir 50 g de beurre en noisettes. Cuire 30 min au four préchauffé à 180 °C, puis napper la tarte avec 20 cl de crème fraîche et cuire encore 7 min. Servir tiède.

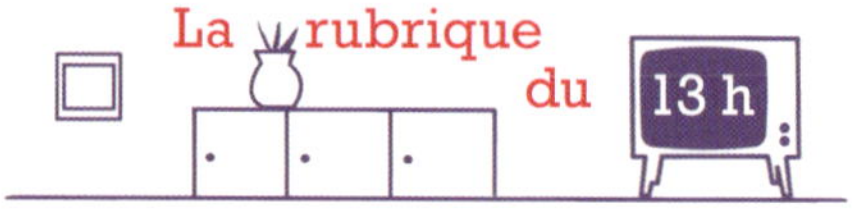

LA CASCADE D'ÉTUFS

Champagne-Ardenne

Qui n'a jamais vu une cascade ? Pourtant, à Rouvres-sur-Aube, dans le département de la Haute-Marne, la cascade d'Étufs est un peu particulière. Elle doit son nom au tuf calcaire, une roche qui se dépose par sédiments sur la végétation. En effet, les turbulences du ruisseau dissolvent le calcaire, qui se fixe de nouveau sur les mousses alentour. La végétation et la roche ne font alors plus qu'un, le phénomène se reproduisant à l'infini. Ici, la cascade pétrifiante est formée d'une vingtaine de marches superposées.

Faune & flore

Le cheval comtois

Franche-Comté

Première race de cheval de trait en France, le comtois est un animal élégant, surtout connu pour sa rusticité et son bon caractère. Vraisemblablement présent dans la région depuis le VIe siècle, il en est aujourd'hui un symbole et participe à de nombreuses festivités locales.

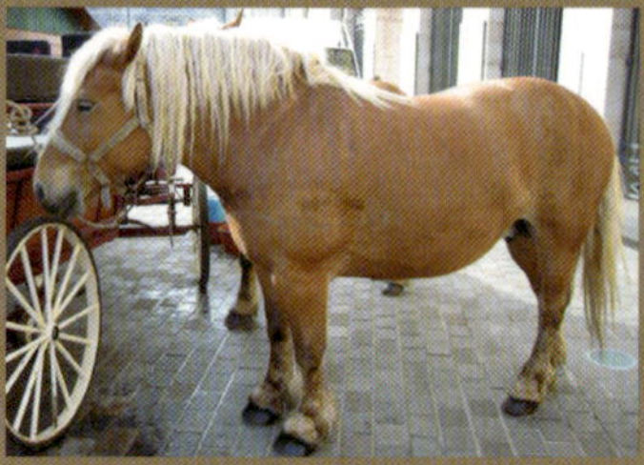

Savoirs d'antan

Pour les personnes souffrant d'arthrose, il est fortement conseillé de prendre des bains de boue. La boue de Dax est extrêmement réputée, et l'on peut y faire des cures thermales. Cette boue est issue d'un mélange de limon de l'Adour, d'eau minérale et d'algues thermales.

Ils ont marqué leur région…

Raoul Dufy

Provence-Alpes-Côte d'Azur

Dessinateur, peintre, graveur, céramiste, créateur de tissus et de mobilier, décorateur d'intérieur, illustrateur de livres pour Apollinaire, décorateur de théâtre pour Cocteau et Anouilh, Raoul Dufy est un artiste inclassable. Après des études à l'école des beaux-arts du Havre, il prend un atelier à Montmartre et découvre Monet, Matisse et Cézanne. Fauviste pendant un certain temps, il emprunte au cubisme et à l'impressionnisme. Il utilise constamment les couleurs vives, se rapprochant ainsi de l'expressionnisme allemand. À la veille de la Première Guerre mondiale, il épouse une Niçoise et multiplie les séjours dans le Sud-Est, notamment à l'Estaque et à Vence, cité à laquelle il consacre une série de peintures.

samedi 24 & dimanche 25 mars

Ste Catherine de Suède St Humbert

Mythes et légendes
Bourgogne

La bête faramine

« Tremblez, fuyez, Vergissonnais !
Avec raisons vous frissonnez :
Au ciel que l'éclair illumine,
Voici la bête pharamine. »
Abbé Ducrost, Annales de l'Académie de Mâcon, *1888*

Il y avait, aux abords de Vergisson, une bête fabuleuse, que l'on disait d'apparence changeante. Tantôt oiseau, tantôt serpent, ou encore amphibie selon certains, immense de l'avis de tous, la bête faramine terrifiait quiconque l'apercevait, l'entendait ou, simplement, en entendait parler. Ceux qui l'avaient vue affirmaient qu'elle pouvait, d'un seul coup d'ailes, aller de la roche de Solutré à Vergisson, ce qui n'était guère rassurant pour les villageois. D'autant plus qu'on disait ses crocs acérés, ses serres affûtées, son bec d'une grandeur confinant à la monstruosité. Tous se sentaient donc menacés.

L'ombre de la bête faramine finit ainsi par tant peser que l'on convint que cette situation avait assez duré. Les Vergissonnais, tous concernés, s'armèrent jusqu'aux dents et partirent d'un pas décidé à la recherche de l'oiseau maudit – si tant est qu'il fut oiseau ou même maudit... Motivés et aux aguets comme jamais, les Mâconnais le trouvèrent, perché. Comme l'on criait « Vengeance ! » pour se donner du courage, la bête faramine prit peur et s'envola. Mais l'un des chasseurs, plus vaillant que les autres, ne se laissa pas impressionner, visa l'animal et tira. Blessé, ce dernier tomba, mais se débattit, toutes griffes dehors. Le sang coula de part et d'autre, mais la faramine finit par succomber, et on la ramena au village, triomphalement.

Sur la place, les femmes se défoulèrent en la plumant, avant qu'on ne la fasse brûler comme un vulgaire poulet. Eh bien, croyez-le ou non, une fois dépourvue de son plumage, la bête faramine avait la taille d'un passereau et, dit-on, tenait dans le creux de la main ! On fait parfois grand cas de bien peu de chose...

lundi 26 mars

lever : 7 h 40
coucher : 20 h 13

Ste Larissa

Faune & flore

L'artichaut vert de Laon

Picardie

Capable de survivre à des températures inférieures à 0 °C, le gros vert de Laon est sans aucun doute le plus résistant de tous les artichauts. Excellent cru comme cuit, chaque pied donne une fleur très décorative, qui, une fois séchée, est utilisée dans la confection de bouquets.

À table !

Le jambon au foin

Lorraine

Cette recette est à la fois originale et simple… à condition de pouvoir se procurer du foin ! Il s'agit de cuire un jambon fumé demi-sel, dans une marmite, pendant 2 h : le jambon est déposé sur un lit de foin avant d'être recouvert d'eau ; le foin donne un goût prononcé et savoureux à la viande.

La rubrique du 13 h

NOTRE-DAME-DES-ANGES À COLLIOURE

Languedoc-Roussillon

À Collioure, l'expression « les pieds dans l'eau » prend tout son sens : en effet, l'étrange clocher de l'église Notre-Dame-des-Anges est pratiquement entouré par la mer. Cela n'a pas toujours été le cas, puisque l'église se trouvait autrefois au cœur de la ville ; mais sa destruction fut ordonnée par Vauban. L'ingénieur décida également de ne plus utiliser le port de Collioure, si bien que le phare n'avait plus aucune utilité. On rebâtit alors l'église en l'adossant au phare, et la tour ronde se transforma en clocher.

Quiz des villes & villages de France

Le pont Valentré, la cathédrale Saint-Étienne et la tour du pape Jean XXII sont trois monuments que l'on peut découvrir dans cette ville du Lot.

_ _ _ _ _ _

Ils ont marqué leur région…

Alain Rey

Auvergne

C'est à Alger, en 1952, qu'Alain Rey rencontre Paul Robert – le fondateur des célèbres dictionnaires –, qui l'engage comme collaborateur. Né à Pont-du-Château, en Auvergne, ce diplômé de sciences politiques et de lettres devient une référence en tant que linguiste et lexicographe. Observateur iconoclaste de l'évolution de la langue française, l'érudit anime à la radio, pendant treize ans, une rubrique quotidienne, « Le mot de la fin » : il y décortique un terme lié à l'actualité du moment. Il reçoit en 2005 – année de la sortie de son *Dictionnaire culturel en langue française* – le titre de commandeur de l'ordre des Arts et des Lettres.

Cahors

mardi 27 mars

lever : 7 h 38
coucher : 20 h 14

St Habib

Faune & flore

Le genêt à balai

Rhône-Alpes

On le confond parfois avec le genêt d'Espagne, en raison de leur forte ressemblance. Le genêt à balai est pourtant bien plus rustique que son cousin hispanique, qui est principalement ornemental. Et pourquoi « à balai » ? Tout simplement parce qu'il a longtemps été utilisé dans la fabrication de balais.

Savoirs d'antan

Rien de pire que le rétrécissement d'un vêtement neuf, en coton, dès son premier lavage. Afin d'éviter ce désagrément, faites-le faire tremper toute une nuit dans de l'eau froide salée. Vous pourrez ensuite le laver, l'esprit tranquille.

La rubrique du 13 h

LA PLACE DU BOUFFAY À NANTES

Pays de la Loire

Comme le quartier piétonnier dans lequel elle se trouve, la place du Bouffay doit son nom à l'ancien château des comtes de Bretagne et elle est étroitement liée à l'histoire de la ville. Dès le XVe siècle, les pouvoirs administratifs, municipaux et judiciaires s'installent dans le château ; plus tard, l'édifice sert de prison et de tribunal révolutionnaire, tandis que la place du Bouffay est le siège de centaines d'exécutions. Aujourd'hui, on flâne dans les ruelles qui mènent à la place, en admirant les maisons à colombage et les hôtels particuliers.

À table !

Kirsch de Fougerolles

Franche-Comté

D'abord appelé « eau de cerises », le kirsch de Fougerolles, commune de Haute-Saône, a fini par prendre la dénomination allemande. Il est distillé uniquement à partir de guignes et, selon que la production est industrielle ou agricole, son titre peut varier de 45 à 60 % d'alcool.

Ils ont marqué leur région...

Charles de Gaulle

Champagne-Ardenne

En juin 1934, à l'approche de la guerre, Charles de Gaulle acheta la Boisserie, une propriété située à Colombey-les-Deux-Églises, à mi-chemin entre Paris et les garnisons de l'Est et du Nord. Il y vécut de façon simple, partageant sa vie entre le travail, la lecture et ses méditations solitaires. Le président était attaché à cette région austère et mélancolique de landes et de forêts ; il voyait en cette maison sa seule véritable demeure et aimait y retrouver le calme. C'est d'ailleurs Colombey qu'il choisira pour lieu de son dernier repos.

mercredi 28 mars

lever : 7 h 36
coucher : 20 h 16

St Gontran

À table !

Boudin de Mortagne aux pommes

Basse-Normandie

Pour 4 personnes

Peler 6 pommes à cuire, retirer le cœur et les pépins, les couper en lamelles et les cuire doucement à la poêle, pendant 15 min, dans 50 g de beurre. Saler et poivrer. Dans une autre poêle, faire fondre 50 g de beurre et y cuire 800 g de boudin noir de Mortagne en morceaux, sur feu vif, pendant 10 min. Disposer les pommes sur le boudin et servir.

Un jour en France

28 mars 1948

Un drôle de chien pointe sa truffe pour la première fois dans le journal *L'Humanité*. Il se nomme Pif, et son créateur, José Cabrero Arnal. Ce personnage de BD, dont le chat Hercule est le meilleur ennemi, sera la star de *Pif Gadget*, dès 1969.

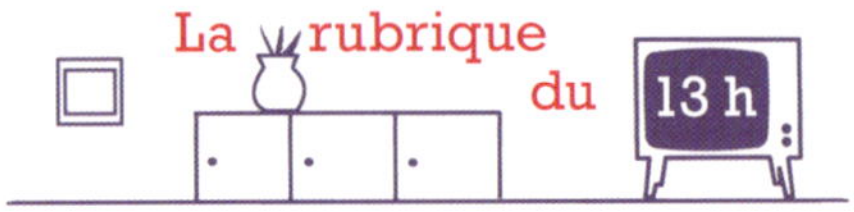

LA ROUTE DES VINS

Alsace

Quel meilleur itinéraire emprunter pour découvrir l'Alsace, si ce n'est cette route des vins qui traverse toute la région sur cent soixante-dix kilomètres ? On s'émerveille de ces paysages de carte postale, où les vignes parfaitement alignées s'étalent à perte de vue. Les villages traversés figurent parmi les plus beaux de France avec leur patrimoine architectural unique. Entre deux dégustations des différents cépages, pourquoi ne pas quitter la route et s'égarer dans les chemins viticoles ou se lancer à la conquête des ruines d'un château médiéval ?

Faune & flore

Le melon de Cavaillon

Provence-Alpes-Côte d'Azur

Fierté de la ville de Cavaillon, cette variété fait partie des plus appréciées des Français, mais aussi des étrangers, qui ne manquent pas de déguster la cucurbitacée lors de leur séjour dans la région. Il faut dire que sa chair orangée et parfumée est un délice pour les yeux comme pour les papilles.

Ils ont marqué leur région…

Emma Calvet, dite Calvé

Midi-Pyrénées

Immense soprano, Emma Calvet se fit connaître à partir de 1892, grâce à son interprétation de Carmen, qu'elle chanta plus de mille fois. L'Aveyronnaise devint une véritable star aux États-Unis, et elle entonna *La Marseillaise* devant trente mille New-Yorkais, en 1916. Passionnée de sciences occultes et d'hindouisme, l'excentrique Emma aimait fréquenter le célèbre cabaret du Chat Noir, en compagnie de Mucha. Mais l'enfant des Causses resta toute sa vie attachée à ses origines rurales. Elle acquit un château à Cabrières, où elle créa une école d'art lyrique et recueillit des enfants pauvres des environs.

jeudi 29 mars

lever : 7h34
coucher : 20h17

Ste Gladys

Faune & flore

La grenouille taureau

Aquitaine

Originaire de Floride, cette grenouille aux dimensions hors du commun s'est installée en Gironde et en Dordogne, après s'être enfuie d'un domaine privé. L'amphibien, capable de manger une poule, représente une vraie menace pour son environnement; d'autant qu'il n'a, en Europe, aucun prédateur.

CITATION

Bretagne

« J'aime la Bretagne, j'y trouve le sauvage et le primitif. Quand mes sabots résonnent sur ce sol de granit, j'entends le son sourd, mat et puissant, que je cherche en peinture. »

Paul Gauguin, lettre à Émile Schuffenecker, février 1888

La rubrique du 13 h

NOTRE-DAME-LA-GRANDE À POITIERS

Poitou-Charentes

Au centre de Poitiers se dresse Notre-Dame-la-Grande. Cette église collégiale est spectaculaire par sa nef très haute, qui remonte au XIe siècle. À l'intérieur, les murs et les piliers sont peints dans un style romano-byzantin inspiré par les croisades. Mais ce qui impressionne le plus le visiteur, c'est l'imposante façade entièrement sculptée, à l'extérieur de l'église. Ce chef-d'œuvre du style roman poitevin, restauré entre 1992 et 1995, illustre des scènes bibliques : sont ainsi figurés de nombreux personnages ou animaux fantastiques.

À table !

Salade ardennaise

Champagne-Ardenne

Pour 4 personnes

Laver 400 g de pommes de terre et les faire cuire, sans les éplucher, pendant 25 min environ. Trier 300 g de jeunes pissenlits, les laver, les sécher et les mettre dans un saladier placé dans un bain-marie chaud. Éplucher les pommes de terre, les couper en rondelles et les répartir sur les pissenlits. Faire revenir à la poêle 200 g de lardons, jusqu'à ce qu'ils soient bien grillés. Déglacer avec 2 c. à soupe de vinaigre de vin et 1 c. à soupe de moutarde. Verser dans le saladier, remuer et servir aussitôt.

Ils ont marqué leur région...

Dominique Farrugia

Île-de-France

Membre de l'équipe des Nuls dans les années 1980, Dominique Farrugia s'affirme, depuis une dizaine d'années, en tant que producteur et réalisateur de films. Il commence comme standardiste pour une radio, avant d'écrire des sketchs pour la télévision. Avec ses complices Chantal Lauby et Alain Chabat, il fait rire pendant six ans, tous les soirs, des millions de téléspectateurs. Atteint de sclérose en plaques depuis une vingtaine d'années, Dominique Farrugia se bat pour médiatiser le combat contre cette maladie et montrer que les personnes qui en souffrent peuvent avoir une vie épanouie.

vendredi 30 mars

lever : 7 h 31
coucher : 20 h 19

St Amédée

À table !

Rougail saucisses

La Réunion

Pour 4 personnes
Cuire 200 g de riz à feu doux et à couvert dans 60 cl d'eau salée, pendant 20 min. Piquer 500 g de saucisses fumées et les cuire 10 min à l'eau. Les découper en tronçons et les faire dorer 5 min dans de l'huile. Éplucher et émincer 2 oignons et les ajouter aux saucisses, avec 1 piment oiseau haché, 1 grosse boîte de tomates concassées, 1 brin de thym et 1 c. à café de curcuma. Cuire à feu doux, environ 10 min, jusqu'à réduction du jus.
Verser le riz dans un plat, ajouter le rougail et parsemer de dés de piment vert.

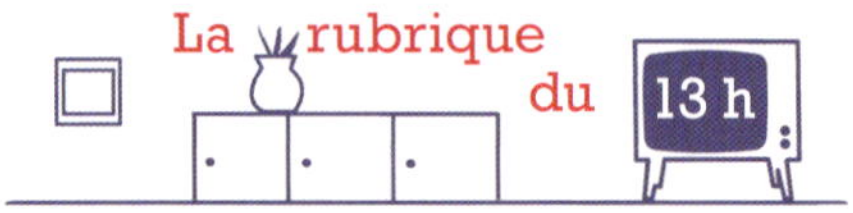

L'ABBAYE DE CLUNY

Bourgogne

En Saône-et-Loire, il est possible d'admirer quelques vestiges de l'abbaye bénédictine de Cluny, fondée en 910. Avant d'être détruit à la Révolution, le monastère fut, pendant des siècles, un centre culturel – sa bibliothèque était alors inestimable – et politique qui influença toute l'Europe. Si le site est encore impressionnant aujourd'hui, il ne reste de cette abbatiale, autrefois la plus grande de tout l'Occident, que les murs d'enceinte, un clocher, une tour, une partie des transepts, le cloître, ou encore les bâtiments conventuels.

Faune & flore

Le myrte

Corse

Plante sauvage du maquis méditerranéen, le myrte est utilisé en Corse pour parfumer les plats de viande, notamment le gibier. Il est également la base d'une boisson alcoolisée très populaire sur l'île et en Sardaigne, élaborée à partir des graines et des feuilles.

Quiz des villes & villages de France

Cette ville de Franche-Comté abrite une célèbre saline royale, conçue par Claude Nicolas Ledoux, à la demande de Louis XV.

_ _ _ - _ _ - _ _ _ _ _ _

Ils ont marqué leur région...

Félix Bollaert

Nord-Pas-de-Calais

Avant de faire construire le célèbre stade des Sang et Or et de lui donner son nom, Félix Bollaert fut président du conseil d'administration de la Compagnie des mines de Lens. Ce diplômé de l'École polytechnique et de l'École des mines succéda à son père en 1922. Héritier du paternalisme social dont faisait déjà preuve ce dernier, il créa, avec sa femme – la fille d'un député de la région –, plusieurs fondations et œuvres caritatives. Le service de la Goutte de lait, qui permettait de distribuer gratuitement l'alimentation aux nourrissons, vit ainsi le jour grâce à lui.

Arc-et-Senans

samedi 31 mars & dimanche 1er avril

St Benjamin St Hugues

Mythes et légendes
Guyane

La légende de Cayenne

Cépérou, roi des Indiens Galibi, régnait depuis l'Orénoque jusqu'à l'Amazone. Le royaume voisin, sur la rive droite du fleuve immense, était gouverné par son frère, Brésil. Lors d'une visite de courtoisie, Cépérou rencontra Belém, la fille de Brésil. Elle faisait la fierté de son père et, bien qu'encore très jeune, elle était d'une beauté envoûtante. De retour chez lui, Cépérou raconta son voyage. La description qu'il fit de sa nièce captiva Cayenne, son fils, dont les yeux brillaient à la seule pensée de la belle princesse. Dès lors, la conquête du cœur de sa cousine fut son seul souhait. Cayenne devint un jeune homme fort et brave. Lorsqu'il fut en âge de prendre femme, il avoua à son père l'amour qu'il avait pour Belém. Ayant obtenu de lui sa bénédiction, il se rendit chez son oncle et lui ouvrit son cœur. Mais les prétendants affluaient en masse de toutes parts, et, comme aucun ne semblait lui convenir, la capricieuse princesse avait choisi de laisser le sort décider à sa place, dans une épreuve insurmontable : franchir, sur le dos d'un taureau, des sables mouvants de plus de dix mètres de large, autrement dit, mourir, assurément !

Cayenne accepta l'enjeu, mais demanda un délai d'un an et se hâta d'aller consulter le sage Montobo. Le sorcier appela l'esprit Iroucan, pour aider le prince dans son entreprise, et celui-ci leur indiqua où trouver un taureau merveilleux reconnaissable à l'étoile qu'il portait sur son front. Ils devraient le nourrir pendant un an de feuilles de takini, puis le conduire chez le roi Brésil : Cayenne sortirait alors victorieux de la terrible épreuve. En effet, l'année écoulée, le taureau prodigieux franchit le marais sans peine, et Belém fut immédiatement séduite par le courage du prince. Quant à Brésil, il sut reconnaître la ténacité et la sagesse de ce dernier, heureux que sa fille ait enfin trouvé un homme digne d'elle. Quand vint le moment des adieux, il baptisa sa propre cité « Belém », en l'honneur de sa fille, qu'il laissa partir sans crainte avec le valeureux Cayenne.

Lorsque Cépérou vit arriver son fils victorieux, accompagné de la charmante Belém, sa joie fut sans bornes. Les noces furent célébrées le jour même dans le village du roi, que l'on nomma « Cayenne » à dater de ce jour.

lundi 2 avril

lever : 7 h 25
coucher : 20 h 23

Ste Sandrine

À table !

Le marc de Bourgogne

Bourgogne

On appelle « marc » tout ce qui reste du pressurage du raisin, c'est-à-dire la pulpe et les peaux de raisin. Imprégné des parfums du vin qui a cuvé, le moût de raisin fermenté est récupéré pour être distillé et donner ainsi naissance au marc de Bourgogne.

Savoirs d'antan

Vos bouquets de fleurs se fanent trop rapidement, et cela vous attriste. Afin d'allonger leur durée de vie, ajoutez à leur eau un comprimé d'aspirine. Une ou deux gouttes d'eau de Javel permettront à l'eau de rester transparente.

La rubrique du 13 h

L'ABBAYE DE PAIMPONT

Bretagne

Au cœur de la forêt de Brocéliande, au bord d'un étang qui lui sert d'écrin, l'abbaye de Paimpont appelle au calme et à la spiritualité. L'abbatiale actuelle, tout comme les premiers bâtiments conventuels disposés autour du cloître, date de 1199, mais il existait un prieuré bénédictin dès le VIIe siècle. L'abbaye a été transformée au XVe et au XVIIe siècle, pour accueillir un nombre croissant de moines, qui abandonnèrent la règle bénédictine au profit de l'ordre augustinien. Aujourd'hui, le presbytère et la mairie occupent les bâtiments conventuels.

Faune & flore

La pensée de Rouen

Haute-Normandie

L'éphémère petite violette de Rouen a été nommée ainsi parce qu'elle a pour particularité de ne pousser que sur les coteaux crayeux de la vallée de la Seine. C'est donc une espèce endémique très protégée, qu'il ne faut en aucun cas cueillir si vous la rencontrez à l'état sauvage.

Ils ont marqué leur région…

Tomi Ungerer

Alsace

Les paysages paisibles et romantiques des environs de Colmar ont inspiré une partie importante de l'œuvre d'Ungerer. Né en 1931, ce futur dessinateur grandit dans une région occupée par les Allemands, où il est interdit de parler alsacien. Après un long exil aux États-Unis, puis au Canada, où il devient illustrateur publicitaire et auteur de livres pour enfants, le globe-trotteur s'investit dans la préservation de l'identité, du folklore et du bilinguisme en Alsace. En 1975, il fait une importante donation de ses dessins et de sa collection de jouets aux musées de Strasbourg.

mardi 3 avril

lever : 7 h 23
coucher : 20 h 25

St Richard

À table !

Œufs à la gersoise

Midi-Pyrénées

Pour 4 personnes

Faire durcir 4 œufs et les écaler. Couper chaque œuf en 2, prélever les jaunes et les mélanger avec 100 g de pâté de foie gras, du persil et du cerfeuil haché ; saler et poivrer. Garnir les blancs d'œufs avec la préparation. Recouvrir les œufs farcis de 1 blanc d'œuf battu en neige avec 1 pincée de sel. Saupoudrer de chapelure et faire dorer sous le gril du four. Servir aussitôt.

Faune & flore

La sirtema

Pays de la Loire

Réputée pour son goût sucré et sa bonne tenue à la cuisson, cette pomme de terre printanière fait partie des cinq espèces cultivées sur l'île de Noirmoutier. La sirtema se cuisine selon son calibre : les grenailles sont excellentes rissolées, les plus grosses, meilleures à la vapeur.

La rubrique du 13 h

LE MUSÉE DES BEAUX-ARTS DE NANCY

Lorraine

Créé en 1793 – ce qui en fait l'un des plus anciens musées de France –, le musée des Beaux-Arts de Nancy occupe un des pavillons de la place Stanislas, le symbole de la ville. Il a été agrandi deux fois au cours du XXe siècle, toujours en respectant la majesté du style originel : d'abord en 1936, puis en 1995 avec la construction d'une extension. Ces travaux permirent de doubler la surface du musée et de réorganiser les collections – divers courants européens du XVe au XXIe siècle sont représentés –, qui s'enrichissent sans cesse.

CITATION

Île-de-France

« C'est à Paris que la providence est plus grande qu'ailleurs. »

Antoine de Rivarol

Ils ont marqué leur région…

Alexandre Astier

Rhône-Alpes

À la télévision, le roi Arthur, c'est lui. Avant son succès sur le petit écran, Alexandre Astier s'était fait remarquer sur scène, à Lyon, dans la pièce *Le Jour du froment*, qui connut un gros succès au théâtre de la Croix-Rousse. Depuis 2005, près de cinq cents épisodes de *Kaamelott* ont été tournés. La série raconte, de façon décalée et parfois anachronique, le quotidien du roi et des chevaliers de la Table ronde, les intrigues de la cour, la quête du Graal. Alexandre Astier écrit, réalise la série et en a même composé le générique.

mercredi 4 avril

lever : 7h21
coucher : 20h26

St Isidore

À table !

Le maroilles

Picardie

La saveur corsée du maroilles compte désormais de nombreux amateurs en dehors des frontières picardes.
Ce fromage de lait de vache à la croûte orangée bénéficie d'une AOC et entre dans la composition de nombreuses recettes régionales ; les puristes le dégustent, simplement, sur une tartine.

Savoirs d'antan

Une petite pincée de sel ajoutée à l'eau de votre bouillotte lui permettra de diffuser sa chaleur plus longtemps. Vous pouvez également l'ébouillanter, avant de la remplir, pour que l'eau reste chaude le plus longtemps possible.

La rubrique du 13 h

LA POINTE DU ROC À GRANVILLE

Basse-Normandie

La pointe du Roc, à Granville, porte bien son nom : en effet, cette station balnéaire réputée du sud de la Manche est bâtie sur un promontoire rocheux. La pointe du Roc – ou cap Lihou – constitue une presqu'île de falaises schisteuses, sur lesquelles est installée la ville haute. Non loin du phare se trouvent les vestiges d'un passé militaire que lui a valu sa proximité de l'Angleterre : une caserne du XVIIIe siècle, mais aussi des fortifications construites par les Allemands, pendant l'Occupation.

Faune & flore

La fouine

Nord-Pas-de-Calais

Comment différencier ce petit mammifère carnivore, très présent dans la région, de sa cousine la martre ? Observez la couleur de la tache située au niveau de la gorge de l'animal : petite et orangée chez la martre, celle de la fouine est blanche et descend jusqu'aux pattes.

Ils ont marqué leur région…

Hilaire de Chardonnet

Franche-Comté

En 1883, le comte Hilaire de Chardonnet étirait le premier fil de soie artificielle. Ce scientifique, né à Besançon, travaillait sur une maladie qui décimait les vers à soie élevés dans la région, quand il mit au point une matière analogue à celle avec laquelle la chenille du bombyx file son cocon. Le comte réussit à imiter la nature, en reproduisant le brillant et la légèreté du vrai fil de soie. Il créa, en 1892, une première usine de production dans le Doubs, concurrençant ainsi les soies naturelles importées d'Orient.

jeudi 5 avril

Ste Irène

> DICTON
>
> *Auvergne*
>
> *La France, c'est l'Auvergne avec quelque chose autour.*

Faune & flore

Le ragondin

Île-de-France

En vous promenant sur les bords de la Marne, vous rencontrerez peut-être un ragondin, dont la population ne cesse de croître dans la région. Originaire d'Amérique du Sud, ce rongeur de six kilos en moyenne représente une véritable menace pour son environnement.

La rubrique du 13 h

LES PIERRES JAUMÂTRES

Limousin

Au sommet d'une colline – le mont Barlot –, d'impressionnants blocs de granit semblent émerger de la lande. Posées en équilibres étonnants, ces pierres datent d'environ trois cents millions d'années ; c'est l'écoulement progressif de l'argile, qui les liait, qui les a fait s'effondrer les unes sur les autres. Ce site, aujourd'hui classé, a donné naissance à de nombreuses légendes : on dit, par exemple, que la fille du roi Arthur, restant indifférente aux chevaliers qui s'entre-tuaient pour elle, aurait été punie par les dieux, et son domaine transformé en rochers.

À table !

La ventrèche

Aquitaine

Cette spécialité du Sud-Ouest est, en réalité, de la poitrine de porc séchée, qui se présente plate ou roulée. On peut la manger crue, frite avec un œuf ou l'incorporer à de nombreux plats régionaux. Au Pays basque, la ventrèche est frottée au piment d'Espelette, avant d'être roulée.

Ils ont marqué leur région...

Jeanne de France

Centre

Défigurée par la petite vérole, bossue et boiteuse, Jeanne de Valois est mariée à 12 ans au duc d'Orléans, le futur Louis XII. Devenu roi, il décide d'épouser Anne de Bretagne, souhaitant annexer le duché, et fait annuler son mariage avec Jeanne, sous prétexte qu'il n'aurait pas été consommé. Le roi lui cède le duché du Berry, où elle s'installe. Humiliée, elle se retire en 1499 à Bourges, où elle fonde l'ordre de l'Annonciade. Très pieuse, elle révèle avoir reçu, enfant, un message de la Vierge lui demandant de fonder un ordre en son honneur.

vendredi 6 avril

lever : 7 h 17
coucher : 20 h 29

St Marcellin

Un jour en Centre

6 avril 1977

C'est l'ouverture de la première édition du « Printemps de Bourges ». Au programme du festival, de jeunes talents à l'univers singulier, comme Dick Annegarn et Jacques Higelin, et des artistes confirmés, dont Serge Reggiani et Charles Trenet.

À table !

La moutarde violette

Limousin

Très en vogue au début du XXe siècle, cette spécialité de Brive-la-Gaillarde a un peu disparu après la Seconde Guerre mondiale. Pour obtenir cette pâte colorée, on ajoute du moût de raisin rouge à la farine de moutarde, ce qui en fait un condiment doux, légèrement sucré.

La rubrique du 13 h

LES AIGUILLES DE BAVELLA

Corse

Cette succession de pics rocheux est l'un des sites naturels les plus remarquables de l'île de Beauté. Paradis des randonneurs et des alpinistes, les aiguilles de Bavella se dressent au cœur de l'Alta Rocca, en Corse-du-Sud. Culminant à près de mille neuf cents mètres d'altitude, le massif est entouré par une vaste forêt de pins laricio : le vert des arbres contraste avec les couleurs chaudes de la roche déchiquetée. Non loin de là, la statue de Notre-Dame des Neiges, érigée sur un tas de pierres, semble veiller sur ce paysage splendide.

Faune & flore

L'anguille européenne

Poitou-Charentes

Après un long voyage depuis la mer des Sargasses, où elles sont nées, les anguilles européennes trouvent un cadre de vie idéal dans le Marais poitevin. Emblèmes de la Venise verte, elles y sont pourtant de plus en plus rares depuis le début des années 1980, au grand dam des restaurateurs.

Ils ont marqué leur région...

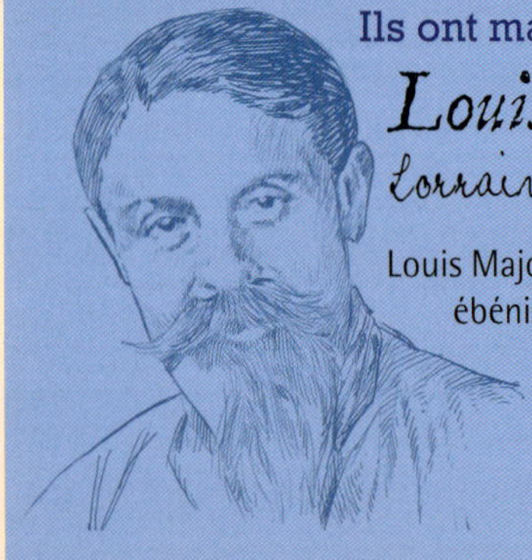

Louis Majorelle

Lorraine

Louis Majorelle se considérait comme un « industriel d'art ». À la mort de son père, en 1879, ce jeune ébéniste reprend la fabrique de mobilier et de faïence familiale, en Lorraine. Il développe son style propre, marqué par les références naturalistes et symbolistes, introduisant l'utilisation du métal et du bronze dans la création des meubles. Il décore, à Nancy, la villa Majorelle, un petit bijou d'Art nouveau qu'il fait construire en 1902, et la brasserie Excelsior, avec un mobilier en acajou massif de Cuba.

samedi 7 & dimanche 8 avril

St Jean-Baptiste de La Salle — Pâques

Du pourquoi des Clodoaldiens

On ne peut pas dire que la vie du petit Clodoald ait bien commencé. Petit-fils du roi des Francs Clovis, il perdit son père, Clodomir – tué par son propre cousin –, alors qu'il n'avait que 5 ans. Il fut donc confié à sa grand-mère, la reine Clothilde, qui vivait à Paris. Mais, vous l'aurez compris, les héritiers du royaume, en ce temps-là, n'avaient guère la vie facile. Et les deux oncles du jeune Clodoald l'enlevèrent, lui et ses frères, afin de leur ravir le trône. Ils firent porter à Clothilde une paire de ciseaux et un glaive, afin qu'elle choisisse leur destin : devenir moine ou devenir mort. Dans un premier élan de désespoir, elle se serait écriée : « Je préfère les voir morts que tondus ! », triste sentence qui scella la tombe de Thibaut et de Gautier. Mais Dieu, de son côté, avait d'autres projets pour leur frère. Par la main de serviteurs de la reine, il sauva Clodoald, lequel se fit moine, échappant ainsi à la traque incessante menée contre lui.

Une fois cette décision prise, Clodoald se construisit une petite cellule, sur le flanc d'une colline voisine de Paris. Le saint homme rallia bon nombre de ses voisins à la cause divine, et fit bâtir, par d'anciens brigands repentis, une église en l'honneur de saint Martin. Il faut dire que Clodoald n'était pas avare de miracles : sa réputation gagna bien vite la région entière, et c'est tout naturellement que l'on se mit à appeler les alentours de son ermitage « Saint-Cloud », soit une version populaire de Saint-Clodoald. On recherchait tant sa présence que les gens déménagèrent et, petit à petit, le monastère devint une bourgade, où vivent aujourd'hui encore de nombreux Clodoaldiens et Clodoaldiennes. À la date de la mort du saint, de nombreux pèlerins venaient saluer son tombeau, et la fête de Saint-Cloud a remplacé cette tradition. On ne saura malheureusement jamais ce que Clodoald aurait pensé de cette déviance laïque...

lundi 9 avril

lever : 7 h 11
coucher : 20 h 33

Lundi de Pâques

Un jour en Guyane
9 avril 1968

Premier lancement depuis le centre spatial de Kourou, future base des fusées Ariane : la fusée-sonde *Véronique* s'élève dans les airs, pour porter des instruments de mesures scientifiques hors de l'atmosphère.

À table !

Far breton
Bretagne

Pour 6 personnes
Mélanger 200 g de farine, 150 g de sucre, 4 œufs, 1 sachet de sucre vanillé et 75 cl de lait. Laisser reposer cette pâte 1 heure. Beurrer un plat en terre et y verser la pâte ; ajouter 20 pruneaux farinés. Faire cuire 30 min dans le four préchauffé à 200 °C, puis éteindre le four et laisser à nouveau 30 min, sans ouvrir la porte du four.

La rubrique du 13 h

LE PORT DE SAINT-RAPHAËL
Provence-Alpes-Côte d'Azur

Située à la limite des départements du Var et des Alpes-Maritimes, Saint-Raphaël occupe une situation privilégiée dans le bassin méditerranéen. Et, si la ville offre de nombreux accès à la mer pour la navigation, c'est le vieux port qui a la préférence des touristes. Animé à toute heure de la journée avec ses commerces, ses restaurants et son marché provençal alentour, il est l'endroit idéal pour se balader et apprécier la proximité de la mer. Chaque matin, les pêcheurs débarquent leurs prises sur les quais, pour les vendre presque immédiatement au marché aux poissons.

Faune & flore

La couleuvre de Montpellier
Languedoc-Roussillon

Lézards, oiseaux et petits mammifères sont les mets préférés de ce serpent méditerranéen. Parfois impressionnante avec ses deux mètres de long, la couleuvre de Montpellier est la seule espèce à être venimeuse en France. Mais rassurez-vous : son venin n'est pas toxique, et sa morsure peu douloureuse.

Ils ont marqué leur région...

Alain Jean-Marie
Guadeloupe

Le piano, Alain Jean-Marie l'apprend en autodidacte dès 8 ans. Dans les années 1980, ce pianiste de jazz devient un des principaux accompagnateurs sur la scène parisienne ; il se produit notamment avec Dee Dee Bridgewater. Couronné de nombreux prix – dont le prix Django Reinhardt de l'Académie du jazz –, il marie avec élégance le jazz et la biguine. En 2009, il sort l'album *Gwada-rama*, dans lequel il revisite les styles musicaux de son île, comme le zouk ou le gwo ka.

mardi 10 avril

lever : 7h09
coucher : 20h35

St Fulbert

Faune & flore

Première région fleurie de France

Champagne-Ardenne

La Champagne-Ardenne est, en 2010, la première région fleurie de France et ne compte pas moins de quatre cent vingt-neuf villes et villages fleuris. Un palmarès complété par les nombreux prix spéciaux également reçus cette année-là, comme celui de la mise en valeur du patrimoine ou le prix du développement durable.

La rubrique du 13 h

LE PARC NATUREL RÉGIONAL DE LA BRENNE

Centre

Surnommé le « pays aux mille étangs », le parc naturel régional de la Brenne, dans l'Indre, est reconnu comme zone humide d'importance internationale : en effet, sur ses cent soixante mille hectares, environ deux cent cinquante espèces d'oiseaux, trente-deux espèces de poissons, quinze espèces d'amphibiens et deux mille espèces d'insectes sont recensées. La première vocation de ces étangs était d'abreuver les troupeaux, mais, aujourd'hui, la nature reprend ses droits : petit à petit, la végétation s'entasse au fond de ces retenues d'eau, les comblant peu à peu.

À table !

La sauce Nantua

Rhône-Alpes

Cette célèbre sauce à base d'écrevisses tire son nom de la ville de Nantua, au bord du lac du même nom, dans lequel les écrevisses abondaient autrefois. Pour obtenir un bon beurre d'écrevisse on mélange du beurre frais et de la crème avec la carapace de l'écrevisse broyée, puis on filtre.

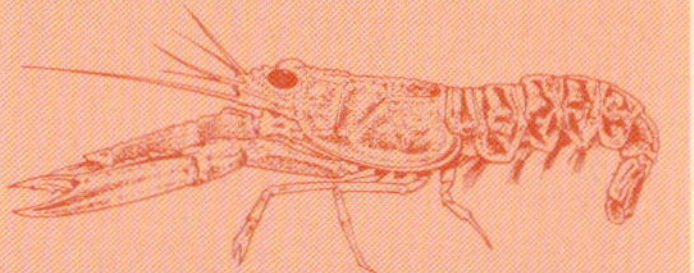

Quiz des villes & villages de France

Le château des Rohan, vaste construction en grès rouge qui fut modifiée par Napoléon III, est l'emblème de cette ville du Bas-Rhin.

? _______

Ils ont marqué leur région...

Ève Ruggieri

Limousin

Avec un père contrebassiste et une mère violoniste à l'orchestre de Radio Limoges, Ève Ruggieri avait tout pour devenir une spécialiste de la musique classique. Enfant, elle découvre l'art lyrique et la danse dans la préfecture du Limousin, au cirque-théâtre, où elle est engagée comme figurante dans un ballet. Depuis 1982, la journaliste anime à la télévision « Musiques au cœur » et, depuis 2009, sur Radio Classique, « Ève Ruggieri raconte... ». Elle est également devenue productrice de festivals d'opéra. Elle a présenté, l'année dernière, le spectacle *Carmina Burana*, en tournée en France.

Saverne

mercredi 11 avril

lever : 7h07
coucher : 20h36

St Stanislas

À table !

Le beurre blanc ou beurre nantais

Pays de la Loire

L'invention du beurre blanc, ou beurre nantais, est en réalité le fruit du hasard : une cuisinière voulait faire une sauce béarnaise pour accompagner un plat de brochet, mais elle oublia les jaunes d'œufs et l'estragon. Comme souvent, ce sont les petites erreurs qui font les grandes recettes !

La rubrique du 13 h

LE PHARE DE CORDOUAN

Aquitaine

Classé monument historique, le phare de Cordouan veille sur l'estuaire de la Gironde. Situé à sept kilomètres des côtes, il est le plus ancien phare français encore en activité – sa construction date du XVIe siècle – et il fut le dernier à être automatisé. Bâti en pierre de taille, il est surnommé le « Versailles de la mer ». D'ailleurs, le premier étage a reçu le titre d'« appartement du roi », tandis que le deuxième accueille une chapelle, pavée de marbre et pourvue de vitraux ; on y célèbre quelquefois, aujourd'hui encore, des baptêmes.

Faune & flore

Le fuligule morillon

Lorraine

Très élégant avec sa huppe et son joli bec bleu, le fuligule morillon est un plongeur hors pair, capable de descendre jusqu'à quatorze mètres sous l'eau pour dénicher sa nourriture. Les petites colonies qui nichent dans la région sont plutôt sédentaires, contrairement à celles de leurs cousins du nord de l'Europe.

Savoirs d'antan

Pour détacher la semelle du fer à repasser, lorsque celui-ci commence à laisser des traces sur le linge ou à accrocher, frottez-la avec un coton imbibé de vinaigre d'alcool et de sel fin. Elle retrouvera son aspect lisse.

Ils ont marqué leur région...

Saint Marculphe

Basse-Normandie

Né à Bayeux, à la fin du Ve siècle, dans une famille noble et pieuse, Marculphe, appelé aussi Marcoul, reçut la visite d'un ange, qui lui demanda de bâtir un monastère près de Coutances. Il consacra sa vie à évangéliser le Cotentin et il est connu comme guérisseur des écrouelles et des abcès. On raconte que le moine, qui, en temps de carême, allait méditer seul sur les îles Saint-Marcouf – rebaptisées ainsi en son hommage –, aurait repoussé la tentation incarnée par une belle naufragée. Parmi ses disciples, on connaît le futur saint Hélier, qu'il envoya à Jersey, pour qu'il y vécût en ermite.

jeudi 12 avril

lever : 7h05
coucher : 20h38

St Jules

À table !

Aïgo boulido

Languedoc-Roussillon

Pour 4 personnes
Éplucher et dégermer 1 tête d'ail, écraser les gousses et jeter la purée d'ail dans 1,5 l d'eau bouillante. Ajouter 1 c. à soupe de graisse d'oie, 1 bouquet garni et quelques feuilles de sauge. Laisser frémir 20 min, saler et poivrer. Tapisser les assiettes avec des tranches de pain de campagne rassis, ôter la sauge et le bouquet garni et verser la soupe.

Faune & flore

Le chat forestier

Alsace

Ce gros matou ressemble à s'y méprendre à un chat domestique. Pourtant, il est bel et bien sauvage et n'est actif qu'à l'aube ou au crépuscule. Bien que fidèle à sa compagne, il vit en solitaire et peut passer plusieurs jours à pister sa proie à travers la forêt vosgienne.

La rubrique du 13 h

LES ANDELYS

Haute-Normandie

À l'origine, il y a le Grand Andely et le Petit Andely. Le Grand Andely correspond aux restes d'un monastère, fondé par la femme de Clovis près d'Andelaum, tandis que le Petit Andely se limite essentiellement à Château-Gaillard, une forteresse réputée imprenable, érigée par Richard Cœur de Lion. La réunion des deux quartiers a donné naissance aux Andelys, charmante commune de l'Eure. Du haut des falaises de pierre blanche et à l'intérieur des galeries creusées dans la roche, le panorama sur la Seine est exceptionnel.

Un jour en France

12 avril 1992

C'est la fin des programmes de la Cinq, chaîne lancée en France en 1986 par le groupe Mediaset, mené par Silvio Berlusconi. Six mois plus tard, le cinquième canal hertzien sera occupé, en soirée, par les programmes de la chaîne franco-allemande Arte.

Ils ont marqué leur région…

Aurore Clément

Picardie

En 1974, Louis Malle remarque un mannequin en couverture du magazine *Elle* : il lui donne le rôle de France, une jeune juive amoureuse d'un collabo, dans son film *Lacombe Lucien.* Cette jeune femme, c'est Aurore Clément. Originaire de Soissons, cette fille d'agriculteurs est bientôt repérée par Francis Ford Coppola, qui la fait tourner dans *Apocalypse Now.* Après avoir été dirigée, dans les années 1980, par Claude Chabrol, Wim Wenders et Serge Gainsbourg, elle est apparue ces dernières années dans de grosses productions françaises : *Tanguy* et *Jet Set* au cinéma, *Zodiaque*, *Louis la Brocante* et *La Maison des Rocheville* à la télévision.

vendredi 13 avril

lever : 7 h 03
coucher : 20 h 39

Ste Ida

À table !

Salade de lentilles vertes du Puy

Auvergne

Pour 8 personnes
Cuire 1,2 kg de lentilles vertes du Puy dans de l'eau bouillante, avec 1 bouquet garni, pendant 20 min. Quand elles sont bien refroidies, les mélanger avec une vinaigrette et 2 oignons hachés finement. Ajouter 250 g de jambon cru coupé en dés et 250 g de lardons fumés revenus à la poêle. Parsemer de cerfeuil.

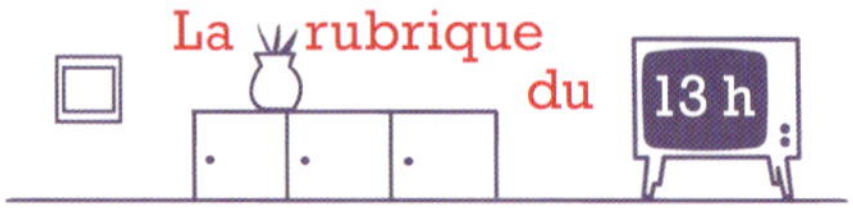

LE MUSÉE D'ORSAY

Île-de-France

Bâtie à l'occasion de l'Exposition universelle de 1900, la gare d'Orsay, joyau de l'architecture du XIXe siècle, a failli être détruite pour faire place à un grand hôtel. Après avoir été un centre d'expédition de colis, un centre d'accueil de prisonniers après la guerre ou encore un décor de cinéma, la gare fut finalement transformée en musée. Consacré aux œuvres conçues entre 1848 et 1914, le musée d'Orsay accueille la plus grande collection impressionniste du monde. Chaque année, près de trois millions de visiteurs arpentent les quatre-vingts salles et galeries.

Faune & flore

La gélinotte des bois

Franche-Comté

Ce petit gallinacé d'à peine trente-cinq centimètres de longueur loge dans les sous-bois de hêtres, de charmes et de chênes. Très farouche, la gélinotte passe le plus clair de son temps dans les arbres, mais établit son nid au sol, en le cachant généralement parmi la végétation.

Quiz des villes & villages de France

Située sur le canal de la Marne au Rhin, cette ville, où mourut Charles le Téméraire, est connue pour sa très belle place Stanislas.

? _ _ _ _ _

Ils ont marqué leur région…

Maurice Merleau-Ponty

Poitou-Charentes

Né à Rochefort en 1908, Merleau-Ponty devient professeur de psychologie de l'enfant et de pédagogie à la Sorbonne dans les années 1940, puis titulaire de la chaire de philosophie du Collège de France en 1952. Ce philosophe existentialiste quitte la même année la revue *Les Temps modernes* – qu'il avait fondée avec Simone de Beauvoir et Jean-Paul Sartre, notamment –, ne partageant pas son engagement politique et ses prises de position sur la guerre de Corée. Son ouvrage le plus important, *Signes*, paraît en 1960, un an avant son décès brutal d'un arrêt cardiaque, à 53 ans.

Nancy

Conte du niais

Où la loi du talion n'a pas que du bon

On raconte que, dans un coin reculé de la Corrèze – mais ce pourrait être partout ailleurs –, vivaient deux frères. Leur mère, vieille et infirme, sentant sa fin venir, leur demanda de décider ce dont ils voulaient hériter. La famille ne possédant pas grand-chose, il n'y eut pas d'hésitation : l'aîné, qui était rusé, choisit les bœufs, le plus jeune, qu'on surnommait « le niais », choisit la mère. Quand, peu après, elle mourut, le cadet se sentit bien bête d'avoir fait une si mauvaise affaire. Pourtant, une idée germa dans son esprit brumeux. Il prit sa défunte mère sur son dos et se rendit à l'église. Dans le confessionnal, il parla au curé en ces termes : « Je t'ai apporté la mère, qui n'en a plus pour très longtemps, pour que tu la confesses. » L'ecclésiastique le remercia de lui avoir évité le déplacement et lui demanda de s'éloigner. Bien vite, cependant, le curé dut se rendre à l'évidence : la pauvre femme devait s'être endormie, car elle ne disait rien. Allant la réveiller, il comprit qu'elle était morte et appela le niais, qui se mit à hurler : « L'curé a tué la mère, l'curé a tué la mère ! » Horrifié, ce dernier lui promit une belle somme, s'il jurait de taire cette malencontreuse affaire.

Satisfait, le niais entreprit de poursuivre sa vengeance et alla trouver son frère : « Comme je n'avais pas d'argent pour enterrer la mère, j'ai porté sa peau au tanneur, et vois ce qu'il m'a donné ! Tu imagines la bourse que tu aurais, si tu lui vendais la peau des bœufs ? » Et l'aîné, ne faisant ni une ni deux, de dépecer ses bovins. Mais le tanneur ne voulut pas de ses peaux : il en avait déjà trop. Furieux, ledit rusé chercha son frère, le trouva et le jeta dans la rivière. Mais le niais s'en sortit, et, on s'en serait douté, voulut se venger à nouveau. Il emprunta un troupeau de brebis et retourna chez l'aîné : « Tu voulais que je meure ? Tu as fait mon bonheur : regarde tous ces agneaux que j'ai trouvés au fond de l'eau ! » Et, bien sûr, le rusé, jaloux à en crever, alla se jeter dans la rivière. C'est là la dernière péripétie : on ne le revit plus jamais à la surface !

lundi 16 avril

lever : 6 h 57
coucher : 20 h 44

St Benoît-Joseph Labre

À table !

Poulet vallée d'Auge

Basse-Normandie

Pour 6 personnes
Éplucher 2 échalotes et les couper en quartiers. Découper en morceaux 1 poulet d'environ 2 kg. Dans une cocotte, faire dorer les morceaux de poulet dans 50 g de beurre. Flamber avec 5 cl de calvados, saler, poivrer, ajouter les échalotes et 30 cl de cidre. Couvrir et laisser mijoter 40 min. Faire sauter 250 g de champignons nettoyés dans 50 g de beurre et les ajouter dans la cocotte avec 20 cl de crème fraîche. Laisser mijoter encore 5 min, avant de servir le poulet accompagné de quartiers de pommes rissolés.

La rubrique du 13 h

LE LAC D'ISSARLÈS

Rhône-Alpes

Avec près de cent quarante mètres de profondeur, le lac d'Issarlès, en Ardèche, est le plus profond lac volcanique de France. En effet, il s'agit d'un cratère de cinq kilomètres de circonférence, qui s'est formé il y a environ un million d'années et qui culmine à mille mètres d'altitude. Le lac d'Issarlès est utilisé pour alimenter une centrale hydroélectrique, mais son eau exceptionnellement pure profite surtout aux vacanciers, qui peuvent randonner sur les sentiers alentour et explorer la région volcanique des hauts plateaux de l'Ardèche.

Faune & flore

Le fou de Bassan

Bretagne

Plus grand oiseau de mer d'Europe, le fou de Bassan vit exclusivement dans la partie nord de l'Atlantique. Il niche en grandes colonies dans les falaises et les rochers côtiers et se nourrit de petits poissons et de coquillages qu'il attrape en plongeant.

Un jour en

Franche-Comté

16 avril 1921

Léon Bel, qui a le projet de créer un fromage à tartiner révolutionnaire, présenté en portions individuelles, dépose la marque La vache qui rit. Fabriqué dans une usine à Lons-le-Saunier, le produit sera commercialisé dès 1923.

Ils ont marqué leur région...

Marion Bartoli

Corse

« Je suis corse et j'ai beaucoup d'orgueil. Il vaut mieux ne pas me titiller, sinon je sors mon venin et je suis encore plus agressive », déclarait Marion Bartoli à la presse, en 2007. Depuis sa plus tendre enfance, c'est son père, médecin de profession, qui l'entraîne. Marion est une sportive combative, au jeu atypique, une attaquante qui ne lâche aucun point. Elle frôle l'exploit à Wimbledon en 2007, éliminant en demi-finale Justine Henin – numéro un mondial à l'époque –, avant de s'incliner en finale contre Venus Williams. Depuis six ans, elle dispute le sommet de la hiérarchie du tennis français à Aravane Rezaï et Alizé Cornet.

mardi 17 avril

lever : 6 h 55
coucher : 20 h 45

St Anicet

À table !

Le citron de Menton

Provence-Alpes-Côte d'Azur

La culture des citronniers est pratiquée dans la région depuis des siècles, et, à Menton, on célèbre leur fruit chaque année, lors d'une grande fête. Récolté 3 fois dans l'année, le citron est utilisé en fruit, mais aussi pour fabriquer des boissons, des confiseries ou de l'huile essentielle.

Faune & flore

La laitue de mer

Nord-Pas-de-Calais

L'atout de cette algue, qui ne vit que quelques mois, est de se renouveler de manière permanente. Elle est d'ailleurs considérée comme envahissante, la laitue de mer étant capable de s'accrocher pratiquement à tout. Consommable crue comme cuite, elle sert surtout de fertilisant pour les cultures locales.

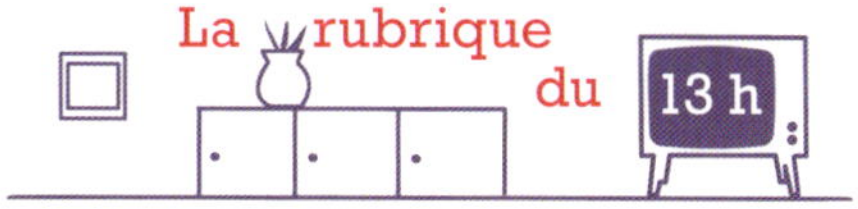

LE CIRQUE DE MAFATE

La Réunion

À l'intérieur de Mafate, on se sent comme dans un autre monde. Ici, la mer est invisible – les montagnes forment des remparts pouvant aller jusqu'à près de trois mille mètres –, mais le cirque est coupé par la rivière des Galets. Ne cherchez pas la route, ce site exceptionnel n'est accessible qu'à pied ou par la voie des airs. Les quelque cent quarante kilomètres de sentiers qui le parcourent font le bonheur des randonneurs ; ils sont aussi indispensables aux Mafatais, plusieurs centaines d'irréductibles, qui ne quitteraient leurs montagnes pour rien au monde.

Savoirs d'antan

Pour retrouver des cheveux soyeux et brillants, évitez de les laver à l'eau trop chaude. Mieux vaut régler le robinet sur une température tiède ou, pour les plus courageux, pratiquer un rinçage à l'eau froide.

Ils ont marqué leur région…

Denis Diderot

Champagne-Ardenne

Diderot est l'un des personnages qui incarne le mieux le siècle des Lumières. Né au début du XVIIIe siècle, à Langres, il fut tour à tour philosophe, romancier, critique d'art, auteur de théâtre, mais surtout défenseur de la raison critique. Art, lettres, droit, théologie, sciences, tout l'intéresse. C'est pourquoi cet érudit compila des bibliothèques entières et coordonna, de 1747 à 1765, la rédaction d'un des ouvrages les plus marquants de son siècle, l'*Encyclopédie*. Cette œuvre – qu'il dirigea avec le mathématicien d'Alembert – était pour lui une façon de lutter contre l'intolérance et de promouvoir la raison.

mercredi 18 avril

lever : 6 h 53
coucher : 20 h 47

St Parfait

À table !

Pommes à la Bénédictine

Haute-Normandie

Pour 6 personnes
Casser 4 œufs et séparer les blancs des jaunes. Faire une fine compote avec 1,2 kg de pommes et 50 g de sucre. Ajouter à la compote desséchée 10 cl de Bénédictine et les 4 jaunes d'œufs. Faire un caramel avec 100 g de sucre et 2 c. à soupe d'eau, puis en recouvrir les parois d'un moule haut. Battre les blancs d'œufs en neige et les incorporer à la compote. Verser la préparation dans le moule et cuire 30 min, au bain-marie, dans le four à 210 °C. Servir accompagné de crème fraîche.

La rubrique du 13 h

LE CHÂTEAU DE CASTELNAU-BRETENOUX

Midi-Pyrénées

Non loin de Rocamadour, s'érige la forteresse médiévale la plus imposante du Quercy : le château de Castelnau-Bretenoux. Construit à partir du XIIe siècle, le château domine la vallée de la Dordogne, sur laquelle il veilla. Du XIIe au XVIIe siècle, la place forte se transforma peu à peu en un château imprenable, sans cesse agrandi et fortifié. Laissé à l'abandon après la mort du dernier baron de Castelnau, l'édifice fut restauré au début du XXe siècle par son propriétaire, qui le légua à l'État à sa mort, en 1932.

Faune & flore

Le châtaignier

Limousin

Depuis toujours, la région entretient une relation privilégiée avec celui qui a fourni pendant des siècles bois et moyen de subsistance aux habitants. Il faut dire que les terres acides du Limousin, peu riches en chaux, conviennent particulièrement bien à cet arbre que l'on appelait jadis « chastenh ».

CITATION

Franche-Comté

« Alors dans Besançon,
vieille ville espagnole,
Jeté comme la graine
au gré de l'air qui vole,
Naquit d'un sang breton
et lorrain à la fois
Un enfant sans couleur,
sans regard et sans voix. »

Victor Hugo, « Ce siècle avait deux ans », Les Feuilles d'automne, 1831

Ils ont marqué leur région…

Gaston Kelman

Bourgogne

Admirateur d'Aimé Césaire et de Frantz Fanon, Gaston Kelman a attiré l'attention sur lui en 2003, avec son essai *Je suis noir et je n'aime pas le manioc*, devenu un best-seller. Ce Camerounais d'origine, qui vit en France depuis plus de vingt ans, y clame son amour pour la Côte-d'Or, « le pays du charolais et du bon vin, des escargots et des épices ». Celui qui fut pendant quelques mois conseiller au cabinet du ministre de l'Immigration y dénonce également les lieux communs qui pèsent sur la communauté africaine et y défend le droit, pour chacun, de choisir, dans sa culture d'origine, ce qu'il garde ou non.

jeudi 19 avril

lever : 6 h 51
coucher : 20 h 48

Ste Emma

À table !

Gâteau au chocolat de Nancy

Lorraine

Pour 8 personnes
Mélanger 125 g de beurre mou avec 125 g de chocolat fondu. Casser 4 œufs et séparer les blancs des jaunes ; ajouter les jaunes au mélange beurre-chocolat. Ajouter ensuite 125 g de sucre, 30 g de farine et 100 g de poudre d'amandes. Battre les blancs en neige et les incorporer à la préparation. Beurrer un moule à bord haut et verser la pâte. Cuire 35 min au four à 170 °C.

Faune & flore

Le balbuzard pêcheur

Centre

Grand rapace diurne, le balbuzard, ou aigle pêcheur, vit principalement dans la région Centre, à proximité de points d'eau. C'est un chasseur redoutable, aux serres acérées et au bec crochu. Son régime alimentaire exclusivement piscivore et sa morphologie atypique le distinguent de ses congénères.

La rubrique du 13 h

L'ABBAYE DE VALLOIRES

Picardie

Depuis plusieurs siècles, au cœur de la baie de l'Authie, se cache l'abbaye de Valloires. Peut-être est-ce pour cela qu'elle est si bien conservée ? Au XIIe siècle, les moines cisterciens choisissent cet endroit isolé, entouré de bois, pour bâtir une abbaye. Les guerres et plusieurs incendies ravagent l'édifice, qui est reconstruit au XVIIIe siècle. Épargnée par la Révolution, Valloires est occupée par une congrégation laïque, avant de devenir un hôpital militaire, puis une maison d'enfants. Depuis 1980, l'abbaye est dotée de magnifiques jardins à thèmes.

Savoirs d'antan

Si vous passez vos soirées en compagnie de fumeurs et que vous en avez assez de devoir laver vos pulls à chaque fois, étendez-les sur un radiateur chaud, pendant une bonne demi-heure, et les mauvaises odeurs disparaîtront.

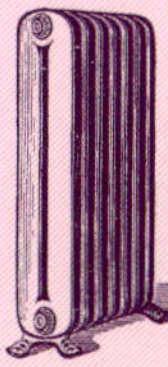

Ils ont marqué leur région...

Bixente Lizarazu

Aquitaine

Le sourire de Bixente, champion du monde en 1998 et champion d'Europe en 2000, avec l'équipe de France de football, a fait chavirer le cœur de plus d'une Française. L'ancien arrière gauche connaît aujourd'hui le succès en tant que consultant à la télévision et à la radio. Profondément attaché à son Pays basque natal, ce surfeur de Saint-Jean-de-Luz a créé, en 2003, l'association Liza pour une mer en bleu, afin de soutenir les bénévoles qui ont nettoyé les plages de l'Aquitaine, après le naufrage du *Prestige*.

vendredi 20 avril

lever : 6 h 49
coucher : 20 h 50

Ste Odette

À table !

Baeckeoffe

Alsace

Pour 6 personnes
Couper en cubes 1 kg d'échine de porc, 500 g d'épaule de mouton et 500 g de gîte de bœuf, et faire mariner 24 h avec 1 gousse d'ail écrasée, 75 cl de vin blanc sec, 2 oignons émincés, du laurier, du thym et des grains de poivre. Éplucher et couper en rondelles 1,5 kg de pommes de terre et 3 carottes ; émincer 3 oignons et 1 poireau. Égoutter les viandes et réserver la marinade. Dans une terrine beurrée, disposer une couche de légumes, puis la viande et 1 pied de porc fendu en 2. Terminer par les légumes ; verser la marinade. Poser et luter le couvercle, puis enfourner 2 h 30 à 200 °C.

La rubrique du 13 h

LA TOUR DU NECKER À BERGUES

Nord-Pas-de-Calais

Face à la gare de Bergues se dresse une tour massive en brique, vestige des fortifications édifiées par Vauban au XVIIe siècle. Une légende raconte que la tour est habitée par un des êtres les plus malfaisants de la Flandre : le Necker. Cet esprit d'origine germanique, un petit gnome griffu, tord le cou des enfants qui s'approchent un peu trop près de l'eau. En effet, le canal de la Colme coule sous une voûte servant de socle à la tour. La nuit, lorsque le vent s'engouffre dans la tour, on dit que c'est le Necker qui hurle.

Faune & flore

L'écrevisse signal

Basse-Normandie

Longtemps épargnée, la région doit désormais faire face à l'invasion d'espèces dites « nuisibles », comme cette écrevisse importée de Californie. Plus féconde que ses cousines européennes, l'écrevisse signal est surtout porteuse d'un champignon qui décime les populations autochtones.

Quiz des villes & villages de France

Capitale des vins de Bourgogne, cette ville de Côte-d'Or abrite des hospices, fondés par Nicolas Rolin, qui accueillent chaque année une vente aux enchères de vins de réputation mondiale.

Ils ont marqué leur région…

David d'Angers

Pays de la Loire

Pierre Jean David, dit « David d'Angers », du nom de la ville où il vit le jour en 1788, a fait naître de son ciseau des dizaines de statues qui ornent nos places. En 1811, il fut lauréat du prix de Rome en sculpture et réalisa, de 1831 à 1837, une partie du fronton du Panthéon. Il est l'auteur d'une multitude de tombeaux, bustes et bas-reliefs, et de près de sept cents médaillons-portraits de personnalités du XVIIIe siècle. Républicain, David d'Angers fut élu, par le département du Maine-et-Loire, représentant du peuple à l'Assemblée constituante sous la IIe République.

Beaune

samedi 21 & dimanche 22 avril

St Anselme St Alexandre

La jeune fille et la fleur

Un secret bien gardé

Il fut un temps où le trolle d'Europe, cette fleur jaune qui jonche les prairies humides et les bois clairs de montagne, n'avait pas cette forme ronde qui lui vaut aujourd'hui le surnom de « boule d'or ». C'est au cœur du Doubs que ce miracle végétal se produisit.

Il y a bien longtemps, en effet, vivait une jeune fille dont la délicatesse, la grâce et la beauté laissaient chacun sans voix. Seuls les oiseaux émerveillés gazouillaient de bonheur et de joie à son approche, ne la quittant pas des yeux et des ailes. Aussi venait-elle passer ses journées en leur compagnie dans les prés, à la lisière de la forêt. Jamais elle ne soufflait mot pour les effrayer, jamais elle ne cueillait de fleurs, elle les aimait trop pour cela. Mais son silence ne trompait personne : la jeune fille était triste et son visage, pourtant ravissant, trahissait une douleur immense. Nul n'en connaissait la raison, car elle n'avait jamais avoué ce lourd secret qui l'étouffait. Plus elle essayait de l'enfouir au fond de son âme, plus il revenait vers ses lèvres. Elle finit par ne plus oser dormir, de peur de ne l'avouer pendant son sommeil.

Mais un jour qu'elle était épuisée, plus désespérée que jamais, elle s'effondra sur le tendre sol de la prairie qu'elle aimait tant, versant toutes les larmes que pouvait encore contenir son corps si fragile. En se redressant doucement, elle vit, juste devant ses yeux, une grande et souple fleur jaune, et, n'y tenant plus, lui dit : « Tu es belle, et je sais que tu m'aimes. C'est à toi que je vais confier mon secret, car je sais que tu ne me trahiras jamais. » Et, dans un murmure, elle parla. Les primevères roses et les petites gentianes bleues eurent beau tendre leurs pétales, aucune n'entendit la moindre bribe de ce qui fut dit. Quand la jeune fille eut achevé sa confession, la fleur jaune, lentement, redressa ses pétales vers le ciel, chacun recouvrant l'autre, enfermant à jamais le secret de la jeune fille. Cette dernière en éprouva un soulagement infini, et le trolle d'Europe, au nom si peu gracieux, a depuis gardé cette forme si particulière de boule qui a fait sa renommée.

lundi 23 avril

lever : 6 h 44
coucher : 20 h 54

St Georges

À table !

Bœuf mironton

Ile-de-France

Pour 6 personnes

Faire chauffer 50 g beurre dans une sauteuse et faire blondir 5 oignons émincés. Saupoudrer de farine et laisser colorer. Mouiller avec 50 cl de bouillon de bœuf, ajouter 3 c. à soupe de concentré de tomates et 1 bouquet garni. Saler, poivrer et laisser mijoter à couvert 20 min. Ajouter 1 c. à soupe de vinaigre à cette sauce et en verser la moitié dans un plat à four. Disposer dessus 600 g de restes de pot-au-feu coupés en tranches minces et recouvrir avec le reste de sauce. Parsemer de persil haché et saupoudrer de chapelure. Parsemer de noisettes de beurre et faire gratiner 20 min.

La rubrique du 13 h

LE CHÂTEAU DE BOURBON-L'ARCHAMBAULT

Auvergne

Les ruines de cette forteresse médiévale dominent encore la commune de Bourbon-l'Archambault, berceau de la famille du même nom et cœur historique du Bourbonnais, dans le département de l'Allier. Le château féodal avait un rôle presque exclusif de défense militaire, et on le disait imprenable. Des quinze grosses tours qu'il comptait autrefois, seules trois ont pu être sauvées, après l'abandon du château au XVIe siècle et après que la Révolution eut transformé ce lieu chargé d'histoire en une immense carrière de pierres.

Faune & flore

Le desman des Pyrénées

Midi-Pyrénées

Sa drôle d'allure a valu à ce discret petit mammifère, essentiellement nocturne, le surnom de « rat-trompette ». Proche de la taupe, dont il a hérité les pattes griffues, mais également la mauvaise vue, il vit près des cours d'eau, car il se nourrit d'insectes et de larves aquatiques.

CITATION

Pays de la Loire

« Le cœur de Nantes battra toujours pour moi avec les coups de timbre métalliques des vieux tramways jaunes virant devant l'aubette de la place du Commerce, dans le soleil du dimanche matin de mes sorties — jaunet et jeune, et râpeux comme le muscadet. »

Julien Gracq, Lettrines, 1967

Ils ont marqué leur région...

Suzanne Ballivet

Languedoc-Roussillon

Fille d'un photographe montpelliérain, Suzanne Ballivet commence sa carrière en tant que dessinatrice de mode. Dans les années 1930, elle fait des décors de théâtre et des dessins d'anatomie, et illustre, dans l'anonymat, des livres érotiques. Elle participe, pendant la guerre, à la réalisation de dessins animés avec le caricaturiste Albert Dubout, connu pour s'être moqué du « petit train de Palavas » qui baladait les touristes depuis Montpellier vers la célèbre station balnéaire. Elle se marie avec ce dernier, en 1968, à Saint-Aunès, un village de l'Hérault où elle finira ses jours.

mardi 24 avril

lever : 6 h 42
coucher : 20 h 56

St Fidèle

Un jour en France
24 avril 1951

La corrida est autorisée dans les régions où « une tradition locale ininterrompue peut être invoquée ». Auparavant, elle se heurtait régulièrement à la loi Grammont, promulguée en 1850 et pénalisant les mauvais traitements infligés aux animaux.

Faune & flore
Le maki
Mayotte

Surnommé « comba » par les habitants de Mayotte, ce petit lémurien serait originaire de Madagascar. Aujourd'hui, on ne le trouve que sur l'île dont il est devenu l'emblème. Espèce protégée, le maki se distingue notamment par son caractère docile et son incroyable habileté.

La rubrique du 13 h

LES ÉCHELLES DE LA MORT
Franche-Comté

À Charquemont, au pied de falaises couronnées de sapins et d'épicéas, trois échelles métalliques permettent de gravir l'à-pic. Autrefois de simples traverses de bois – d'où leur nom –, ces échelles sont aujourd'hui en acier. Elles permettaient aux contrebandiers, sous l'Ancien Régime, de passer, entre la Suisse et la France, sucre, tabac et autres denrées recherchées. Le parcours est maintenant le terrain de jeu des randonneurs, qui sont récompensés de leurs efforts par une vue imprenable, au sommet, sur les gorges du Doubs.

À table !
Saupiquet du Morvan
Bourgogne

Pour 6 personnes
Laisser tremper 6 tranches épaisses de jambon cru découennées, pendant 1 h, dans du lait ; les retourner régulièrement. Faire mijoter 10 min 4 échalotes hachées avec 20 cl de vinaigre.
Dans une autre casserole, faire fondre 30 g de beurre, ajouter 30 g de farine et cuire 2 min en remuant. Verser progressivement 20 cl de vin blanc et 20 cl de bouillon de volaille, puis la fondue d'échalotes ; cuire 10 min. Ajouter 15 cl de crème fraîche et laisser épaissir sur feu doux. Faire griller les tranches de jambon égouttées et les napper de sauce.

Ils ont marqué leur région…
Dora Maar
Provence-Alpes-Côte d'Azur

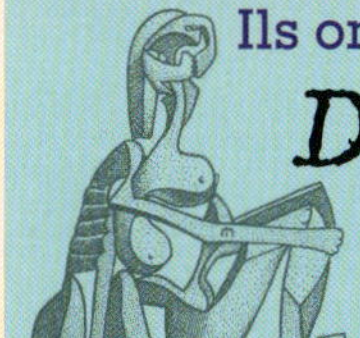

La réputation d'artiste de Dora Maar, photographe et peintre, a été éclipsée par le fait qu'elle fut la maîtresse de Picasso de 1936 à 1944. Après leur rupture, Picasso lui achète une maison dans le Luberon, à Ménerbes, un village où réside le peintre Nicolas de Staël. Elle se retire dans sa maison vauclusienne, qui fait face au mont Ventoux, et se tourne vers le mysticisme. Dans les années 1980, elle peint, sur de grandes toiles, les paysages sauvages et balayés par les vents de la région. Rachetée par une riche américaine, la demeure accueille aujourd'hui des artistes en résidence.

mercredi 25 avril

lever : 6 h 40
coucher : 20 h 57

St Marc

À table !

Fritelle

Corse

Pour 4 personnes
Étaler 1 boule de pâte à pain sur 5 mm d'épaisseur environ et y découper des ronds. Garnir ces disques de fromage de brebis écrasé et de menthe fraîche grossièrement hachée. Refermer les disques sous forme de chaussons et les faire frire.

Savoirs d'antan

Lorsque vous vous apercevez que vos murs souffrent de l'humidité – par exemple derrière un meuble ou dans une salle de bains –, vous pouvez faire disparaître celle-ci, ainsi que les microbes qui l'accompagnent, en passant de l'eau oxygénée à vingt volumes sur les parois atteintes.

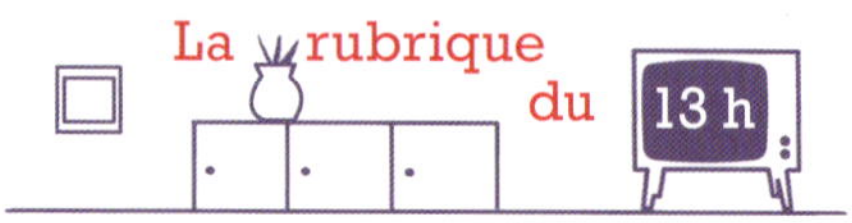

BARNEVILLE-CARTERET

Basse-Normandie

Face aux îles Anglo-Normandes, Barneville-Carteret est une station balnéaire très appréciée du nord du département de la Manche. La ville est née de la réunion, dans les années 1960, de deux communes possédant chacune d'indéniables attraits touristiques : Barneville, bourg bâti sur une colline, et son havre, qui se transforme en lac à marée haute ; Carteret, et son port de pêche et de plaisance. L'ancien sentier des douaniers offre une vue magnifique sur la longue plage de sable fin et permet de faire le tour du cap Carteret.

Faune & flore

Le sabot-de-Vénus

Rhône-Alpes

Dans la réserve naturelle des Hauts de Chartreuse, se cache une petite orchidée, une des rares représentantes du genre *Cypripedium* en Europe. Le sabot-de-Vénus, ainsi nommé en raison de la forme de son pétale inférieur, est une espèce menacée, dont il ne reste que très peu de spécimens.

Ils ont marqué leur région...

Christian Troadec

Bretagne

Homme politique breton, Christian Troadec est connu pour avoir créé, en 1992, le célèbre festival des « Vieilles Charrues ». Avant de devenir maire de Carhaix, Troadec créa un hebdomadaire local, le *Poher*, du nom de ce pays du centre de la Bretagne, et dirigea la brasserie Coreff de Morlaix. « Les Vieilles Charrues » sont aujourd'hui, en France, l'un des événements de l'été les plus populaires et les plus importants – en terme d'entrées payantes. Éclectique et convivial, le festival a vu se succéder sur scène aussi bien James Brown, Charles Trenet, Johnny Clegg que Vanessa Paradis.

jeudi 26 avril

lever : 6 h 38
coucher : 20 h 59

Ste Alida

Faune & flore

Le piment royal

Aquitaine

Cette plante, appelée « bois-sent-bon » au Canada, pousse notamment au bord des lagunes naturelles retenues par les hautes dunes qui longent la côte atlantique. Utilisé en parfumerie, le piment royal sert également à éloigner les insectes piqueurs.

Quiz des villes & villages de France

Quelle ville, située près de « La Mer », a vu naître le célèbre interprète de « Route nationale 7 » et du « Jardin extraordinaire » ?

____

La rubrique du 13 h

LES QUATRE FILS AYMON

Champagne-Ardenne

À Bogny-sur-Meuse, dans le département des Ardennes, un rocher en crête culmine à deux cent soixante mètres d'altitude. Composé de quatre pointes de quartzite, ce promontoire est associé à la légende de quatre frères : Renaud, Allard, Richard et Guichard, fils du duc Aymon. Vivant à la cour de Charlemagne, ils furent contraints de s'enfuir sur le cheval Bayart, à la suite d'une altercation entre Renaud et le neveu de l'empereur. Ils trouvèrent refuge dans la forêt d'Ardenne, où ils bâtirent un château. C'est ce site légendaire qu'immortalise le rocher.

À table !

Landimolles

Picardie

Pour 16 crêpes

Dans un saladier, mélanger 500 g de farine, 6 œufs battus, 1 pincée de sel, 125 g de vergeoise, 75 cl de lait et 50 g de beurre fondu. Cela doit avoir la consistance d'une pâte à crêpes très épaisse ; incorporer de l'eau si nécessaire. Ajouter 5 cl de crème fraîche et 10 cl de rhum, et laisser reposer au frais pendant 1 h 30. Cuire les crêpes dans du saindoux.

Ils ont marqué leur région...

Henri Poincaré

Lorraine

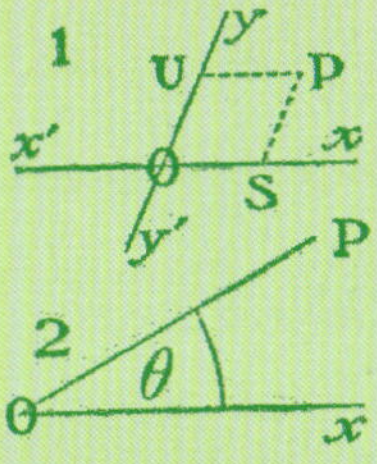

« Henri sera mathématicien... Je veux dire un grand mathématicien », expliquait le professeur de mathématiques de Poincaré, à l'époque où ce dernier était élève en classe de quatrième. Doué d'une incroyable mémoire, ce Nancéien a permis des avancées majeures en optique, en géométrie algébrique, en physique ou encore en astronomie, à la fin du XIXe siècle. Qualifié parfois de « dernier savant universel », Poincaré a laissé une œuvre considérable, mais destinée essentiellement aux spécialistes.

Narbonne

vendredi 27 avril

lever : 6 h 36
coucher : 21 h 00

Ste Zita

Faune & flore

L'écureuil roux

Île-de-France

Quelques arbres et un peu d'eau fraîche, voilà tout ce qu'il faut à ce petit rongeur acrobate. Ce dernier se fait pourtant de plus en plus rare dans la région, délogé par son cousin américain, plus résistant, mais également porteur d'une infection parasitaire fatale à la plupart des écureuils roux.

À table !

Canard à l'aigre-doux

Limousin

Pour 6 personnes
Assaisonner un canard à l'intérieur et le faire revenir, dans une grande cocotte, dans 150 g de beurre. Couvrir et cuire 30 min, en arrosant régulièrement. Ajouter 750 g de cerises aigres et cuire encore 30 min. Servir.

La rubrique du 13 h

LE BALLON D'ALSACE

Alsace

Situé aux confins de l'Alsace, d'où il tire son nom, ce massif s'étend également sur la Lorraine et la Franche-Comté. Il constitue l'extrême sud de la chaîne des Vosges, dont il est le point culminant, à mille deux cent quarante-sept mètres. Classé grand site de France, il offre une vue magnifique sur la plaine d'Alsace, la Forêt-Noire, le Mont-Blanc et les Alpes. Facilement accessible à pied, le ballon d'Alsace offre de nombreuses possibilités de randonnées l'été, tandis que, l'hiver, il se laisse prendre d'assaut par les amateurs de glisse.

Un jour en *Picardie*

27 avril 1989

À Plailly, dans l'Oise, le parc Astérix ouvre ses portes. Inspiré de l'univers plein d'humour de Goscinny et Uderzo, il offre des attractions et des spectacles pour tous les âges, dont les montagnes russes Goudurix, qui sont des plus renversantes…

Ils ont marqué leur région…

Rollon

Haute-Normandie

Selon la légende, Rollon était un colosse de deux mètres et de cent cinquante kilos qui avait bien du mal à trouver une monture. Comme beaucoup de ses compatriotes norvégiens et danois – il subsiste un doute sur l'origine du personnage –, ce Viking participe aux raids sur les côtes de la Manche. Charles le Simple lui propose la paix en 911, à Saint-Clair-sur-Epte, et lui concède la basse Seine. Rollon devient le premier duc de Normandie, et continue ses expéditions, pour agrandir un territoire qui s'étend, vers 924, jusqu'au comté du Maine et au Bessin.

samedi 28 & dimanche 29 avril

Ste Valérie — Ste Catherine de Sienne

Des avantages de la bénédiction

« Il n'y a que deux choses qui servent au bonheur.
C'est de croire et d'aimer. »
Charles Nodier, La Fée aux miettes, *1832*

« C'est une fille ! cria une voix de femme.
– Vite, passez-lui ce chapelet bénit autour du cou, ordonna une autre voix.
– Jamais, gémit une troisième, appartenant visiblement à l'accouchée, je ne vais pas me plier à ces stupides traditions bigotes ! »
Puis on n'entendit plus rien. Les voisines rentrèrent chez elles, la mère reprit des forces et le bébé commença à pousser. Mais un matin qu'il dormait dans son berceau, une fée vint à passer, qui le trouva bien joli. Elle l'emmena donc, le déposa chez ses consœurs et, se rapetissant jusqu'à faire la taille de l'enfant, vint tout naturellement prendre sa place dans le lit de celui-ci. La mère, entrant dans la chambre pour nourrir sa fillette, fut bien surprise : on eût dit la même, mais elle semblait toute ridée, non plus petite, mais ratatinée... Elle avait beau ne pas être superstitieuse, elle songea néanmoins qu'une créature capable de magie lui avait joué un tour. Mais comment savoir si celle-ci avait pris l'enfant ou l'avait juste transformé ? Elle se rendit donc chez ses voisines pour en savoir plus, ne voulant pas allaiter n'importe qui. En conclusion d'un long débat, la doyenne des commères trancha : « Retourne chez toi, fais la chose la plus ridicule qui soit, si c'est une fée, elle parlera. »

La jeune mère retourna donc à son logis et se mit à faire le ménage en récoltant les poussières une à une, lorgnant du côté de sa prétendue fille afin d'observer ses réactions. Celle-ci ouvrait des yeux ronds comme des billes, dans lesquels on lisait une certaine consternation. Au bout de quelques minutes la fée ni tint plus et s'exclama :
« J'ai 200 ans, j'en ai vu des vertes et des pas mûres,
Mais d'aussi ridicule je n'ai jamais rien vu, ça, j'en suis sûre !
– Ha ! Te voilà démasquée, vilaine fée, rétorqua la ménagère, rends-moi ma fille sur-le-champ !
– Tu aurais dû écouter tes voisines, c'est toi qui es bien attrapée. Je ne te la rendrai qu'à une condition : chaque jour, tu lui arracheras un cheveu et le déposeras devant ta porte.
– Bien sûr, je suis prête à tout », répondit la mère ravie.
Et c'est ainsi que le pacte fut conclu et le bébé rendu. La mère n'oublia jamais d'arracher les cheveux promis. Ce que la fée en fit, en revanche, nul ne l'a jamais su !

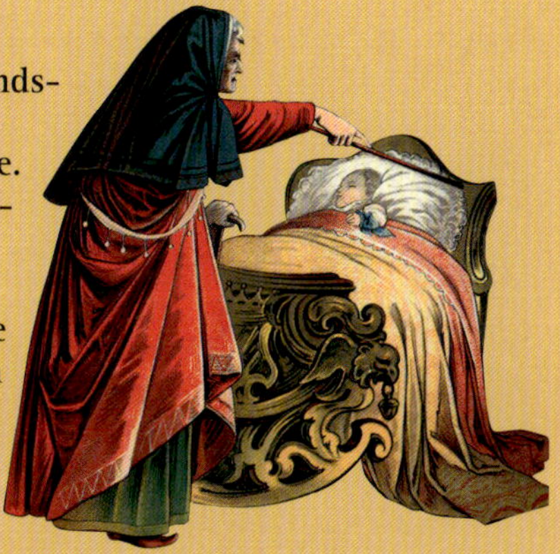

lundi 30 avril

lever : 6 h 31
coucher : 21 h 05

St Robert

À table !

Potage aux asperges

Centre

Pour 6 personnes
Peler 1 kg d'asperges, en supprimant les parties dures et filandreuses, et les cuire 20 min à l'eau bouillante salée. Faire fondre 50 g de beurre, ajouter 50 g de farine et laisser blondir. Mouiller avec 1 l d'eau de cuisson des asperges et 50 cl de lait. Saler et poivrer. Ajouter les asperges égouttées, en réservant les pointes, cuire 10 min avant de mouliner. Délayer 2 jaunes d'œufs dans 3 c. à soupe de crème. Verser dans le potage, ajouter les pointes, parsemer de cerfeuil et servir immédiatement.

La rubrique du 13 h

L'ÎLE PENOTTE AUX SABLES-D'OLONNE

Pays de la Loire

La station balnéaire réputée des Sables-d'Olonne séduit les amoureux de l'océan Atlantique avec son port et ses longues plages. À l'intérieur des terres, les balades sont légion, notamment à travers les venelles pittoresques de l'île Penotte. Cet ancien quartier populaire a été réhabilité dans les années 1990 et, depuis 1997, il attire de nombreux touristes. En effet, les façades des maisons sont recouvertes de mosaïques de coquillages qui représentent un immense bestiaire inspiré de la mythologie.

Faune & flore

La moutarde

Bourgogne

Les vertus de la plante qui fait la fierté de la région sont connues depuis l'Antiquité. C'est en broyant ses graines que l'on fabrique, outre le fameux condiment, cataplasmes et sinapismes. Supplantée par la graine canadienne dans les années 1960, la moutarde a été, depuis peu, réintroduite dans la région.

Savoirs d'antan

Pour faire passer un hoquet tenace, mâchez un brin d'estragon ou bien déposez, sur un sucre, quelques gouttes d'huile essentielle de cette plante. Le résultat sera rapide, et vous retrouverez une respiration calme et agréable.

Ils ont marqué leur région…

Zebda

Midi-Pyrénées

C'est l'album *Essence ordinaire*, et surtout le tube « Tomber la chemise », qui inscrit les sept Toulousains de Zebda parmi les groupes phares des années 1990. Leur histoire commence dans la ville rose, en 1985, avec le tournage d'un film qui raconte les déboires d'un groupe de musique. Les acteurs du film en profitent pour créer Zebda : cinq albums sortent entre 1992 et 2003. Soucieux des réalités politiques et sociales, certains d'entre eux créent, en 2001, la liste Motivé-e-s, qui se présente aux élections municipales.

mardi Ier mai

lever : 6 h 29
coucher : 21 h 06

Fête du Travail

DICTON
Corse
Trois marmites, grande fête ;
trois femmes, tempête.

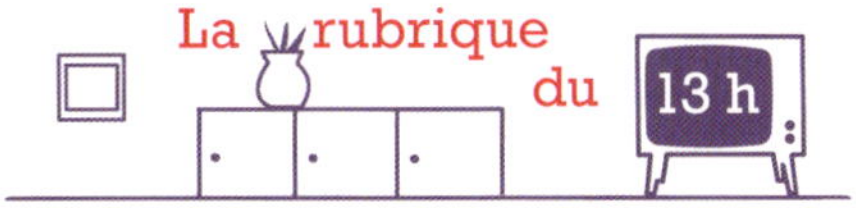

L'AMPHITHÉÂTRE GALLO-ROMAIN DE SAINTES
Poitou-Charentes

Les vestiges de cet amphithéâtre gallo-romain témoignent de l'importance de Saintes au début de notre ère. Bâtie sur les bords de la Charente, elle était, jusqu'au Ier siècle, la capitale de la Gaule aquitaine. L'amphithéâtre pouvait contenir entre quinze mille et dix-huit mille personnes, soit la totalité de la population de la cité. Après le déclin de la ville, il fut laissé peu à peu à l'abandon – il servit de carrière de pierres au Moyen Âge –, avant d'être réhabilité au XXe siècle ; il ne reste plus aujourd'hui que les fondations, l'arène et quelques gradins.

Faune & flore
La jussie à grandes fleurs
Picardie

Carton rouge pour cette plante aquatique invasive des milieux aquatiques de Picardie, notamment de Somme. La jussie à grandes fleurs prolifère à vitesse grand V, laissant peu de place aux autres végétaux et altérant de manière sensible la qualité de l'eau.

À table !
Gaudes du Jura
Franche-Comté

Cette spécialité jurassienne est tout simplement de la farine de maïs grillé. Elle entre dans la préparation de nombreux plats francs-comtois, mais elle se mange aussi seule, en bouillie ou en potage. Très appréciées pendant les périodes de froid, les gaudes étaient sur bien des tables pendant la guerre.

Ils ont marqué leur région…
Pierre Teilhard de Chardin
Auvergne

Né en 1881 dans le Puy-de-Dôme, Teilhard de Chardin s'intéresse, dès son plus jeune âge, aux sciences de la nature. Il est ordonné prêtre à 30 ans, mais ne renonce pas à son intérêt pour la paléontologie : il devient professeur de géologie à l'Institut catholique de Paris. De 1923 à 1946, il effectue des fouilles en Asie, où il prend part à la découverte de l'homme de Pékin, le sinanthrope. Ayant transcendé la théorie de l'évolution dans une démarche spiritualiste, il est obligé au silence par des supérieurs ecclésiastiques inquiets de ses audaces intellectuelles.

mercredi 2 mai

lever : 6 h 28
coucher : 21 h 08

St Boris

À table !

Omelette à la truffe du Périgord

Aquitaine

Pour 4 personnes

Brosser une grosse truffe du Périgord, la couper en fines rondelles et cuire 3 min dans 1 c. à soupe de graisse d'oie. Ajouter 10 cl de madère et du persil haché, et cuire encore 3 min. Réserver. Essuyer la poêle, mettre à fondre 1 c. à soupe de graisse d'oie, puis verser 8 œufs battus. Faire cuire l'omelette en repoussant les œufs vers le centre de la poêle. Disposer les rondelles de truffe au centre de l'omelette baveuse et la plier. Arroser avec la sauce au madère.

La rubrique du 13 h

LE CHÂTEAU DU TAUREAU À CARANTEC

Bretagne

Ce château est un fort édifié en mer, dans la baie de Morlaix. Bâti au XVIe siècle pour résister aux assauts anglais, il est reconstruit au XVIIIe par Vauban. Ensuite, le château du Taureau – c'est le nom de l'îlot sur lequel il est bâti – devient une garnison, puis une prison : le fracas des vagues sur les rochers repousse les tentatives d'évasion. Au XXe siècle, il est transformé en habitation, puis en école de voile, avant d'être abandonné et menacé par la ruine. Il est désormais possible de visiter le fort restauré.

Faune & flore

L'isabelle

Provence-Alpes-Côte d'Azur

Baptisé ainsi en hommage à la reine Isabelle II d'Espagne, sous le règne de laquelle il fut découvert, ce papillon magnifique fait partie des grands, avec ses six centimètres de longueur, en moyenne. Plutôt rare, cette espèce n'est présente qu'en France et en Espagne.

Quiz des villes & villages de France

Cette ville du Loir-et-Cher, dont Jack Lang a été le maire pendant plus de dix ans, abrite l'un des célèbres châteaux de la Loire.

?

Ils ont marqué leur région...

La mère Denis

Basse-Normandie

Quiconque est né avant 1980 n'a pu oublier le fameux « ça c'est ben vrai, ça ! » de la mère Denis. Avant de devenir une icône publicitaire, Jeanne Marie Denis était une modeste lavandière sur un lavoir de la Gerfleur, près de Barneville-Carteret. En 1972, un publicitaire parisien, qui vivait près de chez elle, lui propose de devenir la « vedette » d'une publicité pour une marque de machines à laver. La vieille dame de presque 80 ans devient alors populaire jusqu'au Japon ! L'entreprise d'électroménager s'engage, en 1983, à lui verser une rente à vie, qui lui permet de finir ses jours près de Pont-l'Évêque, à l'abri du besoin.

Blois

jeudi 3 mai

lever : 6 h 26
coucher : 21 h 09

St Jacques

Faune & flore

La fritillaire pintade

Pays de la Loire

Petite plante vivace poussant dans les prairies humides de l'ouest de la France, la délicate fritillaire pintade produit des fleurs d'une beauté exceptionnelle. Rose, bleue, blanche et parfois verte, elle est très rare et bénéficie, à ce titre, d'une grande protection.

Savoirs d'antan

Vous jardinez tranquillement, mais, soudain, une écharde vient se loger dans l'un de vos doigts. Que faire ? Il suffit de préparer un emplâtre de mie de pain trempée dans du lait, puis frottée avec du savon de Marseille. Laissez cet emplâtre une nuit sur la plaie et, le lendemain, il y a de fortes chances que votre écharde soit partie d'elle-même.

La rubrique du 13 h

LE MASSIF DE L'AIGOUAL

Languedoc-Roussillon

Surnommé le « toit » ou encore le « château d'eau » des Cévennes, le massif de l'Aigoual est remarquable pour son climat souvent rude et pluvieux. Situé au sud-ouest du Massif central, il s'étend sur les départements du Gard et de la Lozère. Il comporte trois sommets, et c'est sur le plus élevé – qui porte son nom – qu'est installée la dernière station météorologique de montagne française occupée à l'année. Depuis cet observatoire construit à la fin du XIXe siècle, on peut voir, par temps clair, jusqu'à la Méditerranée, les Pyrénées et les Alpes.

À table !

Fricassée de pommes de terre

Champagne-Ardenne

Pour 4 personnes

Éplucher et couper en rondelles épaisses 1 kg de pommes de terre. Ôter la couenne de 2 tranches de lard maigre et le couper en petits dés. Émincer 2 échalotes et 2 oignons. Dans une cocotte, faire fondre le lard, les échalotes et les oignons, puis ajouter la moitié des pommes de terre. Saler, poivrer, ajouter 2 c. à soupe de sarriette et 1 c. à soupe de farine. Ajouter le reste de pommes de terre, saler, poivrer. Mouiller avec 20 cl de vin blanc et couvrir. Cuire 2 h au four préchauffé à 150 °C.

Ils ont marqué leur région…

Sébastien Chabal

Rhône-Alpes

« Je suis venu au rugby par hasard », explique Sébastien Chabal, qui n'est entré dans le monde de l'ovalie qu'à 16 ans. À Bourgoin-Jallieu, où il évolue pendant six ans, il impressionne par ses plaquages. C'est lors de la Coupe du monde 2007 que la chabalmania déferle sur la France : le colosse aux cheveux longs devient une icône masculine et publicitaire, et il est désigné comme le sportif préféré des Français en 2009. Il est populaire jusqu'au pays des All Blacks, où on le surnomme le « Maori blanc ». En 2010, ce sportif d'exception fait partie du XV tricolore qui réalise le grand chelem, lors du Tournoi des Six Nations.

vendredi 4 mai

lever : 6 h 24
coucher : 21 h 10

St Sylvain

À table !

Veau au pineau des Charentes

Poitou-Charentes

Pour 4 personnes
Saler, poivrer et fariner 1 jarret de veau de 1,2 kg coupé en tranches, puis les faire revenir dans une poêle avec 50 g de beurre. Dans une cocotte, faire fondre 2 oignons émincés et 2 carottes en rondelles dans 50 g de beurre et poser la viande sur la fondue de légumes. Arroser avec 20 cl de pineau et porter à ébullition. Ajouter 2 gousses d'ail écrasées, 1 bouquet garni et 400 g de tomates concassées. Laisser mijoter 1 h 30 à couvert, sur feu doux, en retournant la viande à mi-cuisson.

La rubrique du 13 h

LES CASCADES DE GIMEL

Limousin

Les cascades de Gimel, non loin de Tulle, comptent parmi les plus belles de France. Pour rejoindre la Corrèze, dont elle est un affluent, la Montane effectue un saut de cent quarante-trois mètres, en trois cascades. La première chute, qui mesure quarante-cinq mètres, est appelée le « Grand Saut ». Pourtant, ce n'est pas la plus haute, puisque la plus impressionnante est la dernière : la Queue de cheval. Cette cascade fait un plongeon de soixante mètres pour se jeter dans le gouffre de l'Inferno. Selon la légende, un village entier y est englouti, dont la cloche de l'église sonne encore parfois.

Un jour en France
4 mai 1952

L'OGC Nice remporte la Coupe de France face aux Girondins de Bordeaux. Le triomphe des joueurs est d'autant plus grand que le match de football qu'ils ont disputé est le premier à être retransmis à la télévision dans son intégralité.

Faune & flore

Le cursinu

Corse

Ce nom signifie « chien corse » et désigne une race présente sur l'île depuis le XVIe siècle. Traditionnellement chien de berger, le cursinu est également un excellent chasseur, mais se fait de plus en plus rare. Depuis 1988, la région s'est donc engagée pour sa préservation.

Ils ont marqué leur région…

Louise Weiss

Alsace

Cette fille de protestant alsacien, infirmière pendant la Première Guerre mondiale, est considérée comme la mère de l'Europe. Dans l'entre-deux-guerres, elle fonde la revue *L'Europe nouvelle* et œuvre pour des projets en faveur de la paix, et plus particulièrement pour le désarmement et le droit de vote des femmes. Résistante, puis journaliste et femme politique, elle crée en 1971, à Strasbourg, l'Institut des sciences de la paix, ainsi qu'un prix pour promouvoir l'unité de l'Europe. Ce prix a depuis été décerné à Helmut Schmidt, à Simone Veil, ou encore à Jacques Delors.

Le saint délogé au profit d'un bon mot

Ou la légende de Sainte-Adresse

« Le capitaine est un farceur. Un homme comme lui ne s'ébouriffe pas de deux ou trois mots grossiers que j'aurais pu dire. »
Gustave Flaubert, Correspondance, *1er septembre 1852*

Il est des jours comme ça où rien ne va, sur terre comme sur mer. Et c'est un de ceux-là que vécurent les matelots dont nous allons parler, alors embarqués sur un navire voguant au large des côtes normandes. La Manche, en effet, semblait en colère contre le monde entier, et les marins subissaient depuis de longues heures sa fureur noire et assourdissante. La tempête faisait rage, et chacun donnait tant qu'il pouvait de son énergie pour braver l'océan. Pourtant, les marins courageux ne purent rien contre les vagues immenses, dont la profondeur des creux n'avait d'égale que le sifflement effrayant du vent qui refusait de tomber. Aussi, désolés et désemparés, anéantis par l'orage, ils en vinrent à prier le ciel de les épargner, abandonnant dans cette supplique le bateau, en proie aux flots impitoyables et à une dérive certaine.

Mais le capitaine du bateau, quant à lui, n'était pas homme à aller pleurer dans les jupons de la Vierge. Consterné de voir son navire se rapprocher aussi dangereusement des rochers de Saint-Denis-Chef-de-Caux, il fut soudain envahi d'une violente colère. Tonnant d'une voix caverneuse digne de Zeus, il commença une longue litanie de jurons, plus insolents et tonitruants les uns que les autres, menaçant fougueusement l'océan de choses que nous ne saurions répéter. Regonflé par sa tirade peu académique, il s'empara de la barre, hurlant à l'attention de ses matelots : « La seule prière que nous devons faire, c'est à sainte *adresse* que nous la devons, car elle seule nous sauvera ! » Et il ne se trompait pas : à la seule force de ses bras, certes gorgés d'une « sainte » colère, il parvint à manœuvrer le vaisseau si habilement que l'embarcation, sans avoir perdu un seul homme, atteignit enfin la côte. Le capitaine devint bien sûr une légende, mais ce n'est pas à son profit que le village où ils avaient abordé fut rebaptisé : saint Denis fut oublié, mais au profit de sainte Adresse, nouvelle patronne des lieux, selon le mot du marin !

lundi 7 mai

lever : 6 h 20
coucher : 21 h 15

Ste Gisèle

À table !

L'ananas bouteille

Guadeloupe

Également appelée « z'annana », cette variété d'ananas n'existe qu'en Guadeloupe. Elle doit son nom à sa forme allongée. Dès 1493, Christophe Colomb est accueilli, par les indigènes, avec ce présent : aussitôt, il vante les mérites de ce fruit excellent, qui ressemble à une pomme de pin.

La rubrique du 13 h

LA CATHÉDRALE SAINT-ÉTIENNE À METZ

Lorraine

Celle que l'on appelle « la lanterne du bon Dieu », en raison de ses vitraux gigantesques – les plus grands d'Europe –, est aussi célèbre par sa hauteur, quarante et un mètres du sol à la nef. La cathédrale fut construite en 1220, et ses murs extérieurs utilisent la pierre de Jaumont, matériau typiquement lorrain, qui l'enflamme d'un halo orangé lorsque le soleil s'y réfléchit. Au cours des siècles, d'autres grandes figures ont participé à son éclat, comme Marc Chagall, qui exécuta notamment un somptueux vitrail d'Adam et Ève.

Faune & flore

Le hérisson d'Europe

Haute-Normandie

Très commun dans la région, ce petit mammifère ne manque pas de piquants ! Il en possède environ six mille, ce qui ne l'empêche pas d'être la cible de nombreux prédateurs. Il est aussi victime de la circulation routière, la plus grosse menace pour cet animal, qui, face au danger, s'immobilise et se roule en boule.

Quiz des villes & villages de France

Lieu des Rencontres photographiques, cette cité des Bouches-du-Rhône, peinte par Van Gogh à de nombreuses reprises, possède des arènes classées au patrimoine mondial de l'Unesco.

_ _ _ _ _

Ils ont marqué leur région…

Claude Berri

Île-de-France

Tchao Pantin, *Manon des sources* et *Germinal* font partie des films cultes que nous a laissés Claude Berri. Le futur réalisateur naît en 1934, passage du Désir, dans le Xe arrondissement de Paris. Il commence comme acteur, avec de petits rôles, chez Autant-Lara et Renoir, et passe à la mise en scène en 1962, avec un court-métrage qui remporte un oscar. En quarante ans, le « parrain » du cinéma français aura produit parmi les plus gros succès du box-office français, de *L'Ours* à *Bienvenue chez les Ch'tis*, en passant par *Gazon maudit*.

Arles

mardi 8 mai

lever : 6 h 18
coucher : 21 h 16

Fête de la Victoire de 1945

À table !

Poulet à l'ail

Midi-Pyrénées

Pour 6 personnes

Huiler la peau d'un beau poulet et le poser au fond d'une cocotte allant au four. Répartir tout autour 40 gousses d'ail non épluchées et fermer la cocotte. Enfourner 45 min à 220 °C. Éplucher et couper en quartiers 1 kg de pommes de terre et les mettre dans la cocotte. Enfourner de nouveau pour 45 min, toujours à 220 °C.

Faune & flore

La gentiane jaune

Auvergne

Sur les hauts plateaux du Massif central pousse en abondance la gentiane jaune. Cette plante robuste, à la croissance étonnamment lente, ne donne sa première fleur qu'à l'âge de 10 ans. Une fois nettoyées puis broyées, ses racines fournissent la boisson apéritive du même nom.

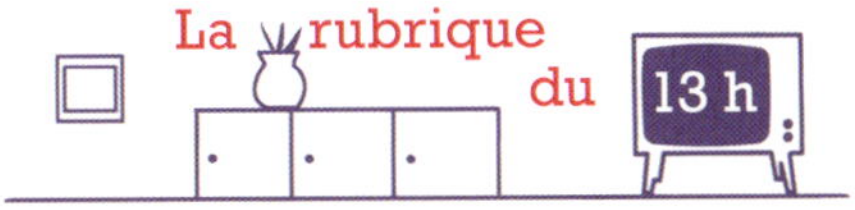

LE SITE D'ALÉSIA

Bourgogne

Le nom d'Alésia résonne encore dans les oreilles de générations d'écoliers. Mais est-ce bien ici, à Alise-Sainte-Reine, en Côte-d'Or, que Vercingétorix a rendu les armes face à l'armée de César en 52 av. J.-C. ? La polémique, très vive sous le second Empire, avait forcé Napoléon III à ordonner des fouilles archéologiques sur le site, mais les découvertes faites n'ont pas réussi à l'éteindre complètement. Sur le plateau du mont Auxois, il reste aujourd'hui les ruines d'un oppidum gallo-romain et d'une basilique mérovingienne du VIIe siècle.

Un jour en

Martinique

Le 8 mai 1902

Saint-Pierre est entièrement détruite par une nuée ardente causée par l'éruption de la montagne Pelée. Seules deux personnes auraient survécu : un prisonnier sauvé par l'épaisseur des murs de son cachot et un cordonnier vivant en marge de la ville.

Ils ont marqué leur région...

Jacques de Molay

Franche-Comté

Vingt-troisième et dernier grand maître de l'ordre des Templiers, Jacques de Molay a été rendu célèbre par la saga des *Rois maudits* de Maurice Druon. Né au milieu du XIIIe siècle au château de Rahon, en Haute-Saône, Jacques se distingue au combat en Terre sainte et est élu à la tête de l'ordre en 1292. En 1307, Philippe le Bel le fait arrêter, parce qu'il refuse la fusion de son ordre avec celui des Hospitaliers. Il meurt sur le bûcher en 1314, proférant une malédiction contre le pape Clément V et le roi de France – qui périssent dans les mois qui suivent.

mercredi 9 mai

lever : 6 h 17
coucher : 21 h 18

St Pancôme

Quiz des villes & villages de France

Montesquieu est né et a vécu dans le château situé dans cette petite commune de Gironde, non loin de la forêt des Landes.

_ _ _ _ _ _ _

À table !
La faluche
Nord-Pas-de-Calais

Autrefois garnie de poireaux par le boulanger, la faluche est une recette très ancienne du nord de la France. Aujourd'hui, ce petit pain blanc, un peu aplati, mais très moelleux, est surtout consommé au petit déjeuner avec de la vergeoise, ou en sandwich.

La rubrique du 13 h

LA PASSERELLE D'HOLZARTE
Aquitaine

La vallée de la Soule, la plus petite province basque française, déborde de paysages naturels merveilleux, dont les gorges d'Olhadubi. Il est possible de se rendre de part et d'autre de ce canyon, au milieu des pâturages, grâce à un pont suspendu. La traversée procure d'immenses sensations : en effet, la passerelle semble flotter au-dessus du vide, à près de deux cents mètres de haut. Édifiée dans les années 1920 par des ouvriers italiens, elle leur permit de faire traverser les bêtes et le matériel indispensables à l'exploitation de la forêt d'Holzarte.

Faune & flore
L'oyat
Poitou-Charentes

Caractéristique de la côte ouest de l'île d'Oléron, celui que l'on appelle le « roseau des sables » se protège des conditions climatiques, parfois rudes, grâce à ses grandes feuilles piquantes, légèrement enroulées sur elles-mêmes. Ses racines très profondes contribuent à fixer les dunes sur lesquelles il pousse.

Ils ont marqué leur région…
Mado Robin
Centre

Cantatrice originaire d'Indre-et-Loire, Mado Robin reçut en 1937, à 19 ans, le premier prix du concours des sopranos de l'Opéra de Paris. Puis, ce fut la consécration dans les années 1940, quand elle tint le rôle de Gilda dans *Rigoletto*. Mado Robin, c'est aussi la voix la plus haute du monde, puisqu'elle pouvait atteindre le *contre-contre-ré*, la note la plus aiguë jamais chantée. Un musée lui est consacré à Yzeures-sur-Creuse, où elle a grandi et où elle est enterrée.

La Brède

jeudi 10 mai

lever : 6 h 15
coucher : 21 h 19

Ste Solange

Faune & flore

Le narcisse des poètes

Champagne-Ardenne

Dans les prairies humides du plateau de Langres pousse le narcisse des poètes. Le climat de la région est propice à la croissance de la plante, traditionnellement utilisée en parfumerie. Sa petite fleur blanche et délicate est proche de celle de la jonquille, sa cousine.

Savoirs d'antan

Si vous souhaitez réutiliser des couverts métalliques que vous avez laissés dans un coin et qui ont fini par rouiller, déposez du gros sel sur les parties atteintes et frottez avec un oignon coupé en deux. S'il s'agit d'un couteau, vous pouvez le planter directement dans l'oignon.

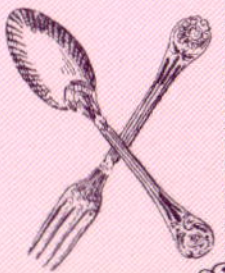

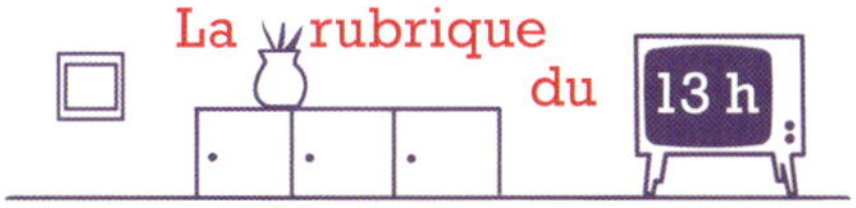

LES GORGES DU VERDON

Provence-Alpes-Côte d'Azur

Les gorges du Verdon, les plus hautes gorges d'Europe, forment un canyon servant de frontière aux départements du Var et des Alpes-de-Haute-Provence. Durant son parcours, le Verdon, qui doit son nom à sa couleur vert émeraude causée par des algues microscopiques, se fait tour à tour torrent ou paisible rivière, avant de se jeter dans la Durance. Ce sont ses eaux tumultueuses qui ont creusé la roche – le Verdon était d'abord une rivière souterraine –, pendant des millions d'années, créant un site d'une beauté exceptionnelle, faite d'à-pics vertigineux.

À table !

Amandes de mer à la marinière

Bretagne

Pour 4 personnes

Dans une cocotte, faire revenir 2 oignons émincés et 1 branche de thym dans 1 c. à soupe d'huile d'olive. Ajouter 1 kg d'amandes de mer, rincées à l'eau froide et égouttées. Mouiller avec 10 cl de vin blanc sec et cuire à feu vif pendant 5 à 6 min, à couvert. Dès que les amandes s'ouvrent, saupoudrer du persil haché et servir aussitôt.

Ils ont marqué leur région...

Jacques Callot

Lorraine

Jacques Callot, dernier représentant du maniérisme, fut l'un des graveurs les plus admirés du XVIIe siècle. Né en 1592, il commença très jeune, en coloriant des armoiries et en crayonnant les soldats, pèlerins, chanteurs et saltimbanques de Nancy. Orfèvre de formation, il étudia les techniques de la gravure à l'eau-forte dans la Florence des Médicis. Il travailla, à partir de 1621, à la cour de l'infante des Pays-Bas, auprès de Louis XIII, puis de son souverain légitime, le duc de Lorraine. Ses quelque mille cinq cents gravures se distinguent par la netteté du trait, la profondeur de l'encrage, et par la récurrence de déformations grotesques.

vendredi 11 mai

lever : 6 h 14
coucher : 21 h 20

Ste Estelle

À table !

L'omelette à la savoyarde

Rhône-Alpes

La particularité de l'omelette à la savoyarde est qu'elle commence sa cuisson à la poêle, mais la termine au four très chaud, d'où elle ressort dorée et gratinée, mais baveuse. Au jambon et au fromage, elle peut être agrémentée de poireaux et de pommes de terre.

La rubrique du 13 h

LES POZZINES

Corse

En Corse-du-Sud, les vaches, les chevaux, les ânes et même les cochons jouissent, en toute liberté, de vastes prairies verdoyantes. Appelées « pozzines », elles sont parcourues par de multiples ruisseaux, formant parfois des lacs – *pozzi* signifie « puits » en corse –, où les animaux viennent s'abreuver. Parfois asséchées durant la saison chaude, les pozzines se remplissent au printemps, lors de la fonte des neiges. Sur le plateau de Coscione, étape obligatoire du fameux GR 20, la nature, par ce spectacle fabuleux, récompense les efforts des randonneurs.

Faune & flore

Le scorpion languedocien

Languedoc-Roussillon

Avec ses six centimètres de longueur en moyenne et sa couleur jaune uniforme, ce scorpion ne peut pas être confondu avec son cousin noir à queue jaune, très courant en Provence. Bien que rarement mortelle, sa piqûre est très douloureuse et doit, dans tous les cas, donner lieu à une consultation médicale.

DICTON

Alsace

De la même fleur l'abeille extrait du miel et la guêpe du poison.

Ils ont marqué leur région...

Henri Queuille

Limousin

Avant d'accéder à la présidence du Conseil, sous la IVe République, Henri Queuille fut médecin de campagne aux alentours de Tulle. Maire de Neuvic, puis président du conseil général, il soutint la construction de barrages sur la Dordogne et encouragea le développement du tourisme. Cet homme de la terre fut ministre de l'Agriculture dans une demi-douzaine de gouvernements. On doit également au « petit père Queuille » la création de la SNCF en 1937. Il fut enfin le parrain en politique de deux futurs présidents : François Mitterrand, auquel il conseilla de se présenter dans la Nièvre, et Jacques Chirac, qui lui succéda dans sa circonscription de Corrèze.

Le croqueur d'os

« Ne porte pas en toi le cimetière. Les morts donnent la pestilence. »
Marcel Schwob, Le Livre de Monelle, *1894*

Il est des êtres dont le simple nom fait frémir et trembler, de peur comme de dégoût. Des créatures dont la moindre évocation incite non seulement les vivants à se claquemurer, mais aussi les morts à se retourner dans leur tombe, et c'est peu dire. Le croqueur d'os est de ceux-là. Plusieurs raisons peuvent expliquer cette aversion des humains à son égard. Il est tout d'abord extrêmement laid, et qui plus est atrocement difforme. Très petit – moins d'un mètre –, il est en effet doté de membres très particuliers : ce monstre n'a pas de doigts, mais une main en forme de pelle d'un côté, qui lui permet de creuser la terre, et une autre en forme de mâchoire. Pourquoi diable cet attirail ? Eh bien, justement, pour accomplir une infernale besogne : creuser la terre des cimetières, puis dévorer les os des défunts. Avant de croquer à tout-va les restes de nos ancêtres grâce à ses dents puissantes, l'ignoble individu vole les morceaux de vêtements qu'il leur « reste », afin de se coudre un funeste costume.

Vivant parmi les morts, le croqueur d'os ne se montre guère aux vivants : il se terre dans de longues galeries qu'il creuse sous les cimetières, mais également entre plusieurs cimetières parfois très éloignés. On peut néanmoins le sentir de loin : sa morbide odeur pestilentielle ne laisse nulle narine indifférente. Au cours de ses travaux souterrains, il lui arrive de tuer quelques taupes, dont il utilise les peaux comme parchemins. Non qu'il soit poète ou philosophe, mais les spécialistes s'accordent à dire que ce lutin nécrophage du folklore ardennais, du fait d'un manque de femelles dans ses colonies, est en voie de disparition : il cherche donc à laisser une trace de son peuple, avant qu'il ne s'éteigne pour de bon. On raconte d'ailleurs que ces écrits sont fort joliment illustrés, et que les enluminures du croqueur d'os valent bien celles de nos moines moyenâgeux. Qui sait si le talent ne passe pas par les os...

lundi 14 mai

lever : 6 h 09
coucher : 21 h 24

St Matthias

Faune & flore

L'argousier

Nord-Pas-de-Calais

En arpentant les sentiers de la réserve naturelle de la dune Marchand, près de la frontière belge, vous ne pourrez pas manquer d'observer les nombreux buissons qui fixent la dune mouvante. Ce sont là des argousiers, dont les petites baies à la saveur acidulée sont consommées cuites en confiture.

À table !

Friture de Saône

Bourgogne

La friture de Saône se fait à partir d'ablette, un poisson très prisé des pêcheurs de la région, et qui était autrefois servie dans les guinguettes. Longue d'une douzaine de centimètres, l'ablette est idéale pour la friture : sa chair reste tendre sous sa peau croustillante.

La rubrique du 13 h

LA POINTE DES CHÂTEAUX

Guadeloupe

Cette pointe, située à l'extrême est de la Guadeloupe, tire son nom de la forme de ses rochers, qui rappellent les ruines d'un château. Situé à une dizaine de kilomètres du bourg de Saint-François, auquel il est rattaché, ce site attire chaque année des milliers de visiteurs, venus admirer les falaises, les grottes mystérieuses et la plage avec ses vagues impressionnantes. Au sommet des rochers, une croix veille sur la pointe depuis 1951 et guide les marins ; les courageux qui l'atteignent sont récompensés par un panorama sur Grande-Terre et sur l'île de la Désirade.

CITATION

Basse-Normandie

« Cherbourg a ses fanaux
de bien loin consultés,
Et gronde en menaçant
Guernsey la sentinelle
Debout près de Jersey,
presque en France ainsi qu'elle. »

Alfred de Vigny, « La frégate La Sérieuse », Poèmes antiques et modernes, 1837

Ils ont marqué leur région...

Jean-Baptiste Bory de Saint-Vincent

La Réunion

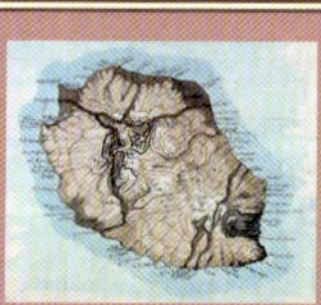

Élève du célèbre géologue Dolomieu, cet officier français entreprend, en 1801, la première exploration scientifique du piton de la Fournaise, pour lequel il nourrira une véritable passion. Il en fait par deux fois l'ascension, dans des conditions très difficiles, et en profite pour décrire de nombreux végétaux et minéraux, dont il collecte des échantillons. Il réalise également une carte de ce volcan de l'île Bourbon. En hommage à ce pionnier, l'un des deux cratères principaux du piton de la Fournaise porte son nom : le cratère Bory.

mardi 15 mai

lever : 6 h 08
coucher : 21 h 26

Ste Denise

Un jour en Rhône-Alpes
15 mai 1998

À Lyon, est lancé le premier magasin automatique, vaste distributeur proposant plus de deux cents produits que l'on peut acheter à toute heure du jour et de la nuit. Le dispositif est certes pratique, mais moins chaleureux que le bon vieil « épicier du coin »...

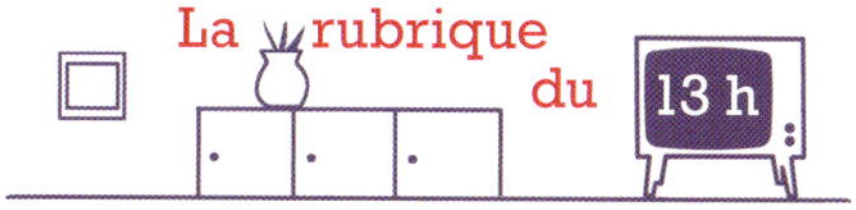

LE DONJON DE MONTBAZON
Centre

Seul vestige d'une forteresse construite vers l'an mille par Foulques III Nerra, comte d'Anjou, le donjon de Montbazon est le plus vieux donjon de France. Rectangulaire, il est surmonté d'une statue de la Vierge, depuis le XIXe siècle, peut-être pour racheter les fautes du comte d'Anjou, surnommé le « Faucon noir » à cause de sa cruauté. Le donjon fut consolidé tout au long du XXe siècle, et il est désormais ouvert aux amoureux des vieilles pierres, qui peuvent se promener le long des grandes murailles, tout en admirant le panorama offert sur la Touraine.

À table !
Madeleines au bleu d'Auvergne
Auvergne

Pour 4 personnes

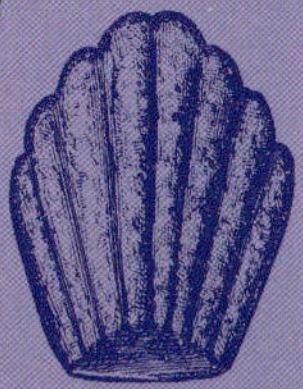

Mélanger 120 g de farine, 1 c. à café de levure chimique, 2 œufs et 4 c. à soupe d'huile. Ajouter 100 g de bleu d'Auvergne émietté ; poivrer. Beurrer des moules à madeleines et les remplir aux 3/4. Cuire 8 min dans le four préchauffé à 200 °C ; les madeleines doivent rester claires.

Faune & flore
L'orme lisse
Lorraine

Dominant la forêt de la Reine du haut de ses trente mètres en moyenne, l'orme lisse est l'une des curiosités locales. Son tronc, dont la circonférence ne dépasse jamais les soixante centimètres, est légèrement ondulé à la base, probablement en raison de l'instabilité des sols sur lesquels il pousse.

Ils ont marqué leur région...
Julie-Marie Parmentier
Picardie

Née à Saint-Quentin, cette jeune comédienne française est, depuis 2010, pensionnaire de la Comédie-Française. Elle est découverte à 15 ans par Noémie Lvovsky, qui la fait tourner dans *Petites.* Sa prestation dans *Les Blessures assassines* – elle y endosse le rôle d'une des sœurs Papin – lui a valu une nomination au césar du meilleur espoir féminin. Depuis 2003, elle passe une grande partie de son temps sur les planches : elle a notamment joué dans *Le Roi Lear*, de Shakespeare, et dans *On ne badine pas avec l'amour*, d'Alfred de Musset.

mercredi 16 mai

lever : 6 h 07
coucher : 21 h 27

St Honoré

À table !

Flaune aveyronnaise

Languedoc-Roussillon

Pour 6 personnes

Dans une terrine, mélanger 3 œufs, 400 g de brousse de brebis, 2 c. à soupe de crème fraîche, 100 g de sucre glace et 3 c. à soupe d'eau de fleurs d'oranger. Foncer un moule à tarte avec une pâte sablée et verser la garniture. Mettre dans le four préchauffé à 180 °C pendant 50 min. Servir frais.

La rubrique du 13 h

LE CLOCHER DE SOLRE-LE-CHÂTEAU

Nord-Pas-de-Calais

Le petit village de Solre-le-Château est niché au cœur du parc régional de l'Avesnois. De loin, on le reconnaît facilement grâce au clocher de son église qui, à cause d'un défaut de la charpente, est penché. La légende raconte qu'une jeune femme, dont on savait qu'elle n'était plus vierge, se présenta en blanc à l'église le jour de son mariage. Toute l'assemblée resta interdite devant tant d'audace, et le clocher lui-même se pencha pour observer la pécheresse ; Dieu le punit alors de sa curiosité, en l'empêchant de se redresser.

Faune & flore

L'iris de Sibérie

Alsace

Les rieds alsaciens possèdent une flore riche en diversité, où se cachent parfois des espèces rares, comme l'iris de Sibérie. Cette plante vivace, pouvant atteindre un mètre de hauteur, donne trois jolies fleurs violettes très odorantes, dès le mois de mai.

Quiz des villes & villages de France

Cette ville de Savoie a accueilli les jeux Olympiques d'hiver en 1992, sous l'égide de la mascotte Magique.

____

Ils ont marqué leur région…

Georges Simenon

Poitou-Charentes

Simenon fut un auteur particulièrement prolifique : près de deux cents romans et cent cinquante nouvelles, dont une centaine d'épisodes avec le commissaire Maigret. L'écrivain d'origine belge découvre, en 1927, la pêche de nuit dans le pertuis d'Antioche, le détroit qui sépare Ré et Oléron : il se passionne alors pour la mer. C'est l'époque où il cherche à fuir Paris et l'emprise de sa maîtresse, Joséphine Baker. Il devient un mordu du cabotage, en naviguant avec le passeur de l'île d'Aix, qu'il mettra en scène dans plusieurs de ses romans. Trente-quatre de ses livres se déroulent à La Rochelle, parmi lesquels *Le Testament Donnadieu* et *Les Fantômes du chapelier*.

Albertville

jeudi 17 mai

lever : 6 h 06
coucher : 21 h 28

Ascension

À table !

La bardatte

Pays de la Loire

Ce plat traditionnel de la région nantaise consiste à remplacer le cœur d'un chou par une farce à base de lapin ou de jeune lièvre, de crème, d'œufs et d'herbes. Le chou est ensuite bardé de lard et cuit dans de l'eau bouillante ou du vin blanc pendant 2 h.

Faune & flore

La molinie bleue

Franche-Comté

Parfois utilisée en vannerie, cette graminée vivace tient son nom d'un célèbre botaniste chilien des XVIIIe et XIXe siècles, le père Molina. Celle que l'on connaît parfois mieux sous le nom de « canche » affectionne les milieux humides et acides et peut être observée à loisir dans la forêt de Chaux.

La rubrique du 13 h

LE PIC DU MIDI

Midi-Pyrénées

Été comme hiver, l'ascension du pic du Midi, en Hautes-Pyrénées, est une formidable aventure. Depuis le téléphérique qui mène à près de deux mille neuf cents mètres d'altitude, la vue est remarquable. Enfin, au sommet, le regard embrasse tous les sommets de la chaîne des Pyrénées, entre l'océan Atlantique et la mer Méditerranée : un panorama qui porte sur trois cents kilomètres. Dès la fin du XIXe siècle, le pic du Midi accueille un observatoire météorologique, qui a rapidement été transformé en observatoire astronomique. Il est encore en activité aujourd'hui.

Savoirs d'antan

Le géranium Robert, on ne trouve pas mieux pour soigner activement les inflammations bénignes ! Cette plante, que l'on rencontre à l'état sauvage et qui produit de petites fleurs, est utilisée en décoction (quatre cuillerées à café de plante sèche pour vingt centilitres d'eau), comme anti-inflammatoire. En gargarismes ou en bains de bouche, elle soulage l'angine, les aphtes ou les gingivites.

Ils ont marqué leur région...

Ugo Colonna

Corse

Ce seigneur romain est présenté comme l'héroïque fondateur de la dynastie des comtes de Corse, à la fin du VIIIe siècle. Avec mille fantassins et deux cents cavaliers, Ugo Colonna aurait mené, à la demande du pape, une reconquête contre les Maures, établis sur l'île depuis une trentaine d'années. Il se serait emparé d'Aléria, de Corte, et aurait capturé le roi Negolone, qui se serait converti à la foi chrétienne. Le comte Colonna associa le peuple aux affaires, créant une féodalité populaire.

vendredi 18 mai

lever : 6 h 04
coucher : 21 h 30

St Éric

À table !

Sardines à l'escabèche

Provence-Alpes-Côte d'Azur

Pour 4 personnes

Ôter l'arête centrale de 16 sardines préparées, en veillant à laisser les 2 filets attachés. Saler et fariner les sardines et les faire dorer dans 3 c. à soupe d'huile ; les égoutter et les ranger dans un plat. Dans une casserole, faire revenir, dans de l'huile, 1 oignon, 1 carotte et 2 gousses d'ail émincés finement. Ajouter 1 bouquet garni, 15 cl de vinaigre, 15 cl d'eau et 1 c. à soupe de graines de coriandre ; saler, poivrer et cuire à couvert 15 min à feu moyen. Verser la préparation bouillante sur les sardines et laisser mariner 24 h au frais.

La rubrique du 13 h

VILLAGE TROGLODYTE DE LA MADELEINE

Limousin

Occupé depuis plus de dix-sept mille ans, cet ensemble de cavités naturelles, entourées de murs calcaires, a tout d'abord servi d'abri sommaire pour nos ancêtres troglodytes, le lieu donnant d'ailleurs son nom à une culture préhistorique : le magdalénien. Situé au bord de la Vézère, un affluent de la Dordogne, il a servi de forteresse naturelle durant tout le Moyen Âge. Des vestiges du château du Petit Marzac, datant du XIIIe siècle, y subsistent, et la chapelle du XVe siècle, littéralement suspendue à la falaise, offre aux visiteurs un paysage à couper le souffle.

Faune & flore

La renoncule aquatique

Aquitaine

Cette plante vivace vit exclusivement dans les eaux de la moyenne Dordogne. Chaque année, lorsqu'elle fleurit, la rivière se couvre d'un tapis de fleurs blanches. Ce phénomène, qui ne dure que quelques jours, est un véritable ravissement pour les yeux !

Un jour en *Bretagne*

18 mai 1908

À Saint-Malo, c'est le lancement du *Pourquoi pas ? IV*, un trois-mâts qui mènera l'explorateur Jean-Baptiste Charcot et son équipage jusqu'à l'île Petermann, dans l'Antarctique. Ils en rapporteront, notamment, des collections de zoologie et de botanique.

Ils ont marqué leur région…

Arthur Rimbaud

Champagne-Ardenne

Le poète de Charleville est initié à la rhétorique, dès son adolescence, par son professeur, Georges Izambar, qui lui ouvre les portes de sa bibliothèque. En 1870, alors que la guerre franco-allemande fait rage dans la région, Rimbaud compose « Le Dormeur du val ». Puis il monte à Paris, où il mène une vie d'errance et de débauche. Avec les *Illuminations* et *Une saison en enfer* – deux recueils de poèmes en prose rédigés entre 1873 et 1875 –, l'Ardennais explore les méandres de l'âme et de l'imaginaire et invente une poésie moderne, affranchie des règles de l'écriture classique.

L'autre avantage du baptême

Nous savons tous que, pour renaître auprès du Christ, il faut être baptisé. Nous savons également qu'un enfant, s'il meurt jeune, doit avoir été baptisé pour ne pas échouer dans les limbes et rater ainsi de peu le paradis, sous prétexte que ses parents ont commis le péché originel. Ce que l'on sait moins, c'est que d'être parrain peut également avoir des avantages certains, dans cette vie du moins.

Ainsi, vivait en Lorraine un râleur invétéré, un ivrogne incurable qui avait sans doute bon fond, puisqu'on l'avait jadis élu pour être le parrain d'un enfant, malheureusement décédé depuis. Or, un jour qu'il rentrait chez lui, aviné comme de coutume, il buta sur un crâne en traversant le cimetière. Agacé, car il avait manqué de tomber en trébuchant, il fixa l'ossement et lui dit : « Tu as failli m'avoir, mais c'est toi qui as été eu, vu l'endroit où tu te trouves ! » Et le crâne de répondre tout naturellement, ce qui a de quoi surprendre : « À ta place, je ne ferais pas le malin, car tu t'y trouveras pas plus tard que demain. » Le bougre fut dégrisé d'un coup et courut chez lui sans tituber. Blême et tremblant, il raconta sa mésaventure à sa femme. Celle-ci fut d'abord bien surprise de le voir sobre et l'écouta de bon cœur. Quand il eut fini, elle courut à son tour, pour chercher secours auprès du curé, et c'est bien sûr lui qui trouva l'idée : « Allez sur la tombe de votre filleul, frappez, et un papillon blanc s'en échappera. Il combattra pour vous, vous n'aurez rien d'autre à faire. »

Dès l'aurore, l'ivrogne se rendit donc sur la tombe de l'enfant, frappa et vit le papillon blanc en sortir. Le gracieux insecte voleta sans tergiverser vers le crâne insolent, combattit et vainquit. Puis, tout simplement, annonça : « Mon cher parrain, je vous devais ma place au paradis, je vous en gardais donc une, mais voici que nous sommes quittes ! » Nous vous l'avions bien dit, il y a ici-bas tout intérêt à être baptisé, mais aussi à avoir de bons amis, susceptibles de faire de vous le parrain ou la marraine de leur progéniture...

lundi 21 mai

lever : 6 h 01
coucher : 21 h 33

St Constantin

À table !

Marmelade au cidre

Basse-Normandie

Éplucher 1 kg de pommes et 1 kg de poires et les couper en fines lamelles. Les mettre dans un faitout, ajouter 50 cl de cidre doux et faire cuire 30 min à feu doux, jusqu'à ce que les fruits soient tendres. Verser 800 g de sucre et bien mélanger. Lorsque le sucre est fondu, porter à ébullition et laisser cuire 30 min à feu vif, en mélangeant régulièrement. Quand les fruits sont transparents et que le sirop n'est pas trop liquide, arrêter la cuisson et laisser tiédir, avant de mettre en pots.

La rubrique du 13 h

LES CATACOMBES DE PARIS

Île-de-France

En voyant les tibias et les crânes empilés qui constituent les murs des catacombes, le visiteur ne peut manquer d'être surpris. L'ossuaire occupe les galeries d'anciennes carrières de pierre. À la fin du XVIIIe siècle, le cimetière des Innocents, envahi de dépouilles, devient un problème de santé publique. On décide donc de déplacer les ossements dans cette cité souterraine d'une surface de onze mille mètres carrés. Cette mesure est ensuite étendue aux autres cimetières parisiens, et les catacombes abritent maintenant environ six millions de squelettes anonymes.

Faune & flore

L'aigrette garzette

Bretagne

De la pointe de la Bretagne jusqu'au sud de la région, on pourra observer ce joli héron tout blanc, qui, à marée descendante, parcourt le littoral à la recherche de petits mollusques et crustacés. Jadis chassée pour les belles plumes qui ornent sa tête, l'aigrette est aujourd'hui assez répandue dans la région.

Quiz des villes & villages de France

On peut visiter, dans cette pittoresque commune de la Vienne, la magnifique église romane Saint-Nicolas, ainsi qu'un musée de la préhistoire.

______

Ils ont marqué leur région...

Jean-Michel Bazire

Pays de la Loire

Quatre mille victoires sur vingt mille courses de trot disputées : voilà le palmarès d'exception de celui qu'on surnomme le « Zidane des courses » ! Ce Sarthois, né en 1971 dans une famille de passionnés de chevaux, étudie à l'école des lads-jockeys de Graignes, puis dans la célèbre famille Dreux. À 19 ans, il passe professionnel et s'installe près de Solesmes. Il termine premier au classement du combiné en 1997 et réussit le rare doublé Prix d'Amérique-Prix de France en 1999. À la fois propriétaire, entraîneur et driver, il a reçu une douzaine de fois le Sulky d'or, un trophée qui récompense celui qui remporte le plus de courses de trot attelé dans l'année.

Civray

mardi 22 mai

lever : 6 h
coucher : 21 h 35

St Émile

Faune & flore

Le phasme

Centre

C'est seulement en remarquant ses pattes, au nombre de quatre, que vous pourrez le distinguer d'une simple brindille. D'autant que, chez le phasme, le camouflage est un art complet, puisque cet étrange insecte va même jusqu'à faire onduler doucement son corps, pour imiter l'effet du vent sur la végétation.

Savoirs d'antan

Un bain de tilleul peut aider les enfants à trouver plus rapidement le sommeil. Préparez une décoction, en faisant bouillir pendant cinq minutes des fleurs et des feuilles de tilleul sèches, puis ajoutez-la à l'eau du bain.

La rubrique du 13 h

LES TRABOULES À LYON

Rhône-Alpes

Ces passages couverts, bâtis à différentes époques, sont des raccourcis qui permettaient de circuler d'une rue à l'autre, par l'intérieur des immeubles, à travers des cours et des escaliers. On en compte près de cinq cents, situés essentiellement dans les quartiers du Vieux-Lyon, de la Croix-Rousse et de la Presqu'île. Ces chemins de traverse, sombres et secrets, furent un atout précieux lors de la révolte des Canuts et plus tard pour les résistants, pendant la Seconde Guerre mondiale. Avec son escalier de façade monumental, à six étages, la cour des Voraces est une des traboules les plus impressionnantes.

À table !

Beignets de fleurs d'acacia

Lorraine

Pour 4 personnes

La veille, cueillir une vingtaine de grappes de fleurs d'acacia. Dans un récipient, détacher les fleurs et les faire macérer 1 nuit avec 50 g de sucre et 1 verre à liqueur de cognac. Le lendemain, faire une pâte avec 200 g de farine, 1 pincée de sel, 50 g de beurre fondu, 50 g de sucre et 1 jaune d'œuf. Ajouter 1 verre de bière et laisser reposer cette pâte 1 h. Battre 2 blancs d'œufs en neige ferme, avec une pincée de sel, et mélanger délicatement à la pâte. Ajouter les fleurs d'acacia et faire frire en petits tas.

Ils ont marqué leur région…

Régine Pernoud

Bourgogne

Férue d'histoire médiévale, cette native de Château-Chinon mena en parallèle ses études à l'École nationale des chartes et son doctorat de lettres à la Sorbonne. Conservatrice aux Archives nationales de France, elle devint l'une des plus grandes spécialistes des croisades et des femmes du Moyen Âge, parmi lesquelles Jeanne d'Arc et Aliénor d'Aquitaine. Régine Pernoud fit également partie, en 1967, des membres fondateurs de l'Académie du Morvan, pour la préservation, le développement et la transmission de la culture de la région.

mercredi 23 mai

lever : 5 h 59
coucher : 21 h 36

St Didier

À table !
Le bargkass
Alsace

Ressemblant au gruyère, le bargkass, ou barikass, est un fromage de montagne à pâte pressée. Au cours de la fabrication du fromage, le lait est chauffé, puis emprésuré, avant d'être chauffé une seconde fois. Le bargkass est ensuite affiné durant 3 à 6 mois, avant d'être consommé.

CITATION
Paca

« Quitte Paris et viens [sur la Côte d'Azur] t'installer près de moi. À peine arrivé, tu planteras ta canne dans mon jardin et le lendemain, à ton réveil, tu verras qu'il a poussé des roses. »

Alphonse Karr, Lettre à Léon Gatayès

La rubrique du 13 h

CHÂTEAU DE ROBERT LE DIABLE
Haute-Normandie

Les ruines du château de Robert le Diable s'élèvent au-dessus de la région rouennaise, à Moulineaux. Du bâtiment édifié au XIe siècle, il ne reste que le donjon qui embrasse toute la vallée de la Seine. Autrefois ouvert au public, le château est aujourd'hui en cours de restauration par son propriétaire, la communauté de l'agglomération rouennaise, suite à un incendie en 2007. Le château tire son nom d'un personnage légendaire, fils illégitime qu'une duchesse de Normandie aurait eu avec le diable.

Faune & flore
La lentille verte du Puy

Auvergne

Premier légume à recevoir l'AOC, la lentille verte du Puy fait partie des légumineuses. À ce titre, elle est naturellement riche en protéines végétales et contient de nombreux nutriments essentiels. Elle présente en outre l'avantage d'être plus fine et moins farineuse que les autres lentilles.

Ils ont marqué leur région...
Gilles l'Ermite
Languedoc-Roussillon

La légende raconte que Gilles s'installa, au VIIe siècle, dans une forêt du Languedoc, au sud de Nîmes. L'ermite vivait de prières et du lait d'une biche que Dieu lui avait envoyée. Poursuivi par un roi wisigoth, lors d'une partie de chasse, l'animal blessé vint se réfugier auprès du solitaire. Ému, le roi épargna la bête et offrit à Gilles la vallée, afin qu'il y construise un monastère. Les reliques de Gilles, devenu saint patron des estropiés, sont conservées dans l'église abbatiale.

jeudi 24 mai

lever : 5 h 58
coucher : 21 h 37

St Donatien

CITATION

Nord-Pas-de-Calais

« Et maintenant,
j'entends en moi l'âme du Nord
Qui chante, et chaque jour
j'aime d'un cœur plus fort
Ton air de sainte femme,
ô ma terre de Flandre [...]. »

Albert Samain, « Mon enfance captive »,
Le Chariot d'or, 1901

Faune & flore

La callune

Limousin

Son nom vient du grec ancien, d'un verbe qui signifie « balayer, nettoyer », car ses rameaux étaient sans doute utilisés à cet effet, comme nombre d'espèces de bruyère. La callune pousse naturellement dans les landes et les bois, mais on la trouve aussi dans les jardins, où elle est cultivée à des fins ornementales.

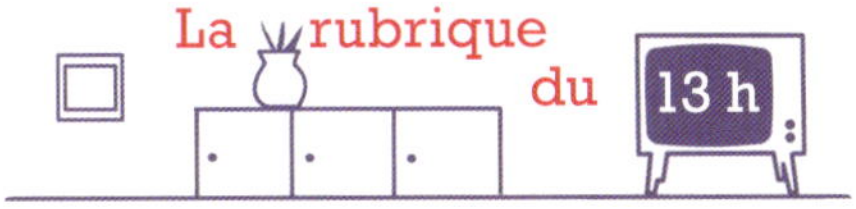

LES GROTTES DE NAOURS

Picardie

Entièrement artificielles, les grottes de Naours sont, en France, les plus vastes refuges souterrains jamais creusés par l'homme. À une trentaine de mètres environ de profondeur, les galeries courent sur un peu plus de deux kilomètres. Dès le IIIe siècle, l'endroit, qui sert alors de carrière de pierre, est utilisé par les habitants pour se protéger des invasions barbares. Par la suite, trois cents chambres, appelées « muches », sont aménagées. Utilisées par les contrebandiers du sel au XVIIIe siècle, les grottes de Naours sont aujourd'hui un lieu très touristique de la Somme.

À table !

Flan à la farine de châtaigne

Corse

Pour 8 personnes

Délayer 4 c. à soupe bombées de farine de châtaigne dans un peu de lait. Faire chauffer 1 l de lait avec 200 g de sucre et 1 sachet de sucre vanillé. Incorporer la farine au moment de l'ébullition et laisser cuire 10 min à feu doux, en remuant sans cesse. Laisser tiédir et ajouter 4 œufs battus et 3 cl d'eau-de-vie de châtaigne. Verser la préparation dans un moule beurré et cuire 25 min au four préchauffé à 200 °C.

Ils ont marqué leur région...

Marie-José Pérec

Guadeloupe

Née en 1968, Marie-Jo montre, dès ses premières foulées sur le stade Félix-Éboué, à Basse-Terre, d'incroyables aptitudes physiques. La Guadeloupéenne remporte le quatre cents mètres aux championnats du monde de 1991 et de 1995, et surtout trois médailles olympiques sur deux cents et quatre cents mètres à Barcelone, puis à Atlanta. Avec un chrono sous la barre des vingt-deux secondes, la Gazelle est détentrice, depuis 1993, du record de France sur deux cents mètres. Après son échec aux JO de Sydney en 2000, Marie-José Pérec raccroche définitivement et devient consultante sportive.

vendredi 25 mai

lever : 5 h 57
coucher : 21 h 38

Ste Sophie

Faune & flore

Le cyclamen

Rhône-Alpes

Si les feuilles de votre cyclamen sont plus claires ou se développent moins qu'auparavant, c'est certainement à cause d'un sol trop pauvre en sels minéraux. Ajoutez de l'engrais à l'eau d'arrosage, environ une fois par semaine, et votre cyclamen retrouvera sa beauté d'antan.

À table !

Porc au cidre

Haute-Normandie

Pour 4 personnes
Faire dorer 2 oignons émincés dans du beurre, ajouter 1 filet mignon de porc coupé en tranches et 100 g de lardons ; poivrer. Délayer progressivement 30 g de Maïzena dans 50 cl de cidre brut et verser sur la viande. Porter à ébullition. Verser le tout dans un plat allant au four et cuire 40 min à 180 °C. En fin de cuisson, ajouter 20 cl de crème fraîche et servir.

La rubrique du 13 h

TOURS DE NAVARRE ET D'ORVAL À LANGRES

Champagne-Ardenne

Au cœur du Pays des quatre lacs, Langres est une ville aux hauts remparts, construite sur deux millénaires. Élevée la première, au début du XVIe siècle, parmi un ensemble de sept tours fortifiées, la tour de Navarre fut rehaussée d'un étage, afin d'améliorer la portée des canons. Une seconde tour fut alors bâtie, celle d'Orval, complétant un ensemble de vingt mètres de hauteur et vingt-huit mètres de diamètre. En 1825, celle-ci fut transformée en poudrière. C'est de cette période que date son imposante charpente en chêne, qui servait à la protéger des infiltrations.

Un jour en *Paca*

Le 25 mai 1720

Un bateau en provenance de Syrie entre dans le port de Marseille. Il ramène dans sa cargaison le virus de la peste, qui fera périr la moitié de la population de la ville et se répandra dans la région. Ce sera la dernière épidémie de peste en France.

Ils ont marqué leur région…

Emmanuel Liais

Basse-Normandie

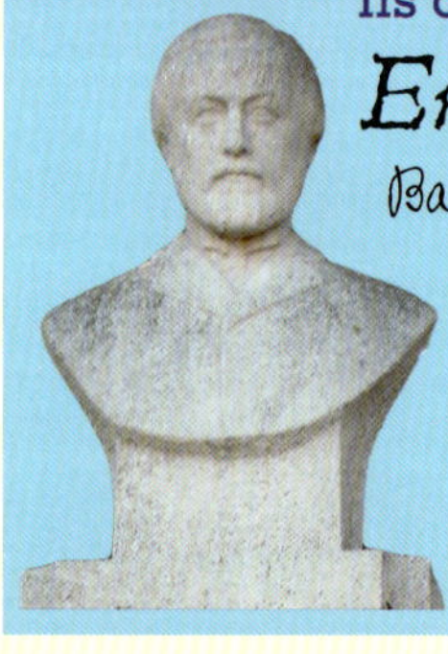

Non seulement Emmanuel Liais fut maire de Cherbourg pendant dix ans, mais cet autodidacte participa à différentes missions en astronomie et s'intéressa à ses applications dans le domaine de la navigation. À partir de 1878, il fit aménager un jardin botanique dans sa propriété du Cotentin. On y trouve encore des spécimens qu'Emmanuel Liais rapporta de ses séjours en Amérique du Sud, où il mena des explorations à la demande de l'empereur du Brésil. Il légua sa propriété à la ville, à sa mort, en 1900. Le jardin peut de nos jours être visité, la maison étant devenue un muséum d'histoire naturelle.

samedi 26 & dimanche 27 mai

St Bérenger St Augustin

Le *botteu* d'Englebelmer

« À quoi bon aller au ciel,
puisqu'il faudra ensuite revenir sur terre ? »
Vishnu-Purana

Il y a tant de bruits étranges que l'on ne sait expliquer… Mais heureusement, par le passé, de grands hommes allant au bout des choses ont pu en élucider certains, au grand dam des scientifiques. C'est ainsi que, grâce à Émilien Guilbert, habitant d'Englebelmer, et Émile Henry Carnoy – *Littérature orale de la Picardie*, 1883 –, nous savons d'où provenaient les « toc, toc, toc » réguliers qui dérangeaient chaque soir les villageois, depuis la tombée de la nuit jusque vers minuit environ. On entendait ensuite la chute de branches, puis plus rien, et ce jusqu'au lendemain.

Comme le bruit venait d'un jardin précis, on décida un soir d'encercler le lieu et de le barricader, afin de comprendre ce qui s'y produisait : on entendit le « toc, toc, toc » d'une serpe, mais on ne vit aucune branche tomber, ni rien d'autre d'ailleurs. On s'inquiéta, on prit même peur, on finit par se demander s'il ne s'agissait pas là d'une hallucination collective… Mais on décida que ce devait être plutôt le fait d'un esprit, et l'on fit des recherches extrêmement sérieuses et non moins minutieuses.

On apprit ainsi que, jadis, un paysan, qui était passé de vie à trépas depuis fort longtemps, avait ici même *botté* le côté de la haie appartenant à son voisin, à la nuit tombée, afin de ne pas être pris en flagrant délit. Il devint alors évident qu'au jour du jugement ce voleur avait été condamné à être « *botteu* » pour l'éternité, dans son jardin… Sans se soucier de son sort, néanmoins, on coupa les arbres du jardin afin que le fantôme ne revienne plus. Ce qu'il fit. Avait-il enfin trouvé la paix ou fut-il condamné à *botter* une autre haie ? Nul ne le sait. Quelqu'un l'a-t-il depuis entendu purger sa peine dans un autre jardin, en Picardie ou ailleurs ?

lundi 28 mai

lever : 5 h 54
coucher : 21 h 42

Pentecôte

CITATION

Haute-Normandie

« C'est là un des horizons les plus magnifiques qui soient au monde. Derrière nous Rouen, la ville aux églises, aux clochers gothiques, travaillés comme des bibelots d'ivoire. »

Guy de Maupassant, *Un Normand*

À table !

Le beurre d'Échiré

Poitou-Charentes

Le beurre d'Échiré tire son nom de la commune autour de laquelle sont regroupées les exploitations laitières. Depuis 1894, date de la fondation de la coopérative, les techniques de fabrication n'ont pas changé pour obtenir ce beurre jaune pâle et tendre, à la renommée internationale.

La rubrique du 13 h

LE CIRQUE DE CONSOLATION

Franche-Comté

À cinquante kilomètres à l'est de Besançon, à Consolation-Maisonnettes, se trouve un lieu paradisiaque : le cirque de Consolation, un parc aménagé dans le plus grand respect de la nature. Le cirque, enfermé dans des falaises de trois cent cinquante mètres de hauteur, invite au silence. Plus loin, les promeneurs peuvent suivre la rivière et traverser par endroits, à l'aide de petits ponts, ses eaux tumultueuses. Enfin, plusieurs cascades complètent la splendeur du site, notamment la Grande Cascade, qui jaillit d'une grotte et fait un saut de près de cinquante mètres.

Faune & flore

La gentiane de Burser

Midi-Pyrénées

De petites fleurs jaune pâle supportées par une tige d'une trentaine de centimètres, tels sont les signes distinctifs de cette espèce endémique des Pyrénées. La gentiane de Burser peut parfois se montrer très capricieuse et ne pas fleurir pendant plusieurs années consécutives.

Ils ont marqué leur région…

Christian Morin

Aquitaine

Ce Bordelais reste associé, pour le grand public, à « La roue de la fortune », qu'il présenta avec Annie Pujol pendant six ans. Malgré des prédispositions pour le métier de comédien, son père l'inscrit aux Beaux-Arts, lorsqu'il est adolescent, et lui achète une clarinette. Diplômé, il réalise quelques dessins humoristiques pour le quotidien *Sud-Ouest*, puis monte à Paris et gagne sa vie en jouant dans des groupes de jazz. Après une vingtaine d'années à la télévision, Christian Morin se remet au théâtre dans les années 1990. Il anime depuis un certain temps la tournée « Âge tendre » et présente les matinales de Radio Classique.

mardi 29 mai

lever : 5 h 53
coucher : 21 h 43

St Aymar

Faune & flore

Le chien créole

Martinique

Il n'est pas reconnu en tant que race, pourtant le chien créole possède quelques caractéristiques bien à lui. Très doux et affectueux, c'est un animal malin, qui a comme seul défaut d'être un peu craintif. Beaucoup de chiens créoles sont malheureusement errants – un phénomène bien connu des îles antillaises.

La rubrique du 13 h

LE CHÂTEAU DE FLECKENSTEIN

Alsace

Dressée au cœur du Palatinat et des majestueuses forêts des Vosges du Nord, fière de sa réputation de nid d'aigle imprenable, la forteresse de Fleckenstein, bâtie au XIIe siècle, n'a cédé que sous les coups des armées de Louis XIV, en 1689. Le château est édifié en grande partie à même la pierre, et le dédale majestueux de ses salles, chambres et systèmes de défense maintes fois remaniés l'a fait classer monument historique, en 1898. La légende parle aussi d'un puits si profond que le baron de Fleckenstein lui-même y aurait vu… les flammes de l'enfer !

À table !

La baguette parisienne

Île-de-France

La baguette est devenue, dans le monde, un symbole de la France et de Paris. Pourtant, à l'origine, il s'agit du pain viennois auquel on a appliqué la recette traditionnelle du pain : la pâte est mise à fermenter plusieurs heures, avant d'être façonnée en cylindre, ce qui lui a valu le nom de « baguette ».

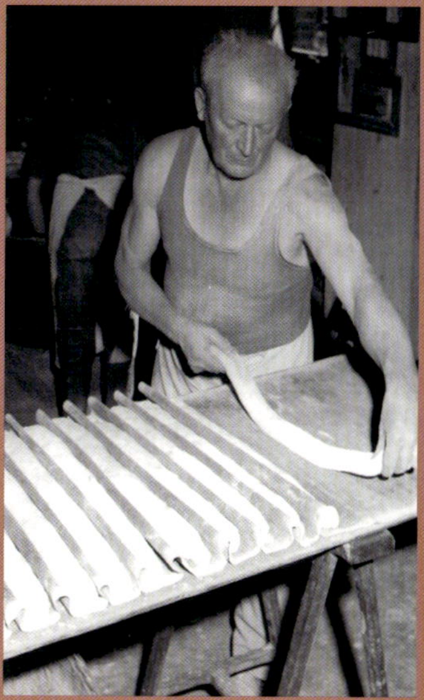

Savoirs d'antan

Si vous souffrez d'extinctions de voix chroniques, l'herbe-aux-chantres vous aidera peut-être à les surmonter. Faites bouillir, dans un litre d'eau, trente grammes de feuilles et de fleurs de cette plante et dix grammes de réglisse, jusqu'à réduction au tiers. Filtrez, ajoutez deux cents grammes de miel d'acacia et faites cuire au bain-marie, jusqu'à obtention d'un sirop. Prenez-en deux à trois cuillerées à soupe par jour.

Ils ont marqué leur région…

Guénolé de Landévennec

Bretagne

Le prénom Guénolé, ou Gwénolé en breton, signifie « pur et valeureux ». Fils d'un Gallois, ayant émigré au Ve siècle près de Saint-Brieuc, Guénolé fut envoyé, encore enfant, dans un ermitage, sur l'île de Bréhat. À 24 ans, saint Patrick lui apparaît et l'encourage à fonder une abbaye. Ce sera celle de Landévennec, dans l'estuaire de l'Aulne. Guénolé est le patron des oculistes : la légende raconte qu'il rendit la vue à sa sœur, dont les yeux avaient été arrachés par une oie.

mercredi 30 mai

lever : 5 h 52
coucher : 21 h 44

St Ferdinand

À table !

Tarte tourangelle

Centre

Pour 6 personnes

Faire tremper 150 g de fruits confits en dés dans 4 c. à soupe de rhum, pendant 2 h. Battre 4 blancs d'œufs en neige et les mélanger délicatement avec 100 g d'amandes en poudre, 100 g de sucre en poudre et 80 g de sucre glace. Foncer un moule à tarte avec une pâte brisée, garnir le fond d'une fine couche de confiture d'abricots, parsemer de fruits confits et recouvrir avec le mélange à base de blancs d'œufs. Cuire au four préchauffé à 200 °C pendant 30 min.

La rubrique du 13 h

HONFLEUR

Basse-Normandie

Situé sur l'estuaire de la Seine, le port de Honfleur est chargé d'histoire : existant depuis le XIe siècle, il sert d'abord au transport de marchandises vers l'Angleterre, puis de point de départ pour de grandes expéditions vers l'Amérique. Aujourd'hui, Honfleur est un port de pêche – chaque jour, une petite flotte prend la mer – et un port de plaisance : des gréements traditionnels viennent s'amarrer dans le vieux bassin, en bordure duquel se dressent de hautes maisons étroites datant des XVIIe et XVIIIe siècles.

Quiz des villes & villages de France

C'est dans cette cité maritime vendéenne, au nom évocateur de plages, que se déroule le départ du Vendée Globe, célèbre tour du monde à la voile.

___ ______-_'______

Faune & flore

Le crapaud à couteaux

Poitou-Charentes

Outre les nombreux oiseaux qui les peuplent, la baie d'Yves et le littoral de Moëze sont également l'habitat de petits amphibiens, comme le pélobate cultripède. Capable de s'enfouir dans le sable en quelques secondes, cet étonnant crapaud possède un petit tubercule noir sur les pattes arrière, le fameux couteau.

Ils ont marqué leur région...

Jacques-Yves Cousteau

Provence-Alpes-Côte d'Azur

L'homme au bonnet rouge, pionnier de la recherche océanographique, découvre la mer dans les calanques de Marseille. Pendant une quarantaine d'années, le commandant Cousteau sillonne les mers du monde entier, à bord de la *Calypso*. Il rapporte à la surface les images les plus extraordinaires des fonds marins : parmi elles, celles du *Monde du silence*, grâce auquel il obtient la Palme d'or à Cannes, en 1956. Écologiste avant l'heure, il crée la Fondation Cousteau, consacrée à la protection de la planète et à la collecte de fonds pour financer les expéditions.

Les Sables-d'Olonne

jeudi 31 mai

lever : 5 h 52
coucher : 21 h 45

Visitation

Faune & flore

La gentiane des marais

Bourgogne

Les petits marais qui ponctuent le Châtillonnais abritent une flore montagnarde, qui se maintient grâce à un microclimat assez froid. Un environnement idéal pour la petite gentiane des marais, ou gentiane pneumonanthe, qui s'épanouit là comme nulle part ailleurs en France.

DICTON

Bretagne

Quand les mouettes ont pied,
il est temps de virer.

La rubrique du 13 h

LE CHÂTEAU DE BRÉZÉ

Pays de la Loire

Il existe un château à Brézé, près de Saumur, depuis le XIe siècle, mais la belle demeure que l'on peut visiter aujourd'hui date des XVIe et XIXe siècles : le corps du bâtiment et les tours sont de style Renaissance, tandis que le reste du château est d'inspiration néogothique. C'est sans doute en visitant les douves que le visiteur est le plus surpris. Très profondes, elles témoignent du goût des Angevins pour l'habitat troglodyte. En effet, aménagées en promenade, elles donnent sur un village souterrain, situé directement sous le château.

À table !

Filet de sanglier rôti

Limousin

Pour 6 personnes

Barder avec des tranches de lard 1,2 kg de filet de sanglier et le faire mariner pendant 5 jours dans 2 bouteilles de bon vin rouge, avec 2 branches de thym, 2 feuilles de laurier, 3 gousses d'ail écrasées et 1 oignon émincé. Égoutter le rôti, l'essuyer et l'enduire de beurre. Le faire rôtir à 180 °C pendant 1 h.

Ils ont marqué leur région...

Jean Mineur

Nord-Pas-de-Calais

L'idée du petit bonhomme qui lance un pic de mineur et fait apparaître un numéro de téléphone fameux vient d'un publicitaire nommé... Jean Mineur ! À partir de 1924, celui qui fut le premier régisseur publicitaire propose aux commerçants de Valenciennes d'afficher leur publicité dans les salles de cinéma de la ville. Malgré l'accueil froid des exploitants de cinémas, réticents à ce type de promotion à l'américaine, Jean Mineur réussit à imposer son concept. En 1950, il imagine un décor et un personnage qui font explicitement référence à l'univers de son enfance, le nord minier de la France.

À table !

Amuse-bouches à la saucisse de Morteau

Franche-Comté

Trancher finement du rôti de porc froid. Sur chaque tranche, déposer 1 bâtonnet de comté, 1 morceau de tomate séchée, 1 tranche de saucisse de Morteau et 1 feuille de sauge. Rouler l'amuse-bouche et le fermer à l'aide d'un pic en bois. Poêler 1 min sur feu vif et servir.

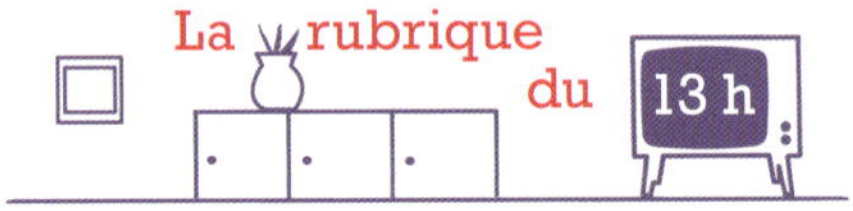

CASTILLET À PERPIGNAN

Languedoc-Roussillon

Érigé en 1368, le Castillet, ou Grand Castillet, haut de trente et un mètres, était à l'origine la porte principale de Perpignan. Cent ans plus tard, le Petit Castillet, une tour plus modeste, y fut ajouté. Au cours des siècles, le lieu se transforma en prison d'État pour civils et soldats. En 1904, les fortifications de Perpignan furent démolies, mais le Castillet, lui, fut épargné. Aujourd'hui, il abrite le musée catalan des Arts et Traditions populaires et offre une vue imprenable sur Perpignan, dont il est l'emblème.

Faune & flore

Le genévrier à gros fruits

Corse

Des fruits plus gros et des feuilles plus larges le distinguent de son cousin oxycèdre, très commun dans la région. Le genévrier à gros fruits se développe sur les dunes, qu'il contribue à stabiliser. En Corse, il est notamment présent à Mucchiatana, au sud de Bastia.

Savoirs d'antan

Un peu de talc saupoudré entre les jointures de votre sommier vous permettra d'éviter les grincements perpétuels du lit à chacun de vos mouvements. Cela fonctionne également pour le parquet ou n'importe quel type de meuble en bois.

Ils ont marqué leur région...

Karin Viard

Haute-Normandie

Après des études d'art dramatique au conservatoire de Rouen, Karin Viard décroche ses premiers rôles sur grand écran dans *Tatie Danielle* et *Delicatessen*. Elle impose son sens du comique dans *Les Randonneurs* et affirme son talent dramatique dans *Haut les cœurs !*, où elle joue une femme enceinte atteinte d'un cancer du sein. « Elle peut tout faire », expliquait Christian Vincent, qui l'a fait tourner dans *Je ne vois pas ce qu'on me trouve*. Actrice caméléon et indispensable du cinéma français, Karin Viard joue dans deux à trois films par an, depuis une dizaine d'années, et a déjà reçu le césar de la meilleure actrice et celui du meilleur second rôle féminin.

samedi 2 & dimanche 3 juin

Ste Blandine — Fête des Mères

Mythes et légendes
Provence-Alpes-Côte d'Azur

La tarasque de Tarascon

« Ils ont la guivre, la licorne, la serpente, la tarasque, la drée, le dragon, l'hippogriffe. Tout cela, terreur pour nous, leur est ornement et parure. »
Victor Hugo, L'Homme qui rit, *1869*

« Il y avait, à cette époque, sur les rives du Rhône, dans un marais entre Arles et Avignon, un dragon, moitié animal, moitié poisson, plus épais qu'un bœuf, plus long qu'un cheval, avec des dents semblables à des épées et grosses comme des cornes ; il se cachait dans le fleuve d'où il ôtait la vie à tous les passants et submergeait les navires », nous raconte Jacques de Voragine, au XIIIe siècle, dans *La Légende dorée*. Autant dire que cette histoire de tarasque ne date pas d'hier... Fort heureusement, elle fut résolue par une jeune femme providentielle, venue en Provence pour évangéliser les habitants de la région. Dès lors que les Tarasconnais lui eurent fait part de ce gros souci, la sainte – car elle allait en devenir une –, Marthe, se mit en tête de débarrasser les lieux du monstre.

Sous les yeux éberlués des habitants, elle partit à sa rencontre, et voici ce qui arriva : « Elle trouva le dragon dans le bois ; il s'était emparé de quelqu'un et le mangeait. Elle lui jeta de l'eau bénite, qu'elle avait emportée, et lui montra une croix de bois. Le dragon poussa un cri si terrible que tout le paysage en trembla. Vaincu, il devint comme un agneau ; elle le lia de sa ceinture, et le peuple le déchiqueta sur-le-champ à coups de lances et de pierres. » On savait résoudre les problèmes sans tergiverser, à cette époque...

Il semblerait cependant que la tarasque n'ait jamais été un dragon : il s'agirait tout bonnement d'un crocodile venu d'Afrique par la mer et qui se serait échappé d'un navire, remontant le Rhône jusqu'à Tarascon !

lundi 4 juin

lever : 5 h 49
coucher : 21 h 48

Ste Clotilde

À table !

Galette des Ardennes

Champagne-Ardenne

Pour 10 personnes

Émietter ½ cube de levure boulangère dans un récipient et ajouter 10 cl de lait et 125 g de sucre. Laisser gonfler 20 à 30 min environ. Dans un saladier, mélanger 300 g de farine avec 1 pincée de sel, 3 œufs, la levure délayée et 100 g de beurre fondu. Travailler la pâte et la laisser reposer dans un moule beurré et fariné : le volume doit être multiplié par 2. Saupoudrer de sucre et répartir de noix de beurre, puis cuire à 180 °C, pendant 12 min.

La rubrique du 13 h

LE FORT BOYARD

Poitou-Charentes

De nombreuses promenades en mer sont organisées afin d'admirer cet immense vaisseau de pierre entre les îles d'Aix et d'Oléron, en Charente-Maritime. C'est Napoléon Ier qui décide, en 1801, la construction de ce bâtiment ambitieux. Chargé de renforcer le système de défense de la région, son chantier se prolonge pendant tout le XIXe siècle. Le Fort de l'inutile devient alors une prison, avant que l'armée ne le délaisse, dès 1913. Après des décennies d'abandon, le fort Boyard connaît une seconde jeunesse, en étant le théâtre d'un jeu télévisé qui connaît un grand succès depuis les années 1990.

Quiz des villes & villages de France

Ceux qui ne connaissent pas cette commune du Calvados ont, au moins une fois dans leur vie, entendu son nom associé à sa spécialité culinaire : l'andouille.

Faune & flore

Paris, ville boisée

Île-de-France

Avec ses quatre cent soixante-dix-huit mille arbres répartis en cent soixante espèces, Paris est la capitale la plus boisée d'Europe. Il faut dire que la cité compte deux bois assez importants (le bois de Boulogne à l'ouest et celui de Vincennes à l'est) ainsi que de nombreux parcs, comme celui des Buttes-Chaumont.

Ils ont marqué leur région…

Blaise Pascal

Auvergne

Célèbre pour avoir inventé à 18 ans un prototype de calculatrice, Blaise Pascal fut aussi théologien et philosophe. Après une adolescence consacrée à l'étude des sciences naturelles et appliquées, cet Auvergnat se convertit, en 1646, au jansénisme, dont l'enseignement lui semble une réponse à ses angoisses. Pascal rencontre Descartes qui lui inspire les expériences du Puy-de-Dôme sur la pression atmosphérique. À la suite d'un accident de calèche, en 1654, il fait une expérience d'extase mystique et décide de consacrer la fin de sa vie à la réflexion philosophique et religieuse.

BLAISE PASCAL

Vire

mardi 5 juin

lever : 5 h 49
coucher : 21 h 49

St Igor

CITATION

Midi-Pyrénées

*« Ah ! je les reconnais,
les damnés ! Les voilà,
Ceux d'Alby, de Béziers,
de Foix et de Toulouse,
Que le fer pourfendit,
que la flamme brûla,
Parce qu'ils outrageaient
l'Église, votre épouse ! »*

*Leconte de Lisle, « L'agonie d'un saint »,
Poèmes barbares, 1862*

Faune & flore

Récolter les tomates

Provence-Alpes-Côte d'Azur

L'été approche, ainsi que le moment de la récolte des premières tomates. Cueillez-les avec la queue, afin de conserver plus longtemps la fraîcheur des fruits. Pour accélérer la maturation des dernières tomates, procédez à un étêtage de vos plants, quelques semaines avant la fin de la récolte.

La rubrique du 13 h

LE DOLMEN LOS MORREL DOS FADOS

Languedoc-Roussillon

À Pépieux, dans l'Aude, se dresse un lieu de sépulture néolithique vieux de plus de cinq mille ans, l'un des plus grands dolmens à couloir large de France. Rectangulaire, il se compose de deux salles intérieures, et les blocs de pierre qui ont servi à leur construction sont de tailles et de roches variées. Ainsi, la dalle de couverture a été extraite à plus de deux kilomètres du site et pèse entre vingt et trente tonnes. C'est peut-être parce que cette prouesse semble impossible sans un peu de magie que le dolmen est également appelé « dolmen des fées ».

À table !

L'aillet

Aquitaine

L'aillet est une jeune pousse d'ail, qui ressemble à un petit poireau. Il ne s'épluche pas : il suffit d'enlever la première peau. Dès l'arrivée du printemps, on le trouve en petites bottes sur les marchés du Sud-Ouest. Dégusté à la croque-au-sel, il entre aussi dans la préparation des omelettes.

Ils ont marqué leur région...

Rémy Julienne

Centre

Le cascadeur français le plus connu au monde, né en 1930 dans le Loiret, a commencé par être champion de France de motocross en 1957. Six ans plus tard, il double Jean Marais dans *Fantômas*... Sa carrière est lancée ! Le casse-cou participera à quelque mille quatre cents films, parmi lesquels *La Grande Vadrouille*, *Un amour de coccinelle* et *L'As des as*. L'acrobate mécanique fut pendant cinquante ans consulté par les plus grands réalisateurs américains, pour mettre au point de minutieuses cascades, notamment sur six des épisodes de *James Bond*.

mercredi 6 juin

lever : 5 h 48
coucher : 21 h 50

St Norbert

À table !

Brandade de truite

Midi-Pyrénées

Pour 4 personnes
Recouvrir 1 filet de truite de 500 g avec du gros sel et réfrigérer pendant 24 h. Égoutter le filet, le sécher et le couper en morceaux ; faire dessaler dans de l'eau fraîche. Faire bouillir 25 cl de lait et, hors du feu, ajouter les morceaux de truite ; laisser pocher jusqu'à ce qu'ils soient cuits. Égoutter le poisson et le mélanger à 1 gousse d'ail hachée et à du persil. Lier avec de l'huile d'olive et ajouter 500 de pommes de terre cuites à l'eau et écrasées grossièrement à la fourchette.

La rubrique du 13 h

LE CHAOS DE HUELGOAT

Bretagne

C'est à l'intérieur d'une forêt mystérieuse – *huel goat* signifie « haute forêt » en breton – que se trouve le champ de roches légendaires. Autrefois, les druides se cachaient dans ce labyrinthe de granite pour échapper aux persécutions des chrétiens. Plusieurs légendes sont nées dans ce sanctuaire celte, où l'on peut voir le Ménage de la Vierge, considéré ici comme la première maison de Marie, la grotte d'Artus, où le mythique roi Arthur trouvait refuge, ou encore la Roche Tremblante, qui, malgré ses cent tonnes, vacille sous une simple pression du doigt.

Faune & flore

La loutre

Limousin

Naguère présente dans toute la France, cette excellente nageuse ne se trouve désormais que dans une poignée de départements, principalement la Corrèze et la Creuse. Il faut dire que les milieux aquatiques de la région sont suffisamment préservés pour offrir à la loutre les conditions essentielles à sa survie.

Savoirs d'antan

L'infusion de coucou – qui n'est autre que la primevère sauvage qui longe nos fossés au tout début du printemps – permet de lutter contre les migraines. Préparez une infusion de coucou en mettant une cuillerée à soupe de fleurs dans une tasse d'eau bouillante, laissez infuser dix minutes, filtrez, puis dégustez.

Ils ont marqué leur région...

Abel Rossignol

Rhône-Alpes

Si le ski apparaît comme un sport de loisirs au début du XXe siècle, c'est en partie grâce à Abel Rossignol. Ce propriétaire d'une petite entreprise de tournerie sur bois met au point les premiers skis en bois massif à Voiron, près de Grenoble. En 1911, il effectue un voyage dans les pays nordiques pour perfectionner ses modèles. Il teste différentes structures de plusieurs lamelles de bois collées et dépose des brevets. L'entreprise équipe Émile Allais en 1936, le premier français médaillé olympique dans ce sport.

jeudi 7 juin

lever : 5 h 48
coucher : 21 h 51

St Gilbert

Faune & flore

La guifette noire

Pays de la Loire

Le marais de Brière, en Loire-Atlantique, est l'un des derniers sites où l'on peut observer l'élégante guifette noire. Celle-ci se nourrit de petits poissons, de crustacés, d'amphibiens ainsi que de libellules et de nymphes d'insectes, qu'elle attrape en effleurant à peine la surface de l'eau.

Un jour en

Champagne-Ardenne

7 juin 1654

« Vin des rois, roi des vins »... Lors des festivités liées au sacre de Louis XIV, à Reims, on sert du champagne. C'est la consécration pour ce nectar, auquel les puissants préférèrent longtemps le vin de Beaune, issu de cépages bourguignons.

La rubrique du 13 h

BASILIQUE DE SAINT-DENIS

Île-de-France

On peut visiter cette imposante église gothique à quelques minutes de Paris. Devenue au fil des siècles la nécropole des rois de France, elle conserve, dans sa crypte, une collection très importante de sculptures funéraires. Incarnant la monarchie, elle fut en 1793 la cible d'attaques et de profanations des révolutionnaires. C'est à cette période que ses gisants furent en grande partie détériorés. Il reste néanmoins nombre de tombeaux et de mausolées à admirer, comme ceux d'Anne de Bretagne ou encore de François Ier.

À table !

Confiture de citrons verts

Martinique

Laver 20 citrons verts.
Les couper en 2 et les faire tremper pendant 3 jours dans de l'eau froide, en changeant l'eau chaque jour. Émincer les citrons en tranches très fines. Les mettre dans une casserole et les recouvrir d'eau. Faire cuire à petits bouillons jusqu'à ce que la peau soit tendre et égoutter. Dans la casserole, faire chauffer 1,2 kg de sucre dilué dans 1 verre d'eau. Ajouter 1 gousse de vanille fendue sur la longueur, puis les tranches de citron. Faire cuire jusqu'à ce que l'écorce devienne translucide. Mettre en pots ; attendre le refroidissement pour fermer.

Ils ont marqué leur région...

Germain Muller

Alsace

Il y a bientôt vingt ans, le plus grand cabarettiste alsacien de l'après-guerre nous quittait. Il avait commencé par participer à des cours d'art dramatique au conservatoire de Strasbourg, au côté d'un certain Mangel, plus connu par la suite sous le nom de « mime Marceau ». Il fonda en 1946 le Barabli, un cabaret dialectal et satirique où résonnaient des chansons féroces et joyeuses, évocatrices de ce que vivaient alors les Alsaciens. Le maire de Strasbourg, Pierre Pflimlin, parlait du Barabli comme d'une « véritable libération ».

vendredi 8 juin

lever : 5 h 47
coucher : 21 h 52

St Médard

À table !

Le pâté de canard d'Amiens

Picardie

Le pâté de canard d'Amiens est un pâté en croûte dont la recette remonte au XVIIe siècle et qui était traditionnellement élaboré avec un canard entier farci. Aujourd'hui, la chair du canard désossé est mélangée à des oignons, du lard, des œufs, avant d'être cuite entre deux abaisses de pâte.

La rubrique du 13 h

LA FORÊT D'AÏTONE

Corse

Dominant la baie de Calvi, au pied du col de Vergio, se trouvent quatre mille hectares de hêtres, de pins et de châtaigniers aux troncs massifs. La forêt d'Aïtone, très différente de la végétation alentour brûlée par le soleil, est luxuriante et peuplée d'animaux sauvages. La route qui la traverse conduit de Vergio à la lisière d'Évisa, l'un des plus beaux villages de France. La forêt d'Aïtone est le paradis des promeneurs... et des baigneurs : à plus de mille cinq cents mètres d'altitude, l'eau des cascades et des piscines naturelles ne dépasse jamais les onze degrés en plein été.

Faune & flore

La carline à feuilles d'acanthe

Languedoc-Roussillon

Surnommé la « grande carline » en raison de la taille de ses capitules – jusqu'à une quinzaine de centimètres de diamètre –, ce chardon était très présent sur les causses languedociens. Il est aujourd'hui une espèce protégée, dont la cueillette peut être interdite par simple arrêté préfectoral.

CITATION

Île-de-France

« Une vie dure est plus facile à supporter en province que la fortune à poursuivre à Paris. »

Jean-Jacques Rousseau, Correspondance

Ils ont marqué leur région...

Erik Satie

Basse-Normandie

« Je suis venu au monde très jeune dans un monde très vieux », disait Erik Satie. Le Honfleurais, né en 1866, étudie le piano au Conservatoire de Paris, dont il est renvoyé pour absentéisme. Il s'installe à Montmartre et joue au cabaret du Chat noir, se liant d'amitié avec Mallarmé, Debussy, Tzara. L'Ésotérik Satie, comme le surnommait Alphonse Allais, compose en 1917 le « ballet cubiste » *Parade*, en collaboration avec Cocteau et Picasso. Sa modernité exercera au XXe siècle une influence sur l'émergence de nouveaux genres musicaux, comme la musique d'ambiance et la musique de film.

Les *morgans* d'Ouessant

Littéralement, *morgan* signifie « né de la mer ». Pas étonnant que tant de Bretons portent ce prénom... Mais ce n'est pas tout : les *morgans* sont également des êtres vivant au fond de la mer, dont on dit qu'ils sont beaux comme des anges. Il fut un temps où les *morgans* étaient fort nombreux à Ouessant, résidant dans un palais enfoui sous les eaux. Non pas un vulgaire château comme en bâtissent les humains, mais un édifice merveilleux, d'une richesse sans pareille, et ce tant concernant ses ornements architecturaux que les trésors qu'il conservait en ses caves. Il arrivait alors que les hommes croisent parfois un *morgan* – ou une *morgannès* – venu prendre l'air à la surface. On disait ainsi d'un enfant à la beauté exceptionnelle qu'il était le fruit d'une union entre un humain et un *morgan*, ou, d'une famille trop riche pour cette petite île de pêcheurs, qu'un *morgan* avait été généreux envers elle. Difficile à croire ? Et pourtant...

Un jour que deux jeunes Ouessantines se promenaient sur la plage à la recherche de coquillages, elles surprirent une *morgannès* se reposant au soleil. Voyant que les demoiselles semblaient bonnes et aimables, la créature ne s'enfuit pas, bien au contraire, et donna à chacune d'elles un petit bagage contenant de l'or et des pierres précieuses. Elle les enjoignit cependant de n'ouvrir le sac qu'une fois rendues chez elles. Les Ouessantines, folles de joie, coururent à la maison, l'une tout droit, l'autre, ne résistant pas à la curiosité, en faisant un petit écart pour contempler son trésor. Quelle ne fut pas la déception de celle-ci en constatant alors que le sac ne contenait que du crottin de cheval ! La seconde, en revanche, une fois arrivée chez ses parents, fit bien sûr le bonheur de ces derniers en déballant son précieux ballotin... Sans chercher de morale à cette histoire, une chose est sûre cependant : on ne peut raisonnablement douter que les *morgans* savent faire la richesse des familles d'Ouessant...

lundi 11 juin

lever : 5 h 47
coucher : 21 h 54

St Barnabé

À table !

Couquebaque

Nord-Pas-de-Calais

Pour 4 personnes
Dans un saladier, mélanger 250 g de farine, 50 g de vergeoise brune et 1 pincée de sel. Battre 3 œufs et les incorporer au mélange. Ajouter 25 cl de lait, 10 cl d'eau et 20 g de beurre fondu. Parfumer la pâte avec 1 c. à soupe de chicorée liquide et délayer avec 15 cl de bière. Laisser reposer 2 h à température ambiante, puis faire cuire la pâte en crêpes épaisses.

Un jour en *Auvergne*

11 juin 1832

Jules Vallès voit le jour au Puy-en-Velay. Le futur écrivain, journaliste et meneur de la Commune de Paris, y passera les sept premières années de sa vie, relatées dans *L'Enfant*, premier volet de sa trilogie autobiographique.

La rubrique du 13 h

LES FONTAINES-SALÉES À SAINT-PÈRE

Bourgogne

Grâce au mélange naturel d'eau minérale et de gaz, les sources salées de Saint-Père sont prisées dès le néolithique final. Un établissement thermal est implanté pendant la période gallo-romaine, et le site abrite encore un temple dédié aux divinités aquatiques et quatorze puits toujours actifs. Au XIVe siècle, le sel devenant une denrée prisée, les fontaines sont surveillées par des gardes à la solde du pouvoir royal, et les malheureux pris sur le fait en train de récupérer le précieux liquide sont envoyés aux galères à perpétuité !

Faune & flore

Le pic noir

Champagne-Ardenne

Son caractère peu commode et son cri puissant trahissent ses origines montagnardes. Pourtant, depuis les années 1950, ce grand pic de la taille d'une corneille préfère les forêts de plaine, comme celles de Champagne-Ardenne, à son habitat naturel, sans que l'on sache vraiment pourquoi.

Ils ont marqué leur région...

Maryse Bastié

Limousin

Après avoir débuté sa vie professionnelle dans une manufacture de chaussures, comme piqueuse sur cuir, Maryse Bastié obtient son brevet de pilote en 1925. Cette native de Limoges devient rapidement monitrice, organise des baptêmes de l'air et fait de la publicité aérienne. Elle établit un record féminin de distance en parcourant plus de mille kilomètres, puis un record de durée avec un vol de vingt-six heures. Encouragée par Mermoz, elle réalise la traversée en solitaire de l'Atlantique sud en 1936. Après la Seconde Guerre mondiale, au cours de laquelle elle est résistante, Maryse Bastié meurt dans le crash d'un avion où elle voyageait en tant que passagère.

mardi 12 juin

lever : 5 h 46
coucher : 21 h 54

St Guy

La rubrique du 13 h

COLLINE TOUTES AURES À MANOSQUE

Provence-Alpes-Côte d'Azur

Cette colline offre une vue à couper le souffle sur les Alpes. C'est de cette position avantageuse qu'elle tient son nom, *Toutes Aures* signifiant « à tous les vents ». On y découvre une chapelle du même nom. Elle est consacrée à la Vierge Marie, qui aurait préservé de la peste l'ancien village de Toutes Aures, maintenant rattaché à Manosque. Quand le patron de la ville devint saint Pancrace, la chapelle lui fut dédiée. Aujourd'hui, les Manosquins se réunissent, sur les hauteurs, pour partager une « saucissonnade », le lundi de Pâques.

À table !

Tarte aux rillettes de Tours

Centre

Pour 4 personnes

Foncer un moule à tarte beurré avec une pâte brisée. Étaler sur le fond de tarte 125 g de rillettes de Tours et parsemer avec 2 rillons maigres, coupés en dés. Battre 3 œufs avec 20 cl de crème fraîche et 10 cl de lait. Saler, poivrer et ajouter 2 c. à soupe de ciboulette hachée et 2 c. à soupe de persil haché. Verser cette préparation sur les rillettes et cuire 30 min au four préchauffé à 220 °C. Servir accompagné d'une salade verte.

Faune & flore

L'euprocte de Corse

Corse

Vous ne le trouverez nulle part ailleurs, car ce petit lézard aquatique, de dix centimètres en moyenne, est une espèce endémique de l'île de Beauté. Avec sa tête longue et carrée et ses couleurs variant d'un individu à un autre, l'euprocte de Corse possède une allure unique en son genre.

Quiz des villes & villages de France

On peut admirer, dans cette ville de Corse-du-Sud, un gros grain de sable, un escalier creusé à même la roche, ainsi que le phare de la Madonetta.

_ _ _ _ _ _ _ _

Ils ont marqué leur région...

Frédéric Japy

Franche-Comté

Japy est la figure emblématique de l'industrialisation montbéliardaise de la fin du XVIIIe siècle. Cet horloger, passionné par la mécanique, met au point des machines novatrices qui permettent de produire des pièces en série. Les établissements Japy, troisième concentration industrielle française, comptent dans la seconde moitié du XIXe siècle cinq mille ouvriers. Les descendants de Frédéric Japy font construire les cités « Japy », des cités ouvrières où est logé le personnel qui, autrefois, travaillait à domicile.

Bonifacio

mercredi 13 juin

lever : 5 h 46
coucher : 21 h 55

St Antoine de Padoue

À table !
Cervelle de canut
Rhône-Alpes

Battre 200 g de fromage de faisselle ou de chèvre frais avec 10 cl de crème fraîche épaisse. Ajouter 1 filet de vinaigre, 1 filet d'huile d'olive, du sel, du poivre, de la ciboulette et du persil, hachés au couteau, 1 gousse d'ail et 2 échalotes, hachées finement, et 1 c. à soupe de vin blanc sec. Laisser reposer 1 nuit entière au réfrigérateur et mélanger. Servir en accompagnement de pommes de terre et de charcuterie ou à la fin d'un repas.

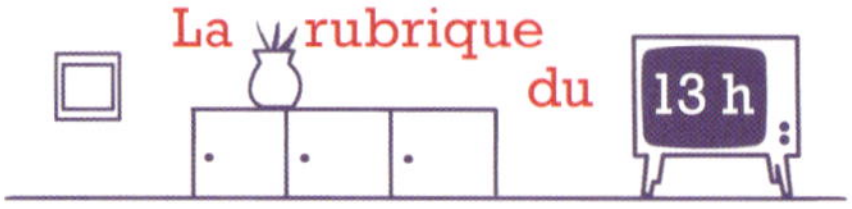

GORGES DU HAUT-ALLIER
Auvergne

Le Haut-Allier est sans nul doute une des dernières rivières sauvages de France. Ses eaux fraîches et tumultueuses ont tracé leur route entre les plateaux du Velay volcanique et ceux de la Margeride, en façonnant un site naturel d'exception : les gorges du Haut-Allier. Elles abritent une faune et une flore remarquables et en font un lieu privilégié de pêche, préservé par la plus grande salmoniculture de repeuplement d'Europe. Avec ses nombreux rapides, le site des gorges est également un lieu idéal pour pratiquer le canoë-kayak ou le rafting.

Faune & flore
Le cakilie maritime
Basse-Normandie

Parfois confondue avec la giroflée des dunes, cette plante annuelle aux feuilles charnues s'accroche aux bancs de sable – où on la trouve communément – grâce à des racines très profondes. Racines que l'on peut d'ailleurs déguster en salade et agrémenter de jeunes pousses.

Quiz des villes & villages de France

Tel est le nom de la ville principale et préfecture du tout nouveau département français de Mayotte.

____

Ils ont marqué leur région…
François Nourissier
Île-de-France

François Nourissier, qui fut pendant trente ans membre de l'Académie Goncourt, nous a quittés en 2011. Né en 1927 à Paris, il est l'auteur d'*Une histoire française*, grand prix du roman de l'Académie française en 1966, et de *La Crève*, prix Fémina 1970. François Nourissier, l'Éminence grise, était critique littéraire, s'estimait écrivain, mais pas « viscéralement romancier ». Ce lecteur effréné souffrit pendant une dizaine d'années de la maladie de Parkinson, qu'il avait surnommée « Miss P. ».

Mamoudzou

jeudi 14 juin

St Élisée

lever : 5 h 46
coucher : 21 h 55

CITATION

Champagne-Ardenne

« [...] Et la forêt des Ardennes
Sent circuler dans ses veines
La flamme persécutée
De ces princesses errantes
Sous les branches murmurantes. »

Paul Verlaine, « Images d'un sou », *Jadis et Naguère*, 1884

Faune & flore

Le triton crêté

Nord-Pas-de-Calais

Plus grand représentant de la famille des salamandridés, cet amphibien arbore une longue crête sur le dos et la queue quand vient la saison des amours. Cette particularité le distingue de son cousin marbré, plutôt présent dans le sud de la France, avec qui il lui arrive parfois de s'accoupler.

La rubrique du 13 h

SAINT-ÉMILION

Aquitaine

Cette cité médiévale a construit son prestige autour de ses grands crus mais, avec ses nombreuses constructions classées aux monuments historiques, Saint-Émilion regorge d'autres richesses que l'on découvre aux détours de ruelles escarpées, appelées « tertres » ou « escalettes ». Maisons, remparts ou monastères ont été construits avec des pierres extraites du sol calcaire. La partie souterraine du village présente également des témoignages du passé, en particulier l'église monolithe, dont la visite du clocher permet d'avoir une vue admirable sur les environs.

À table !

La casse de Rennes

Bretagne

La casse de Rennes est une sorte de pâté, originaire de la capitale bretonne, fait à base de veau et de porc. Il doit son nom au plat en terre, aux bords bas, servant à sa cuisson. Servie froide ou chaude, la casse s'accompagne de galettes de sarrasin ou de pommes de terre.

Ils ont marqué leur région...

Charles Tordjman

Lorraine

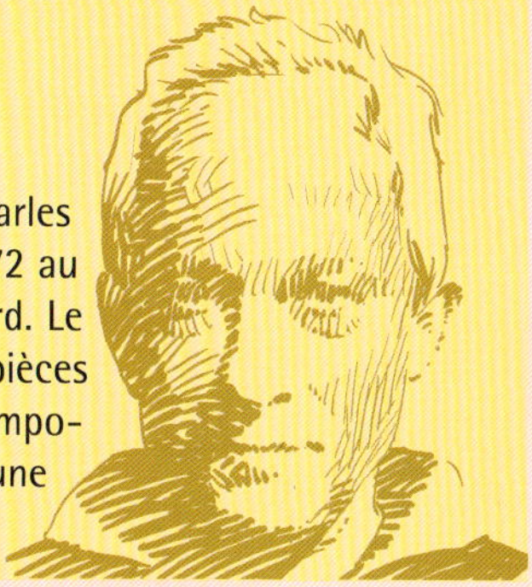

C'est en Lorraine, « terre de passages et de brassages » à laquelle il est attaché, que Charles Tordjman a fait sa carrière en tant que metteur en scène de théâtre. Tordjman entre en 1972 au Théâtre populaire de Lorraine, à Thionville, un établissement qu'il codirige deux ans plus tard. Le dramaturge devient directeur du Théâtre de la Manufacture de Nancy en 1992. Il y monte des pièces où il s'interroge sur les histoires dans la grande histoire et où il s'intéresse à l'écriture contemporaine, chargée de politique. Depuis 2010, l'heureux retraité s'occupe du festival « Passages », une manifestation qu'il a créée en 1996 et qui met en lumière les théâtres de l'est de l'Europe.

vendredi 15 juin

lever : 5 h 46
coucher : 21 h 56

Ste Germaine

À table !
Anchois frais en toupine
Languedoc-Roussillon

Pour 4 personnes
Vider, écailler et rincer 1 kg d'anchois. Dans une toupine (c'est-à-dire une marmite en terre), disposer une couche d'anchois, saler, poivrer et parsemer d'ail haché. Arroser d'un filet d'huile. Renouveler l'opération jusqu'à épuisement des ingrédients (6 gousses d'ail en tout). Fermer la toupine et faire cuire à feu très doux pendant 25 min.

Savoirs d'antan
Pour récupérer rapidement un taux de calcium correct, faites une cure d'un mois, très peu contraignante, grâce aux œufs de poule. Le soir, avant de vous coucher, déposez un œuf lavé dans un verre, avec du jus de citron – de préférence bio – et, le lendemain matin, buvez ce jus.

La rubrique du 13 h
GALERIE CAPAZZA À NANCAY
Centre

Au cœur de la Sologne, une galerie d'art étonnante a été aménagée dans les anciennes dépendances du château de Nancay. C'est dans les bâtiments du XVIIe siècle, superbement restaurés, que Gérard et Sophie Capazza se sont installés. Appelé aussi le « Grenier de Villâtre », ce lieu de deux mille mètres carrés accueille toute l'année des œuvres de plus de quatre-vingts artistes contemporains, de renommée internationale. Depuis ses débuts, la galerie abrite également un musée imaginaire du Grand Meaulnes, rendant ainsi hommage à un enfant du pays, Alain Fournier.

Faune & flore
La demoiselle bleue
Picardie

Les sous-bois humides de la célèbre forêt de Compiègne sont un véritable havre de paix pour la jolie demoiselle bleue, au cycle de vie si complexe. Après avoir vécu sous forme de larve aquatique, l'insecte ne sort de l'eau que pour se métamorphoser en une magnifique libellule, laissant sur une tige son enveloppe larvaire.

Ils ont marqué leur région...
Germaine de Pibrac
Midi-Pyrénées

Cette cendrillon toulousaine du XVIe siècle, martyrisée dans son enfance par son acariâtre belle-mère, est rejetée à 5 ans par son père. Par tous les temps, l'enfant handicapée et scrofuleuse est envoyée aux prés, où elle garde des brebis. La jeune fille solitaire, à laquelle on attribue plusieurs miracles, est retrouvée morte à 22 ans. Cinquante ans plus tard, à l'occasion d'une inhumation, on découvre son corps intact et sa tête couronnée de fleurs fraîches. La sainte de Pibrac, canonisée en 1867, deviendra la patronne des malades et des déshérités.

samedi 16 & dimanche 17 juin

St Jean-François Régis

Fête des Pères

Mythes et légendes

La Réunion

La fournaise infernale

« Quant à la cheminée volcanique, qui établissait
la communication entre les couches souterraines et le cratère,
on ne pouvait en estimer la profondeur. »
Jules Verne, L'Île mystérieuse, *1874*

Le piton de la Fournaise, culminant à plus de deux mille six cents mètres d'altitude, domine l'île de La Réunion de son ombre terrible. Ce volcan, parmi les plus actifs de la planète, crache régulièrement, inlassablement, sa lave, anéantissant la vie végétale alentour, laquelle se reforme, changeante, dès que la rouge bave de ce diable minéral est refroidie. Évidemment, nous ne citons pas ici le Malin par hasard... Ce volcan, comme tant d'autres, est en effet habité. Non par les oiseaux du paradis, comme on s'en doute, mais par des âmes lugubres, des âmes errantes, damnées, purgeant ici leur peine en enfer. Assassins, assassinés, suicidés, grands criminels, tels sont les esprits qui hantent le piton de la Fournaise.

Chaque jour, ils œuvrent à une tâche terrible, que le diable leur a confiée et, leurs pieds insensibles marchant sur les braises, ils soufflent tant qu'ils peuvent de leurs poumons, qui ne respirent plus, afin d'attiser les braises du centre de la Terre, jusqu'à faire surgir chaque année le feu qui terrifie les vivants. Parmi les résidents du volcan, se trouve ainsi Mme Desbassayns, une esclavagiste dont la puissance n'avait d'égale que sa cruauté : « Le voleur avait la main écrasée, celui qui voulait se faire marron dans les bois avait le pied coupé, le rebelle était pendu la tête en bas, sous le soleil, jusqu'à ce qu'il meure de soif », dit-on de ceux qui l'avaient contrariée... Quand elle mourut, elle fut enterrée au cimetière de Saint-Paul. Mais Dieu, fou de rage contre cette femme sans foi, serait intervenu pour la jeter en enfer. D'un éclair, le corps de l'esclavagiste fut éjecté de sa tombe et jeté au fond du volcan.

lundi 18 juin

lever : 5 h 46
coucher : 21 h 57

Ste Léonce

À table !

Fondue normande

Basse-Normandie

Pour 4 personnes
Couper en dés 100 g d'andouille de Vire, 100 g de jambon blanc, 100 g de jambon fumé et 100 g de cervelas. Éplucher et couper en dés 4 pommes. Cuire 8 pommes de terre à la vapeur et les couper en morceaux. Faire fondre séparément 150 g de livarot, 150 g de pont-l'évêque et 150 g de camembert, en ajoutant à chaque fromage 2 c. à soupe de crème fraîche. Servir les trois fondues avec la charcuterie, les pommes, les pommes de terre et 200 g de croûtons. Accompagner de salade verte.

La rubrique du 13 h

CATHÉDRALE NOTRE-DAME D'ÉVREUX

Haute-Normandie

Fondée au xe siècle, plusieurs fois détruite et reconstruite entre le XIIe et le XXe siècle, la cathédrale Notre-Dame règne aujourd'hui sur le centre historique d'Évreux, avec près de soixante-dix verrières et treize chapelles. De ses différentes restaurations, elle conserve un portail du XVIe siècle, chef-d'œuvre du gothique flamboyant, un chœur de style gothique rayonnant et de splendides clôtures de bois Renaissance. Des concerts d'orgue et de musique sacrée y sont régulièrement donnés.

DICTON

Nord-Pas-de-Calais

En juin, quand les ânes se secouent les oreilles, c'est signe qu'il pleuvra à merveille.

Faune & flore

Le gobe-mouches à collier

Lorraine

Le rare gobe-mouches à collier possède un plumage aux motifs uniques, qui le différencie de son cousin gris, plus difficile à repérer. Migrateur, ce petit passereau n'est présent en France que d'avril à septembre – une période pour le moins cruciale, pendant laquelle le gobe-mouches se reproduit.

Ils ont marqué leur région…

Gabriel Charlopeau

Poitou-Charentes

Ce peintre de l'école rochelaise, emmenée par Gaston Balande, est né à Fontenay-le-Comte en 1889. Charlopeau s'installe à La Rochelle en 1913, puis à Nieul-sur-Mer en 1920. En 1927, il est nommé sociétaire du Salon d'automne – qui se tient au Petit Palais –, où il avait exposé quelques années plus tôt. Son étude de la lumière le conduit à voyager en Provence et en Espagne. Surtout connu, dans la région, pour ses paysages charentais et vendéens, Charlopeau est un touche-à-tout : nus féminins, portraits et natures mortes peintes dans la tradition postimpressionniste.

mardi 19 juin

lever : 5 h 46
coucher : 21 h 57

St Romuald

Faune & flore

La rainette verte

Alsace

Espèce protégée, la rainette verte est très proche de sa parente, la rainette méridionale. Elle a la particularité de savoir grimper aux arbres, grâce à des ventouses situées sous ses pattes. Son chant est si puissant que l'on peut l'entendre à un kilomètre à la ronde.

Quiz des villes & villages de France

C'est le courage qui qualifie le mieux les habitants de cette ville de Corrèze. Après avoir résisté aux protestants et être restée fidèle au roi catholique, la cité reçut un surnom évocateur en guise de remerciement.

_____-__-_________

La rubrique du 13 h

L'ÎLOT BAMBO

Mayotte

Devenu le cent et unième département français en mars 2011, Mayotte est composée de deux grandes îles, Petite-Terre et Grande-Terre, et d'une trentaine d'îlots d'origine volcanique. L'un deux, l'îlot Bambo, est situé à quelques centaines de mètres du rivage : on y accède en une demi-heure de barque. De petite taille, on peut en faire le tour complet en une heure, pour découvrir des criques minuscules, dans les rochers, et trois baobabs magnifiques. Son lagon turquoise en fait un endroit parfait pour la plongée. On peut aussi espérer y croiser quelques tortues vertes, venues pondre en toute tranquillité.

À table !

Tarte à la bière

Nord-Pas-de-Calais

Pour 6 personnes

Garnir un moule à tarte avec une pâte brisée et la faire cuire à blanc 15 min, au four préchauffé à 160 °C. Fouetter 2 œufs avec 160 g de sucre et ajouter 10 cl de bière blonde. Verser la préparation sur le fond de pâte précuit et enfourner de nouveau, toujours à 160 °C, pendant 40 min.

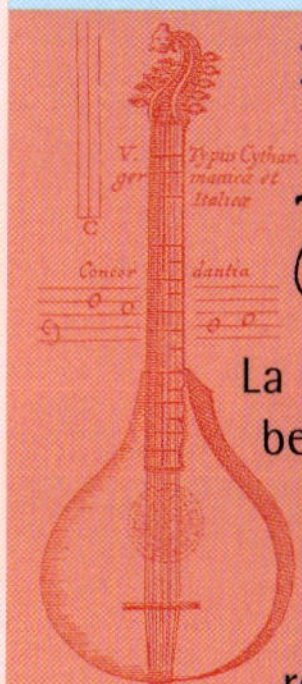

Ils ont marqué leur région...

Anghjula Potentini

Corse

La petite fille de Poggio d'Oletta, un village de Haute-Corse, a grandi dans la tradition de la musique régionale, bercée par les chants des bergers. « Je n'ai pas appris à chanter, c'est ma façon de m'exprimer. Je chante simplement les joies et les peines de l'existence », explique Anghjula Potentini. Après avoir été formée par Pierre Lorenzi, ancien ténor de l'Opéra de Marseille, elle intègre en 2001 le Caramusa, un groupe qui allie chant polyphonique et expression instrumentale traditionnelle. L'artiste sort en 2009 *Fiara*, son deuxième album solo, réalisé par l'arrangeur qui fit le succès d'I Muvrini, fruit d'une introspection musicale et personnelle.

Brive-la-Gaillarde

mercredi 20 juin

lever : 5 h 46
coucher : 21 h 57

St Silvière

À table !

Les câpres

Provence-Alpes-Côte d'Azur

Les câpres sont des boutons de fleur, cueillis avant qu'ils n'éclosent. La récolte se fait à partir du mois de juin et se poursuit jusqu'à la mi-août. Les câpres sont ensuite confites dans du vinaigre de vin blanc et mises en pots. Elles accompagnent parfaitement les poissons de la Méditerranée.

Savoirs d'antan

Si, après une dure journée de peinture dans votre maison ou votre appartement, vous n'avez pas eu le courage de nettoyer vos pinceaux, il est possible de les ravoir, même longtemps après. Trempez-les dans une vieille casserole avec de la lessive en poudre et faites-les bouillir. Ils retrouveront leur jeunesse d'antan.

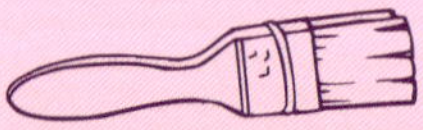

La rubrique du 13 h

LE CHAUDRON DES FÉES À ÉTIVAL-CLAIREFONTAINE

Lorraine

Dans les Vosges, on peut voir les arbres et le ciel se refléter dans un ensemble de trois bassins, creusés dans une roche plate et remplis d'eau en permanence. Le plus grand bassin mesure environ un mètre cinquante de diamètre et est appelé le « Chaudron ». La formation de ces cavités résulterait de l'érosion naturelle du grès ; quant à la présence perpétuelle de l'eau, on raconte que, la nuit, les fées se réunissent autour de la pierre et veillent à ce que les bassins ne soient jamais vides.

Faune & flore

Soigner ses choux

Bretagne

Pour vous débarrasser de la ravageuse mouche des choux, voici une solution 100 % bio : faites infuser soixante-quinze grammes de feuilles de géranium broyées dans deux litres et demi d'eau, pendant trente minutes. Filtrez, puis laissez refroidir, avant de pulvériser la décoction directement sur les plants.

Ils ont marqué leur région...

Jeanne Hachette

Picardie

Assiégée par quatre-vingt mille soldats de Charles le Téméraire, qui avait lancé une offensive contre Louis XI, dans le nord du royaume, Beauvais semble perdue en juillet 1472. C'est sans compter sur le courage d'une jeune ouvrière de 18 ans, Jeanne Laisné, qui, selon la légende, saisit une hache et arracha l'étendard bourguignon des mains d'un assaillant. Devant cette résistance inattendue, et avec l'arrivée de renforts royaux, Charle le Téméraire leva le siège. Le roi institua, en l'honneur de celle qu'on surnommait désormais « Jeanne Hachette », la procession de l'Assaut, qui rassemble aujourd'hui encore, à la fin du mois de juin, des Beauvaisiens en costumes d'époque.

jeudi 21 juin

lever : 5 h 47
coucher : 21 h 57

Été – Fête de la Musique

Faune & flore

La vipère péliade

Franche-Comté

Créature du crépuscule, la vipère péliade s'accommode bien mieux des milieux humides que sa cousine aspic. Sa morsure n'en est pas moins dangereuse et provoque la mort quasi instantanée de ses proies. Veillez donc à garder vos distances si vous souhaitez observer cet animal hautement venimeux.

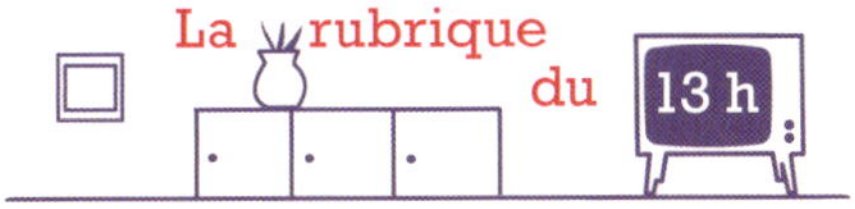

LE PALAIS IDÉAL À HAUTERIVES

Rhône-Alpes

C'est en faisant sa tournée à pied que le facteur Cheval trébuche sur une pierre à la forme étrange. Il décide de la ramasser, mais il ne sait pas encore qu'il commence là l'édification de son Palais idéal. Durant trente-trois ans, à Hauterives, dans la Drôme, il assemble, à l'aide de ciment, des pierres, des galets et des fragments de roche, pour former ce monumental ensemble, chef-d'œuvre de l'art naïf, sorti tout droit de son imagination. Le résultat est unique dans l'architecture : on peut y voir une mosquée, un chalet suisse ou encore un sanctuaire hindou.

À table !

La biguenée nantaise

Pays de la Loire

Pour 4 personnes
Préparer une pâte à crêpes assez épaisse avec 125 g de farine de sarrasin, 20 cl de lait, 2 œufs, 50 g de beurre fondu et 1 pincée de sel fin. Laisser reposer 2 h.
Faire rissoler 8 tranches fines de lard dans une grande poêle huilée ; réserver. Verser une louche de pâte à crêpes dans la poêle et, lorsqu'elle est prise, poser 2 tranches de lard ; couvrir à nouveau de pâte à crêpes, laisser cuire et retourner la biguenée. Renouveler l'opération et servir avec de la crème fraîche chauffée, mélangée à du jus de citron et de la moutarde.

Un jour en *Basse-Normandie*

21 juin 1998

C'est en un jour de fête de la Musique que l'on inaugure, à Honfleur, les Maisons Satie. La belle demeure à colombages, dans laquelle le compositeur passa son enfance, est devenue un musée qui abrite un étonnant parcours scénographique et musical.

Ils ont marqué leur région…

Claudie Haigneré

Bourgogne

Bachelière à 15 ans, diplômée de neurosciences et de médecine rhumatologique, spécialisée en médecine du sport et en médecine aéronautique et spatiale, Claudie Haigneré n'a pas volé son surnom de « Bac +19 » ! Cette Bourguignonne commence, en août 1996, par un vol de seize jours à bord de la station orbitale russe Mir, dans le cadre d'une mission franco-russe. Elle est depuis 2010 présidente d'Universcience, une structure publique regroupant la Cité des sciences et de l'industrie et le Palais de la découverte.

vendredi 22 juin

lever : 5 h 47
coucher : 21 h 58

St Alban

Un jour en Île-de-France

22 juin 1627

À Paris, en place de Grève – actuelle place de l'Hôtel-de-Ville –, est décapité François de Montmorency-Bouteville. Alors que Richelieu a interdit le duel un an plus tôt, ce multirécidiviste s'est battu en plein jour, sur la place Royale (place des Vosges).

À table !

Crème vichyssoise

Auvergne

Pour 4 personnes

Éplucher et couper en morceaux 400 g de pommes de terre et 4 blancs de poireau. Faire suer les poireaux à couvert 10 min dans 50 g de beurre. Ajouter les pommes de terre, 1 l de bouillon de volaille et 1 bouquet garni. Laisser cuire 30 min, puis mixer et laisser refroidir. Incorporer 20 cl de crème fraîche et réfrigérer quelques heures. Servir la crème bien froide, parsemée de cerfeuil et de ciboulette.

La rubrique du 13 h

LE VIADUC DE MILLAU

Midi-Pyrénées

Au cœur du parc naturel régional des Grands Causses, le viaduc de Millau s'intègre harmonieusement dans le paysage de la vallée du Tarn ; il est pourtant monumental, avec ses cent cinquante-quatre haubans et sa hauteur maximale de trois cent quarante-trois mètres, qui en fait le pont routier le plus haut du monde. Après treize ans d'études pour vérifier la faisabilité du projet et lancer sa mise en œuvre, la première pierre est posée en décembre 2001 ; le pont sera fini trois ans plus tard seulement. Avec ses allures de voilier, il est devenu aujourd'hui un monument emblématique de l'Aveyron.

Faune & flore

Le vison d'Europe

Aquitaine

Petit mammifère à la fourrure autrefois très prisée, cet animal fait partie des plus menacés de France. On ne le trouve désormais qu'en Aquitaine, une région qui lutte contre son extinction. Il est de surcroît concurrencé par le vison d'Amérique, qui, lui, est considéré comme une espèce envahissante.

Ils ont marqué leur région…

Saint Bernard de Clairvaux

Champagne-Ardenne

Méditatif, rêveur, Bernard de Fontaine n'a que 21 ans lorsqu'il entre, en 1112, à l'abbaye cistercienne de Cîteaux. Il y pratique l'ascèse monastique de façon très rigoureuse. Il est bientôt désigné pour fonder une nouvelle maison cistercienne, dans une clairière proche de Bar-sur-Aube. Très influent dans le monde chrétien du XIIe siècle, cet abbé devient conseiller des papes et prêche la deuxième croisade. Bernard est le saint patron des apiculteurs, car l'abeille est symbole de douceur et de miséricorde, et la ruche, un modèle d'ordre.

La tragique histoire des frères de Roquefeuil...

...et de la superbe Irène de Rogues

Il y a des siècles de cela, au XIe siècle pour être plus précis, la famille de Roquefeuil, prospère, vivait dans un château proche d'un haut rocher cévenol. Elle exerçait sur la région un pouvoir juste et loyal, et ses héritiers se montraient tous honnêtes et courageux. Néanmoins, le cœur a ses raisons, et trois des frères Roquefeuil en vinrent à tomber amoureux de la même jeune fille, la plus belle de toutes : Irène de Rogues. Ils allèrent tous trois se déclarer, et Irène, ne pouvant se décider, leur demanda de partir avec les croisés, affirmant qu'à leur retour elle épouserait le plus valeureux. Alban, Loup et Guiral s'en furent donc, et le temps passa, passa... sans qu'on n'eût plus aucune nouvelle d'eux, ni de leur mort ni de leurs exploits. La pauvre Irène, rongée par le remords et le chagrin, dépérit lentement, puis se laissa mourir de désespoir. Le jour de son enterrement, alors qu'un long cortège se dirigeait vers le trou fraîchement creusé, destiné à recevoir la dépouille de la belle, on vit dans le soleil, tel un mirage, apparaître les trois frères, qui revenaient vainqueurs, le cœur gonflé d'amour et de joie. Apprenant la nouvelle, ils s'effondrèrent, et décidèrent de se retirer du monde.

Chacun choisit un lieu d'ermitage proche du ciel, en haut d'une montagne. On dit que tous les ans, en souvenir d'Irène, ils allumaient un feu, chacun au sommet de son pic. Certains affirment que ce cérémonial avait lieu à la Pentecôte, d'autres la veille de la Saint-Jean, le 23 juin. Les années s'écoulèrent, un feu s'éteignit, puis deux, puis trois. Mais la tradition fut longtemps perpétuée, en haut des pics désormais baptisés de Saint-Loup, de Saint-Alban et du Saint-Guiral.

lundi 25 juin

lever : 5 h 48
coucher : 21 h 58

St Prosper

Faune & flore
Le flûteau nageant
Centre

Dotée d'une incroyable faculté d'adaptation à son environnement, cette plante herbacée est assez fréquente dans les étangs qui ponctuent la Sologne. Sa seule condition est d'avoir les racines immergées, la partie supérieure du flûteau nageant étant capable de survivre hors de l'eau plusieurs mois durant.

À table !
Pizza au munster
Lorraine

Pour 4 personnes
Faire cuire à l'eau 3 pommes de terre à chair ferme, pendant 15 min, et les découper en rondelles. Faire cuire 200 g de lardons dans une poêle, puis les égoutter et couper 1 munster géromé en lamelles. Étaler 1 pâte à pizza sur une plaque et la badigeonner de crème fraîche. Disposer dessus les lardons, les rondelles de pommes de terre et les lamelles de munster ; saupoudrer de cumin. Cuire 15 min à 200 °C.

La rubrique du 13 h
LE MUR PAÏEN
Alsace

Ce mur composé d'environ trois cent mille pierres, qui s'étend sur une dizaine de kilomètres autour du mont Sainte-Odile, est une véritable énigme archéologique. En effet, personne ne connaît la date de son édification, même si l'hypothèse la plus acceptée la situe à une époque préchrétienne, d'où son nom de Mur païen. Plusieurs théories coexistent quant à sa fonction : il pourrait s'agir d'une enceinte défensive ou cultuelle. L'état de conservation du mur est variable selon les endroits, puisqu'il a notamment servi comme carrière de pierres au Moyen Âge.

Savoirs d'antan

Après une journée de travail harassante, rien de tel qu'un bon bain relaxant pour se détendre. Pour optimiser ce moment, faites infuser cinq cents grammes de fleurs sèches de lavande dans trois litres d'eau chaude, pendant dix minutes, puis ajoutez l'infusion à l'eau de votre bain.

Ils ont marqué leur région…
Joséphine de Beauharnais
Martinique

Marie-Josèphe Rose Tasher de La Pagerie, la future impératrice Joséphine, naît en 1763 en Martinique, dans une riche famille de planteurs. Après un premier divorce avec François de Beauharnais, elle rencontre en 1795 un certain Bonaparte, officier en disponibilité. Ils se marient l'année suivante ; elle devient impératrice en 1804. Mais Napoléon, la croyant stérile, la répudie cinq ans plus tard. Joséphine est la personnalité qui inspire aux Martiniquais le plus de sentiments contradictoires : s'il est probable qu'ils baptisèrent l'un des hauts-fonds de l'île la « Baignoire de Joséphine », du nom de l'impératrice, ils ne lui pardonnèrent jamais d'avoir laissé Napoléon rétablir l'esclavage.

mardi 26 juin

lever : 5 h 49
coucher : 21 h 58

St Anthelme

Faune & flore

L'eider à duvet

Nord-Pas-de-Calais

Qu'il doit être bon de se blottir dans le duvet chaud et moelleux dont la femelle garnit le nid ! Ces petites plumes permettent de conserver la chaleur tout en évacuant l'humidité. Des propriétés exceptionnelles que l'homme a su utiliser, notamment en inventant… l'édredon, bien sûr !

Un jour en

Midi-Pyrénées

26 juin 1875

Le président Mac-Mahon se rend à Toulouse. La Garonne en crue en a dévasté la rive gauche, détruisant trois ponts et plus d'un millier de maisons. Devant le spectacle de la ville inondée, l'homme se serait écrié : « Que d'eau ! Que d'eau ! »

La rubrique du 13 h

LE MOULIN À VENT DU COTENTIN

Basse-Normandie

Offrant une vue imprenable sur le bocage normand, le moulin à vent du Cotentin, bâti en 1744, est le seul moulin de Basse-Normandie encore en activité. Situé à cent vingt mètres d'altitude, sur la commune de Fierville-les-Mines, son toit de forme conique cache un véritable chef-d'œuvre d'ingénierie. Il a été construit selon le modèle des moulins tours dont les ailes, à même la toiture, peuvent être déplacées à trois cent soixante degrés, grâce à un système de rails permettant d'être toujours face au vent. On y moud essentiellement du sarrasin et de l'épeautre.

À table !

Courgettes farcies

Corse

Pour 4 personnes

Ôter les extrémités de 1 kg de courgettes rondes et les cuire 10 min à l'eau bouillante.

Les égoutter, les couper en 2 et prélever la chair. Écraser 1 brocciu avec 100 g de pâté de campagne. Dans une poêle, faire revenir 3 min, dans de l'huile, la chair des courgettes, 1 oignon et 2 gousses d'ail hachés, 1 tomate concassée, 100 g de viande hachée, le brocciu et le pâté ; saler et poivrer. Hors du feu, ajouter 1 œuf battu et remplir les demi-courgettes de cette farce. Saupoudrer de chapelure et cuire 30 min au four à 220 °C.

Ils ont marqué leur région…

Jo-Wilfried Tsonga

Pays de la Loire

C'est sur les courts de Fay, à quelques kilomètres du Mans, que Jo-Wilfried a tapé ses premières balles avec son père, ancien handballeur originaire du Congo. Doté d'un coup droit dévastateur, Jo-Wilfried devient, en 1999, champion des 13-14 ans, et remporte l'US Open Junior. Après plusieurs années noires marquées par des blessures, sa carrière prend son envol en 2008 : il atteint la finale de l'Open d'Australie, en janvier, et remporte le Masters de Paris-Bercy, à l'automne suivant. Mais il n'y a pas que la raquette dans sa vie… À ses heures perdues, le Manceau cultive une véritable passion pour la pêche.

À table !

Chevreau à l'ail vert

Poitou-Charentes

Pour 4 personnes
Saler et poivrer toutes les faces de 1 kg de chevreau dans la partie arrière et le mettre dans un plat à rôtir huilé. Parsemer la viande de noisettes de beurre et mettre au four préchauffé à 220 °C pendant 40 min.
À mi-cuisson, retourner le chevreau et parsemer de nouveau de noisettes de beurre. Nettoyer 15 tiges d'ail vert, les ciseler et les mélanger avec 10 cl de vin blanc et 100 g de chapelure. Sortir la viande du four et étaler cette pâte dessus. Verser 20 cl de vin blanc sec dans le plat avec quelques noisettes de beurre et finir de cuire 15 min.

La rubrique du 13 h

LE TEMPLE SAINT-MARTIN DE MONTBÉLIARD

Franche-Comté

Au cœur du centre historique de Montbéliard, dans le Doubs, s'élève le plus ancien édifice protestant de France. Sa façade, de style Renaissance italienne, en pierre de taille de la région, contraste avec un intérieur plus sobre. Le temple est construit par Heinrich Schickhardt, entre 1601 et 1607, et, à la fin du XVIIe siècle, un clocher est ajouté à l'édifice pour éviter sa destruction, suite à la décision de Louis XIV de raser tous les lieux de culte non catholiques. Épargné au fil des siècles, le temple a été restauré à la fin du XXe siècle.

CITATION

Languedoc-Roussillon

« Il distinguait les tours d'Aigues-Mortes au fond de la plaine rase de Camargue où presque chaque jour il se promenait à vélo sur la petite route blanche qui longeait le canal. »

Ernest Hemingway, *Le Jardin d'Éden*, 1989

Faune & flore

Le grand tétras

Midi-Pyrénées

Le grand coq de bruyère est peut-être l'espèce la plus emblématique de la faune montagnarde. Ce très bon marcheur possède deux sourcils rouges, caractéristiques des galliformes de montagne, famille dont il est – avec un poids moyen de quatre kilogrammes – le plus gros représentant en Europe.

Ils ont marqué leur région...

Olivier Roellinger

Bretagne

La passion de ce Breton pour la cuisine est née d'un drame : alors qu'il est étudiant, il est victime d'une grave agression et frôle la mort. Après une convalescence de deux ans, il abandonne ses études et se met aux fourneaux. Sa cuisine met à l'honneur les épices, rappelant le lien entre Saint-Malo et la route des Indes. En 2008, il choisit de fermer son restaurant gastronomique de Cancale et de rendre ses trois étoiles Michelin. Il ouvre, dans la baie du Mont-Saint-Michel, un bistrot marin, où il offre aujourd'hui une cuisine simple et généreuse.

jeudi 28 juin

lever : 5 h 49
coucher : 21 h 58

St Irénée

Faune & flore

Le lys martagon

Auvergne

Espèce protégée dans la région, cette plante vivace plutôt montagnarde produit, à l'approche du mois de juillet, de splendides fleurs roses, à l'odeur peu agréable. Son bulbe possède diverses propriétés thérapeutiques, dont certaines diurétiques et émollientes.

Savoirs d'antan

Si, après cirage de vos escaliers ceux-ci deviennent trop glissants, pensez à l'essence de térébenthine. Remplissez-en un vaporisateur et aspergez vos marches, jusqu'à ce qu'elles récupèrent une adhérence correcte et vous évitent la glissade.

La rubrique du 13 h

CATHÉDRALE SAINT-GERVAIS ET SAINT-PROTAIS À SOISSONS

Picardie

Des lignes simples et sobres dessinent cette cathédrale de style gothique classique, dans sa version du XIIe siècle. La cathédrale originale avait été détruite par un terrible incendie en 948. Son chœur serait une réplique simplifiée de la cathédrale de Chartres. Mais ce sont les jeux de lumières à travers les vitraux qui rendent l'intérieur époustouflant, magnifié par le croisillon nord, qui abrite un chef-d'œuvre du maître flamand Rubens, *L'Adoration des bergers*.

À table !

Choucroute garnie

Alsace

Pour 6 personnes

Laver à l'eau, plusieurs fois, 1,5 kg de choucroute, puis l'égoutter. Dans une cocotte allant au four, faire revenir 2 oignons émincés dans 150 g de saindoux. Mouiller avec 35 cl de vin blanc et 20 cl de bouillon. Ajouter 3 jambonneaux, 800 g de carré salé, 400 g de lard fumé et 400 g de lard salé. Recouvrir de choucroute. Saler et poivrer, ajouter 2 gousses d'ail, 2 clous de girofle, 6 baies de genièvre et 1 feuille de laurier. Enfourner 1 h 30 à 180 °C. Faire griller 300 g de saucisse blanche et cuire à l'eau 3 saucisses de Montbéliard et 6 saucisses de Strasbourg. Accompagner la choucroute et sa garniture de pommes de terre.

Ils ont marqué leur région…

Henri Bosco

Provence-Alpes-Côte d'Azur

Né en 1888 dans une famille provençale et piémontaise, Henri Bosco aurait rédigé son premier récit d'aventures à 7 ans. Après avoir passé une partie de sa vie au Maroc, où il écrit ses œuvres les plus connues, *Le Mas Théotime* et *L'Enfant et la Rivière*, Bosco finit sa vie entre Nice et le Luberon. Nombre de ses personnages lui ont été inspirés par son enfance en Avignon. Ses livres s'adressent tant à la jeunesse, qu'il affectionne, qu'aux adultes. Le chantre du Luberon repose en paix au cimetière de Lourmarin, au cœur de cette terre de paysans et de vignerons qu'il sut raconter avec des accents homériques.

vendredi 29 juin

lever : 5 h 50
coucher : 21 h 57

St Paul

À table !

Maquereaux marinés

Haute-Normandie

Pour 4 personnes
Mettre dans une casserole 75 cl de cidre brut, 20 cl d'eau et 10 cl de vinaigre de cidre. Ajouter 1 carotte et 1 oignon émincés, 2 feuilles de laurier, 2 brins de thym, 2 clous de girofle, 10 grains de poivre noir et 1 grosse pincée de gros sel. Porter à ébullition. Déposer 4 maquereaux, vidés et nettoyés, dans le bouillon et laisser mijoter 15 min. Laisser refroidir les maquereaux dans la marinade et placer au réfrigérateur pendant 24 h.

Quiz des villes & villages de France

Dans cette sous-préfecture du Haut-Rhin entourée de vignobles, on peut visiter pas moins de trois châteaux du Moyen Âge !

____

La rubrique du 13 h

BRASSERIE MOTTE-CORDONNIER À ARMENTIÈRES

Nord-Pas-de-Calais

Emblème de l'ancienne activité brassicole de la ville d'Armentières, ce « château fort » de l'industrie remonte à trois siècles et demi. Idéalement placée sur les bords de la Lys, c'est assurément une des plus belles brasseries du Nord, avec un bâtiment en double cascade, sur sept étages, unique en France. En 2004, son activité a cessé, mais elle fait partie intégrante d'un projet de Cité mondiale de la bière. À l'étude depuis des années, ce site serait aménagé autour des deux bâtiments emblématiques de la brasserie : la malterie et la salle de brassage.

Faune & flore

L'aigle royal

Rhône-Alpes

Lorsqu'il déploie ses ailes, d'une envergure de deux mètres minimum, ce magnifique rapace diurne dévoile toute sa puissance. Surveillant inlassablement son territoire à la recherche de quelques proies, l'aigle royal se nourrit principalement de marmottes, mais aussi de lapins, voire de jeunes chamois.

Ils ont marqué leur région…

Francis Cabrel

Aquitaine

C'est à Astaffort, à quelques kilomètres d'Agen, que Francis Cabrel vit, depuis son enfance, loin de l'agitation urbaine et du show-biz parisien. Sa carrière décolle en 1974, lorsqu'il remporte un radio-crochet, organisé à Toulouse, avec sa chanson « Petite Marie », dédiée à sa femme. Emmené par le single « Je l'aime à mourir », son premier album, sorti en 1979, se vend à quatre cent mille exemplaires en quelques semaines. En 1994, le chanteur crée les Rencontres d'Astaffort, qui réunissent, deux fois par an et pendant une semaine, des auteurs, compositeurs et interprètes en herbe.

Ribeauvillé

samedi 30 juin & dimanche 1er juillet

St Martial St Thierry

Mythes et légendes
Alsace

Le fantôme du lac de Sewen

« Le surnaturel baisse comme un lac qu'un canal épuise ;
la science à tout moment recule les limites du merveilleux. »
Guy de Maupassant

Disons-le tout de go avant qu'un scientifique, géologue ou autre adepte du rationnel, ne vienne mettre son grain de sel dans cette histoire : le lac de Sewen est le fruit d'une punition divine pas piquée des hannetons – et Dieu sait si ces bestioles sont nombreuses dans la région. Maintenant, reprenons.

Par un beau dimanche d'été, un riche fermier, qui faisait fi de chômer le jour du Seigneur, partit faner le champ qu'il avait fauché les jours précédents. Sa femme avait tenté de l'en dissuader, mais en vain, et il avait ainsi travaillé toute la journée sans se soucier du ciel, qui pourtant s'assombrissait dangereusement – on devine pourquoi… Au crépuscule, quand les premiers grondements du tonnerre, lesquels étaient fort menaçants, se firent entendre, il se décida enfin à rentrer. Il posa sa fourche, attela ses chevaux, et fouetta tant qu'il put pour éviter la pluie torrentielle… Mais il était trop tard : il n'était pas sorti de son champ que la foudre tomba, sur lui ou non loin, près de la rivière en tout cas. La terre s'ouvrit sous la violence inouïe du coup, la rivière entra en crue avant même qu'il chût de sa charrette. Le pré fut inondé, les coulées de boue et les flots engloutirent l'homme trop gourmand : Dieu avait sévi.

Contre toute attente, la terre ne sécha pas les jours suivants, malgré le retour du soleil estival : le lac de Sewen était né. Si le corps du fermier disparut à jamais lors du fameux orage, son âme, prisonnière des eaux, hante toujours les lieux, de la nuit tombée au petit jour. Si l'on s'y trouve en ces heures sombres, on peut alors entendre ses lamentations, rythmées par des hennissements et des grincements. Ce sont les restes du chariot brisé, disloqué, qui résonnent depuis le tréfonds du lac.

lundi 2 juillet

lever : 5 h 52
coucher : 21 h 57

St Martinien

À table !

Crêpes flambées au calvados

Basse-Normandie

Pour 4 personnes
Mélanger 250 g de farine, 3 œufs, 25 g de sucre et 1 pincée de sel. Verser progressivement 50 cl de lait. Ajouter 4 cl de calvados et 75 g de beurre fondu. Laisser reposer 1 h. Peler 3 pommes et les couper en tranches fines, les arroser avec le jus de 1 citron et les saupoudrer de sucre, avant de poêler légèrement. Faire cuire les crêpes, les remplir avec des tranches de pommes et les rouler. Flamber les crêpes avec le calvados.

La rubrique du 13 h

GROTTES DE NICHET

Champagne-Ardenne

Ouvertes au public depuis la fin du XIXe siècle, les grottes de Nichet ne dévoilent leurs trésors que quelques mois par an. À l'aide d'un escalier en colimaçon, on plonge petit à petit dans les entrailles de la terre, jusqu'à trente-cinq mètres de profondeur. Au cours de la visite, on découvre une colonne impressionnante, vieille de trois millions d'années, et on laisse libre cours à son imagination devant les concrétions aux formes originales, comme dans la salle des Amoureux, où l'on distingue la silhouette dessinée d'un couple.

Faune & flore

Le palétuvier

Guyane

Sur les immenses bancs de vase qui bordent la côte guyanaise, pousse en abondance le palétuvier. Ce dernier est le seul végétal à avoir réussi à s'adapter au sol meuble et à haute teneur en sel de la mangrove, notamment grâce à ses racines, dont une partie se développe à la surface.

Savoirs d'antan

Contre les poches sous les yeux, coupez deux rondelles de pommes de terre et placez-les au congélateur pendant deux bonnes heures. Appliquez-les ensuite sous les yeux pour raffermir l'épiderme. Laissez-les en place et profitez de ce bien-être jusqu'à ce qu'elles se réchauffent.

Ils ont marqué leur région…

Roland

Midi-Pyrénées

L'histoire de Roland nous est connue grâce à *La Chanson de Roland*, une chanson de geste du XIe siècle. Gouverneur de la marche de Bretagne et meneur de l'arrière-garde de Charlemagne, Roland dut faire face, le 15 août 778, à une attaque surprise des Sarrazins, au col de Roncevaux, dans les Pyrénées. Avant de mourir, il sonna de son olifant pour appeler Charlemagne à son secours, mais il était déjà trop tard. Selon la légende, alors qu'il tentait de détruire son épée Durandal, en la frappant contre la roche, il ouvrit, au-dessus du cirque de Gavarnie, une brèche de quarante mètres de large, dite aujourd'hui la « Brèche de Roland ».

mardi 3 juillet

lever : 5 h 52
coucher : 21 h 56

St Thomas

Faune & flore

Le nénuphar jaune

Pays de la Loire

Dépourvue de racines, cette plante robuste s'agrippe aux fonds des cours d'eau ou des eaux stagnantes, grâce à un rhizome charnu, pouvant mesurer jusqu'à dix centimètres de diamètre. Ses petites fleurs jaunes, nombreuses au mois de juillet, exhalent une odeur peu commune, proche de celle du beurre et de l'alcool.

Quiz des villes & villages de France

Sous-préfecture de la Haute-Vienne, cette commune est construite sur l'emplacement d'un cratère, causé par une météorite tombée il y a des millions d'années.

____

La rubrique du 13 h

L'ÎLE AUX SERPENTS À LA TRIMOUILLE

Poitou-Charentes

Il existe à La Trimouille, dans le département de la Vienne, un parc animalier un peu particulier puisqu'il est consacré avant tout aux reptiles. Serpents, iguanes, tortues, alligators..., des espèces du monde entier – parfois protégées – évoluent dans un environnement reconstitué, mais qui reste très proche de leur milieu naturel, avec leurs proies et leurs prédateurs. À l'extérieur, un second parc a été aménagé, où l'on peut apercevoir des mammifères tels que des loutres ou des mangoustes, pour lesquelles le serpent est une proie.

À table !

Purée de cresson

Île-de-France

Pour 4 personnes

Laver plusieurs fois 6 bottes de cresson ; égoutter et retirer les côtes les plus grosses. Plonger le cresson dans une grande marmite d'eau bouillante salée et le faire cuire 10 min à forte ébullition. Égoutter le cresson et le passer dans la grille fine du moulin à légumes. Laisser égoutter pendant 2 h. Presser le cresson dans une passoire. Faire fondre 50 g de beurre dans une casserole, verser 1 c. à soupe de farine et laisser cuire 1 min en remuant. Ajouter 15 cl de crème épaisse et le cresson. Saler, poivrer et faire mijoter 10 min sur feu doux.

Ils ont marqué leur région...

Marie-Louise Petiet

Languedoc-Roussillon

Cette artiste, née dans l'Aude en 1854 – dans une famille de riches propriétaires de domaines viticoles –, se forme à la peinture en copiant Vélasquez et Rubens. Elle se spécialise dans le portrait et réalise environ quatre-vingts œuvres, qui sont pour la plupart des représentations de la vie quotidienne rurale. En 1886, à Paris, elle se marie avec Étienne Dujardin-Beaumetz, lui-même peintre, et bientôt député de l'Aude. Marie-Louise Petiet travaille à Limoux avec son père et son oncle, également peintres, dans un atelier qui deviendra le musée Petiet. On peut aujourd'hui y admirer son tableau le plus connu, *Les Blanchisseuses*, réalisé en 1882.

Rochechouart

mercredi 4 juillet

lever : 5 h 53
coucher : 21 h 56

St Florent

DICTON
Basse-Normandie
Qui veut beaux navets
les sème en juillet.

Faune & flore

Le cheval de Camargue

Provence-Alpes-Côte d'Azur

Aussi célèbre que la région où il vit, le cheval de Camargue est une espèce à part, qui se distingue par son mode d'élevage, en semi-liberté, et par sa couleur gris clair. La race ferait partie des plus anciennes, bien que ses origines soient encore un mystère.

À table !

Les champignons

Limousin

Il n'est pas nécessaire d'attendre l'automne pour manger des champignons dans le Limousin. Grâce aux cinq cent cinquante-cinq mille hectares de forêts qui recouvrent la région, les variétés de champignons sont nombreuses et la cueillette abondante, si bien qu'elle est exportée dans toute l'Europe.

La rubrique du 13 h

LE FORT DE MUTZIG

Alsace

Ce fort, construit par les Allemands après la guerre de 1870, était chargé d'interdire la plaine d'Alsace aux troupes françaises. S'étendant sur environ deux cent cinquante hectares, il s'agit en réalité d'un groupe fortifié : en effet, les différents bâtiments sont reliés entre eux par un dédale de souterrains. Pour l'édification du fort, on utilisa les techniques les plus modernes, afin d'en faire la plus grande fortification allemande d'avant la Première Guerre mondiale : elle accueillait environ sept mille hommes. Aujourd'hui, une partie du fort a été reconvertie en musée.

Ils ont marqué leur région...

Jacques Anquetil

Haute-Normandie

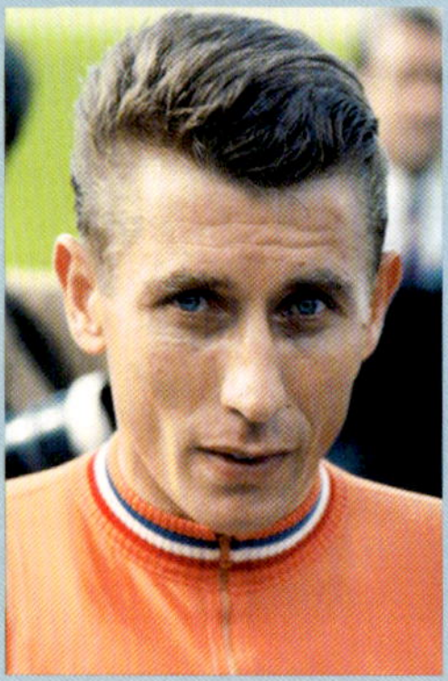

Quintuple vainqueur du Tour de France cycliste, Jacques Anquetil est né à Mont-Saint-Aignan, le 8 janvier 1934. Pendant seize ans, il eut pour adversaires des champions tels que Bobet, Coppi, Gaul, Poulidor ou Merckx. Ses multiples qualités lui permirent de briller aussi bien dans les courses par étapes, les contre-la-montre que sur piste. Seules les courses d'un jour lui étaient moins favorables : il ne fut jamais ni champion de France ni champion du monde. En 1967, Anquetil déclara : « Il faut être un imbécile ou sacrément faux-jeton pour s'imaginer qu'un cycliste professionnel qui court deux cent trente-cinq jours par an [...] peut tenir le coup sans stimulants. »

jeudi 5 juillet

lever : 5 h 54
coucher : 21 h 55

St Antoine-Marie

À table !

Tarte aux pralines de Montargis

Centre

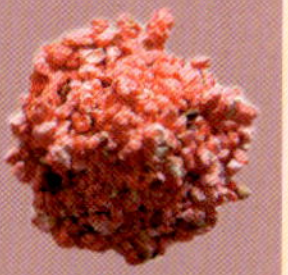

Pour 4 personnes
Mixer finement 300 g de pralines roses. Garnir un moule à tarte d'une pâte sablée et piquer le fond à la fourchette. Enfourner 15 min à 180 °C. Faire bouillir 30 cl de crème liquide et ajouter les pralines. Cuire 15 min à feu doux : la crème est prête lorsque le mouvement de la cuillère laisse voir le fond de la casserole. Verser la préparation sur le fond de tarte et laisser refroidir.

Faune & flore

Le veau marin

Picardie

La colonie qui réside dans la baie de Somme est de loin la plus importante de France et compte aujourd'hui soixante-dix individus environ. Un chiffre qui a doublé depuis ces quinze dernières années, grâce aux efforts de la région (amélioration de la qualité de l'eau, campagnes d'information du public...).

La rubrique du 13 h

LA VALLÉE D'ASCO

Corse

Cette vallée montagneuse, parcourue par la rivière Asco, est l'une des plus belles de l'île de Beauté. Les habitants se concentrent dans un village perché à six cent cinquante mètres d'altitude et desservi par l'unique route, qui s'enfonce dans la vallée. Les différents paysages sont tous à couper le souffle, avec notamment des à-pics rocheux vertigineux. Autrefois point de passage de la transhumance, ce pays de gorges et de forêts permet d'observer de nombreux animaux, comme les mouflons, aux abords des bois, et les aigles ou les gypaètes, dans les zones plus montagneuses.

Un jour en Île-de-France

5 juillet 1845

Victor Hugo est surpris en flagrant délit d'adultère dans un hôtel parisien. S'il échappe à la prison, notamment grâce à son titre de pair de France, sa conquête est incarcérée pendant deux mois. On a tendance à oublier que l'adultère fut une faute pénale jusqu'en 1975 !

Ils ont marqué leur région...

Sébastien Bottin

Lorraine

Né à Grimonviller, en Meurthe-et-Moselle, en 1764, le père des Pages jaunes commence par entrer dans les ordres. Ce passionné de statistiques renonce aux fonctions ecclésiastiques et fonde, en 1796, la Société de l'*Almanach du commerce*. Il publie en 1798 le premier annuaire du Bas-Rhin. Il devient secrétaire général de la préfecture du Nord, sous l'Empire, et continue ses publications, dont l'*Almanach du commerce et de l'industrie*, qui prend bientôt le nom de « Bottin ». En 1903, est édité le premier *Bottin mondain*, dans lequel sont répertoriées les personnalités les plus en vogue à Paris.

vendredi 6 juillet

lever : 5 h 55
coucher : 21 h 55

Ste Maria

À table !

Ananas caramélisé au kirsch

Franche-Comté

Pour 4 personnes

Faire mariner pendant 2 h un ananas coupé en tranches dans 4 c. à soupe de kirsch, 80 g de sucre en poudre et le jus de 2 citrons verts. Égoutter les tranches d'ananas et les disposer sur une plaque beurrée. Laisser cuire 5 min sous le gril du four, en arrosant régulièrement avec la marinade pour obtenir une caramélisation parfaite. Servir avec du sorbet à la cerise et des griottes de Fougerolles.

Un jour à Mayotte

6 juillet 1975

L'archipel des Comores n'est plus une entité administrative : trois de ses quatre îles – Grande Comore, Mohéli et Anjouan – ont proclamé leur indépendance. Les habitants de la quatrième, Mayotte, ont souhaité rester rattachés à la France.

La rubrique du 13 h

LA BAIE DE L'AIGUILLON

Pays de la Loire

Face à l'île de Ré, la baie de l'Aiguillon, aussi appelée « anse de l'Aiguillon », est le résultat de son envasement de quatre mille cinq cents hectares, au cœur de la Vendée. Elle est le berceau nourricier d'innombrables espèces d'oiseaux. Les paysages formés par les marées et les prés salés évoquent un ailleurs insolite, selon les saisons, rappelant tour à tour la Camargue ou même l'Écosse. C'est l'endroit idéal pour promeneurs et cyclistes, entre les dunes, non loin du fameux phare des Baleines et du pont impressionnant qui relie Ré au continent.

Faune & flore

Le faucon crécerelle

Île-de-France

Notre-Dame est très célèbre pour son architecture, ses ornements et aussi sa grande… colonie de faucons crécerelle ! Ces derniers aiment à nicher dans les parois rocheuses et ont donc trouvé, dans ce bâtiment de pierre de soixante-neuf mètres de hauteur, un lieu de nidification idéal.

Ils ont marqué leur région…

Françoise Sagan

Basse-Normandie

C'est grâce à ses gains à la roulette du casino de Deauville que Françoise Sagan achète le manoir du Breuil, près de Honfleur, en 1958. Elle a alors 23 ans, et a connu le succès quatre ans plus tôt avec *Bonjour tristesse*, un premier roman qui s'est vendu à un million d'exemplaires en France. Sagan devient une icône affranchie et scandaleuse des années 1960, menant une « vie de patachon », comme elle aime à le dire. L'auteur, dépendante à l'alcool, aux médicaments et aux drogues, vient régulièrement se reposer en Basse-Normandie. La fin de sa vie est très difficile : ruinée et malade, elle doit se résoudre à vendre le manoir du Breuil, son « seul bien sur la terre ».

La dame des Hogues

Leçon pour ne pas être brûlée vive

La mémoire populaire n'est guère tendre. Rancunière, elle a gardé la trace de crimes anciens, que la grande histoire se garde bien d'avouer et que les leçons taisent honteusement. Ainsi va la légende de la dame des Hogues, que bien peu d'ouvrages se vantent de connaître.

Dans l'obscurité du Moyen Âge, au temps où les tristes bûchers foisonnaient sur les places publiques pour éradiquer les prétendues sorcières, vivait ainsi, au château des Hogues, une femme dépravée. Belle et puissante, elle profitait sans vergogne de sa situation pour assouvir sa soif de libertinage, ses envies de volupté. Convoquant ses jeunes et fougueux vassaux dans une pièce secrète de la tourelle de sa demeure, elle s'adonnait avec ces hommes à toutes sortes de plaisirs impies. Certains y allaient la mort dans l'âme, d'autres, croyant à l'amour, le cœur battant, mais léger. Mais ces instants d'amour illusoire ne duraient guère : tous mouraient d'une mort rapide à l'issue de ces ébats tragiques – on dit que les cadavres des damoiseaux étaient ensuite jetés d'une falaise, aux abords d'Yport.

Tous, sauf un. La cruelle châtelaine eut en effet un jour le désir d'aller plus loin dans le blasphème, et de pervertir un abbé du monastère de Fécamp. Le pauvre bougre n'était pas fou, mais, que voulez-vous? Attaché à Dieu, il n'en était pas moins homme... Eh bien oui, il fut séduit. Néanmoins, peut-être pour le laisser se perdre en remords et culpabilité, la débauchée lui laissa la vie sauve. Abattu et désespéré, il n'en profita pas longtemps et périt de désespoir. Néanmoins, il avait au préalable avoué sa faute terrible au monastère, et les religieux demandèrent vengeance au duc de Normandie : le pieux souverain fut impitoyable, et la châtelaine impie fut brûlée vive pour ses homicides.

lundi 9 juillet

lever : 5 h 57
coucher : 21 h 53

Ste Amandine

À table !

Tourte ardennaise

Champagne-Ardenne

Pour 10 personnes

Peler et tailler en rondelles fines 1 kg de pommes de terre, émincer 2 oignons. Mélanger 2 c. à soupe de crème fraîche avec 3 c. à soupe de persil, saler et poivrer ; ajouter les pommes de terre et 200 g de lardons fumés. Dans un moule, étaler une pâte feuilletée et y verser la préparation. Recouvrir d'une deuxième pâte feuilletée et souder les bords. Faire une cheminée au centre, avec un morceau de papier sulfurisé roulé, et badigeonner la tourte avec 1 jaune d'œuf mélangé à un peu de lait. Cuire 50 min à 200 °C.

La rubrique du 13 h

CORDES-SUR-CIEL

Midi-Pyrénées

Dominant la vallée du Cérou, la ville médiévale de Cordes-sur-Ciel, dans le Tarn, porte bien son nom, tant elle semble s'élever dans les cieux. Érigée sur un piton rocheux, pour rassembler et protéger les populations dispersées à la suite des croisades contre les albigeois, cette bastide résista longtemps, avant d'être rattachée à la couronne française. Derrière les murailles fortifiées, les ruelles étroites abritent encore des demeures bourgeoises – la cité prospéra dans l'industrie du cuir – de style gothique, du XIIIe siècle.

Faune & flore

La dolomède

Bourgogne

Mais comment cette drôle d'araignée se déplace-t-elle à la surface de l'eau, sans même savoir nager et, surtout, sans jamais se noyer ? En s'accrochant aux plantes aquatiques, bien sûr ! Une faculté quasi miraculeuse, qui permet à la dolomède de capturer tous les insectes aquatiques dont elle raffole.

Un jour en

Haute-Normandie

9 juillet 1989

Les quais de Rouen accueillent une vingtaine de somptueux voiliers venus du monde entier : c'est l'ouverture de l'Armada, organisée pour commémorer le bicentenaire de la Révolution. Le succès est tel que l'événement est, depuis, reconduit tous les cinq ans.

Ils ont marqué leur région...

François de Sales

Rhône-Alpes

À 11 ans, François de Sales, né dans une vieille famille aristocratique du duché de Savoie, sait déjà qu'il veut devenir prêtre. Lorsqu'il choisit de consacrer sa vie à Dieu, il renonce à tous ses titres de noblesse. En 1593, le jeune prêtre est envoyé dans la région du Chablais, avec pour mission de ramener les habitants, récemment convertis au protestantisme, vers la foi catholique. Nommé évêque de Genève, il réside à Annecy, car Genève est la Rome des calvinistes. Il devient un grand théologien, un grand orateur, et il est l'un des premiers à avoir l'idée d'imprimer des sermons et de les distribuer.

mardi 10 juillet

lever : 5 h 58
coucher : 21 h 53

St Ulrich

CITATION

PACA

« Marseille, écoute-moi,
je t'en prie, sois attentive,
Je voudrais te prendre dans
un coin, te parler avec douceur,
Reste donc un peu tranquille
que nous nous regardions un peu
Ô toi toujours en partance
Et qui ne peux t'en aller,
À cause de toutes ces ancres
qui te mordillent sous la mer. »

Jules Supervielle, Débarcadères, « Marseille », 1922

Faune & flore

Repiquer les poireaux

France

Si vous souhaitez récolter vos poireaux d'hiver dès le mois d'octobre, c'est le moment de les repiquer. Humidifiez bien la terre et coupez les racines et les feuilles de vos plants, en ne laissant que deux à trois centimètres de chaque.

La rubrique du 13 h

LES AQUEDUCS SOUTERRAINS DE GRAND

Lorraine

Creusés au Ier siècle sur une quinzaine de kilomètres, ces aqueducs étaient destinés à canaliser et à réguler le débit d'une source réputée curative. Ainsi, le sanctuaire de Grand, dans les Vosges, était un lieu de pèlerinage très prisé, placé sous la protection des dieux gaulois, puis romains. Un culte chrétien s'y implanta ensuite et perdura jusqu'à la Révolution, avant que les aqueducs ne tombent dans l'oubli ; ils ne furent redécouverts que dans les années 1960. Il est désormais possible de les visiter, à condition de ne pas être sujet à la claustrophobie.

À table !

Salade bordelaise

Aquitaine

Pour 6 personnes
Nettoyer 4 petits cèpes et les tailler en fines lamelles. Éplucher 1 chicorée frisée et préparer une vinaigrette bien relevée. Chauffer 1 c. à soupe de graisse d'oie dans une poêle et y jeter les cèpes. Quand ils sont bien rissolés, saler, poivrer et ajouter 1 c. à soupe de vinaigre. Retirer la croûte de 2 tranches de pain de campagne et les tailler en petits dés ; les faire rissoler rapidement dans de l'huile. Mélanger la salade, la vinaigrette, les champignons chauds et les croûtons. Servir.

Ils ont marqué leur région…

Jean-Claude Casadesus

Nord-Pas-de-Calais

Fondateur de l'Orchestre national de Lille, en 1976, ce chef d'orchestre et compositeur a commencé sa carrière comme percussionniste. Il poursuit des études d'écriture et compose des musiques pour le théâtre et le cinéma. En 1969, il est nommé chef permanent à l'Opéra de Paris et à l'Opéra-Comique, puis prend la direction de l'Orchestre national de Lille, avec lequel il se produira dans plus de trente pays. Ardent défenseur de la musique contemporaine, ce « sculpteur de sons » a été élu « Nordiste de l'année », en 2010, par les lecteurs du quotidien *La Voix du Nord*.

mercredi 11 juillet

lever : 5 h 59
coucher : 21 h 52

St Benoît

Faune & flore

L'arum mange-mouches

Corse

Si cette plante typique des îles Sanguinaires porte un tel nom, c'est parce que son odeur fort nauséabonde, proche de celle de la chair en décomposition, agit comme un véritable aimant sur les mouches. Sans le savoir, ces dernières jouent un rôle essentiel dans la pollinisation de la plante.

À table !

Tarte du Touquet

Picardie

Pour 4 personnes
Faire cuire 500 g de rattes du Touquet à l'eau bouillante, les éplucher et les couper en rondelles. Émincer 3 oignons et les faire compoter 10 min à couvert dans 100 g de beurre ; laisser refroidir. Foncer un moule beurré d'une pâte feuilletée et piquer le fond à la fourchette. Garnir de la compotée d'oignons. Disposer dessus 400 g de haddock en tranches fines et les rondelles de pommes de terre. Parsemer de noisettes de beurre et cuire 10 min au four préchauffé à 180 °C.

La rubrique du 13 h

LA POINTE DU PETIT MINOU

Bretagne

À l'entrée de la rade de Brest, face à Camaret, se dresse la pointe du Minou, du terme breton *min* qui a pu signifier « embouchure ». Le fort, qui y a été bâti à partir de 1694, est un poste de défense maritime, mais devient un hôtel, puis un blockhaus sous l'Occupation. Son phare signale aux marins, depuis 1848, le dangereux plateau des Fillettes, un amas de roches immergées du goulet de Brest. « Le Minou rougit quand il couvre les Fillettes », se rappellent les marins, quand ils doivent passer la pointe, devenue aujourd'hui, avec sa plage environnante, le paradis des surfeurs et un haut lieu touristique du Finistère.

Savoirs d'antan

Ne pas utiliser de cotons industriels pour se démaquiller et accomplir cette opération de façon moins polluante, c'est possible. Il suffit d'acheter dans un magasin bio du vrai coton. Quand il est sale, on le passe à la machine et on peut l'utiliser *ad vitam aeternam*.

Ils ont marqué leur région…

Maurice Pialat

Auvergne

« Si vous ne m'aimez pas, je peux vous dire que je ne vous aime pas non plus », déclare Pialat en 1987, le soir où il reçoit la palme d'or pour *Sous le soleil de Satan*, au festival de Cannes. Maurice Pialat est resté, pendant ses vingt-cinq ans de carrière, un cinéaste dérangeant. Il commence comme comédien au théâtre, puis il devient assistant réalisateur et monteur à la télévision. Il remporte, en 1969, avec son premier long-métrage, *L'Enfance nue*, le prix Jean-Vigo. Ce passionné de peinture réalise *Van Gogh* en 1991. C'est à Cunlhat, dans le Puy-de-Dôme, où il est né, qu'il tourne une partie de son dernier film, *Le Garçu*, sorti en 1995.

jeudi 12 juillet

lever : 6 h 00
coucher : 21 h 51

St Olivier

Quiz des villes & villages de France

Lieu de naissance du top-modèle Lætitia Casta, cette petite ville de l'Eure, sise sur la Risle, est remarquable pour ses nombreuses maisons à colombages très bien conservées.

____-_______

Faune & flore

L'armérie maritime

Basse-Normandie

Poussant parfois à même la roche des falaises bas-normandes, l'armérie maritime forme d'immenses tapis de fleurs roses, qu'il est possible d'admirer tout l'été. On la trouve également plus à l'intérieur des terres, près des rivières, dès lors que l'endroit est suffisamment ensoleillé.

La rubrique du 13 h

LE CHÂTEAU DE TURENNE

Limousin

Les ruines du château féodal sont perchées sur un promontoire dominant toute la vallée de la Dordogne et offrant une vue sur les monts du Cantal. Édifiée au XIe siècle, la forteresse, chargée de veiller sur la vicomté de Turenne, fut démantelée par Louis XV en 1738, si bien que les seuls vestiges qui subsistent sont une tour de guet – la tour de César – et l'ancien donjon, appelé « tour de l'Horloge » ou « tour du Trésor », dont on peut visiter l'ancienne salle des gardes. Les deux constructions sont séparées par un jardin à la française remarquablement fleuri.

À table !

Chiquetaille de morue

Martinique

Pour 4 personnes

Faire cuire 800 g de morue dessalée dans une grande casserole d'eau ; l'égoutter et l'émietter finement avec les doigts. Hacher 1 oignon blanc, 3 échalotes, 3 gousses d'ail, 4 cives et les mélanger à la morue. Ajouter le jus de 3 citrons verts, 1 branche de thym, 1/4 de piment antillais, 2 c. à soupe d'huile et du poivre. Bien mélanger et réfrigérer 3 h.

Ils ont marqué leur région…

René Schickele

Alsace

Né à Obernai en 1883, dans une Alsace germanophone, cet auteur fut présenté par Thomas Mann comme un « poète de la terre alsacienne, un écrivain du terroir, mais au sens le moins bourgeois, au sens le plus artistique de ce terme ». Bouleversé par la Première Guerre mondiale, il s'engage en politique et travaille à la réconciliation franco-allemande, dans le cadre d'une Europe unie. Dans les années 1930, inquiet de la montée du nazisme outre-Rhin, ce pacifiste se retire en Provence, où il rédige ses deux chefs-d'œuvre, *La Veuve Bosca* et *La Bouteille à la mer*. Son dernier livre, *Le Retour*, est le seul qu'il écrive en français.

Pont-Audemer

vendredi 13 juillet

lever : 6 h 01
coucher : 21 h 50

St Henri

À table !

Aillade de veau

Midi-Pyrénées

Pour 6 personnes
Couper en gros morceaux 1,5 kg d'épaule de veau désossée. Faire fondre un peu de graisse d'oie dans une cocotte à fond épais, y mettre la viande et la faire dorer, en retournant souvent les morceaux. Ajouter 10 gousses d'ail hachées et remuer 5 min. Ajouter 2 oignons émincés et 1 bouquet garni ; saler et poivrer. Ajouter 3 tomates pelées et concassées et 30 cl de bouillon de veau. Couvrir et laisser mijoter 2 h 30. Verser dans un plat à gratin, saupoudrer de chapelure mélangée avec du persil haché et passer le plat sous le gril quelques instants avant de servir.

La rubrique du 13 h

L'ÎLE DE PORQUEROLLES

Provence-Alpes-Côte d'Azur

La plus grande des trois îles d'Hyères est en majeure partie propriété de l'État. Située dans le parc national de Port-Cros, elle offre une belle diversité biologique et accueille d'ailleurs le conservatoire botanique national méditerranéen de Porquerolles, qui rassemble un grand nombre d'arbres fruitiers. Mais l'île ne vaut pas le détour uniquement pour sa flore : du fort Sainte-Agathe, qui surplombe le village, le panorama est exceptionnel ; les eaux turquoise de la mer et les plages de sable blanc rendent Porquerolles paradisiaque.

Faune & flore

Le marsouin

Poitou-Charentes

Considéré comme l'espèce de mammifère marin la plus commune du littoral atlantique dans les années 1960, le marsouin est aujourd'hui en voie de disparition dans la région. Ce cétacé, proche du dauphin, se distingue de ce dernier notamment par son museau, court, et ses dents pointues et courbées.

Quiz des villes & villages de France

On dit que l'eau minérale qui coule dans cette station thermale des Vosges très prisée est « revitalisante » !

_ _ _ _ _ _

Ils ont marqué leur région...

Mireille Dumas

Centre

Née à Chartres en 1953, Mireille Dumas commence sa carrière comme journaliste, puis réalise des documentaires pour la télévision. C'est en animant des émissions spécialisées dans l'entretien sur un mode intime, avec des inconnus ou des personnes célèbres, qu'elle se fait connaître du grand public, dans les années 1990. Avec son don particulier pour percer en profondeur les états d'âme de ses invités, Mireille Dumas fait tomber les masques. Productrice de magazines de société, elle a également écrit, en 2008, avec Yann Queffélec, un livre sur le crime passionnel, intitulé *Passions criminelles*.

Vittel

samedi 14 & dimanche 15 juillet

Fête nationale St Donald

Mythes et légendes
aquitaine

Les sirènes

La mise à mort d'un conte de fées

« Les sirènes laissant les périlleux détroits
Arrivent en chantant bellement toutes trois. »
Guillaume Apollinaire, « Zone », Alcools, *1913*

Les sirènes vivent dans la mer. Elles sont belles, ont les cheveux longs et soyeux, se coiffent avec des peignes d'or et ont toute leur vie l'apparence de jeunes filles en fleurs. Andersen nous l'a dit dans « La Petite Sirène », et nous avons envie de le croire : elles doivent épouser un humain pour avoir, comme lui, une âme immortelle. La Garonne regorge de ces créatures. Comme ailleurs, elles ne sortent que la nuit et doivent replonger dans l'eau au petit matin. Comme ailleurs, ceux qui en ont vu sont sûrs de leurs dires : elles sont mi-demoiselles, mi-poissons. Et elles chantent, d'une voix comme nulle autre, des mélodies sans pareilles. Elles sont, en somme, irrésistibles. N'est-il donc pas étrange, alors, que tous les hommes ne courent pas en chercher une pour l'installer dans leur baignoire, ensorcelés par ces charmes ? Plus curieux encore : il semblerait qu'ils les évitent.

C'est que, en effet, ce n'est pas si simple. Et les pêcheurs aquitains le savent très bien. Il ne suffit pas d'épouser un homme pour gagner son âme : il faut lui sucer la cervelle ! Andersen s'est bien moqué de nous, la vérité est dans la Garonne, et l'on sait désormais pourquoi les capitaines de navires empêchent leurs matelots de se jeter par-dessus bord pour rejoindre ces sorcières d'eau douce ou d'eau de mer ! Et ce n'est pas tout : on raconte ici que les sirènes mangent le foie, le cœur et les tripes de leurs proies, et les vident, tels des vampires, de leur sang... On ne saurait donc trop conseiller à chacun de rester sur ses gardes, et de ne pas aller voir de plus près qui sont ces nymphes, venues en nombre, qui folâtrent sous la lune, au bord de la Garonne !

lundi 16 juillet

lever : 6 h 04
coucher : 21 h 48

Notre-Dame du mont Carmel

CITATION

Auvergne

« En Auvergne, il y a plus de montées que de descentes. »

Alexandre Vialatte, Chroniques de La Montagne

À table !

Gigot au fenouil

Bretagne

Pour 8 personnes

Poser 1 gigot de 2 kg dans la lèchefrite du four. Inciser la graisse en croisillons, badigeonner d'huile et parsemer de graines de fenouil ; saler et poivrer. Cuire 15 min au four préchauffé à 240 °C, en retournant le gigot 1 fois. Peler 1,5 kg de fenouil et couper les bulbes en 4. Baisser la température du four à 180 °C, entourer le gigot du fenouil, de 2 oignons émincés et d'une dizaine de gousses d'ail non pelées. Parsemer de thym et arroser d'un filet d'huile, avant de cuire encore 35 min. Laisser reposer le gigot 10 min, sous du papier aluminium, avant de servir.

La rubrique du 13 h

LA FORÊT DES LANDES

Aquitaine

La forêt des Landes, dont le pin maritime est l'emblème, est le plus grand massif forestier d'Europe et s'étend sur plusieurs départements ; elle a la particularité d'être majoritairement privée et d'être exploitée de manière industrielle. D'origine naturelle, elle a été développée pour endiguer la progression du sable et assainir les terres marécageuses. Les bergers se sont alors reconvertis dans le gemmage, c'est-à-dire la récupération de la résine de l'arbre. Aujourd'hui, la forêt des Landes est le véritable poumon de l'Aquitaine.

Faune & flore

Le pingouin torda

Nord-Pas-de-Calais

Originaire de l'Arctique, le petit pingouin, ou pingouin torda, est un nageur hors pair, se servant de ses ailes pour « voler » sous l'eau. Il ne vient à terre que pour nicher, souvent à proximité de son cousin, le guillemot, et pondre un unique gros œuf, déposé à même le roc.

Ils ont marqué leur région...

Édouard Belin

Franche-Comté

Ce scientifique, né à Vesoul en 1876, n'est autre que l'inventeur du bélinographe, qui est l'ancêtre du télécopieur et, en quelque sorte, de la télévision. Ce passionné de mécanique réalise, à 6 ans, la reproduction – d'une étonnante perfection – d'une locomotive avec tout son jeu de pistons et de bielles. Il dépose à 18 ans son premier brevet pour un appareil photo permettant de photographier derrière soit. En 1907, il met au point le bélinographe, qui analyse une image ligne par ligne, la convertit en signaux électriques et la transmet, via un réseau téléphonique ou télégraphique. Il le perfectionne en 1921, de façon à ce qu'il soit capable de transmettre les photos par ondes radio.

mardi 17 juillet

lever : 6 h 05
coucher : 21 h 47

Ste Charlotte

À table !

La maouche

Rhône-Alpes

Cette spécialité ardéchoise est une recette de panse de porc farcie avec du chou, des pruneaux et de la chair à saucisse. Comme la maouche doit être pochée de nombreuses heures, il est aujourd'hui plus commode de l'acheter toute prête chez le boucher.

Faune & flore

La menthe aquatique

Haute-Normandie

Le mois de juillet est le meilleur moment pour observer les jolies fleurs pétiolées que produit la menthe aquatique. Cette plante vivace, au parfum si agréable, est très abondante dans le marais Vernier, l'une des plus remarquables tourbières de France.

La rubrique du 13 h

LE CHANTIER MÉDIÉVAL DE GUÉDELON

Bourgogne

À Treigny, la machine à remonter le temps semble bel et bien exister ! En effet, cette petite commune de l'Yonne plonge le visiteur au Moyen Âge, aux côtés de compagnons bâtisseurs qui ont décidé de recréer un château fort en utilisant uniquement des techniques de construction du XIIIe siècle. Tailleurs de pierre, charpentiers, forgerons et bien d'autres travaillent sans relâche, expérimentant les mêmes contraintes et les mêmes victoires que les ouvriers du Moyen Âge. Commencé en 1997, le chantier de Guédelon devrait durer vingt-cinq ans.

Un jour en

Pays de la Loire

17 juillet 1951

À Saint-Marc-sur-Mer, station balnéaire de la commune de Saint-Nazaire, Jacques Tati commence le tournage des *Vacances de M. Hulot*. Beaucoup d'habitants du lieu seront invités à jouer dans ce film, qui fera rire aux larmes des générations de spectateurs.

Ils ont marqué leur région…

Annie Girardot

Île-de-France

Après avoir envisagé d'être infirmière, Annie Girardot entre au Conservatoire national supérieur d'art dramatique de Paris, d'où elle sort en 1954 avec le premier prix. Luchino Visconti fait d'elle une star, en 1960, en lui donnant le rôle de Nadia dans *Rocco et ses frères*. Dans les années 1970, elle triomphe autant dans le registre dramatique que dans des films comiques. Elle obtient trois césars, dont celui de la meilleure actrice pour *Docteur Françoise Gailland* en 1977, et un molière d'honneur pour l'ensemble de sa carrière, en 2002. Après avoir tourné dans plus de cent films, Annie, atteinte de la maladie d'Alzheimer, nous a quittés en février 2011.

mercredi 18 juillet

lever : 6 h 06
coucher : 21 h 46

St Frédéric

À table !

Tarte à l'oignon doux

Languedoc-Roussillon

Pour 4 personnes
Émincer 400 g d'oignons doux des Cévennes et les faire fondre dans une cocotte avec du beurre. Mélanger 20 cl de crème fraîche, 15 cl de lait, 4 œufs et 100 g de fromage râpé. Ajouter les oignons dorés. Garnir une pâte brisée avec cette préparation et enfourner 20 min à 180 °C. Servir avec une salade.

La rubrique du 13 h

L'OPÉRA DE VICHY

Auvergne

Conçue par l'architecte Charles Le Cœur, au début du XIXe siècle, la salle de l'Opéra de Vichy peut accueillir plus de mille quatre cents spectateurs, dans un décor majestueux. Témoignage unique du style Art nouveau, la voûte lumineuse de la coupole est décorée de masques, de lyres, de fleurs et de visages dans des tons or et ivoire. Des ornements que l'on doit à des artistes tels que le peintre Léon Rudnicki ou Émile Robert, pour les ferronneries. Depuis 2002, son histoire est archivée et retracée dans le musée de l'Opéra de Vichy.

Faune & flore

Le fau de Verzy

Champagne-Ardenne

La forêt de Verzy, près de Reims, est un lieu unique au monde, car elle abrite la plus grande concentration d'une variété de hêtre aux formes sinueuses, le fau de Verzy. Outre cette singularité, l'arbre se distingue par sa petite taille et sa longévité – le plus vieux aurait aujourd'hui 350 ans !

Quiz des villes & villages de France

Ce très beau village de l'Aveyron, situé au confluent du Dourdou et de l'Ouche, abrite, en son église abbatiale, les reliques du crâne de sainte Foy.

_ _ _ _ _ _ _

Ils ont marqué leur région…

Léonard Limosin

Limousin

Ce célèbre orfèvre du XVIe siècle fut le maître des portraits émaillés. L'évêque de Limoges l'aurait présenté vers 1548 à la cour de François Ier, où il réalisa de nombreux portraits et retables. Influencé par l'école de Fontainebleau, où il se forma, il fut non seulement émailleur, mais aussi graveur et peintre. Il réussit à introduire les qualités expressives de la peinture classique dans l'art de l'émail, sur lequel il eut une influence tout au long du Grand Siècle. Parmi ses œuvres les plus connues, figure une série de portraits des héros de l'Antiquité, réalisée d'après un poème d'Ovide, *Les Héroïdes*.

Conques

jeudi 19 juillet

lever : 6 h 08
coucher : 21 h 45

St Arsène

À table !

Harengs à la calaisienne

Nord-Pas-de-Calais

Pour 4 personnes

Nettoyer 50 g de champignons, les couper en petits morceaux, hacher 2 échalotes avec 3 brins de persil et mélanger le tout avec 100 g de beurre ; saler et poivrer. Préparer 4 harengs d'environ 250 g chacun : les vider et les fendre par le haut, afin de retirer l'arête centrale. Étaler la farce à l'intérieur des poissons et les envelopper chacun dans une feuille d'aluminium. Cuire 12 min environ, dans le four préchauffé à 200 °C.

Faune & flore

La canneberge

Lorraine

Très cultivée en Amérique du Nord, d'où elle est originaire, cette plante vivace pousse également en France, principalement dans les tourbières des Vosges. Grâce à ses propriétés antioxydantes, la *cranberry* entre aujourd'hui dans la composition de nombreux produits alimentaires et cosmétiques.

La rubrique du 13 h

LE CHÂTEAU D'USSÉ

Centre

Avec ses terrasses à la française, dessinées par Le Nôtre, et ses tours crénelées, coiffées de leurs clochetons, le château d'Ussé domine les vallées de l'Indre et de la Loire. Bâti à partir du XVe siècle et jusqu'au XVIIe siècle, il réunit les styles gothique, Renaissance et classique, aussi bien sur sa façade qu'à l'intérieur du château. En lisière de la forêt de Chinon, il semble sortir d'un conte de fées ; d'ailleurs, la légende ne dit-elle pas que c'est en ces lieux que Charles Perrault aurait rédigé le conte de *La Belle au bois dormant* ?

Un jour en *Rhône-Alpes*

19 juillet 1919

À Grenoble, au départ de la onzième étape du Tour de France, le coureur Eugène Christophe est le premier à porter ce qui deviendra un des emblèmes du cyclisme : le maillot jaune, qui distingue le leader du classement général.

Ils ont marqué leur région...

Andrée Marik

Poitou-Charentes

Écrivaine née en Charente en 1914, Andrée Marik a publié, en 1996, *Charentes... j'écris ton nom*, une anthologie de poèmes charentais. Elle a fondé, il y a plus de trente ans, l'Atelier Poésie de Cognac, ville dont elle est citoyenne d'honneur. Membre fondateur de l'Académie d'Angoumois, elle a codirigé l'ouvrage intitulé *Grands Charentais*, où une cinquantaine d'auteurs ont retracé les destins de personnalités locales. Cette gastronome a écrit, par ailleurs, des livres culinaires consacrés aux spécialités de la région.

vendredi 20 juillet

lever : 6 h 09
coucher : 21 h 44

St Aurèle

À table !

Roulés de porc à la provençale

Provence-Alpes-Côte d'Azur

Pour 4 personnes
Étaler 4 fines tranches de porc sur le plan de travail. Laver et couper 1 tomate en lamelles ; écroûter et couper en lamelles 30 g de tomme. Répartir le tout sur les tranches de porc, saler et poivrer ; les rouler et les ficeler. Couper en dés 2 courgettes, 2 tomates et 1 poivron rouge. Faire revenir 1 oignon haché avec 1 c. à soupe d'huile dans une cocotte et y faire dorer la viande pendant 5 min, en la retournant souvent. Ajouter les légumes, du thym et 15 cl de bouillon. Cuire à feu doux 30 min.

La rubrique du 13 h

LA CRIQUE GABRIEL

Guyane

En Guyane, une crique est une petite rivière qui se faufile dans la forêt et la savane pour se jeter dans un fleuve. Considérée comme la plus belle de toute la région, la crique Gabriel se situe à une trentaine de kilomètres de Cayenne. Elle prend sa source au pied d'une colline appelée « montagne Gabriel » – elle doit son nom à un esclave mort noyé, alors qu'il tentait de s'enfuir. La balade en pirogue amérindienne est l'unique moyen de découvrir la crique. Au milieu d'une faune et d'une flore admirables, la forêt amazonienne se dévoile.

Faune & flore

La laminaire

Bretagne

Savez-vous que cette algue, typique du littoral breton, entre dans la composition de crèmes dessert, mayonnaises et autres nombreux produits alimentaires industriels ? La laminaire fait en effet un excellent gélifiant, dont le principal atout est de n'avoir ni goût, ni odeur, ni couleur, n'est-ce pas ?

Quiz des villes & villages de France

Cette petite commune de l'Aube porte le même nom qu'un légume sec que l'on aime déguster en salade ou accompagné de saucisses.

____

Ils ont marqué leur région…

Le duc de Morny

Basse-Normandie

Demi-frère adultérin de Napoléon III, Charles Auguste de Morny devient son conseiller et ministre de l'Intérieur sous le second Empire. Il découvre, en 1858, le port de Trouville, ainsi que le petit village normand et les marais de « Dosville », à flanc de coteau autour de l'église Saint-Laurent. À une époque où les bains de mer commencent à être à la mode, ce visionnaire, épris de luxe et de beauté, sent le potentiel de station balnéaire que présente le site, à deux cents kilomètres de Paris. Il fonde en 1861 l'établissement touristique de Deauville, qui apparaît, dès 1910, comme un lieu privilégié de courses automobiles, équestres et même d'aviation.

Lentilles

Le trésor du mont d'Or

« Ne mettez pas votre confiance dans l'argent,
mais mettez votre argent en confiance. »
Oliver Wendell Holmes, L'Autocrate à la table d'hôte, *1859*

Si, d'aventure, vous arpentez un jour les flancs du mont d'Or, vous croiserez certainement moult cueilleurs de gentianes. C'est du moins ce qu'ils vous diront. Mais ne soyez pas dupe, car ce n'est pas de la petite fleur bleue que la montagne jurassienne a tiré son nom.

Un berger, réputé pour veiller sur son troupeau comme une mère sur son enfant et voulant rattraper un agneau désobéissant, qui s'était trop éloigné de ses congénères, tomba dans une crevasse dissimulée par des buissons. Remis de son émotion et habitué à la pénombre ambiante, il remarqua, à quelques mètres de lui, la présence de trois énormes coffres, beaucoup trop lourds pour être arrivés jusqu'ici à dos de renard.

Les coffres regorgeaient d'or et de pierres précieuses. Autant dire de suffisamment de richesses pour mettre le berger, ainsi que sa descendance, à l'abri du besoin matériel, pendant des siècles. Mais, de descendance, il n'avait point, car la seule femme qui comptait à ses yeux depuis toujours était la fille du cruel seigneur Amaury. Or, si son état lui interdisait jusqu'alors d'oser rêver d'elle, sa fortune soudaine l'enhardit, et il alla trouver le sire Amaury de Joux pour lui demander la main de sa fille.

Mal lui en prit : dès qu'il eut raconté son extraordinaire aventure au seigneur de Joux, celui-ci n'hésita pas une seconde. Il le soumit aux pires tortures, afin de lui faire avouer l'emplacement exact du trésor. Mais il ne tira pas un seul mot du berger, qui mourut avec son secret. À ce jour, pourtant, malgré des siècles de recherches, pas une once de métal précieux n'a été trouvée sur le mont dit « d'Or »...

lundi 23 juillet

lever : 6 h 12
coucher : 21 h 40

Ste Brigitte

À table !

Apéritif aux feuilles de pêcher

Aquitaine

Laver 10 belles feuilles de pêcher et les mettre dans un grand pot de grès. Verser 25 cl d'armagnac et couvrir. Laisser macérer à température ambiante pendant 10 jours. Ajouter alors 25 cl de vin blanc et 25 cl de vin rouge. Bien mélanger. Ajouter 250 g de sucre fondu en sirop, 4 clous de girofle écrasés en poudre fine et 2 pincées de cannelle. Couvrir et laisser macérer au frais 8 semaines encore. Filtrer le liquide et le mettre en bouteille. Consommer frais sur des glaçons.

La rubrique du 13 h

LE RAVIN DE CORBŒUF

Auvergne

Près de Rosières, à une vingtaine de kilomètres du Puy-en-Velay, se trouve le Colorado de l'Auvergne ; les reliefs d'érosion du ravin de Corbœuf surprennent au cœur de la campagne verdoyante de la Haute-Loire. L'origine de cette curiosité géologique remonte à quarante millions d'années : ce sont des sédiments déposés par des lacs qui ont formé ce canyon d'argile de près de six cents mètres de long sur cent cinquante mètres de large. Façonnées par la pluie et le vent, les dunes rocheuses beiges et ocre prennent, grâce aux caprices de la lumière, des reflets bleutés.

Faune & flore

Le courlis cendré

Alsace

Ce grand amateur des zones humides est parfaitement à son aise dans les roselières du Ried alsacien. Doté d'un long bec incurvé, qui lui permet de dénicher toutes sortes de vers, de mollusques et de petits crustacés, le courlis cendré possède un plumage brun tacheté, qui le rend difficile à observer.

Un jour en *Lorraine*

23 juillet 1875

À Gérardmer, où hôtels et complexes de loisirs se multiplient à l'instar des vacanciers, naît le premier office de tourisme. Il se nomme « Comité des promenades », et a notamment pour mission la création de sentiers au sein de la vallée des Lacs.

Ils ont marqué leur région…

Jean Mermoz

Picardie

Mermoz, l'enfant du pays de Thiérache, naît à Aubenton au tout début du xxe siècle. Engagé à 19 ans dans l'armée de l'air, il écrira quelques-unes des plus belles pages de l'aviation française. En octobre 1927, il réalise un vol sans escale de Toulouse à Saint-Louis, au Sénégal. En mai 1930, il réussit la première traversée de l'Atlantique sud, en reliant, en vingt et une heures, les trois mille deux cents kilomètres qui séparent le Sénégal du Brésil. Moins de trois ans plus tard, il décolle de Paris et atterrit sans encombres à Buenos Aires, à bord d'un Couzinet 70. En 1936, le héros de l'Aéropostale disparaît au large du Sénégal, à bord de l'hydravion *Croix-du-Sud*. Le dernier message radio de celui qu'on surnomma « l'Archange » fut : « Coupons moteur arrière droit. »

mardi 24 juillet

lever : 6 h 14
coucher : 21 h 39

Ste Christine

Faune & flore

La reine-des-prés

Franche-Comté

Connue depuis longtemps pour ses propriétés fébrifuge et anti-rhumatismale, la reine-des-prés n'est pas une plante menacée, mais elle a fortement régressé depuis ces dernières années. Un phénomène qui s'explique par le recul des marais et des prairies humides, où elle aime à pousser.

Savoirs d'antan

En Inde, l'ortie est le symbole de Vasuki, un serpent dont elle tiendrait ses propriétés urticantes. Elle n'en a pas moins sa place dans la médecine populaire, qui l'utilise contre la fièvre ou les hémorragies.

La rubrique du 13 h

L'ABBAYE DE MORTEMER

Haute-Normandie

Fondée au XIIe siècle, cette abbaye cistercienne se situe dans le département de l'Eure, au cœur de la forêt de Lyons, où elle vivait autrefois en autarcie. Entourée d'étangs, elle doit son nom au sol marécageux sur lequel elle est construite. L'abbaye est aujourd'hui en ruine : son déclin commença dès le XVIIIe siècle, et, sous la Révolution, les quatre moines qui l'habitaient encore furent massacrés dans le cellier. Cet événement tragique a donné naissance à plusieurs légendes, puisque l'abbaye est censée abriter leurs fantômes.

À table !

Bourdaine

Pays de la Loire

Pour 4 personnes

Peler 4 pommes à cuire et les évider. Les placer au centre de 4 cercles de pâte feuilletée de 20 cm de diamètre. Déposer une noisette de beurre demi-sel et 1 c. à café de sucre dans la partie évidée. Enduire les pommes avec 40 g de beurre demi-sel ramolli et les envelopper dans la pâte feuilletée, à la manière d'une aumônière. Battre 1 œuf avec 1 c. à café de sucre et en badigeonner la pâte feuilletée. Enfourner et cuire environ 1 h à 150 °C. Déguster tiède.

Ils ont marqué leur région…

Bossuet

Bourgogne

Né en 1627, dans une famille de magistrats bourguignons, Bossuet montra très jeune des talents d'orateur. Après avoir fait ses études au collège des Godrans de Dijon, il choisit pourtant le sacerdoce et devint évêque de Condom. Bossuet fut la victime d'un calembour : son application au travail lui valut le surnom de *Bos suetus aratro*, qui signifie « bœuf attaché à sa charrue ». En 1669, son *Oraison funèbre d'Henriette de France, reine d'Angleterre*, fit de lui l'orateur sacré le plus en vue de toute l'Europe, et il fut nommé précepteur de Louis XIV l'année suivante. Philosophe cartésien indépendant, il s'opposa aux protestants et aux jansénistes, ainsi qu'au monde du théâtre.

mercredi 25 juillet

lever : 6 h 15
coucher : 21 h 38

St Christophe

À table !

Tarte aux myrtilles

Auvergne

Pour 6 personnes
Foncer un moule à tarte beurrée d'une pâte sablée et piquer le fond avec une fourchette. Mélanger 400 g de myrtilles triées avec 60 g de sucre et les répartir sur la pâte. Cuire 30 min au four préchauffé à 200 °C. Laisser refroidir et saupoudrer de sucre glace.

Savoirs d'antan

Si vos livres anciens sont attaqués par les insectes, qui les adorent, procurez-vous de l'essence de thym et mettez-la dans un vaporisateur. Aspergez très délicatement vos ouvrages de temps en temps. Cela fera fuir les bestioles à coup sûr.

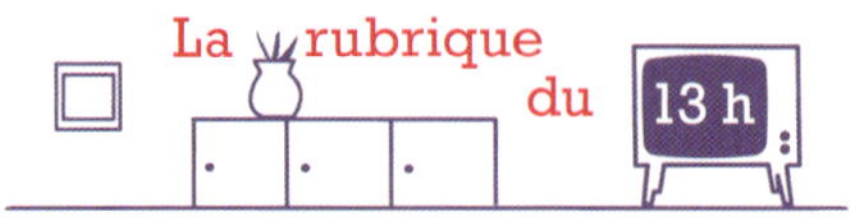

LE CHÂTEAU DE CRUSSOL

Rhône-Alpes

Au bord d'une falaise de plus de deux cents mètres, l'ancien château fort de Crussol, dans le département de l'Ardèche, domine la plaine du Rhône, comme agrippé à son rocher. Rasé au XVIIe siècle, à la suite des guerres de religion, le château, dont il ne restait que le donjon, a continué de se dégrader ; il est aujourd'hui en cours de réhabilitation. En 1786, c'est dans les ruines de cet édifice que Bonaparte, alors en garnison à Valence, a la vision de son avenir : il y voit des images nettes de sa campagne d'Italie, ainsi que celles de la cérémonie de son sacre.

Faune & flore

La mante religieuse

Languedoc-Roussillon

Ce que l'on dit à son sujet est vrai : la mante religieuse est un insecte cannibale – du moins la femelle, qui dévore parfois son partenaire pendant l'accouplement. Il faut dire que cette petite bête est loin d'avoir un appétit d'oiseau, puisqu'elle serait même capable d'attraper et de manger un moineau !

Ils ont marqué leur région...

Robin Renucci

Corse

Comment faire connaître et dynamiser les villages oubliés de la Corse intérieure ? En créant un festival de rencontres théâtrales internationales d'été dans la microrégion du Giussani ! C'est l'idée qu'a eue en 1998 Robin Renucci, dont la famille est originaire de Corse. Passionné par le théâtre dès son plus jeune âge, il débute dans le film *Eaux profondes*, de Michel Deville. Après avoir brillé devant les objectifs de Claude Chabrol, d'Alain Corneau et des frères Dardennes, Robin Renucci réalise en 2007 son premier long-métrage, *Sempre vivu !*, un film inclassable, qui évoque le rêve, le théâtre et la mort, et dont les dialogues sont intégralement en langue corse.

jeudi 26 juillet

lever : 6 h 16
coucher : 21 h 37

Ste Anne

Faune & flore

La spatule blanche

Aquitaine

Un bec à la forme étonnante et un plumage d'un blanc immaculé ont valu à cet échassier, qui vit notamment au bord des lagunes, de porter un drôle de nom d'oiseau ! Il lui va pourtant comme un gant, puisque la spatule blanche utilise son bec pour fouiller la vase à la recherche de plancton.

CITATION

Rhône-Alpes

« L'œil étonné aperçoit les pics des Alpes, toujours couverts de neige, et leur austérité sévère lui rappelle des malheurs de la vie ce qu'il en faut pour accroître la volupté présente. »

Stendhal, La Chartreuse de Parme, 1839

La rubrique du 13 h

LE SKIT DU SAINT-ESPRIT

Île-de-France

Au cœur du bois du Fay, au Mesnil-Saint-Denis, dans les Yvelines, s'élève un monastère orthodoxe bâti dans la plus pure tradition byzantine. Il se compose d'une église et de plusieurs cellules, destinées à abriter chacune un moine. En effet, les religieux n'ont pas de rythme imposé et ne suivent pas de règle commune. Le skit est remarquable, non seulement par son architecture, mais aussi par les fresques présentes à l'intérieur de l'église : elles sont l'œuvre du Père Grégoire Krug, un moine iconographe, qui vécut en ermite, pendant vingt ans, à cet endroit.

À table !

Bouchées à la reine

Lorraine

Pour 4 personnes

Cuire dans une poêle 4 blancs de poulet émincés. Dans une casserole, faire un roux : mélanger 40 g de beurre et 40 g de farine et faire cuire 1 min avant d'ajouter 50 cl de bouillon de volaille et 15 cl de vin blanc. Battre sans cesse afin d'éviter les grumeaux et mettre sur feu doux. Ajouter 5 champignons de Paris émincés et le poulet. Laisser mijoter 5 min. Ajouter 250 g de quenelles de veau détaillées en morceaux, 1 jaune d'œuf et 20 cl de crème fraîche et cuire encore 5 min. Remplir 4 feuilletés pour bouchées à la reine et les réchauffer au four.

Ils ont marqué leur région...

Pierre Dac

Champagne-Ardenne

« J'ai vu le jour dans la nuit du 15 août de l'année de ma naissance, à Châlons-sur-Marne (trente-six mille huit cent cinquante habitants approximativement, à cent soixante kilomètres de Paris exactement) [...]. Près de là, fut battu Attila, en 451, dans les champs Catalauniques, par Aétius, Mérovée, et Théodorie réunis, poil au président des États-Unis. » Voici comment le Roi des loufoques se présentait. Le chansonnier fonde en 1938 *L'Os à moëlle*, une publication humoristique où domine le raisonnement par l'absurde. En 1941, il rejoint Londres, d'où il dénonce la propagande de l'occupant dans l'émission « Les Français parlent aux Français ». Ses sketches, présentés avec Francis Blanche, restent une grande référence dans le domaine de l'humour insolite.

vendredi 27 juillet

lever : 6 h 17
coucher : 21 h 35

Ste Nathalie

À table !

Melon au cognac

Poitou-Charentes

Pour 6 personnes

Porter 35 cl d'eau à ébullition avec 300 g de sucre, 3 gousses de vanille fendues en 2 et 20 cl de cognac. Retirer du feu et laisser refroidir. Couper 3 petits melons en 2, les épépiner et détailler la chair en dés. Verser le melon dans le sirop au cognac et attendre 5 min avant de servir.

La rubrique du 13 h

LES BOVES À ARRAS

Nord-Pas-de-Calais

Creusées au fil des siècles sous la ville d'Arras, les boves constituent une véritable cité souterraine. En effet, à partir du xe siècle, l'homme s'aventure dans le sous-sol arrageois pour extraire du calcaire, notamment au profit de l'abbaye Saint-Vaast, formant progressivement un labyrinthe sur plusieurs niveaux. Les boves ont servi de prison sous l'Ancien Régime et de refuge aux Anglais, lors de la Première Guerre mondiale. Chaque année, au printemps, les galeries se transforment en jardins insolites, à une douzaine de mètres de profondeur.

Savoirs d'antan

Les bijoux en argent ont une fâcheuse tendance à noircir au fil des années. Pour leur permettre de retrouver leur éclat et leur couleur initiale, procurez-vous une craie de tableau et réduisez-la en poudre. Frottez-les avec cette poudre, à l'aide d'une vieille brosse à dents, rincez à l'eau tiède, puis séchez.
Le succès est garanti.

Faune & flore

Le chou marin

Basse-Normandie

Le nom de cette plante n'a rien d'un jeu de mots, mais fait tout simplement référence à la manière dont elle était préparée en cuisine, très proche de celle du chou terrestre. La récolte en est désormais interdite, le chou marin se raréfiant, tant dans la région que sur l'ensemble du territoire français.

Ils ont marqué leur région...

Constance de Théis, princesse de Salm-Dyck

Pays de la Loire

La « Muse de la Raison », ou le « Boileau des femmes », voici les surnoms qu'on donna à cette femme de lettres, née à Nantes en 1767. Elle épousa en 1789 un riche chirurgien, Pipelet de Leury, et écrivit en 1794 une tragédie, *Sapho*, qui obtint un énorme succès. Elle devint, l'année suivante, la première femme admise au Lycée de arts. La poétesse tint sous la Restauration un des salons les mieux fréquentés de Paris, et Stendhal l'évoque en ces termes, dans une de ses œuvres autobiographiques : « J'admirais fort et avec envie la gorge de Mme Constance Pipelet, qui lut une pièce de vers. »

L'histoire sans fin...

...ou les estropiés héroïques

Il était une fois un roi, dont la fille unique avait été enlevée par le diable en personne. Il l'avait chargée, dans son château, de charrier le fumier. Drôle de mission pour une princesse : c'est qu'elle avait été au préalable changée en jument... Le roi fit poser des affiches annonçant qu'il recherchait trois hommes courageux et téméraires pour l'aller chercher dans l'antre du diable.

Au même moment, arrivait au royaume un curieux trio, composé d'un manchot, d'un borgne et d'un unijambiste. Fuyant leurs villages respectifs, ils s'étaient rencontrés au bord des chemins et s'étaient dirigés de concert vers la grande ville, où les différences et les infirmités sont moins visibles, perdues au milieu de la foule. Les trois hommes découvrirent ensemble les affiches royales et se dirigèrent, bon pied bon œil, vers le palais pour offrir leurs services. Le roi leur expliqua l'affaire, et les trois estropiés partirent se cacher dans le tas de purin, afin d'entrer discrètement en contact avec la princesse ensorcelée.

Quand la jument arriva, l'unijambiste sautilla afin de retirer son attelage, mais la princesse, sous le charme diabolique, hurla : « Au secours, mon maître, on me vole ! » Le Satan ne trouva pas les infirmes, n'ayant pas envie de se salir les mains, mais donna à la bête une belle raclée, afin qu'elle comprît qu'on ne dérange pas impunément son maître au beau milieu de la nuit. Le manège recommença trois fois, jusqu'à ce que le borgne se décidât à parler : « Tu vois bien, belle jument, que le diable ne te veut pas de bien ; rentre donc au palais avec nous. » La bête accepta, à condition que l'on partît avec la diligence du Malin, rapide comme le vent.

Et tous de rentrer voir le roi, ravi de retrouver... sa jument de fille. En effet, un sortilège de cette force ne se rompt pas ainsi ! Mais ce qui arriva ensuite, et comment on libéra la princesse, eh bien, c'est une autre histoire !

lundi 30 juillet

lever : 6 h 21
coucher : 21 h 31

Ste Juliette

À table !

Lieu à la rouennaise

Haute-Normandie

Pour 4 personnes
Placer 4 filets de lieu dans une casserole d'eau salée et porter à ébullition ; égoutter aussitôt le poisson. Hacher 3 oignons et en tapisser un plat allant au four, préalablement beurré ; y déposer le poisson. Répartir 50 g de beurre sur chaque filet et mettre 5 min au four préchauffé à 180 °C. Recouvrir chaque filet de 1 c. à soupe de crème, saler, poivrer et saupoudrer de chapelure. Enfourner de nouveau et cuire 15 min.

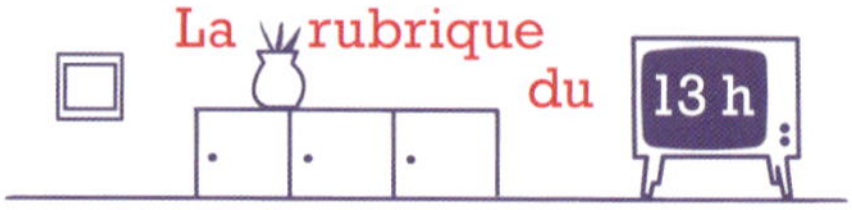

LE CHÂTEAU DE RAMBURES

Picardie

Bâti exclusivement en briques, sur une fosse sèche, le château de Rambures fut construit au XVᵉ siècle ; avec ses tours et demi-tours imbriquées, ce château fort est l'un des derniers exemples d'architecture militaire visibles en Picardie. Aujourd'hui encore, le château est la propriété des descendants de David de Rambures, le compagnon d'Henri IV qui l'avait fait construire ; le château est ouvert au public, qui peut également se promener dans le magnifique parc à l'anglaise, y admirer les arbres séculaires ou la roseraie et ses centaines de variétés.

Faune & flore

La mygale maçonne

Midi-Pyrénées

Cette toute petite araignée est appelée ainsi parce que son terrier est fermé par un couvercle hermétique, fait de soie et de débris végétaux. C'est pourquoi la mygale maçonne peut facilement se cacher, en cas de danger, et surprendre les petits invertébrés qui s'aventureraient trop près de son repaire.

Quiz des villes & villages de France

Une petite pastille blanche, aux propriétés digestives, est fabriquée dans cette cité thermale de l'Allier, depuis le début du XIXᵉ siècle.

_ _ _ _ _

Ils ont marqué leur région...

Ambroise Vollard

La Réunion

Fils d'un notaire réunionnais, ce marchand d'art au visage bourru et à l'accent créole ouvre sa galerie à Paris, en 1893. Ce découvreur de talents est l'un des premiers à sentir le potentiel des Auguste Renoir, Paul Cézanne ou encore Bonnard, qui peignent son portrait. C'est chez lui que Picasso fait, en 1901, l'une de ses premières expositions. Au côté d'Alfred Jarry, il se découvre une passion pour l'écriture et se lance parallèlement dans l'édition d'art. Il publie notamment les *Fables* de La Fontaine illustrées par Chagall. Le musée d'Orsay lui a rendu hommage en 2007, à l'occasion de l'exposition « De Cézanne à Picasso, chefs-d'œuvre de la galerie Vollard ».

Vichy

mardi 31 juillet

St Ignace de Loyola

DICTON
Aquitaine
Entre juillet et août,
le boire est de bon goût.

Faune & flore

La pomme du Limousin

Limousin

Quelle autre région que la Normandie est célèbre pour ses pommes? Le Limousin, bien sûr! D'autant que cette variété est la première de France à avoir reçu l'AOC, mais aussi l'AOP, un label qui reconnaît les qualités nutritionnelles et gustatives du fruit au niveau européen.

La rubrique du 13 h

SUR LES TRACES DE SAINTE THÉRÈSE À LISIEUX

Basse-Normandie

Cette ville du Calvados est surtout connue pour le pèlerinage à sainte Thérèse de l'Enfant-Jésus. Ainsi, on peut y voir la maison dite des « Buissonnets », où l'adolescente grandit, avant de découvrir sa voie. On peut y admirer la cathédrale Saint-Pierre, chef-d'œuvre de l'art gothique normand, et la chapelle dans laquelle la famille de Thérèse assistait à la messe dominicale. On peut se recueillir dans la chapelle du Carmel, où sont exposées les reliques de la sainte, ou dans la basilique de style romano-byzantin qui fut édifiée en son honneur.

À table !

Gratin de blettes au munster

Alsace

Pour 4 personnes
Dans une casserole, faire fondre 30 g de beurre et y cuire 1 kg de blettes, coupées en tronçons de 4 cm, pendant 15 min. Ajouter 100 g de crème épaisse et $^1/_3$ de munster; cuire 5 min jusqu'à ce que le mélange épaississe et laisser refroidir. Dans un saladier, mélanger 2 jaunes d'œufs avec 100 g de crème liquide, du sel et du poivre. Ajouter aux blettes et verser dans un plat à gratin. Cuire 20 min au four préchauffé à 180 °C.

Ils ont marqué leur région...

Jean-Christophe Lafaille

Provence-Alpes-Côte d'Azur

Né en 1965, l'enfant de Gap commence à grimper à 7 ans. Il excelle alors en escalade et prépare le concours de guide de haute montagne. Le diplôme en poche, il s'oriente vers l'alpinisme et se lance le défi, en 1993, d'être le premier Français à franchir les quatorze sommets de l'Himalaya de plus de huit mille mètres, et ce, sans oxygène. Il lui en manquera deux. Jean-Christophe Lafaille disparaît en janvier 2006, à sept mille cinq cents mètres d'altitude, en voulant réaliser la première ascension hivernale en solitaire du Makalu, le cinquième sommet le plus haut du monde, considéré l'un des plus techniques de l'Himalaya.

À table !

Soupe de fraises au vin de cassis

Bourgogne

Pour 6 personnes

Laver 1 orange, prélever son zeste et presser son jus. Mélanger 50 cl de vin rouge avec la moitié du zeste, 1 bâton de cannelle et 1 brin de menthe et porter à ébullition ; cuire 5 min à feu doux. Ajouter 20 cl de coulis de cassis. Laver, équeuter et couper en quartiers 600 g de fraises. Les arroser du jus d'orange et du jus de 1 citron ; ajouter le reste du zeste. Réfrigérer 4 h les fraises et le vin séparément. Filtrer le vin et le verser sur les fraises avant de servir.

La rubrique du 13 h

L'ÉGLISE DES CORDELIERS DE NANCY

Lorraine

Accolée au palais ducal, la chapelle de l'ancien couvent des Cordeliers a été consacrée en 1487. D'une belle sobriété extérieure, elle possédait autrefois de grandes fresques colorées et de splendides verrières. Dès son édification, la chapelle abrite les tombeaux des ducs et des princes de Lorraine. Pendant la Révolution, l'église est louée à un marchand de charbon et à un aubergiste : elle tombe en ruine, si bien qu'on envisage de la détruire. La municipalité décide finalement, en 1937, de la restaurer et de la confier au Musée lorrain.

Faune & flore

Garder les semis au frais

France

Les fortes chaleurs du mois d'août peuvent être un véritable fléau pour vos semis. Accordez-leur un peu de fraîcheur en les recouvrant avec des sacs en toile de jute. En arrosant directement dessus, vous maintiendrez un environnement humide autour des graines, qui germeront ainsi en toute tranquillité.

Quiz des villes & villages de France

Haut lieu de détente et de loisirs nautiques du Morbihan, cette commune porte le même nom que la presqu'île à l'extrémité de laquelle elle est située.

_ _ _ _ _ _ _ _

Ils ont marqué leur région...

Robert Merle

Aquitaine

Enseignant à Bordeaux, puis à Neuilly, où il rencontre Jean-Paul Sartre, Robert Merle s'intéresse à la philosophie et travaille à une thèse sur Oscar Wilde. Mobilisé en 1939, il passe trois ans en captivité. Après la guerre, il s'installe en Dordogne et commence à écrire. Son roman *Week-end à Zuydcoote*, avec lequel il remporte le prix Goncourt en 1949, évoque la retraite de Dunkerque, catastrophique, en mai 1940. Les premiers volumes de *Fortune de France* – une saga en treize tomes, publiée de 1977 à 2003 – racontent le destin de Pierre de Siorac, un noble sarladais, dans la France déchirée des guerres de Religion.

Quiberon

jeudi 2 août

lever : 6 h 25
coucher : 21 h 27

St Julien

CITATION

Centre

« Le pêcheur, vidant ses filets,
Voit les poissons d'or
de la Loire
Glacés d'argent
sur leur nageoire
Et mieux vêtus que des varlets. »

Théodore de Banville, « La pêche », Les Cariatides, 1843

Faune & flore

Le campagnol amphibie

Auvergne

Parmi les nombreuses espèces de campagnols qui résident dans la région, l'amphibie est de loin la plus menacée. Son déclin paraît principalement dû à la prolifération d'espèces introduites et à la dégradation des ruisseaux par des pratiques d'entretien trop fortes. La situation du campagnol amphibie est aujourd'hui préoccupante.

La rubrique du 13 h

L'OUVRAGE DE MÉROUX

Franche-Comté

L'ouvrage de Méroux est un fort destiné à protéger Belfort. Appartenant au système Séré de Rivières, l'ouvrage est achevé juste avant la Première Guerre mondiale. De forme trapézoïdale, en béton armé – il sera complètement ferraillé pendant la Seconde Guerre mondiale –, il est entouré d'un fossé et abrite plusieurs tourelles destinées à des mitrailleuses et à des canons. Le bâtiment principal – le casernement, qui pouvait accueillir quatre cents hommes – a été aménagé par la municipalité en salle polyvalente, tandis que l'extérieur de l'ouvrage reste librement accessible.

À table !

L'amande fraîche

Corse

La Corse est la première région française de production d'amandes. Ce fruit d'un blanc laiteux, protégé par une enveloppe vert tendre et duveteuse, est présent sur les étals tout l'été. Une fois sa coque vaincue, l'amande fait merveille avec les fromages à pâte persillée.

Ils ont marqué leur région...

Olivia Ruiz

Languedoc-Roussillon

Cette jeune chanteuse, née dans l'Aude, s'initie dès son plus jeune âge à la musique grâce à son père, lui-même chanteur et musicien, qui fait partie d'une famille d'origine espagnole passionnée de musique. Adolescente, Olivia fait ses premiers pas sur scène à Carcassonne, à l'occasion d'un festival d'été organisé par la troupe associative des « Médiévales ». Après son passage à la « Star Academy », Olivia s'oriente vers le rock alternatif et frappe aux portes des artistes qu'elle a toujours admirés – notamment Juliette, qui lui écrit une chanson. Avec un million d'albums vendus, elle décroche un disque de diamant avec *La Femme chocolat*, sorti en 2005.

vendredi 3 août

lever : 6 h 27
coucher : 21 h 25

Ste Lydie

À table !

Petits pois à la française

Île-de-France

Pour 4 personnes
Écosser 1,2 kg de petits pois frais, couper 1 cœur de laitue en 4 et le lier avec une petite ficelle, éplucher 1 botte de petits oignons nouveaux. Mettre ces légumes dans une cocotte avec 1 bouquet garni, 1 botte de cerfeuil, 2 c. à café de sucre et 70 g de beurre. Saler, poivrer et verser ½ verre d'eau ; porter à ébullition. Couvrir et cuire 15 min à petits frémissements. Découvrir en fin de cuisson pour faire évaporer le liquide. Retirer le bouquet garni et ajouter 30 g de beurre. Mélanger, ôter la ficelle et servir.

La rubrique du 13 h

LA BASILIQUE DE MÉZIÈRES

Champagne-Ardenne

Datant des XVIe et XVIIe siècles, la basilique Notre-Dame-d'Espérance, de style gothique flamboyant, située à Charleville-Mézières, frappe par sa sobriété. Sévèrement endommagée par les nombreuses guerres qui ont secoué la région, elle a été entièrement restaurée après 1945. La basilique est surtout réputée pour son ensemble de vitraux contemporains, le plus beau en Europe. Entre 1954 et 1979, René Dürrbach, ami de Picasso, a composé soixante-deux verrières, sur une surface de plus de mille mètres carrés, réalisant un chef-d'œuvre de l'art non figuratif.

Faune & flore

La morille

Languedoc-Roussillon

Ce petit champignon de huit centimètres de hauteur en moyenne, au chapeau alvéolé, est roi dans le Languedoc-Roussillon, véritable pays de cocagne pour les mycophages et autres amateurs de champignons. Il existe différentes sortes de morilles, qui ont toutes la particularité d'être toxiques si elles sont consommées crues ou insuffisamment cuites.

Savoirs d'antan

C'est bien connu, les vêtements blancs finissent par jaunir, surtout si on les laisse dans le fond d'une armoire, sans les porter pendant une longue période. Pour éviter l'apparition de ces taches et maintenir leur teinte blanche comme neige, conservez-les dans du papier aluminium.

Ils ont marqué leur région...

Ernest Renan

Bretagne

Ce philologue spécialiste des langues sémitiques, professeur d'hébreu, déchaîna la polémique en 1863 avec l'essai *La Vie de Jésus*, qui lui valut même d'être surnommé par le pape le « blasphémateur européen ». Son *Histoire des origines du christianisme* – dont cet essai constitue le premier tome – fit scandale, car l'auteur y formait le projet de fonder un « christianisme rationnel et critique ». Ce libre-penseur devint le fer de lance de la lutte anticléricale sous la IIIe République. Son intérêt pour sa Bretagne natale, et plus particulièrement pour Tréguier, où il a grandi, transparaît dans *L'Âme bretonne* et dans un texte autobiographique, *Souvenirs d'enfance et de jeunesse*.

samedi 4 & dimanche 5 août

St Jean-Marie Vianney — St Abel

Mythes et légendes
Pays de la Loire

Les ânes de Sougé

« Madame, si quelqu'un vient me demander, / Soyez aimable et répondez : / La baleine est sortie, / Asseyez-vous, / Attendez là, / Dans une quinzaine d'années, sans doute elle reviendra... »
Jacques Prévert, « La pêche à la baleine », Paroles, *1946*

Les ânes de Sougé ne sont pas des animaux endémiques, issus d'une race apparue dans ce petit village du Loir-et-Cher. Les ânes de Sougé, ce sont les habitants de Sougé eux-mêmes. En effet, ils furent longtemps surnommés ainsi. Était-ce une moquerie gratuite ? Le méritaient-ils vraiment ? À vous de juger.

Un matin, en un temps que nous ne saurions préciser, les pêcheurs de Sougé partirent à l'aube retirer les filets qu'ils avaient posés la veille dans le Loir afin de récolter les fruits de leur ouvrage. Il ne faisait pas encore bien clair, mais assez pour apercevoir, flottant sur la rivière, une forme étrange, sans nul doute animale, mais qui ne ressemblait en rien à ce qu'ils avaient déjà pu observer par chez eux. Effrayés, ils retournèrent au village en courant réveiller leurs congénères, au cri de : « Baleine ! Une baleine dans le Loir ! C'est incroyable, un miracle, une baleine miraculeuse ! » Et tous ensemble d'imaginer l'histoire de cette baleine, venue de contrées lointaines, d'un pays merveilleux et méconnu, en tout cas exotique. Le maire décida que l'on irait tous ensemble voir l'animal fabuleux, et voilà les habitants de Sougé partis vers le Loir, afin de chasser la baleine.

Lorsque tous arrivèrent, en procession solennelle, au bord du cours d'eau, chacun put constater qu'il y avait bien un monstre marin égaré dans le Loir. Cérémonieusement, les pêcheurs s'approchèrent de la baleine et, levant le harpon en un geste majestueux, malgré leurs craintes, visèrent la bête. La foule retint son souffle, mais rien ne se passa. Aucun mouvement de l'animal, aucun raz-de-marée. Soulagés, les pêcheurs tirèrent le géant des océans jusqu'à la rive et le montèrent sur la berge, sous les rayons du soleil, désormais levé et éclairant chaque détail du monde, comme il se doit. Que virent alors les villageois, au lieu d'un incroyable cétacé ? Un âne. Un âne noyé, porté par les eaux depuis plusieurs jours, gonflé, énorme : un gros équidé décédé. Consternés, outrés, honteux, les Sogétiens, que l'on ne nomma plus ainsi à compter de ce jour, en riant sous cape, regagnèrent leurs pénates, prétextant être très affairés, voire n'être jamais venus.

lundi 6 août

lever : 6 h 31
coucher : 21 h 20

St Octavien

Faune & flore

Le caméléon panthère

La Réunion

Originaire de Madagascar, mais introduit sur l'île au XIXe siècle, ce drôle de reptile vit exclusivement dans les arbres. Surnommé « l'endormi » en raison de son extrême lenteur, le caméléon panthère se distingue des autres par sa grande taille et la présence d'une petite crête sur le dos et la tête.

À table !

Le vieux-boulogne

Nord-Pas-de-Calais

Renommé pour son odeur forte – on dit qu'aucun fromage ne le surpasse dans ce domaine –, le vieux-boulogne est un ancien fromage, redécouvert dans les années 1980. Il est aujourd'hui fabriqué à partir du lait de vaches qui pâturent en bord de mer, se repaissant d'une herbe nourrie par les embruns.

La rubrique du 13 h

L'HÉLICE TERRESTRE À SAINT-GEORGES-DES-SEPT-VOIES

Pays de la Loire

Dans les années 1960, Jacques Warminski, un jeune sculpteur, décida de transformer un petit village troglodyte – ils sont nombreux en Anjou – en une œuvre d'art, qu'il baptisa l'« Hélice terrestre ». Créé au fond de la cour principale du hameau, cet espace d'art contemporain se compose d'un amphithéâtre sculpté à ciel ouvert et d'une partie souterraine. Les galeries creusées dans le tuffeau, dont les parois sont percées de petits trous correspondant à des personnages, forment un labyrinthe qui s'enfonce sous terre comme une vrille.

Quiz des villes & villages de France

Dans cette préfecture de Saône-et-Loire, traversée par la Saône, on peut déguster un poulet de Bresse, avant de se rendre au musée des Ursulines.

_ _ _ _ _

Ils ont marqué leur région...

Berthe Morisot

Centre

Née à Bourges en 1841, cette arrière-petite-nièce de Fragonard commence à prendre des cours de dessin à 16 ans, avec ses sœurs. Berthe Morisot étudie la peinture avec Corot et est admise au Salon de 1864, où elle présente ses premières toiles, des paysages. Elle rencontre en 1868 Manet, pour lequel elle pose, et dont elle deviendra la belle-sœur en épousant son frère Eugène. Elle se lie aux impressionnistes, parmi lesquels Degas ou Renoir, et peint des scènes intimistes d'intérieur ou de plein air. Vers la fin de sa carrière, elle éclaircit les teintes de ses toiles et adopte une touche libre et floue.

Mâcon

mardi 7 août

lever : 6 h 32
coucher : 21 h 19

Saint Gaétan

Faune & flore

Le raton laveur

Picardie

Réintroduit en Europe au début du xxe siècle, le raton laveur a un gros faible pour les petits animaux aquatiques. Ajoutons à cela l'habitude de pétrir ses aliments entre ses pattes, et voilà comment l'on en est arrivé à croire qu'il lavait sa nourriture avant de la manger.

La rubrique du 13 h

LA KUNSTHALLE DE MULHOUSE

Alsace

Mulhouse, qu'on surnommait « la Ville aux cent cheminées » en raison de ses usines, a conservé de nombreuses traces de son passé industriel. Ainsi, l'ancienne fonderie de la SACM, la Société alsacienne de construction mécanique, construite en 1924, accueille le centre d'art contemporain de Mulhouse et l'université de Haute-Alsace. Dans un espace de sept cents mètres carrés, la Kunsthalle présente des expositions temporaires; elle accueille également des artistes en résidence et anime des ateliers pédagogiques, pour initier les Mulhousiens aux pratiques artistiques.

À table !

L'échaudé « matau »

Limousin

Ce plat limousin très ancien est une spécialité à base de pomme de terre. Il s'agit tout simplement de faire une purée et de la rouler dans un drap fariné. Le cylindre de purée recueilli est ensuite tranché et frit à la poêle. L'échaudé accompagnait autrefois mendiants et voyageurs.

Savoirs d'antan

Pour ne plus se taper sur les doigts, lorsque l'on plante un clou, il suffit d'éloigner sa main du marteau ! Prenez un morceau de carton de deux centimètres de large sur cinq centimètres de long, passez le clou au travers, à l'une des extrémités de ce rectangle, puis tenez le carton par l'autre bout et enfoncez votre clou tranquillement, avec le marteau, à l'endroit désiré.

Ils ont marqué leur région...

Louis d'Arpajon

Midi-Pyrénées

Seul noble du Rouergue à avoir été élevé au rang de pair de France, Louis VI d'Arpajon, également comte de Rodez, eut un rôle fondamental sous le règne de Louis XIII dans la soumission au catholicisme des huguenots de Guyenne et du Languedoc. Il fréquenta la cour, et notamment Cyrano de Bergerac, dont il fut le protecteur. À la suite de son père, il transforma le château fort médiéval de Sévérac, dans l'Aveyron, en un palais élégant de style Renaissance préclassique.

mercredi 8 août

lever : 6 h 33
coucher : 21 h 17

St Dominique

DICTON
Guadeloupe
Une petite hache coupe un gros arbre.

À table !
Brochettes d'andouillettes à la moutarde
Champagne-Ardenne

Pour 4 personnes
Ciseler 1 bouquet d'estragon, 1 bouquet de ciboulette et 1 bouquet de persil plat. Dans un bol, mélanger 4 c. à soupe de moutarde forte avec les herbes. Détailler 4 andouillettes en rondelles et les enfiler sur des pics. Badigeonner les brochettes du mélange herbes-moutarde et les rouler dans 150 g de chapelure. Faire cuire les andouillettes au barbecue ou sous le gril du four environ 15 min, en les retournant régulièrement et en les arrosant de vin blanc.

La rubrique du 13 h

LA BASILIQUE SAINTE-MARIE-MADELEINE DE SAINT-MAXIMIN-LA-SAINTE-BAUME
Provence-Alpes-Côte d'Azur

Cette basilique est le plus grand édifice gothique de Provence, et elle impressionne malgré sa façade inachevée et son absence de clocher. Elle doit sa renommée à Marie Madeleine, à qui elle est dédiée, et, sur la route de Saint-Jacques-de-Compostelle, nombreux sont les pèlerins qui se recueillent auprès des reliques de la sainte. En effet, le massif de la Sainte-Baume abrite la grotte où Marie Madeleine serait venue mener une vie de pénitence, tout en évangélisant la Provence, après avoir été chassée de Judée ; l'église se dresse là où fut retrouvé son tombeau.

Faune & flore
La rue des murailles
Bourgogne

Bien que ses frondes ressemblent peu à celles de sa cousine aigle, la rue des murailles est bien une fougère, qui, comme son nom l'indique, est une grande amatrice des milieux rocheux. Elle s'établit donc généralement dans la fissure d'un mur ou l'anfractuosité d'un rocher calcaire.

Ils ont marqué leur région...
Tony Parker
Haute-Normandie

Fils d'un joueur professionnel de basket originaire de Chicago et d'une mannequin néerlandaise, Tony Parker grandit en Seine-Maritime. Avec son mètre quatre-vingt-six, le basketteur s'oriente vers le poste de meneur. Dès son plus jeune âge, le rêve de « Tipi » est de jouer aux États-Unis. À 19 ans, il est recruté par l'équipe des Spurs de San Antonio, et entre dans l'histoire de la NBA, en devenant le plus jeune meneur de jeu titulaire. L'équipe remporte le titre en 2003, 2005 et 2007. En 2006, il est même choisi pour participer au All-Star Game, un match annuel exceptionnel au cours duquel s'affrontent les meilleurs joueurs des États-Unis.

Faune & flore

Le crabe poilu

Corse

Vous risquez d'être fort déçu, si l'envie vous prenait de le caresser, car ses poils, apparemment si soyeux, n'ont rien de doux. D'autant que ce tout petit crabe de deux centimètres de long est loin d'avoir bon caractère et n'hésitera pas à vous le faire savoir en vous serrant la pince !

Quiz des villes & villages de France

Louis Blériot, pilote resté célèbre pour avoir, le premier, traversé la Manche en avion, est né dans cette ville, dont la spécialité culinaire est un petit bonbon à la menthe, baptisé « bêtise ».

La rubrique du 13 h

LE ROC D'ENFER

Poitou-Charentes

Appelé également « les portes de l'Enfer », ce site naturel appartient à la commune de Lathus-Saint-Rémy, dans le département de la Vienne. C'est de ce nom effrayant que l'on a baptisé les gorges encaissées de la Gartempe : la rivière devient ici torrentielle, se frayant un chemin à travers les blocs de granit. Seul site d'eaux vives de la région, le roc d'Enfer est bien connu des kayakistes – des compétitions s'y déroulent chaque année –, tandis que les amateurs d'escalade s'adonnent à leur passion, sur la quarantaine de voies aménagées.

À table !

Le crottin de Chavignol

Centre

Fabriqué à partir de lait cru de chèvre, ce fromage bénéficie d'une appelation d'origine contrôlée (AOC) depuis 1976. C'est au printemps qu'il est le plus doux : en effet, les chèvres ne donnant pas de lait en hiver, les crottins sont alors faits à partir de caillés congelés.

Ils ont marqué leur région...

Raymond Depardon

Rhône-Alpes

C'est dans la vallée de la Saône, dans la ferme du Garet où il a grandi, que Raymond Depardon prend ses premiers clichés. Il y reviendra dans les années 1990, pour dresser un portrait de la France rurale, dans un documentaire, *Profils paysans*. Entre-temps, il est devenu l'un des plus importants reporters-photographes de ces cinquante dernières années. Son documentaire culte, *Une partie de campagne*, raconte les dessous de la campagne présidentielle de 1974 de Valéry Giscard d'Estaing. En 2010, il expose, à la BNF, trente-six photographies qui racontent des lieux français, afin d'« observer les traces de la présence de l'homme qui, par son intervention au fur et à mesure de l'histoire, a modifié le territoire ».

Cambrai

vendredi 10 août

lever : 6 h 36
coucher : 21 h 14

St Laurent

À table !

Œufs poêlés à l'agenaise

Aquitaine

Pour 4 personnes
Éplucher et hacher 2 oignons et les faire fondre dans 2 c. à soupe de graisse d'oie. Quand ils sont cuits, ajouter 2 gousses d'ail hachées et 1 botte de persil effeuillée ; réserver. Dans une sauteuse, faire cuire 3 aubergines coupées en dés pendant 20 min environ.
Répartir les oignons dans 4 plats à œufs et casser 2 œufs dans chaque plat ; saler, poivrer et faire cuire.
Servir avec les aubergines.

La rubrique du 13 h

ÉGLISE DE LESTARDS

Limousin

Cette église est la propriété de Lestards, un petit village de Corrèze, situé au pied du massif des Monédières et comptant une centaine d'habitants. Édifiée au XIIe siècle et reconstruite au XVe siècle, l'église se distingue par son clocher-mur et les deux cloches qui y sont logées. Mais ce qui attire avant tout les amoureux de patrimoine religieux, c'est son toit de chaume – réalisé avec de la paille de seigle –, absolument unique en France. Derrière l'église, on aperçoit des pierres tombales nichées dans l'herbe, ainsi que deux sarcophages.

Faune & flore

Le tournesol

Provence-Alpes-Côte d'Azur

Plante héliophile par excellence, le tournesol constitue un véritable garde-manger pour les oiseaux, mais aussi pour les petits rongeurs, notamment avant le début de la récolte, vers la mi-août. Il fait également un paravent naturel efficace, planté en haie dans le jardin.

Un jour en

Pays de la Loire

10 août 1826

À Nantes, Stanislas Baudry met à la disposition des clients de son établissement de bains un service régulier de voitures à chevaux. Constatant qu'il sert aussi à d'autres usages, il rend le trajet payant : la première ligne d'omnibus est née.

Ils ont marqué leur région…

Charles Lebrun

Île-de-France

Lebrun apprend la peinture dans l'atelier de Simon Vouet, qui avait le premier importé le baroque italien en France. Après avoir travaillé à Vaux-le-Vicomte sur demande de Fouquet, il passe au service du Roi-Soleil. Nommé directeur de la manufacture des Gobelins en 1663, il contrôle à ce titre toute la production royale de meubles et de tapisseries. Il devient, en 1664, le premier peintre de Louis XIV et prend en charge la décoration intérieure de Versailles. Lebrun réalise là les plus grands décors du nouveau palais royal, notamment l'escalier des Ambassadeurs, la galerie des Glaces et les salons de la Paix et de la Guerre.

samedi 11 & dimanche 12 août

Ste Claire Ste Clarisse

Ne mettez pas la Cocogne en rogne !

« [...] des prières [...]
Pour conjurer des sorcières
L'œil malfaisant tourné vers nous. »
Pierre Jean de Béranger

On rencontre parfois, dans les Ardennes, et notamment aux alentours de la commune de Corny-Machéroménil, une personne qui ne ressemble plus à une femme tant elle est vieille, difforme, tordue, ridée... En un mot, cette créature antique est hideuse. Elle vit, selon la légende, dans un taudis dont elle ne sort que très rarement, où elle se chauffe, quand l'hiver arrive, de deux morceaux de bois secs toujours disposés en croix. Malheureusement, « très rarement » ne signifie pas « jamais », et il n'est pas impossible de croiser celle que l'on nomme « la Cocogne ». Si vous l'apercevez, cachez-vous afin de ne pas être ensorcelé. Or, cette solution de repli n'est pas toujours applicable, car il arrive que la Cocogne entre chez les gens !

Il n'y a alors qu'un seul moyen de sauver sa peau : fixer l'horrible femme, sans jamais se dérober. Le moindre coup d'œil à côté, et la sorcière disparaît, laissant le pauvre distrait en compagnie de deux chats noirs au regard de braise, des sorciers qui ne quittent plus le malheureux de toute sa vie. Mais tenir bon ne suffit pas, il ne faut pas non plus demander à la Cocogne de se retirer de chez soi : elle se mettrait en colère, et c'est l'accident assuré dans l'année, pour qui la provoque ainsi. Malgré le dégoût qu'elle suscite en chacun sans exception, il faut donc se montrer fort et patient, et attendre que la Cocogne ait enfin envie de s'en aller. Heureusement, décidément, qu'elle ne sort que très rarement...

lundi 13 août

lever : 6 h 40
coucher : 21 h 09

St Hippolyte

Un jour en Bretagne
13 août 1994

« La Route du rock », festival organisé à Saint-Malo depuis 1991, connaît sa première édition estivale et en plein air. Elle a lieu dans l'enceinte du fort de Saint-Père, une commune voisine. La nouvelle formule est un succès et sera reprise pour les années suivantes.

À table !

Achards
La Réunion

Les achards sont un condiment à base de légumes finement émincés et cuits dans de l'huile, avant d'être arrosés de vinaigre. Assaisonnés avec de l'ail, de l'oignon, du piment et des épices, comme le curcuma ou le gingembre, ils sont servis la plupart du temps en entrée.

La rubrique du 13 h

LA VALLÉE DE L'ORB
Languedoc-Roussillon

L'Orb est un petit fleuve qui sillonne le département de l'Hérault et l'arrière-pays biterrois. Depuis son éperon rocheux, Béziers domine ses eaux parfois tumultueuses : en effet, les crues sont fréquentes en automne. Prenant sa source dans l'Aveyron, près de Roqueredonde, l'Orb parcourt cent trente-cinq kilomètres à travers de splendides paysages – il borde de nombreux villages à flanc de montagne –, avant de rejoindre le canal du Midi, pour se jeter enfin dans la mer Méditerranée à Valras-Plage, à une dizaine de kilomètres de Béziers.

Faune & flore

La vache normande
Basse-Normandie

Au XVIIIe siècle, trois races bovines, la cotentine, l'augeronne et la cauchoise, ont été réunies pour n'en former qu'une : la normande. Résultat : une viande très appréciée et un lait de qualité, qui contribue à la grande notoriété des fromages et des crèmes produits dans la région.

Ils ont marqué leur région…

Bonne de Carlat
Auvergne

La légende raconte que la naissance de Bonne était due aux prières de sa famille à sainte Colette. Petite-fille de Bonne de Berry et fille de Bernard VIII d'Armagnac, la Bienheureuse Bonne passa toute son enfance au château de Carlat. On dit qu'elle faisait le bien autour d'elle, et qu'elle s'occupait tout particulièrement de secourir les pauvres femmes des alentours, si bien qu'on la surnommait « la Sainte du Carladez ». La jeune fille prit le voile contre l'avis de sa famille et entra chez les clarisses de Lézignan. Elle mourut à 25 ans environ, après trois années de vie monastique, « gentiment moqueuse et toujours joyeuse ».

mardi 14 août

lever : 6 h 42
coucher : 21 h 07

St Évrard

Faune & flore

La genette
Pays de la Loire

Difficile à observer, la genette ne se manifestant qu'une fois la nuit tombée, ce petit carnivore, tout de grâce et de finesse, est sans doute l'un des plus beaux animaux de la faune française. Longtemps chassée pour sa fourrure, la genette est aujourd'hui une espèce protégée.

Un jour en *France*

14 août 1893

La plaque d'immatriculation fait son apparition. Elle sert à identifier les propriétaires des voitures à moteur, qui remplacent peu à peu calèches et chevaux. Elle est attribuée par le service des Mines, d'où son autre nom de « plaque minéralogique ».

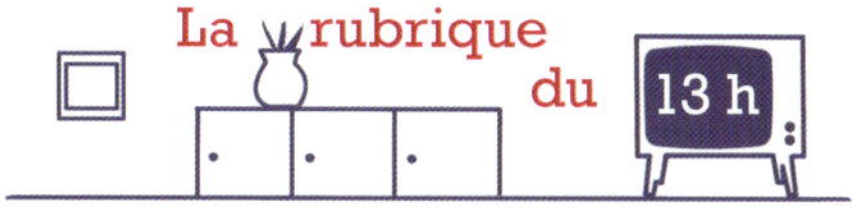

LE PHARE DES POULAINS À BELLE-ÎLE-EN-MER

Bretagne

Ce phare signale aux bateaux la pointe nord-ouest de Belle-Île-en-Mer. Situé sur l'îlot des Poulains, auquel il doit son nom, le phare est surtout connu pour avoir appartenu à l'actrice Sarah Bernhardt : face au phare, on peut visiter le fort dans lequel elle passa ses étés jusqu'en 1922. Le phare se compose d'une tour carrée de dix-huit mètres de hauteur, accolée à une maison rectangulaire. Il n'est accessible à pied qu'à marée basse et est automatisé depuis 1987. Aujourd'hui, il fonctionne totalement grâce à des panneaux solaires.

À table !

La carpe grillée

Franche-Comté

Pour 4 personnes
Écailler et vider une carpe de 1,5 kg et la laisser mariner 1 h dans de l'huile, avec du sel et du poivre. Faire griller le poisson sur un côté, arrosé de la marinade. Réaliser une farce avec de la mie de pain trempée dans du lait et un œuf battu, de la ciboulette et du persil hachés. Farcir la carpe, avant de la retourner sur l'autre face, pour la cuire 10 min. Servir avec une sauce tartare.

Ils ont marqué leur région…

Ettore Bugatti
Alsace

Pionnier de l'automobile de luxe, ce fils d'un artiste milanais est un adolescent passionné de mécanique et de courses de voitures. En 1902, Ettore Bugatti s'installe en Alsace, où le baron de Dietrich lui confie la responsabilité technique de sa production automobile. Ettore Bugatti fonde en 1909 sa propre entreprise à Molsheim, dans le Bas-Rhin. Accordant beaucoup d'importance à l'esthétique, l'ingénieur conçoit des modèles luxueux, dont la bien nommée *Royale*. Construite à sept exemplaires, c'est l'une des voitures les plus somptueuses jamais construites.

lever : 6 h 43
coucher : 21 h 05

Assomption

À table !

Pescajous

Midi-Pyrénées

Mélanger 1 kg de farine, 1 pincée de sel, ½ paquet de levure et 300 g de sucre. Battre 4 œufs avec 1 sachet de sucre vanillé, 80 g de beurre fondu et 2 c. à soupe de rhum. Incorporer ce mélange à la farine et laisser reposer la pâte pendant au moins 2 h. Faire chauffer 2 l d'huile de friture. Étaler la pâte et la découper en petits carrés. Plonger les morceaux de pâte par 4 ou 5 à la fois dans l'huile. Les égoutter dès qu'ils sont dorés et les saupoudrer de sucre.

La rubrique du 13 h

LE CHÂTEAU DE FONTAINE-ÉTOUPEFOUR

Basse-Normandie

Ce château est un trésor historique : en effet, il appartient à la même famille depuis près de cinq cents ans. Édifié sur une île, il devient en 1538 la propriété du Caennais Nicolas Levallois d'Escoville, nouveau seigneur de Fontaine. Cette forteresse Renaissance, avec notamment des douves en eau, fut considérablement endommagée lors de la bataille de la côte 112, en juillet 1944. Depuis cette époque, elle est en cours de restauration, mais on peut malgré tout la visiter et admirer la poterne à pont-levis du XVe siècle, ainsi que ses deux tourelles.

Faune & flore

Le paon du jour

Haute-Normandie

Si tant est qu'il y ait quelques orties dans votre jardin, vous aurez peut-être la chance d'y voir voleter le joli paon du jour. La plante est en effet une condition sine qua non à l'établissement de l'espèce, les chenilles s'en nourrissant exclusivement jusqu'à la métamorphose.

Savoirs d'antan

Pour éviter que la salade ne s'abîme trop rapidement au réfrigérateur, placez du papier absorbant en double épaisseur dans le fond d'une boîte en plastique, déposez la salade par-dessus et refermez bien la boîte. Sa conservation sera nettement améliorée.

Ils ont marqué leur région…

Pierre Pelot

Lorraine

C'est dans les Vosges que se situe l'intrigue du chef-d'œuvre de Pierre Pelot, *C'est ainsi que les hommes vivent*, paru en 2003. L'écrivain aux deux cents titres est né au pied du ballon d'Alsace, à Saint-Maurice-sur-Moselle, où il vit toujours. Fou de western, Pierre Pelot débute en tant que scénariste de bande dessinée, et son premier roman, *La Piste du Dakota*, se déroule au lendemain de la guerre de Sécession. Prolifique et discret, il est surtout l'auteur de récits de science-fiction et de romans noirs, parmi lesquels *L'Été en pente douce*, adapté au cinéma en 1987. De son amitié avec le paléontologue Yves Coppens, sont nés cinq livres consacrés aux origines de l'homme.

jeudi 16 août

lever : 6 h 45
coucher : 21 h 03

St Armel

Faune & flore

La renouée du Japon

Poitou-Charentes

Elle a beau être très décorative, cette plante n'en est pas moins une menace pour son environnement, puisqu'elle ne peut s'empêcher de tout coloniser, au détriment des autres espèces. Elle s'épanouit particulièrement dans les milieux humides, nombreux dans la région.

Un jour en

Nord-Pas-de-Calais

16 août 1934

Pierre Richard naît à Valenciennes. Issu d'une grande famille d'entrepreneurs, il monte vite à Paris pour y devenir comédien. Dès 1967, il s'illustre au cinéma, où il se construit un personnage, certes lunaire et maladroit, mais adoré du public !

La rubrique du 13 h

LA VALLÉE ÉTROITE

Provence-Alpes-Côte d'Azur

La vallée Étroite, modeste comparée à toutes les vallées alpines, a cependant une particularité. En effet, française sur le plan administratif – l'Italie l'a cédée à la France par le traité de Paris en 1947 –, elle a gardé une langue et des traditions italiennes. Près de Briançon, la vallée Étroite abrite un joyau couleur émeraude : le lac Vert. Il doit son nom et sa teinte à une algue d'eau douce, fine et visqueuse. Ses couleurs uniques en font un véritable lagon à l'eau limpide, mais encombrée de nombreux troncs de pins provenant de la forêt alentour.

À table !

Tarte à l'badré

Picardie

Pour 4 personnes

Dans un saladier, mélanger 35 g de farine avec 25 g de Maïzena et délayer avec un peu de lait. Dans une casserole, verser 50 cl de lait avec 60 g de sucre et 1 sachet de sucre vanillé. Faire bouillir et verser sur le mélange farine-Maïzena ; ajouter 1 œuf battu. Remettre le tout dans la casserole et faire épaissir 5 à 6 min en remuant. Verser cette préparation dans un moule garni d'une pâte brisée et cuire 30 min, au four préchauffé à 200 °C.

Ils ont marqué leur région…

Rose Féart

Limousin

Cette fille d'un industriel sucrier fut initiée au chant par l'organiste de l'église d'Argenton-sur-Creuse, où elle est née en 1878. La soprano monte à Paris et entre au Conservatoire de musique, où elle décroche, à 24 ans, le premier prix en déclamation lyrique. Engagée par l'Opéra de Paris, elle devient l'une des plus célèbres cantatrices de son époque, notamment dans les rôles wagnériens. Rose Féart multiplie pendant la guerre les récitals patriotiques, y compris à Argenton-sur-Creuse, où elle séjourne dans sa famille. Elle finit sa carrière à Genève, où elle enseigne le chant jusqu'à ses 76 ans.

vendredi 17 août

lever : 6 h 46
coucher : 21 h 01

St Hyacinthe

Quiz des villes & villages de France

Cette ville de la région parisienne abrite une basilique, classée aux monuments historiques, qui fut la nécropole de nombreux rois français.

_ _ _ _ _-_ _ _ _ _

À table !

La pétafine

Rhône-Alpes

La pétafine est une recette très simple, qui nécessite d'être patient, pour pouvoir la déguster, et de ne pas avoir le palais trop délicat : il suffit de laisser macérer, jusqu'à 1 an, des restes de fromages avec de l'eau-de-vie, du vinaigre et de l'ail, avant de les tartiner.

La rubrique du 13 h

LA FABULOSERIE À DICY

Bourgogne

La Fabuloserie est un musée hors du commun, dédié à l'art brut. Aménagé en labyrinthe, il rassemble des pièces uniques, réalisées par des dizaines d'artistes. Le jardin a également été transformé en musée de plein air autour d'une pièce maîtresse : le manège de Petit Pierre. Cette œuvre gigantesque, réalisée entièrement avec des matériaux de récupération, est le fruit du travail d'un garçon vacher borgne, sourd et muet. Vaches électriques, personnages animés, tous s'agitent autour d'une tour Eiffel en branchages, de vingt-trois mètres de haut.

Faune & flore

Le bouleau verruqueux

Centre

Que de qualités pour cet arbre adepte des zones humides et plutôt acides ! Poussant de manière spontanée dans les milieux hostiles ou surexploités, le bouleau blanc est un arbre à la croissance rapide, dont le bois, très léger, est utilisé dans la fabrication de caissettes et de papier.

Ils ont marqué leur région...

Vidocq

Nord-Pas-de-Calais

Enfant intrépide et rusé, Vidocq, qui a déjà une taille d'adulte à 12 ans, est surnommé « le Vautrin », c'est-à-dire le sanglier dans le patois picard. À l'âge de 16 ans, après avoir volé ses parents, il quitte Arras, où il a grandi, et s'engage dans l'armée révolutionnaire. En 1796, il est condamné au bagne pour vol. Il s'en évade, part en cavale, mais revient au bagne en tant qu'indicateur infiltré dans les prisons. Il permettra la capture de plus de sept cents bagnards en fuite. C'est ainsi qu'il commence une carrière d'honnête homme, qui le mène jusqu'au poste de chef de la Sûreté. Excellent physionomiste, as du déguisement, cet étonnant personnage crée, en 1832, la première agence de détectives privés au monde.

samedi 18 & dimanche 19 août

Ste Hélène St Jean Eudes

Mythes et légendes
Bourgogne

L'origine de la Seine

Il y a des siècles de cela, au VIe après J.-C. – c'est dire si cette histoire ne date pas d'hier –, vivait chez les Burgondes un moine comme on n'en fait guère plus aujourd'hui. Un religieux animé d'une foi inébranlable, de ceux dont on dit qu'ils sont choisis par Dieu lui-même pour prêcher en des lieux reculés, où les païens invétérés suivent la loi de leurs idoles. Et en effet, ce moine, répondant au nom de Seine, s'avança au cœur des forêts les plus sombres et les plus profondes, parmi les chênes. Se demandant toutefois si c'était bien en ces contrées bourguignonnes que Dieu voulait qu'il accomplît sa mission, il demanda à ce dernier de lui faire signe, afin qu'il pût bâtir son abbaye. Ainsi, un matin, Seine entendit une cloche sonner dans le bois : il suivit ce son divin jusqu'à une clairière de toute beauté, une cathédrale de verdure sans nulle autre pareille, et, lorsque le tintement cessa, il comprit que c'était là qu'il devait construire son monastère.

C'est à partir de cet endroit béni qu'il se mit en quête de convertir les brigands et de rétablir la paix dans ces bois infréquentables, et, petit à petit, les sauvageons convertis vinrent s'installer autour du monastère, créant une bourgade d'abord nommée Segestre, puis Saint-Seine. Le fondateur méritait bien cet hommage, lui qui apporta tant aux villageois... Un jour que, vieillissant, il rentrait à l'abbaye sur son âne, celui-ci s'agenouilla sur une pierre, afin de déposer le saint homme sans heurt : un trou se forma à l'endroit où la bête avait posé son genou, de l'eau en sortit miraculeusement, la Seine était née ! Voilà l'origine de celle qui coule dans nos villes et nos campagnes, majestueuse, venue de Bourgogne pour caresser les pieds de Notre-Dame de Paris.

lundi 20 août

lever : 6 h 50
coucher : 20 h 56

St Bernard

Faune & flore

L'anémone sylvie

Champagne-Ardenne

Voici une fleur qui ne manque pas de charme, puisque c'est précisément au pied de cet arbre qu'on la trouve le plus souvent. Avant même que les feuilles ne sortent, elle forme de magnifiques tapis fleuris, que les animaux s'abstiennent néanmoins de goûter, l'anémone sylvie étant fortement toxique.

À table !

Gratin de pêches jaunes

Languedoc-Roussillon

Pour 4 personnes

Peler 3 pêches jaunes et les couper en lamelles. Les disposer en rosace dans un plat à tarte beurré. Dans un saladier, mélanger 2 jaunes d'œufs avec 1 c. à soupe de jus de pamplemousse. Fouetter pendant 5 min sur un bain-marie, pour que le mélange épaississe. Hors du feu, ajouter 125 g de fromage blanc et 1 c. à soupe de sucre. Verser la préparation sur les pêches et parsemer d'amandes effilées. Passer sous le gril du four le temps de faire dorer.

La rubrique du 13 h

LE CHÂTEAU D'ABBADIA

Aquitaine

Le château d'Abbadia, du nom du savant et explorateur Antoine d'Abbadie, se dresse face à la mer, sur la commune d'Hendaye, dont le scientifique était maire. La construction de cette demeure néogothique de pierres grises et d'ardoises noires a débuté dans les années 1860, sous la direction de Viollet-le-Duc. L'intérieur du château rappelle les nombreuses expéditions d'Antoine d'Abbadie, avec notamment des fresques orientales, des décors africains et un observatoire. À sa mort, Antoine d'Abbadie a légué son domaine à l'Académie des sciences.

CITATION

Picardie

« Une brume de chaleur baigne la baie de Somme, où la marée de morte-eau palpite à peine, plate comme un lac. Reculée derrière ce brouillard moite et bleu, la pointe de Saint-Quentin semble frémir et flotter, inconsistante comme un mirage… »

Colette, Les Vrilles de la vigne, « En baie de Somme », 1908

Ils ont marqué leur région…

Marie François Xavier Bichat

Franche-Comté

Le père de l'anatomie et de la physiologie moderne est né à Thoirette-en-Bresse, dans le Jura, en 1771. Bichat fait des études de chirurgie à Lyon, puis exerce, de 1791 à 1793, alors qu'il n'est pas encore diplômé, les fonctions de chirurgien militaire. Redevenu civil, il est l'assistant du célèbre anatomiste Pierre Desault, à l'Hôtel-Dieu, à Paris. Bichat pratique l'autopsie et l'expérimentation physiologique, notamment sur des cadavres qu'il récupère discrètement dans les cimetières de la capitale. Il a donné son nom aux boules de Bichat, les petits bourrelets de la taille d'une noix que les bébés ont sur les joues et qui assurent leur confort pendant l'allaitement.

mardi 21 août

lever : 6 h 52
coucher : 20 h 54

St Christophe

À table !

Chou-fleur à la béchamel

Bretagne

Éplucher le chou-fleur, le détailler en petits bouquets et le faire cuire 5 min à l'eau bouillante salée. Faire fondre 30 g de beurre dans une casserole, puis verser 30 g de farine et faire cuire 2 min, sans cesser de remuer. Verser peu à peu 60 cl de lait froid et laisser mijoter 5 min, toujours en remuant, jusqu'à l'obtention d'une sauce onctueuse ; saler, poivrer et ajouter de la noix de muscade. Beurrer un plat à gratin, y répartir le chou-fleur et napper de béchamel. Cuire 10 min à 180 °C.

Faune & flore

La vache montbéliarde

Franche-Comté

Elle se distingue par la couleur pie rouge de sa robe, sa grande taille (un mètre quarante-six au garrot), mais aussi par ses qualités d'élevage, la race étant connue pour sa fertilité et sa longévité. N'oublions pas la richesse de son lait, gage d'excellence pour les nombreuses spécialités fromagères de la région.

La rubrique du 13 h

LE CHÂTEAU DE VALENÇAY

Centre

Dernière demeure du prince de Talleyrand, le célèbre diplomate de Napoléon, le château de Valençay a été bâti en 1520 par Jacques Ier d'Étampes, sur l'emplacement d'une ancienne forteresse féodale. Chef-d'œuvre de la Renaissance et de l'époque classique, le château se distingue par un pavillon d'entrée en forme de donjon, autour duquel ont été construits les bâtiments, complétés par des tours d'angle aux toits en dôme. Déclaré zone neutre durant la Seconde Guerre mondiale, le château a permis de mettre à l'abri plusieurs œuvres du Louvre.

Un jour en

Île-de-France

21 août 1911

La Joconde a disparu du Louvre ! On la retrouvera deux ans plus tard, à Florence, grâce à un antiquaire, à qui l'auteur du vol – un vitrier italien ayant vécu à Paris – tentait de revendre le célèbre tableau.

Ils ont marqué leur région...

Guy Ier Chabot

Poitou-Charentes

L'auteur du premier « coup de Jarnac », c'est lui ! L'expression est née le 10 juillet 1547, lors d'un duel entre Guy Ier Chabot, baron de Jarnac, et François de Vivonne, seigneur de La Châtaigneraie. La raison de la querelle était une affaire d'honneur conjugal. Connaissant la réputation de son adversaire en tant qu'escrimeur, Chabot avait pris des leçons avec un maître italien, qui lui enseigna un coup de revers inédit. Il blessa mortellement La Châtaigneraie, considéré comme un des meilleurs duellistes du royaume, par un violent coup au jarret, inattendu mais loyal. Le « coup de Jarnac » prendra une connotation qui n'existait pas à l'origine, celle d'un coup déloyal ou pernicieux.

mercredi 22 août

lever : 6 h 53
coucher : 20 h 52

St Fabrice

Savoirs d'antan

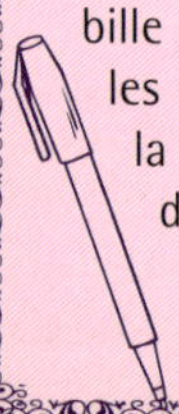

Pour retirer des traces de stylo bille sur du cuir, gommez-les doucement avec de la mie de pain, et elles disparaîtront peu à peu, sans endommager le cuir.

À table !

La rissole

Auvergne

Ce petit chausson de pâte feuilletée ou brisée est en général farci d'une compotée de pruneaux, avant d'être cuit au four. Il n'est toutefois pas rare de le déguster en version salée – ce qui était la recette d'origine –, farci de chair à saucisse ou de feuilles de blettes.

La rubrique du 13 h

LES ÎLOTS CHOIZIL

Mayotte

Les îlots Choizil se composent de deux rochers, réunis à marée basse par une langue de sable. Face à Mtsamboro, d'où partent la plupart des bateaux, ces îlots sont l'endroit idéal pour enfiler palmes, masques et tubas. En effet, la profondeur est faible, et les poissons aux mille couleurs sont nombreux : à portée de main, ils se faufilent entre les coraux magnifiques. Il est temps ensuite de prendre place sur le sable chaud et de s'abandonner aux rayons d'un soleil aveuglant, avant que la plage ne disparaisse sous l'écume de la marée montante.

Faune & flore

Le chevreuil

Lorraine

Chaque promenade dans les bois lorrains, à cette époque de l'année, est une chance d'assister aux parades amoureuses du chevreuil. Lorsque le mâle sent que la femelle est prête, une série de courses-poursuites s'engagent alors, jusqu'à ce que la chevrette, épuisée, finisse par céder aux avances de son partenaire.

Ils ont marqué leur région...

Georges Marchais

Basse-Normandie

Cette grande figure du Parti communiste français est restée célèbre pour son franc-parler et son élocution. Né dans une modeste famille du bocage normand en 1920, Georges Marchais devient mécanicien dans l'industrie aéronautique. Remarqué par Maurice Thorez, au sein du parti communiste auquel il a adhéré en 1947, il prend rapidement des responsabilités et devient membre du comité central, puis du bureau politique, en 1959. Il dirige le parti en tant que secrétaire général de 1972 à 1994. Ses apparitions à la télévision sont mémorables et ont fait la joie des imitateurs, parmi lesquels Thierry Le Luron et Pierre Douglas.

jeudi 23 août

lever : 6 h 55
coucher : 20 h 50

Ste Rose

Faune & flore

La coulemelle

Île-de-France

La chair de son chapeau, très savoureuse, fait de la coulemelle un champignon plutôt recherché. Du haut de ses quarante centimètres en moyenne, elle est facile à repérer. Mieux vaut donc passer le premier, si l'on veut récolter ce délicieux champignon, qui pointe le bout de son nez dès le mois d'août.

CITATION

Bretagne

« Ce sont les voiliers qui ont découvert le monde, et ils charrient dans leur sillage bien des légendes. »

Olivier de Kersauson,
Homme libre… toujours tu chériras la mer !, 1994

La rubrique du 13 h

L'AIGUILLE DU MIDI

Rhône-Alpes

L'aiguille du Midi culmine à 3 842 mètres, avec une tour abritant des antennes de télécommunication, à son sommet. L'aiguille est accessible en téléphérique – ce fut le premier téléphérique de France, et c'est aujourd'hui le plus haut d'Europe –, depuis le centre de Chamonix. Selon la saison, on y croise des amateurs de ski, d'alpinisme, de parapente, des randonneurs ou tout simplement des touristes venus admirer l'incroyable panorama : la vue sur la vallée de Chamonix et sur le massif du Mont-Blanc et ses glaciers est imprenable.

À table !

Veau à l'angevine

Pays de la Loire

Pour 8 personnes

Émincer 200 g d'oignons et 800 g de carottes. Garnir le fond d'une cocotte avec 250 g de couennes de porc fraîches et disposer dessus les légumes et 1 quasi de veau. Mettre au four préchauffé à 200 °C, pendant 20 min, sans couvrir ; retourner la viande au bout de 10 min. Sortir la cocotte du four, mouiller avec 30 cl de vin blanc sec, 2 c. à soupe d'eau-de-vie et du bouillon de bœuf à hauteur. Ajouter du thym et du laurier, saler et poivrer. Couvrir et cuire 2 h à 170 °C. Réserver la viande, passer le liquide, ajouter 20 cl de crème fraîche et faire réduire dans une casserole. Servir le rôti tranché avec la sauce.

Ils ont marqué leur région…

Fiora Oliva

Corse

C'est en 1791, à l'époque de l'application de la Constitution civile du clergé, qu'émergea Fiora Oliva, une femme de caractère qui a marqué l'histoire de Bastia. En juin, le jour de la Sant'Erasmu, le sermon du curé déclencha une émeute contre-révolutionnaire. Fiora Oliva, qu'on surnomma bientôt « la Colonella », prit alors la tête d'un groupe de femmes qui défila aux cris de « Vive le roi ! Vive la religion ! ». Elles réussirent à forcer les portes de la citadelle et à saccager l'appartement de l'évêque. Paoli réprima ces troubles, fit intervenir les gardes nationaux et transféra quelques laïcs et religieux à Corte, qui devint l'année suivante le chef-lieu du département.

vendredi 24 août

lever : 6 h 56
coucher : 20 h 48

St Barthélemy

À table !

Fleurs confites

Provence-Alpes-Côte d'Azur

Autrefois spécialité de Grasse, la production des fleurs sucrées fait maintenant la renommée de Tourette-sur-Loup, dans le pays niçois. On cristallise des pétales de rose, des feuilles de verveine, mais surtout des fleurs de violette : trempées dans un sirop, elles sont ensuite saupoudrées de sucre glace.

DICTON

Bourgogne

Au matin,
bois le vin blanc.
Le rouge au soir,
pour faire le sang.

La rubrique du 13 h

LE CHÂTEAU DE GISORS

Haute-Normandie

Au Moyen Âge, le château de Gisors a joué un grand rôle dans le conflit franco-anglais. En 1158, le château fait partie de la dot de Marguerite de France, la fille de Louis VII, qui doit épouser Henri le Jeune, fils d'Henri II Plantagenêt, afin de sceller la paix. Mais, en attendant que le mariage soit célébré, la forteresse est confiée à l'ordre du Temple ; plus tard, elle servira même de prison à ses chevaliers. Il n'en fallut pas plus pour alimenter les plus folles rumeurs : il se murmure que les sous-sols du château abritent le trésor des Templiers.

Faune & flore

Le botryche à feuilles de camomille

Alsace

Protégée à échelle nationale, cette petite fougère vivace aime pousser à moyenne altitude, entre sept cents et mille six cents mètres de hauteur. Seule une des deux feuilles qu'elle produit est fertile et porte les spores, qui sont libérées dès la fin de l'été.

Ils ont marqué leur région…

La famille Ferrère

Midi-Pyrénées

Trois générations de Ferrère ont sculpté, entre 1620 et 1795, une grande partie du mobilier d'une soixantaine d'églises des Hautes-Pyrénées. Jean Ferrère fonde, au milieu du XVIIe siècle, un atelier près de Bagnères-de-Bigorre, à Asté. Il y façonne des retables et des tabernacles monumentaux, dans un style lié à la Contre-Réforme, mise en place par le concile de Trente. Les colonnes torses, dorées ou polychromes, sont représentatives de cette période. Son fils Marc lui succède et développe l'atelier. Dominique, le petit-fils de Jean, s'installe à Tarbes et introduit le marbre dans les pièces produites.

Les incubes antillais

« Les faits des démons incubes ou succubes sont si multiples qu'on ne saurait les nier sans imprudence. »
Saint Augustin, De Civitate Dei contra paganos, *ve siècle*

Afin de comprendre ce qu'est un incube – moins connu que son équivalent féminin, le succube –, référons-nous à l'étymologie. Ainsi, en latin, *incubare* signifie « coucher sur ». En effet, les incubes sont des démons qui profitent du sommeil des femmes pour abuser d'elles, sans qu'elles en aient conscience, et qui font pression de leur corps sur celui de leurs victimes, afin de les étouffer. En Martinique, on nomme ces esprits impurs les « dorlis ». Ils sont invisibles, et se faufilent dans les chambres par les trous de serrure, les fissures des murs ou sous les portes, dans un courant d'air. Immatériels, ils infligent pourtant aux jeunes femmes de terribles outrages, bien réels : au réveil, elles se trouvent griffées de partout, couvertes de bleus, et, pour certaines... enceintes. Les époux ne représentent aucune menace pour ces suppôts de Satan : les dorlis neutralisent les hommes, dit-on, en leur manipulant le gros orteil.

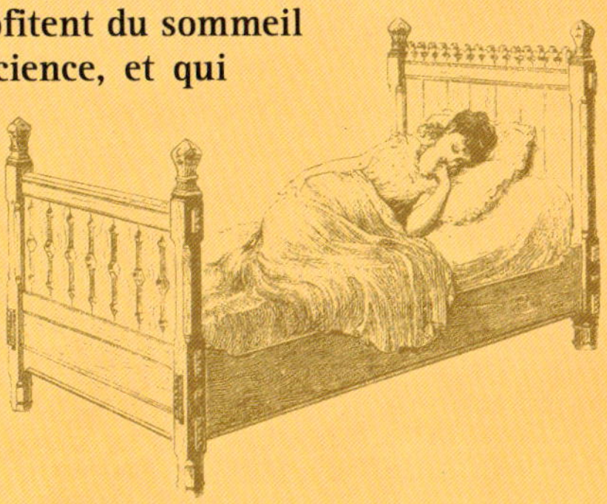

Ces incubes sont naturellement la terreur des jeunes filles : ils peuvent, au-delà du viol physique, corrompre leur esprit afin d'empêcher leur mariage, ou les conduire à se prostituer... Il existe cependant un moyen d'éviter, sinon leur visite, du moins leurs affronts : porter des sous-vêtements noirs, ou bien les porter à l'envers. Mais le meilleur moyen de ne pas laisser le dorlis s'approcher, et même de l'anéantir, est de répandre du sel dans toute sa chambre. Comme tout démon, l'incube a ses manies et son talon d'Achille : il ne pourra pénétrer dans une pièce jonchée de sel sans en compter chaque grain. L'aube salvatrice sera venue avant qu'il n'ait terminé. Tout à sa tâche, il n'aura rien remarqué, et l'île sera débarrassée à jamais de cet ignoble individu.

lundi 27 août

lever : 7 h 00
coucher : 20 h 42

Ste Monique

À table !
Clafoutis aux mirabelles
Lorraine

Pour 6 personnes
Laver 500 g de mirabelles, les couper en 2 et les dénoyauter. Porter à ébullition 50 cl de lait avec 1 pincée de sel. Verser 100 g de semoule et cuire sur feu doux 5 min, en remuant. Hors du feu, incorporer 30 g de beurre ; laisser tiédir. Fouetter 4 œufs avec 150 g de sucre, jusqu'à ce que le mélange blanchisse. Ajouter 80 g de poudre d'amandes et la semoule. Verser cette pâte dans un moule à manqué beurré et disposer dessus les demi-mirabelles. Cuire 45 min au four préchauffé à 180 °C.

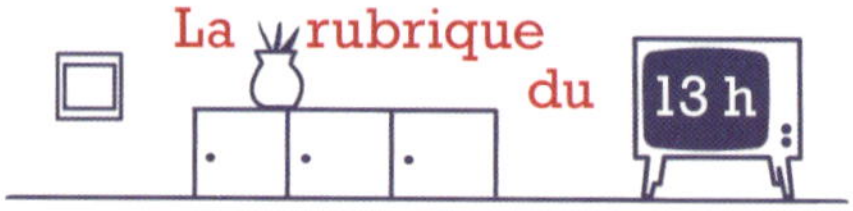

SÈTE
Languedoc-Roussillon

La ville de Sète, dans l'Hérault, est marquée par l'omniprésence de l'eau : sa longue plage de sable fin sépare les eaux de la mer Méditerranée de celles de l'étang de Thau, et la ville s'est bâtie autour des canaux, sur lesquels se disputent, l'été, les fameuses joutes nautiques. Sète possède plusieurs ports, au cœur de la ville, et elle est d'ailleurs le premier port de pêche méditerranéen français : les thoniers et les chalutiers déchargent des centaines de poissons, qui sont vendus ensuite à la criée, véritable poumon de la cité.

Faune & flore
Le macareux moine
Bretagne

Ce petit « clown des mers » est un oiseau exclusivement marin, qui ne regagne la terre ferme que pendant la période de reproduction. Il s'établit alors sur une falaise ou une pente d'herbe, creusant un terrier d'un ou deux mètres de profondeur, qui viendra accueillir, le moment venu, son œuf unique.

Savoirs d'antan

Pour redonner vie à une pièce de votre appartement ou de votre maison, tentez le *color zoning*. Cela consiste à peindre un pan de mur, ou une forme géométrique, d'une couleur qui contraste avec celle du reste de la pièce.

Ils ont marqué leur région…
Pierre Choderlos de Laclos
Picardie

« La nature n'a accordé aux hommes que la constance, tandis qu'elle donnait aux femmes l'obstination », écrivit Choderlos de Laclos dans *Les Liaisons dangereuses*, paru en 1972. Né à Amiens en 1741, ce capitaine d'artillerie, fils d'un haut fonctionnaire anobli par sa charge, mena, faute de guerre, une triste vie de garnison, où il côtoya le libertinage aristocratique. Dans son roman épistolaire, il met en scène le duel pervers et libertin auquel se livrent le vicomte de Valmont et la marquise de Merteuil, deux nobles dénués de scrupules. Choderlos de Laclos était-il un féministe avant l'heure, montrant la prise de pouvoir des femmes, ou un misogyne décrivant des personnages masculins dominants ? Les spécialistes restent partagés.

mardi 28 août

lever : 7 h 02
coucher : 20 h 40

St Augustin

Faune & flore

Le panicaut de mer

Basse-Normandie

Bien qu'on la surnomme « chardon des dunes », cette plante vivace n'en est pas vraiment un, puisqu'il s'agit d'une ombellifère. Pour survivre dans cet environnement sec et hostile, le panicaut de mer possède une cuticule, qui protège les feuilles des embruns et réduit l'évaporation.

Quiz des villes & villages de France

Cette ville a donné son nom à une viande renommée : le bœuf y est élevé sous la mère, puis nourri d'herbe et de céréales.

_ _ _ _ _

La rubrique du 13 h

LA TOUR CÉSAR DE PROVINS

Île-de-France

Cette tour doit son nom aux origines romaines de Provins, mais, contrairement à la légende, elle n'a pas été bâtie par César, mais par les comtes de Champagne, au XIIe siècle. Érigé au sommet d'un éperon rocheux, ce donjon octogonal à base carrée est le symbole de la cité. Chargée autrefois de protéger le palais comtal et de surveiller la plaine de Brie, la tour de quarante-quatre mètres de haut a aussi servi de prison. La charpente actuelle – ajoutée au XVIIe siècle – abrite les cloches de Saint-Quiriace, depuis que le clocher de la collégiale s'est effondré, en 1689.

À table !

Orties à la béchamel

Limousin

Pour 6 personnes

Cueillir et effeuiller 1 kg d'orties ; les laver abondamment et les égoutter. Verser les feuilles dans une casserole d'eau bouillante et laisser bouillir 7 min. Égoutter les feuilles, les hacher au couteau et les mélanger à une sauce béchamel ; assaisonner avec de la coriandre et lier avec un peu de crème. Servir les orties en accompagnement d'une viande blanche.

Ils ont marqué leur région…

Jacques Copeau

Bourgogne

« Dans l'histoire du théâtre français, il y a deux périodes : avant et après Copeau », disait Albert Camus. En réformant en profondeur l'art dramatique, ce metteur en scène est devenu une personnalité majeure du monde du théâtre dans la première moitié du XXe siècle. Il s'engagea pour un retour aux sources les plus pures dans le jeu d'acteur, sans accessoires, sans décor, et fonda, en 1913, le théâtre du Vieux-Colombier. De 1924 à 1929, Copeau et sa troupe s'établirent au château de Morteuil, à quelques kilomètres de Beaune. Il souhaitait retrouver en province un public « moins détraqué dans son goût et moins affolé dans son jugement que le public de Paris ».

Bazas

mercredi 29 août

lever : 7 h 03
coucher : 20 h 38

Ste Sabine

À table !

Caillebotte

Poitou-Charentes

Ce laitage traditionnel, consommé dans la région depuis le Moyen Âge, se retrouve principalement en Vendée et en Anjou. Il s'agit tout simplement d'un lait de vache caillé, que l'on déguste chaud ou froid, bien souvent sucré et arrosé d'un trait de cognac ou de pineau des Charentes.

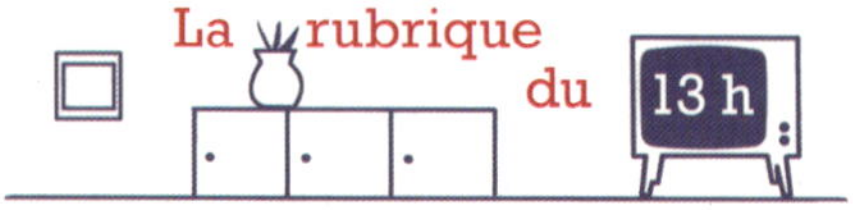

LA CATHÉDRALE SAINT-PIERRE DE BEAUVAIS

Picardie

Au XIIIe siècle, l'ambition de l'évêque de Beauvais était de bâtir la plus vaste église de France. Ce projet ne sera jamais concrétisé, mais la cathédrale Saint-Pierre n'en demeure pas moins gigantesque. En 1569, on décida d'élever la flèche à cent cinquante-trois mètres, afin d'assurer la renommée de Beauvais, avec une cathédrale qui surpasserait toutes les autres ; la flèche s'écroula trois ans plus tard, emportant une partie du chœur et du transept.

Faune & flore

Confiture de légumes

France

Et si, pour varier les plaisirs, vous profitiez de ce que les légumes sont gorgés de soleil et de sucre pour en faire de la confiture ? Tomates rouges mais aussi vertes, carottes, céleris feront, mélangés à des épices savamment choisies (vanille, cardamome…), des accompagnements d'une grande originalité.

CITATION

Aquitaine

« À l'opposé d'un certain autre, j'aimerais mieux, à l'aventure, être le second ou le troisième à Périgueux que le premier à Paris. »

Montaigne, Essais

Ils ont marqué leur région…

Gipsy Kings

Provence-Alpes-Côte d'Azur

Contrairement à ce que l'on pourrait croire, les Gipsy Kings ne viennent pas d'Espagne, mais du sud de la France. Le groupe est composé de musiciens – issus de deux familles parentes, l'une montpelliéraine et l'autre arlésienne –, qui se sont rencontrés lors d'un pèlerinage aux Saintes-Marie-de-la-Mer. Ils sont repérés, dans les années 1970, par Brigitte Bardot, qui les convie à animer les nuits tropéziennes. Les Gipsy Kings se font connaître à partir de 1987, grâce à leur tube « Bamboleo », qui leur permet de devenir l'un des premiers groupes français disque d'or aux États-Unis. On se souvient, parmi leurs plus grands succès, de l'entraînant « Djobi, Djoba », et de la reprise du légendaire « Hotel California » des Eagles.

jeudi 30 août

lever : 7h04
coucher : 20h36

St Fiacre

Faune & flore

La marmotte

Rhône-Alpes

Quel rongeur est plus représentatif de la faune alpine ? Aucun sans doute, la marmotte étant l'emblème de nombre d'entreprises locales. Charmant lorsqu'il se redresse sur ses pattes arrière, l'animal vit au rythme des saisons, se plongeant dans un long sommeil léthargique, dès les premiers frimas.

La rubrique du 13 h

LE SITE PRÉHISTORIQUE DE FILITOSA

Corse

En 1946, on a retrouvé au nord de Propriano, en Corse-du-Sud, les vestiges d'un site préhistorique. Les fouilles de 1954 ont mis à jour un complexe fortifié – murs, restes d'enceinte –, dont les éléments les plus remarquables sont des statues-menhirs, qui remontent à environ 1400 av. J.-C. Elles figurent des sortes de guerriers armés, portant épées et poignards, qui atteignent parfois plus de trois mètres de haut. Filitosa est aujourd'hui classé par l'Unesco comme l'un des sites culturels et artistiques les plus importants au monde.

À table !

Kouign-patatez

Bretagne

Pour 4 personnes

Cuire 600 g de pommes de terre épluchées et coupées en morceaux et les passer au moulin à légumes. Ajouter progressivement 150 g de farine à cette purée, incorporer 150 g de beurre demi-sel ramolli, saler, poivrer et ajouter de la noix de muscade. Façonner une galette de la taille d'une crêpe très épaisse et la poser sur une plaque farinée. Dorer la surface à l'œuf et cuire 15 min, au four préchauffé à 200 °C, en couvrant d'aluminium en cours de cuisson. Servir chaud.

Savoirs d'antan

Pour bloquer des tapis qui ne seraient pas antidérapants, placez de vieux sets de table en caoutchouc sous les tapis concernés, aux quatre coins, et les glissades ne feront plus partie de votre quotidien.

Ils ont marqué leur région...

Alain Gerbault

Pays de la Loire

Né en 1893 dans une famille aisée de Laval, Alain Gerbault s'engage en 1914 dans l'armée de l'air. Il se lance après-guerre dans une carrière de joueur de tennis, mais décide, en 1921, de changer de vie et achète un voilier de course. Il est le premier, en 1923, à réaliser la traversée de l'Atlantique à la voile et en solitaire, ralliant Gibraltar à New York en cent un jours. Il commence l'année suivante un tour du monde de six ans, qu'il racontera dans plusieurs livres. En 1933, l'aventurier débarque en Polynésie. Bouleversé par la beauté des îles, il apprend les langues océaniennes et vient en aide aux indigènes, dont il ne cessera de défendre la cause avec virulence.

vendredi 31 août

lever : 7h06
coucher : 20h34

St Aristide

À table !

Filets de lapin à la normande

Haute-Normandie

Pour 2 personnes
Éplucher 4 échalotes et les couper finement ; les faire blondir dans un mélange d'huile et de beurre. Couper 4 filets de lapin en morceaux, les ajouter aux échalotes et faire sauter sur feu vif. Après 5 min, baisser le feu et couvrir la poêle ; laisser mijoter 5 min. Ôter le couvercle, ajouter 1 c. à soupe de crème fraîche et remuer. Servir avec des pommes cuites à la poêle et accompagner d'un verre de cidre.

DICTON
PACA
Il ne fait pas bon travailler quand la cigale chante.

La rubrique du 13 h

L'ABBAYE DE LA TRAPPE

Basse-Normandie

Près de Mortagne-au-Perche, au sein de l'abbaye bénédictine de la Trappe, fondée en 1140, les moines profitent de la paix d'un écrin de verdure entouré d'étangs. La vie monastique y a été réformée en 1664 par l'abbé de Rancé, qui impose la règle de la stricte observance, donnant ainsi naissance aux moines trappistes. Pendant la Révolution, les moines désertent l'abbaye ; ils ne reviennent qu'en 1815. L'abbaye ne se visite pas, mais on peut tout de même admirer ses bâtiments d'origine et son couvent néoroman et néogothique de la fin du XIXe siècle.

Faune & flore

L'alouette lulu

Auvergne

Plus petite que sa cousine des champs, l'alouette lulu doit son nom à son chant très mélodieux, qui, retranscrit, donne quelque chose comme « lulludilulu ». Cette singularité et son dimorphisme sexuel peu marqué font de ce petit oiseau une espèce tout à fait remarquable.

Ils ont marqué leur région…

Chrétien de Troyes

Champagne-Ardenne

On ne connaît de Chrétien de Troyes que ce qu'il a pu écrire sur lui dans ses œuvres. Considéré comme l'un des premiers auteurs de romans de chevalerie, il aurait vécu à la cour de Champagne, au service de la comtesse Marie, fille d'Aliénor d'Aquitaine et de Louis VII. Auteur de cinq romans chevaleresques en vers octosyllabiques, composés entre 1170 et 1185, il s'inspira de légendes bretonnes et celtes. Il donna un écho sans précédent à la légende du roi Arthur et des chevaliers de la Table ronde, en leur conférant une dimension chrétienne fortement imprégnée par les chansons de geste en langue d'oïl.

samedi 1er & dimanche 2 septembre

St Gilles Ste Ingrid

Mythes et légendes
Picardie

Une longue absence

Non loin de Beaucourt, en Picardie, se trouvait jadis un couvent de templiers. Les moines, certes retirés du monde, n'en avaient pas pour autant oublié les vices, et le diable les attirait plus que Dieu lui-même sur des points. Au sein de ce lieu de débauche, un homme conservait cependant les pieds sur terre et l'esprit dans la contemplation et les prières. Il s'agissait du frère Jean. En très haut lieu, on remarqua bien vite que ce templier-là n'était pas comme les autres. Et comme on sentait la colère du peuple monter à juste titre, Dieu décida qu'il fallait sauver le frère Jean.

Ainsi, un matin, alors que frère Jean, fidèle à son habitude, allait méditer dans le bois voisin du couvent, s'asseyant sur une souche pour écouter le doux gazouillis des oiseaux, son oreille s'attarda sur le chant particulièrement joyeux qu'émettait un pinson. Il songea alors : « Je resterais volontiers des centaines d'années à écouter ce gracieux oiseau qui me ravit... » Et le Tout-Puissant sauta sur l'occasion : le moine s'endormit un peu, beaucoup... Les arbres poussèrent, le protégeant de la pluie et de la neige, le lierre s'allongea pour le couvrir, et le temps s'écoula, doucement mais sûrement...

Tandis que les autres membres du couvent étaient brûlés, en punition pour leur comportement impie, Jean restait là, à l'abri, bienheureux. Mais, après cela, il ne bougea guère plus. Et ce, pendant des dizaines, et des centaines d'années. Jusqu'à ce que le pinson s'envole. Frère Jean s'étira, se leva malgré l'engourdissement, et rejoignit le couvent : tout avait changé. Craignant quelque tour démoniaque, il se signa, puis frappa. Il ne reconnut pas le moine qui vint lui ouvrir, et qui le prit pour un fou, quand il lui dit qu'il était sorti quelques heures à peine, comme chaque jour. Mais les moines de ce temps étaient bons. On le fit entrer et on alla même fouiller dans les archives : on trouva un frère Jean, qui avait disparu deux cents ans plus tôt. On lui ouvrit alors les bras, et frère Jean retrouva sa place au couvent.

lundi 3 septembre

lever : 7 h 10
coucher : 20 h 28

St Grégoire

Quiz des villes & villages de France

Située dans la vallée de la Nonette, dans l'Oise, cette commune où résident les Cantiliens est très célèbre pour son château et pour sa crème.

À table !

La Moricette

Alsace

La Moricette est un petit pain, idéal pour les sandwichs, dont le goût est très proche de celui du bretzel : comme ce fleuron de la gastronomie alsacienne, il s'agit d'une pâtisserie à base de pâte de brioche salée, qu'il ne reste plus qu'à garnir avec de la charcuterie ou du fromage blanc aux herbes.

La rubrique du 13 h

LE CHÂTEAU D'ORICOURT

Franche-Comté

L'édification de ce château fort – le mieux conservé de Franche-Comté – remonte au XIIe siècle. Le château d'Oricourt, du nom d'un petit village de Haute-Saône, comporte une double enceinte avec une cour de ferme et une cour d'habitation. Modifié au fil des siècles, il a peu à peu perdu sa fonction militaire. En cours de restauration depuis 1969, le château obtient son classement en 1984. Aujourd'hui, une partie des fortifications a disparu, mais on peut encore admirer, outre les bâtiments principaux, deux tours carrées et un colombier.

Faune & flore

Les vignes de Toulouse

Midi-Pyrénées

Fait assez rare pour êre souligné, la ville de Toulouse possède des vignes et produit ainsi son propre vin. Le vignoble est situé aux portes de la ville, dans le domaine de Candie. Qu'ils soient blancs, rosés ou rouges, les vins de Candie sont réputés et régulièrement récompensés.

Ils ont marqué leur région...

Michel Guérard

Aquitaine

Avant de devenir le pape de la cuisine légère, Michel Guérard a fait ses armes au Crillon, en tant que chef pâtissier. Il reçoit le titre de « meilleur ouvrier de France » en pâtisserie, en 1958. Dans les années 1960, il ouvre à Asnières son bistrot, le Pot-au-Feu, où il invente la « nouvelle cuisine », insufflant à la gastronomie française un vent nouveau, notamment avec sa « salade folle ». Il s'installe en 1974 à Eugénie-les-Bains, dans les Landes, et crée un ensemble hôtelier ; il y met à l'honneur la cuisine minceur, bouleversant les rapports entre la santé et la nutrition. Il obtient sa troisième étoile au *Guide Michelin* en 1977, ainsi que la note de 19,5 sur 20 au *Gault Millau*.

Chantilly

mardi 4 septembre

lever : 7 h 12
coucher : 20 h 26

Ste Rosalie

Faune & flore

Le goujon

Limousin

Avec leurs quelque neuf mille kilomètres de cours d'eau, les plateaux du Limousin sont de loin les plus irrigués de France. Il n'est donc guère étonnant d'y trouver en nombre le goujon, petit poisson adepte des fonds sableux ou graveleux, qui se reconnaît à la couleur vert-brun de son dos.

Un jour en

Poitou-Charentes

4 septembre 1941

Regain de fierté pour une partie des Français : ils ne vivent plus en Charente-Inférieure, mais en Charente-Maritime ! Ce sont notamment les exportateurs de cognac, soucieux de la réputation de leurs produits, qui ont demandé à changer le nom du département.

La rubrique du 13 h

MINERVE

Languedoc-Roussillon

Perché sur son éperon rocheux, le village de Minerve – classé parmi les plus beaux de France – est bâti avec les pierres provenant des causses alentour. Le village est entouré par d'imposantes gorges creusées par deux cours d'eau, la Cesse et le Briant, qui en font une forteresse naturelle. Important site cathare, Minerve a servi de refuge aux hérétiques lors de la croisade albigeoise de 1210 : c'est d'ailleurs ici que les croisés ont dressé, au XIIIe siècle, le premier bûcher collectif pour les cathares qui avaient refusé d'abjurer leur foi.

À table !

Haricots à la bourguignonne

Bourgogne

Pour 4 personnes

Laver, effiler et égoutter 800 g de haricots verts et émincer 1 oignon.

Dans une cocotte, faire revenir 150 g de lardons, avec l'oignon, dans un peu de beurre. Au bout de 2 min, ajouter les haricots et 1 grosse tomate concassée et laisser cuire 5 min, puis couvrir. Cuire 2 h à feu très doux.

Ils ont marqué leur région...

Jean-François Leroy

Languedoc-Roussillon

Le fondateur de Visa pour l'image, le rendez-vous mondial des professionnels de l'image, est né à Paris, d'une mère lotoise et d'un père savoyard. Après avoir abrégé ses études de médecine, il se lance dans le monde de la presse et dans la photographie. Jean-François Leroy se sent pourtant aujourd'hui « plus catalan que les Catalans ». Perpignan doit à ce fervent défenseur de la liberté d'expression d'être devenue la capitale mondiale du photojournalisme. Depuis plus de vingt ans, près de trois mille professionnels se donnent rendez-vous chaque année, pendant les quinze premiers jours de septembre, à Visa pour l'image.

mercredi 5 septembre

lever : 7 h 13
coucher : 20 h 24

Ste Raïssa

À table !

Fèves au lard

Corse

Pour 4 personnes

Écosser 2,5 kg de fèves fraîches, les couvrir d'eau froide dans une casserole et les mettre sur feu doux. Lorsque l'eau frémit, égoutter les fèves et les peler. Faire revenir 180 g de lardons dans une poêle bien chaude, ajouter 2 oignons émincés et laisser blondir. Verser 10 cl d'eau, couvrir et laisser cuire quelques minutes. Ajouter les fèves en remuant doucement pour ne pas les écraser. Servir bien chaud.

La rubrique du 13 h

LA FORTERESSE DE CHÂTEL-SUR-MOSELLE

Lorraine

Le village de Châtel-sur-Moselle, dans les Vosges, est célèbre pour sa forteresse, l'une des plus imposantes d'Europe. Bâtie dans la seconde moitié du XIe siècle, au bord de la Moselle, elle est agrandie entre les XIIIe et XVe siècles. Au XVIIe siècle, les troupes françaises enfouissent la forteresse – la détruire coûte trop cher –, et elle ne sera redécouverte entièrement que dans les années 1970. Les fouilles, qui conduiront à son classement en 1988, feront apparaître vingt-deux tours et des murs d'enceinte sur plus d'un kilomètre.

DICTON

France

Septembre se nomme
Le mai de l'automne.

Faune & flore

La linaire à feuilles de thym

Aquitaine

Les milieux dunaires de la façade atlantique, très spécifiques, sont le lieu de vie de plusieurs espèces endémiques françaises, comme la linaire à feuilles de thym. Pour survivre dans cet environnement inhospitalier, la petite plante pousse couchée, limitant ainsi son exposition au vent.

Ils ont marqué leur région…

Étienne Daho

Bretagne

Issu de la scène rock rennaise, ce passionné du Velvet Underground et de Françoise Hardy réussit à vaincre sa timidité et monte sur scène en 1979. Il enregistre son premier album en 1981, mais c'est avec le 45 tours *Le Grand Sommeil* qu'il se fait véritablement connaître du grand public, quelques années plus tard. La « dahomania » se développe à partir de 1986, et Étienne Daho devient le chef de file de la mouvance pop française. Chanteur, auteur, compositeur et producteur, il s'affirme comme un musicien complet. Avec la compilation *Tombés pour Daho*, la nouvelle garde de la pop française lui rend hommage en 2008, année où son album *L'Invitation* obtient le titre de « meilleur album rock » aux Victoires de la musique.

jeudi 6 septembre

lever : 7 h 14
coucher : 20 h 21

St Bertrand

Faune & flore

La vanille

Mayotte

Deuxième culture d'exploitation de l'île, la vanille est l'une des spécialités mahoraises. La vanille de Mayotte est cependant largement concurrencée par celle de Madagascar, vendue cent fois moins cher. Elle n'est donc presque pas exportée, ses gousses parfumées étant principalement vendues aux touristes.

Savoirs d'antan

Si le tabac nuit à la santé, les mégots de cigarette ont néanmoins leur utilité comme insecticide. Laissez-les macérer dans de l'eau pendant une bonne semaine, filtrez, puis pulvérisez vos plantes avec le liquide, pour en chasser les pucerons.

La rubrique du 13 h

PALAIS DU TAU À REIMS

Champagne-Ardenne

Comme la cathédrale voisine, le palais du Tau est lié à l'histoire des rois de France. Il s'agit, en effet, de l'ancienne résidence des archevêques de Reims, qui sacrèrent trente-deux monarques dans la cité des rois. Le palais, bâti au XIIe siècle, doit son nom à sa forme en T – tau dans l'alphabet grec. Il fut reconstruit de nombreuses fois : Jules Hardouin-Mansart lui conféra son apparence classique, à la fin du XVIIe siècle, et il fut rénové à la suite des bombardements de 1914. Le palais abrite aujourd'hui le trésor et la statuaire de la cathédrale.

À table !

Brioches à la confiture de lait

Basse-Normandie

Pour 4 personnes

Dans une jatte, mettre 25 cl de lait tiède, 50 g de beurre, 1 c. à café de sel, 1 œuf, 50 g de sucre, 2 sachets de sucre vanillé, 500 g de farine, le zeste de 1 citron jaune et 1 sachet de levure de boulanger ; bien mélanger le tout, afin d'obtenir une belle pâte. Étaler la pâte sur un plan de travail fariné, à l'aide d'un rouleau à pâtisserie. La napper de 4 c. à soupe de confiture de lait et la rouler sur elle-même. Laisser reposer pendant 1 h 30, à température ambiante, avant de couper des tronçons de 4 à 5 cm et de les déposer sur la plaque du four, sur du papier sulfurisé. Cuire au four préchauffé à 180 °C, pendant 25 min.

Ils ont marqué leur région…

Diane de Margerie

Centre

Depuis vingt ans, Diane de Margerie écrit tous ses livres à Chartres, où elle réside. Après avoir passé son adolescence à Pékin, sous l'occupation japonaise, et avoir vécu en Italie, cette romancière, critique littéraire et traductrice, a finalement choisi de poser ses valises en Eure-et-Loir. Dans *La Femme en pierre*, Diane de Margerie célèbre la cathédrale de Chartres, une ville qui lui est chère : « Quand je suis arrivée ici, l'endroit m'a rappelé ma vie de jeune fille, pendant la guerre, en Chine : j'y retrouvais des ponts qui menaient à un lieu sacré. » Membre du jury Femina, elle est également spécialiste d'Henry James et a consacré des essais à George Sand et à Marcel Proust.

vendredi 7 septembre

lever : 7 h 16
coucher : 20 h 19

Ste Reine

À table !

Le croque-monsieur

Île-de-France

Grand classique des brasseries parisiennes, le croque-monsieur – et sa variante, le croque-madame – existe depuis plus d'un siècle. On peut l'accommoder de toutes les façons, mélanger les saveurs ou préférer la recette originale : gratiné, avec du jambon et de la béchamel entre 2 tranches de pain.

Quiz des villes & villages de France

C'est dans cette ville et chef-lieu de La Réunion que naquirent, entre autres, l'aviateur Roland Garros et le comédien Manu Payet.

_ _ _ _ _ - _ _ _ _ _

La rubrique du 13 h

ABBAYE DE SAINT-SAVIN-SUR-GARTEMPE

Poitou-Charentes

La fondation de l'abbaye remonte à l'époque carolingienne – au IXe siècle, elle rayonne sur toute la région –, mais l'abbatiale actuelle a été édifiée au XIe siècle. Saint-Savin-sur-Gartempe est surtout connue pour ses vastes peintures murales des XIe et XIIe siècles, qui ont fait dire à André Malraux qu'elle était « la chapelle Sixtine de l'art roman ». Au fil des siècles, l'abbaye a souffert, notamment lors des guerres de Religion ; c'est pourquoi les bâtiments conventuels que l'on peut voir aujourd'hui datent du XVIIe siècle.

Faune & flore

Lisard

Languedoc-Roussillon

Un pelage d'été plus roux, une taille légèrement plus petite, et une paire de cornes un peu plus ouvertes, telles sont les caractéristiques qui le distinguent de son cousin des Alpes, le chamois. Sauvée in extremis à la fin des années 1960, l'espèce est aujourd'hui très présente dans la région.

Ils ont marqué leur région...

Serge Lutens

Nord-Pas-de-Calais

Ce Lillois, né dans les années 1940, est un créateur de parfums et un photographe de mode parmi les plus reconnus au monde. Serge Lutens commence comme apprenti dans un salon de coiffure de Lille, où il impose sa vision avant-gardiste de la beauté : cheveux courts, au carré, et nuques rasées. L'excentrique monte à Paris, où il collabore avec *Vogue* et invente, en 1967, une ligne de maquillage pour Dior. Orfèvre des sens, il se tourne ensuite vers le parfum et crée, en 1982, sa première poésie olfactive, *Nombre noir*. Il compose, dans le cadre de « Lille 2004, capitale européenne de la culture », un labyrinthe olfactif, qui présente vingt-deux odeurs, souvenirs de sa jeunesse.

Saint-Denis

samedi 8 & dimanche 9 septembre

St Adrien St Alain

L'échappée du peloton

En Auvergne, il fait bien froid. La laine y est donc de mise, et le tricot de rigueur. Dans un petit village, une femme préparait ainsi le rude hiver à venir : en sortant ses vaches, comme chaque jour, les menant au pré, avant même de s'asseoir, elle tricotait. Un matin, elle vit au bord du chemin un fort joli peloton de laine, sans doute égaré par une fileuse des environs. Or, Marie – c'était son nom – était aussi avare qu'elle tricotait bien : ouvrant de grands yeux ronds et jubilant de cette belle trouvaille, elle ne songea pas un instant à la rapporter à sa propriétaire, mais bien à s'en emparer pour la cacher sous sa robe. Mais, alors qu'elle pensait s'en saisir, le peloton se mit à rouler. Elle s'approcha, en attrapa un fil, mais le peloton roula davantage, et plus vite encore ! Dieu ! Que c'était horripilant ! Mais un peloton rebelle – et de cette qualité, gratuit qui plus est – n'allait pas effrayer notre tricoteuse acharnée.

Et voilà donc que la Marie se mit à courir derrière la laine, la rembobinant en même temps : on la vit traverser le champ, puis un hameau, puis deux, grimper au sommet d'un volcan, tenant en ses bras une pelote de plus en plus grosse, songeant avec ravissement aux moufles et aux écharpes qu'elle deviendrait par la suite... Tant et si bien que la pelote fut si grosse que ses petits bras ne purent plus la contenir : il fallut se résoudre à rompre le fil. Mais, alors que Marie s'arrêtait, le peloton fit un bond gigantesque, et se remit à rouler de plus belle ! Fiévreusement, l'Auvergnate repartit à la chasse, courant comme jamais derrière son trésor perdu. On ne sait combien de fois elle recommença, mais une chose est sûre : elle court toujours ! On l'a vue tantôt par ici, sur le puy de Sancy, tantôt par là, vers Murat...

lundi 10 septembre

lever : 7h20
coucher : 20h13

Ste Inès

À table !

La liqueur de sapin

Franche-Comté

Cette liqueur d'une jolie couleur verte est obtenue après distillation de jeunes pousses de sapins et de diverses plantes aromatiques. Servie en digestif, la liqueur de sapin a un goût proche de celui des bonbons à la sève, et on la dit d'ailleurs efficace contre la toux !

Un jour en *PACA*

10 septembre 1977

Hamida Djandoubi est guillotiné à la prison des Baumettes de Marseille, pour avoir, six ans plus tôt, torturé sa maîtresse à mort. Ce sera la dernière personne exécutée en France, avant la loi du 9 octobre 1981 abolissant la peine de mort.

La rubrique du 13 h

LA CATHÉDRALE SAINT-JULIEN DU MANS

Pays de la Loire

Édifiée entre les XIe et XVe siècles, la cathédrale Saint-Julien, l'une des plus vastes de France, ne fut jamais totalement achevée. Célèbre pour son plafond peint représentant un concert céleste, elle combine deux architectures différentes : le style roman et le style gothique. Un menhir de grès rose est adossé à la cathédrale : pour témoigner de son passage dans la ville, le croyant doit y apposer son doigt. Selon la légende, le monde verra sa fin lorsque ce menhir sera totalement usé par les doigts des fidèles.

Faune & flore

La renoncule grande douve

Picardie

Bien qu'elle soit toxique, cette grande douve n'a rien à voir avec le méchant parasite qui s'attaque aux bovins de nos régions. Plante vivace affectionnant étangs et marais, la grande douve est une espèce protégée, la population picarde étant l'une des plus importantes de France.

Ils ont marqué leur région...

Théodore Géricault

Haute-Normandie

Celui qui peignait les chevaux comme nul autre mourut, à l'âge de 33 ans, d'une chute de cheval. Géricault passa son enfance à Rouen, dans une famille qui avait fait fortune grâce au commerce du tabac, pendant la période troublée de la Révolution. Il étudia dans l'atelier d'un spécialiste de scènes de chasse, Carle Vernet. Il aborda tous les genres en peinture et toucha à toutes les formes d'art, y compris la sculpture. En 1818, il peignit *Le Radeau de la Méduse*, actuellement conservé au Louvre, un tableau relatant le naufrage d'un navire et la survie d'une partie de son équipage sur un radeau de fortune.

mardi 11 septembre

lever : 7 h 21
coucher : 20 h 11

St Adelphe

Savoirs d'antan

Pour éviter de faire des traces de marteau sur le bois, lorsque l'on assemble deux lames, il est possible de placer, entre le marteau et le bois, une serviette de toilette ou un autre tissu épais, mais le plus simple reste finalement de se procurer un maillet avec une tête en caoutchouc...

Faune & flore

La tortue d'Hermann

Provence-Alpes-Côte d'Azur

Reine du village des tortues de Gonfaron, dans le Var, la tortue d'Hermann est la seule espèce terrestre de France. Menacée d'extinction depuis plusieurs années, elle fait désormais l'objet d'un plan de restauration national soutenu par la Fondation Nicolas Hulot.

La rubrique du 13 h

LE SUNDGAU

Alsace

Le Sundgau est un petit pays du sud de l'Alsace – son nom signifie « comté du Sud » –, situé entre Belfort, Mulhouse et Bâle. Traversé d'est en ouest par le canal du Rhône au Rhin, ce territoire de collines et de moyenne montagne est constellé d'étangs, où frayent de nombreuses carpes – la carpe panée dans la semoule, puis frite, est d'ailleurs une spécialité régionale. Haut lieu du tourisme vert alsacien, le Sundgau, jalonné de fermes à colombage caractéristiques, est le paradis des randonneurs, avec plusieurs centaines de kilomètres de sentiers balisés par le Club vosgien.

À table !

Salade berrichonne

Centre

Pour 2 personnes

Faire dorer 150 g de lardons à la poêle, couper 2 tomates en quartiers, préparer 1 vinaigrette additionnée de moutarde. Couper 4 tranches de pain de campagne en 2, disposer ½ crottin de chèvre sur chaque morceau et passer sous le gril du four. Pocher 2 œufs 1 min dans de l'eau vinaigrée et les égoutter. Sur 2 grandes assiettes, disposer de la mâche, les lardons, les tomates, les œufs, 1 poignée de cerneaux de noix et les toasts ; arroser de vinaigrette.

Ils ont marqué leur région...

Olympe de Gouges

Midi-Pyrénées

Cette Quercinoise, adepte des idées révolutionnaires, réclame en 1791 l'émancipation des femmes, dans une *Déclaration des droits de la femme et de la citoyenne*. Elle fait entendre avec courage ses idéaux politiques progressistes et se bat pour différentes causes, dont l'abolition de l'esclavage ou la construction de maternités. Elle soutiendra les Girondins et s'opposera à l'exécution de Louis XVI, ce qui lui vaudra d'être guillotinée en 1793. La mairie de Montauban décerne depuis plusieurs années une bourse d'encouragement Olympe de Gouges, visant à soutenir des projets faisant la promotion des droits de la femme et de la citoyenne.

mercredi 12 septembre

lever : 7h23
coucher : 20h09

St Apollinaire

CITATION

Île-de-France

« Plus loin, c'est Villeneuve-Saint-Georges… La travée grise de l'Yvette après les coteaux… En bas, la campagne… la plaine… le vent qui prend son élan… trébuche au fleuve… tourmente le bateau-lavoir… C'est l'infini clapotis… les triolets des branches dans l'eau… De la vallée… En vient de partout… Ça module les brises… »

Louis Ferdinand Céline, Mort à crédit, 1952

À table !

Le massepain de Reims

Champagne-Ardenne

Ce petit biscuit est d'abord apparu dans les Ardennes, avant d'être reconnu comme une spécialité de Reims. Proche du macaron, il est confectionné avec de la poudre d'amandes, du sucre et des blancs d'œufs ; il est ensuite creusé avec un bout de bois trempé dans du sucre, avant d'être enfourné.

La rubrique du 13 h

LA VILLA STRASSBURGER À DEAUVILLE

Basse-Normandie

Fleuron du patrimoine deauvillais, la Villa Strassburger se perche derrière l'hippodrome de Deauville-La Touques. Construite en 1907, cette maison représentative du régionalisme normand, qui a appartenu à la famille Flaubert, est inscrite aux Monuments historiques pour ses façades en pans de bois, ses appareillages de briques en damiers et son jeu de toitures. À l'intérieur, rien n'a changé depuis les années 1950, comme si les habitants s'étaient absentés quelques heures et qu'ils allaient bientôt rentrer.

Faune & flore

Le damier de la succise

Bourgogne

C'est parce qu'il aime à se poser sur la succise des prés – petite plante des prés et des bois humides –, que ce joli papillon est appelé ainsi. Si ses couleurs sont toujours les mêmes (orange, marron, blanc et noir), le motif qui orne ses ailes fragiles varie d'un individu à un autre.

Ils ont marqué leur région…

Jeannie Longo

Rhône-Alpes

Ses douze records du monde, ses cinquante-huit titres nationaux et ses treize titres de championne du monde font de Jeannie Longo la plus grande championne de l'histoire du cyclisme féminin. Elle gagne son premier titre de championne de France sur route en 1979. Née en Haute-Savoie, cette athlète exceptionnelle, au caractère bien trempé, a pourtant commencé sa carrière sportive en ski alpin. Elle est d'ailleurs mariée avec un ancien membre de l'équipe de France de ski, Patrice Ciprelli, qui est également son entraîneur. Jeannie, qui vit aujourd'hui dans un chalet près de Grenoble, a publié plusieurs ouvrages sur ses secrets de longévité et sur la diététique.

jeudi 13 septembre

lever : 7 h 24
coucher : 20 h 07

St Aimé

Faune & flore

La vipère aspic

Pays de la Loire

Plutôt farouche, la vipère aspic ne vous attaquera que si elle se sent menacée. En effet, face au danger, elle a plutôt tendance à déguerpir, même si la vitesse n'est pas vraiment son point fort. Friand de rongeurs en tout genre, ce serpent, adepte de la bronzette, est un précieux allié des agriculteurs.

Quiz des villes & villages de France

Cette commune du Jura, construite au bord du Doubs, est la ville natale du célèbre chimiste Louis Pasteur.

? ----

La rubrique du 13 h

LE CAIRN DE GAVRINIS

Bretagne

Un cairn est un dolmen recouvert de pierres sèches. Celui de Gavrinis, une île du golfe du Morbihan, à une quinzaine de kilomètres de Vannes, a été construit vers 3500 av. J.-C., mais n'a été découvert qu'au XIXe siècle. Ses dimensions en font l'un des plus grands tombeaux préhistoriques de Bretagne : le long couloir menant à la chambre funéraire mesure quatorze mètres, tandis que la chambre elle-même est couverte avec une dalle pesant près de dix-sept tonnes. Enfin, le cairn est aussi remarquable pour ses gravures, qui en font un chef-d'œuvre de l'art mégalithique.

À table !

Croquants du Périgord

Aquitaine

Piler 125 g de cerneaux de noix. Mélanger dans un saladier 4 jaunes d'œufs et 200 g de sucre. Ajouter 250 g de farine et 1 c. à soupe de crème et travailler jusqu'à obtenir une pâte homogène. Ajouter les noix et 2 c. à soupe d'eau de fleur d'oranger, et réfrigérer 30 min. Étaler la pâte au rouleau, sur 2 cm d'épaisseur, et découper des bandes d'environ 10 cm. Les disposer sur une plaque recouverte de papier sulfurisé et enfourner 20 min, à 180 °C, jusqu'à ce que les croquants soient dorés.

Ils ont marqué leur région...

Émile Coué

Lorraine

Inventeur de la pensée positive, Émile Coué est à l'origine de la méthode éponyme. Ce passionné de chimie obtient en 1882 son diplôme de pharmacien et ouvre son officine à Troyes. Il prend rapidement conscience de l'impact que ses conseils peuvent avoir sur le processus de guérison de ses clients. « Vous allez voir, ceci vous fera beaucoup de bien... Et ce n'est qu'un début ! », avait-il l'habitude de leur dire. Ce précurseur de la psychologie comportementale s'installe en Lorraine en 1902, et travaille avec l'école de Nancy, une référence en matière de suggestion verbale et d'hypnose. Sa méthode fait appel à la persuasion consciente d'idées positives et agit aussi bien sur le plan physique que sur le plan moral.

Dole

vendredi 14 septembre

✹ lever : 7 h 26
✹ coucher : 20 h 05

St Materne

À table !

Salade melon-coco

Guadeloupe

Pour 4 personnes
Émincer le blanc et le vert de 3 cives, 1/4 de piment épépiné et 1 gousse d'ail. Les mélanger dans un bol avec le jus de 2 citrons verts, 5 c. à soupe de crème de coco et 1 pincée de cannelle ; saler et poivrer. Couper en dés la chair de 2 avocats et de la moitié de 1 melon ; râper 1 concombre avec sa peau. Verser la sauce et tous les ingrédients dans un saladier et ajouter 1 boîte de crabe. Servir frais, saupoudré de noix de coco.

La rubrique du 13 h

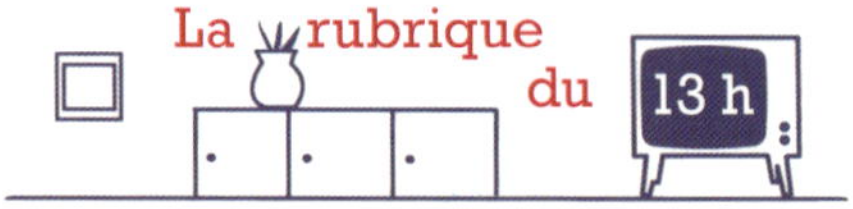

LA CATHÉDRALE SAINT-NAZAIRE DE BÉZIERS

Languedoc-Roussillon

Construite sur le point culminant de Béziers, la cathédrale Saint-Nazaire en est devenue le symbole. L'édifice date des XIIIe et XIVe siècles – il remplace une église romane du VIIIe siècle, détruite à la suite des croisades contre les albigeois – et illustre parfaitement le style gothique. Avec sa façade surmontée de deux tours, ses contreforts et son ensemble de créneaux, la cathédrale ressemble à une forteresse. Cependant, l'austérité extérieure – allégée par une rosace de dix mètres de diamètre – contraste avec une riche décoration intérieure.

Faune & flore

L'arbousier

Corse

Ce joli arbuste aux feuilles persistantes trouvera facilement sa place dans votre jardin. Plantez-le plutôt à l'automne, en choisissant un endroit ensoleillé. Il faudra néanmoins vous armer de patience, si vous souhaitez consommer ses fruits, car il leur faut près d'un an pour arriver à maturité.

Un jour en *Alsace*

14 septembre 1970

Alors que Strasbourg est assiégé par l'armée prussienne, on en fait partir les premières cartes postales de l'histoire : de petits cartons, comportant un message au recto et l'adresse du destinataire au verso, acheminés par ballon vers le reste de la France.

Ils ont marqué leur région…

Jean-Luc Petitrenaud

Auvergne

Cet Auvergnat a suivi une trajectoire des plus originales : après avoir décroché un CAP de chaudronnier et de soudeur, il travaille comme éducateur spécialisé, et devient, l'été venu, clown et comédien. À partir de 1984, il anime des émissions de radio dans le Puy-de-Dôme. Depuis plusieurs années, il nous fait découvrir la gastronomie française dans ses « Escapades » télévisuelles. L'attirance de cet épicurien pour la cuisine des terroirs lui vient de sa grand-mère, qui habitait en bordure de la forêt de Tronçais et qui avait l'habitude de lui préparer son plat préféré, le pâté aux pommes de terre.

Le veilleur d'âmes du Père-Lachaise

« C'est l'esprit familier du lieu ;
Il juge, il préside, il inspire
Toutes choses dans son empire ;
Peut-être est-il fée, est-il dieu ? »
Charles Baudelaire, « Le chat », Les Fleurs du mal, *1857*

Le Père-Lachaise est un lieu remarquable : ni triste, ni repoussant, ni inquiétant, il fait bon s'y promener, s'y reposer, et y reposer. Les vastes allées sont agréables à arpenter, bercé par le bruit du vent dans les feuillages et le silence des âmes en paix. Les plus grands esprits y ont trouvé la quiétude éternelle, laquelle gagne le promeneur ému. D'où vient-il que cet endroit, pourtant si proche des grandes rues et boulevards parisiens, puisse offrir tant de calme, quand les autres cimetières regorgent d'histoires de fantômes, de bêtes noires et de tragédies ?

C'est que quelqu'un veille, ici. Non un gardien traditionnel, ouvrant et fermant les grilles aux curieux et aux corbillards. Le gardien n'est pas humain. Tant d'âmes ne pourraient dépendre d'un seul homme éternellement... Il n'est pas ange non plus : le gardien du Père-Lachaise est un matou. Un gros chat roux, bien plus grand que les autres, mais pas moins agile : se faufilant souplement entre le marbre et le granit, frôlant la dernière demeure de Guillaume Apollinaire, de Sarah Bernhardt, de Paul Eluard, d'Alphonse Daudet et de Marcel Proust, il guette les indiscrets, les profanateurs, les troubleurs de sérénité, effraie les empêcheurs de reposer en rond, tel un sphinx devant le tombeau de son pharaon. On dit qu'il traverse le temps, surgissant sur le toit d'une crypte ou au détour d'une allée, majestueux, surprenant, gardien séculaire du vaste et beau cimetière.

lundi 17 septembre

lever : 7h30
coucher : 19h58

St Renaud

À table !

Le hénon

Picardie

Le hénon, cuisiné au beurre, à la crème ou à la marinière, est le nom que donnent les Picards à la coque. La baie de Somme, malgré son ensablement, reste le principal lieu de reproduction de ce coquillage, et les pêcheurs à pied, appelés « gratteurs », le ramassent de septembre à décembre.

La rubrique du 13 h

LA SYNAGOGUE DE CARPENTRAS

Provence-Alpes-Côte d'Azur

Construite en 1367, la synagogue de Carpentras est l'une des plus anciennes de France. Son architecture actuelle – tout comme sa décoration intérieure – date principalement du XVIIIe siècle. En effet, la synagogue était devenue trop petite et, faute de place alentour, elle a été agrandie en hauteur. Derrière la façade discrète de la synagogue, qui ne la distingue pas des autres maisons du quartier juif, on trouve, en plus des salles de prière, les bassins pour les bains rituels et la boulangerie pour la fabrication du pain azyme.

Faune & flore

Jardiner avec la lune

France

L'influence de l'astre lunaire sur nos cultures n'est plus à démontrer, et nombre de jardiniers voient le calendrier lunaire comme une aide précieuse. En suivant ce guide, vous pourrez alors réaliser les travaux de plantation et d'entretien au moment le plus favorable selon la nature de la plante.

CITATION

Languedoc-Roussillon

« L'heure est venue
Adieu l'heure de ton départ
On va rentrer
Il est neuf heures moins le quart
Une deux trois
Adieu de Nîmes dans le Gard »

Guillaume Apollinaire, « Adieu », Poèmes à Lou, 1915

Ils ont marqué leur région...

La Goulue

Île-de-France

La Goulue est née Louise Weber, en 1866, à Clichy-la-Garenne où sa mère était blanchisseuse. Adolescente, elle se fit remarquer dans les bals de banlieue pour ses talents de danseuse et par son audace. Elle se produisit sur scène au Moulin de la Galette, à l'Élysée-Montmartre, puis à la Closerie des Lilas. La danseuse de french cancan, immortalisée par Renoir et Toulouse-Lautrec, avait l'habitude de finir les verres des clients, ce qui lui valut le surnom de « la Goulue ». Elle devint la première grande vedette du Moulin-Rouge, qui ouvrit ses portes en 1889, et où le tourbillon de ses jupes à froufrous fit tourner la tête de bien des spectateurs.

mardi 18 septembre

lever : 7 h 31
coucher : 19 h 56

Ste Nadège

Faune & flore

L'osmonde royale

Haute-Normandie

Seule représentante de la famille des osmondacées en Europe, cette très belle plante est une espèce protégée dans la région. En cause ? La régression de ses milieux de prédilection (tourbières acides, taillis marécageux…), notamment au profit des activités humaines, qui fait de l'osmonde royale une espèce rare sur l'ensemble du territoire français.

La rubrique du 13 h

LES BOURGEOIS DE CALAIS

Nord-Pas-de-Calais

Ce groupe sculpté de bronze, qui trône sur la place de l'hôtel de ville de Calais depuis 1895, est une des œuvres les plus célèbres d'Auguste Rodin. Commandé par la municipalité, ce monument raconte un épisode de la guerre de Cent Ans : alors que les troupes d'Édouard III d'Angleterre s'apprêtent à s'emparer de Calais, six hommes se sacrifient pour que leurs concitoyens gardent la vie sauve. Finalement, à la demande de la reine, Édouard III les épargnera. Il existe aujourd'hui douze exemplaires de cette œuvre à travers le monde.

À table !

La crique ardéchoise

Rhône-Alpes

Pour 4 personnes

Éplucher et laver 1 kg de pommes de terre, les râper et les sécher dans un linge. Les mélanger avec 1 gousse d'ail hachée, 3 œufs battus, du sel, du poivre et du persil finement haché. Avec cette pâte, faire des petites boules et les aplatir, avant de les faire rissoler dans une poêle huilée.

Quiz des villes & villages de France

Cité du Calvados où l'on peut se balader sur les planches – célèbre promenade du bord de mer – et qui accueille chaque année un festival du film américain.

_ _ _ _ _ _ _ _ _

Ils ont marqué leur région…

Tahar Rahim

Franche-Comté

Tahar Rahim s'était donné dix ans pour réussir à percer sur grand écran. Il ne lui en aura pas fallu plus de cinq. Dernier d'une famille de dix enfants, Tahar grandit à Belfort, dans le quartier des Résidences. Adolescent, il trompe l'ennui dans les salles obscures. En 2002, il commence, à Montpellier, des études cinématographiques et devient le personnage principal d'un docu-fiction intitulé *Tahar l'étudiant*. Jacques Audiard le repère en 2007, dans la série télévisée *La Commune*, et lui offre le rôle qui va le consacrer. En 2009, Tahar Rahim est doublement récompensé par les césars du meilleur acteur et du meilleur espoir masculin, pour son interprétation d'un jeune mafieux dans *Un prophète*.

Deauville

mercredi 19 septembre

lever : 7 h 33
coucher : 19 h 54

Ste Émilie

À table !

Omelette lorraine

Lorraine

Pour 4 personnes

Battre 8 œufs dans un saladier, ajouter 10 cl de crème fraîche, 3 brins de ciboulette hachés et du poivre. Faire blanchir 75 g de lard maigre de poitrine, dans une casserole d'eau bouillante, 5 à 6 min. L'égoutter, le laisser refroidir et le détailler en fines tranches, avant de le faire dorer à la poêle, dans du beurre ; réserver. Faire fondre une belle noix de beurre dans la poêle et y verser les œufs battus ; cuire à feu vif. Parsemer la surface des tranches de lard. Servir l'omelette bien chaude et baveuse.

La rubrique du 13 h

LE PALAIS DES DUCS DE BOURGOGNE À DIJON

Bourgogne

Le palais des ducs de Bourgogne, qui accueille notamment aujourd'hui l'hôtel de ville et le musée des Beaux-Arts de Dijon, a été construit au XIVe siècle par les ducs de la dynastie Valois, à partir d'un vieux château ducal. Donnant sur la place de la Libération et sur celle des Ducs-de-Bourgogne, il occupe une place centrale dans la ville. Il la domine également avec la tour Philippe-le-Bon, qui culmine à quarante-six mètres. Chaque année, des milliers de visiteurs admirent la démesure des cuisines ducales ou encore l'aspect flamboyant de la façade.

Faune & flore

Le tilleul à petites feuilles

Champagne-Ardenne

L'automne approche à grands pas, tout comme le moment où les fruits du tilleul à petites feuilles vont se détacher de l'arbre, portés par le vent. Ainsi seront dispersées les deux petites graines que contient chaque capsule, permettant à l'espèce d'atteindre des habitats propices à son développement.

Savoirs d'antan

Vos invités ne vont pas tarder à arriver, et vous vous apercevez que vous n'avez pas de crème fraîche pour finir de préparer votre dîner. Rien de plus simple ! Stabilisez un yaourt en le mélangeant avec de la Maïzena ou de la fécule de pommes de terre, et ils n'y verront que du feu.

Ils ont marqué leur région...

Alfred Kastler

Alsace

Ce physicien est, avec Albert Schweitzer et Jean-Marie Lehn, l'une des trois personnalités alsaciennes à avoir reçu un prix Nobel. En 1926, Alfred Kastler est premier à l'agrégation de physique. Il enseigne à Mulhouse, puis à Colmar et à Bordeaux. Professeur à l'université de Paris et à l'École normale supérieure, il est élu à l'Académie des sciences en 1964. Il obtient le prix Nobel de physique en 1966, pour ses découvertes et ses développements de méthodes optiques dans l'étude des résonances hertziennes des atomes. Poète et humaniste, Kastler fut également pacifiste et farouchement antinucléaire.

jeudi 20 septembre

lever : 7 h 34
coucher : 19 h 52

St Davy

Quiz des villes & villages de France

Entourée de remparts, cette cité des Côtes-d'Armor possède un magnifique patrimoine architectural : on y visite notamment le château de la duchesse Anne.

Faune & flore

Le crapaud accoucheur

Basse-Normandie

Sans vraiment lui ressembler, l'alyte, ou crapaud accoucheur, partage avec l'hippocampe une drôle de particularité. En effet, c'est le mâle qui porte les œufs jusqu'à l'éclosion. Ce grand amateur des milieux rocheux est néanmoins difficile à observer, car il est essentiellement nocturne.

La rubrique du 13 h

LE PETIT TRAIN DE LA RHUNE

Aquitaine

Ce petit train pittoresque permet de relier le col de Saint-Ignace, non loin de Saint-Jean-de-Luz, au sommet de la Rhune, un mont qui culmine à neuf cent cinq mètres d'altitude, à la frontière franco-espagnole. Ce chemin de fer à crémaillère, du fait de la forte pente à gravir, a été mis en service en 1924. Chaque année, il attire des milliers de visiteurs, qui profitent de l'ascension pour admirer le panorama. Pendant le trajet, la vue sur la chaîne des Pyrénées et sur la forêt des Landes est splendide : d'un regard, on embrasse tout le Pays basque.

À table !

La bourride

Languedoc-Roussillon

Proche de la bouillabaisse marseillaise, la bourride est une spécialité de la ville de Sète. Élaborée uniquement avec des poissons blancs, pochés dans un bouillon aromatisé, cette soupe se sert avec de l'aïoli, des pommes de terre et du pain grillé.

Ils ont marqué leur région...

Clotilde

Centre

On le sait peu, mais c'est en partie grâce à Clotilde que la France est devenue un royaume chrétien. Deuxième épouse de Clovis, elle eut une grande influence sur le roi franc, qui promit, à la fin du ve siècle, de se faire baptiser s'il sortait victorieux de la bataille de Tolbiac. Le païen repoussa finalement les Alamans et accepta de se convertir. Réputée sage et belle, Clotilde quitta la cour après la mort de son mari, en 511. Loin des querelles familiales autour de la couronne, elle termina ses jours à Tours, près du tombeau de son guide spirituel, saint Martin. La reine bien-aimée devint vite un modèle pour les souveraines mérovingiennes, puis pour les reines de l'Europe médiévale.

Dinan

vendredi 21 septembre

lever : 7 h 36
coucher : 19 h 50

St Matthieu

Faune & flore
Le colchique d'automne
Nord-Pas-de-Calais

Jadis, on chantait sa floraison, qui commence, comme l'évoque la chanson, au dernier mois de l'été. Cette jolie plante, qui se raréfie dans la région, affectionne les prairies ; ce qui n'est pas sans danger pour le bétail, le colchique étant naturellement très toxique.

À table !
Estofinado
Midi-Pyrénées

Ce plat se prépare avec du stockfish – de la morue séchée à l'air libre – poché et effeuillé, mélangé à des pommes de terre grossièrement écrasées et de l'ail. Des œufs battus et éventuellement de la crème fraîche sont ensuite incorporés à cette préparation, que l'on sert avec des œufs durs.

La rubrique du 13 h

L'HABITATION CLÉMENT
Martinique

Considérée comme la plus belle habitation créole de Martinique, l'habitation Clément est une ancienne rhumerie. En effet, « habitation » désigne ici une exploitation agricole, et la maison trônait autrefois sur une colline, au milieu des cannes à sucre. Si la maison Clément produit toujours un rhum réputé, les plantations ont cédé la place à un parc botanique de seize hectares. La maison des maîtres, elle, n'a pas changé : devenue un musée, elle permet d'admirer le mobilier et le style architectural colonial du XIXe siècle.

Un jour en
Île-de-France
21 septembre 1961

Il vient d'avoir 18 ans, chante et danse depuis un an et ses concerts provoquent bagarres et crises d'hystérie. C'est Johnny Halliday, qui entame ce soir-là sa première tournée à l'Olympia. Il y fera salle comble et y lancera la mode du twist.

Ils ont marqué leur région...
Léonce Vieljeux
Poitou-Charentes

Élève de l'École militaire, à Saint-Cyr, cet Ardéchois d'origine est affecté, en 1888, à la garnison de La Rochelle. Il y épouse la fille d'un célèbre armateur et entre dans la société navale de son beau-père, Frank Delmas : elle deviendra la célèbre compagnie Delmas-Vieljeux. Il s'illustre par sa bravoure sur les champs de bataille, pendant la guerre de 1914-1918, et est élu maire de La Rochelle en 1930. En juin 1940, le colonel s'oppose à un lieutenant allemand qui lui ordonne de hisser un drapeau hitlérien sur l'hôtel de ville. Membre du réseau Alliance pendant la Seconde Guerre mondiale, il est arrêté par la Gestapo, puis déporté au camp du Struthof, où il est fusillé en 1944.

samedi 22 & dimanche 23 septembre

St Maurice Automne

Mythes et légendes
Corse

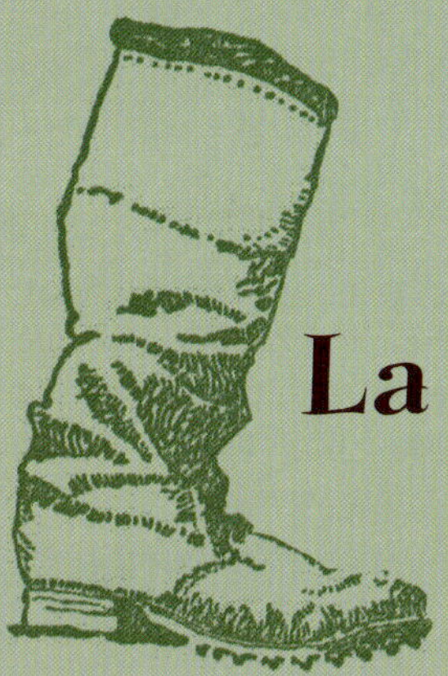

La recette de l'*orcu*

« Qui n'en a pas goûté ne connaît pas l'Île. »
Émile Bergerat

Les légendes qui hantent nos régions se ressemblent parfois, et les monstres qui les habitent, malgré des noms différents, ont bien souvent un air de famille. En Corse, il en est un que de bien nombreux villages ont en commun, et pour cause... Voici ce qu'on raconte.

En des temps reculés, vivait aux abords d'un village, comme aux alentours d'une dizaine d'autres, si l'on en croit les anciens, un *orcu* : un ogre. Il se gavait de brebis et d'agneaux, terrorisant les bergers, mais aussi les villageois, qui, au-delà de la perte dramatique des troupeaux, en venaient à craindre pour leurs propres enfants. N'écoutant que son courage, un berger courageux décida d'en finir avec ce géant cruel. Se sachant moins fort que lui, il préféra l'attaquer par la ruse. Il s'échina ainsi à confectionner une botte à la taille de l'ogre et, accompagné des autres bergers de la région, l'alla clouer devant son antre, non sans avoir au préalable enduit l'intérieur de poix. À l'aube, quand l'ogre sortit, il fut fort content de trouver la botte, et la chaussa sans plus attendre. Littéralement englué, il ne put s'enfuir quand les pâtres furieux lancèrent l'assaut.

Mais l'ogre, sentant sa fin proche, supplia les bergers de lui laisser la vie sauve, promettant de leur livrer un secret en échange. Comme les hommes semblaient accepter, le géant, acculé, révéla la recette du *brocciu* et la meilleure façon de le faire. Mais la colère reprit le dessus chez les assaillants : ils tuèrent tout de même le géant, rendant la paix au pays, repartant avec la gloire et le secret du fameux fromage corse. Voilà pourquoi tant de villages racontent la même histoire : qui ne voudrait pas détenir l'exclusivité de la recette de l'*orcu*, la paternité du délicieux fromage qui fait la fierté de la région? Aucun Corse, en tout cas...

lundi 24 septembre

lever : 7 h 40
coucher : 19 h 43

Ste Thècle

Faune & flore

La mouette

Île-de-France

Pas d'erreur, la mouette est bien présente dans la capitale. La plus commune est sans doute la rieuse, qui, à l'approche de l'hiver, envahit les parcs et les toits des immeubles parisiens. Il faut dire que la ville offre à cette opportuniste une source intarissable de nourriture : nos déchets alimentaires !

À table !

Le homard breton

Bretagne

Le crustacé que l'on appelle « homard breton », en France, n'évolue pas uniquement sur les côtes bretonnes, mais c'est là qu'il a acquis sa notoriété. Aujourd'hui, le plus gros mais aussi le plus fin des crustacés devient rare, alors que sa chair et son corail, très recherchés, en font un classique de la cuisine française.

La rubrique du 13 h

LE JARDIN WILSON À MONTLUÇON

Auvergne

Situé près des fortifications de Montluçon – on l'appelle aussi « le Jardin des remparts » –, le jardin Wilson doit son nom au président américain Thomas Woodrow Wilson. De nombreuses essences sont représentées, notamment autour d'un grand bassin circulaire à l'entrée, d'une grande terrasse et de la reconstitution d'un préau du XVᵉ siècle. On y trouve des pelouses, une roseraie, des carrés de fleurs à la symétrie parfaite ou encore le cèdre bleu, symbole de la libération de Montluçon en 1945.

Un jour en France

24 septembre 2000

Lors du référendum proposant de réduire la durée du mandat présidentiel de sept à cinq ans, le « oui » l'emporte à 83,91 %. Le second et dernier mandat de Jacques Chirac, réélu en 2002, sera donc un quinquennat.

Ils ont marqué leur région…

Claude Chabrol

Limousin

Né en 1930 à Paris, Claude Chabrol intègre le monde du cinéma comme attaché de presse, puis comme critique aux *Cahiers du cinéma*. C'est dans la Creuse, à Sardent, où il a passé une partie de son enfance, qu'il tourne en 1959 son premier long-métrage, *Le Beau Serge*. Ce cinéaste de la vie provinciale épouse en 1964 Stéphane Audran, qu'il a notamment dirigée dans *Landru*. L'année 1978 marque le début de sa fructueuse collaboration avec Isabelle Huppert, inoubliable dans *Violette Nozière*, *Madame Bovary* et *L'Ivresse du pouvoir*. Une des dernières images que nous a laissées ce provocateur est son rôle savoureux dans le film *Gainsbourg (Vie héroïque)*, sorti en 2010.

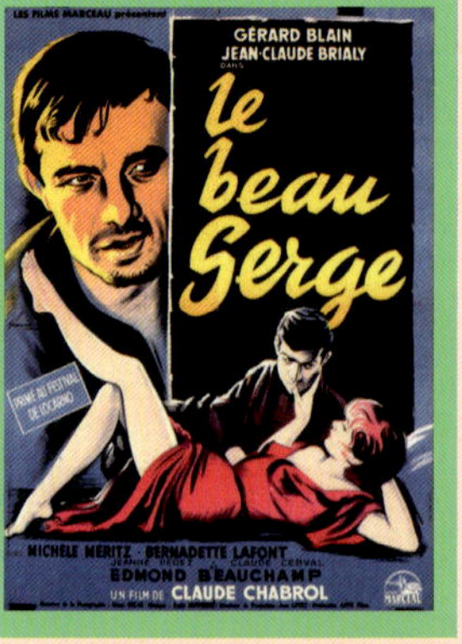

mardi 25 septembre

lever : 7h41
coucher : 19h41

St Hermann

DICTON
Alsace
Les gens de Mulhouse se moquent bien que les Strasbourgeois pissent dans le Rhin.

Faune & flore

La cigogne noire

Lorraine

Très gourmande de poissons et autres créatures aquatiques, la cigogne noire est une espèce forestière qui s'établit généralement près d'un étang ou d'un marais. Elle est plus sauvage mais aussi plus rare que sa cousine blanche, seule une dizaine de couples ayant été répertoriés dans la région.

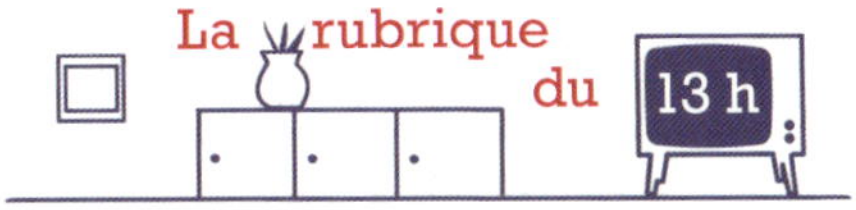

LA VALLÉE DU GRÉSIVAUDAN

Rhône-Alpes

Entre Grenoble et Chambéry, la vallée du Grésivaudan suit le cours de l'Isère sur une quarantaine de kilomètres. Cette ancienne vallée glaciaire est enchâssée entre le massif de Belledonne, à l'est, et celui de la Chartreuse, à l'ouest, offrant ainsi un cadre grandiose. Été comme hiver, la nature permet de pratiquer de nombreuses activités, sportives ou touristiques. Dans la vallée, de charmants petits villages et de nombreux châteaux se succèdent : on dit d'ailleurs que la vallée du Grésivaudan est la Vallée aux cent châteaux.

À table !

Fougasse

Provence-Alpes-Côte d'Azur

À l'origine, ce petit pain plat ajouré permettait au boulanger de contrôler la température de son four, avant d'y mettre sa fournée. Aujourd'hui, la fougasse peut servir de base à un sandwich ou être cuite directement avec une garniture : si l'olive est souvent privilégiée, tout est permis, même le sucré !

Ils ont marqué leur région…

Julie Billiart

Picardie

Née en 1751 à Cuvilly, près de Compiègne, dans une famille modeste de commerçants, la fillette, passionnée par les Évangiles, transmet déjà à 7 ans le catéchisme à ses camarades. À 22 ans, elle perd l'usage de ses jambes. Face aux affres de la Révolution, elle doit fuir les sans-culottes, qui voient en elle une fanatique religieuse. C'est à Compiègne, en 1793, que Julie a une vision qui va l'inciter à fonder, une dizaine d'années plus tard, et malgré sa paralysie, la congrégation des sœurs de Notre-Dame, destinée à l'éducation des jeunes filles déshéritées. Elle récupérera peu après l'usage de ses jambes.

mercredi 26 septembre

lever : 7 h 43
coucher : 19 h 39

St Damien

À table !

Tarte à l'encalat

Auvergne

Pour 6 personnes
Garnir un moule à tarte d'une pâte brisée, la tapisser de papier sulfurisé, recouvrir de légumes secs et faire cuire 20 min, au four préchauffé à 200 °C ; laisser refroidir. Fouetter 500 g de fromage blanc en faisselle, 3 œufs, 100 g de sucre, 1 c. à soupe d'eau de fleur d'oranger, 1 zeste d'orange râpé et 1 petite pincée de sel, jusqu'à obtenir un mélange lisse. Verser dans le fond de tarte et cuire 35 min, toujours à 200 °C.

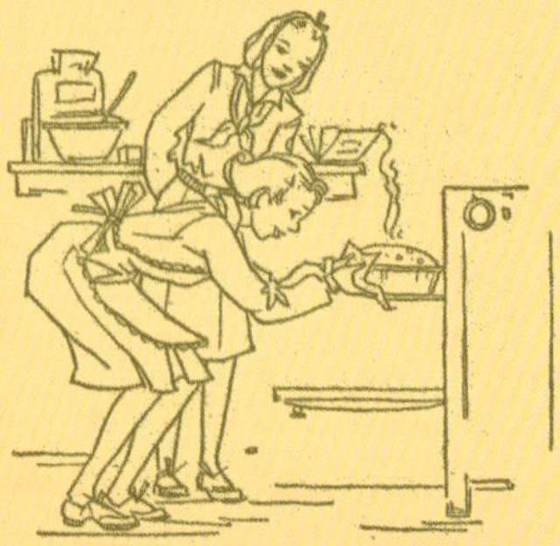

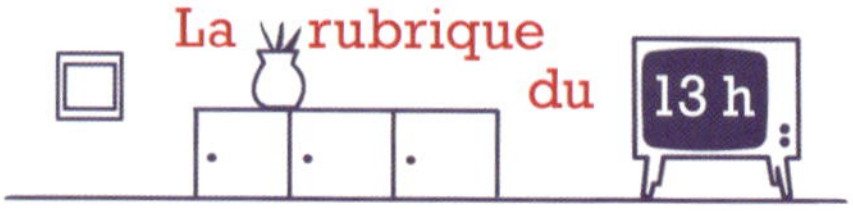

CHÂTEAU DE LUYNES

Centre

Situé sur les hauteurs de Luynes, une commune d'Indre-et-Loire, ce château féodal domine la vallée de la Loire, depuis le XIIe siècle. Fondé sur les vestiges d'un ancien château, il a été aménagé au fil des siècles – au XVe siècle, les seigneurs de Luynes construisent un logis en briques, qui sera prolongé d'une aile classique au XVIIe siècle –, mais il a conservé son enceinte rectangulaire, flanquée de tours circulaires. Doté d'un très beau parc et d'une charmante chapelle gothique, le château de Luynes est ouvert à la visite.

Faune & flore

La clématite vigne blanche

Franche-Comté

Plante grimpante s'enroulant autour d'un support, comme une haie ou un buisson, la clématite vigne blanche est une liane commune dans la région. Évitez cependant de la toucher, car ses feuilles sont très irritantes et peuvent provoquer des éruptions cutanées.

Savoirs d'antan

Pour éliminer les acariens des peluches de vos enfants, placez ces dernières dans le congélateur, pendant une bonne heure, et les chers doudous seront stérilisés et prêts à être de nouveau choyés.

Ils ont marqué leur région…

La mère Poulard

Basse-Normandie

De son vrai nom Anne Boutiaut, la mère Poulard est connue du monde entier, car elle est associée à l'un des sites touristiques les plus visités de France, le Mont-Saint-Michel. Femme de chambre d'un architecte chargé de la restauration de l'abbaye, elle s'y installe en 1872 et épouse, l'année suivante, le boulanger Victor Poulard. Le couple acquiert un modeste restaurant, où Mme Poulard a l'idée de proposer, en un tour de main, une savoureuse omelette, dont la réputation dépasse rapidement la région. En 1888, ils font construire un hôtel imposant, qui prend pour enseigne : « À l'omelette renommée de la "mère Poulard" ».

jeudi 27 septembre

lever : 7 h 44
coucher : 19 h 37

St Vincent de Paul

Faune & flore

Le grand hamster

Alsace

C'est au crépuscule que vous aurez le plus de chances d'observer ce rongeur sauvage, le dernier du genre en Europe. Espèce emblématique de la région, le grand hamster a longtemps été considéré comme un nuisible et fait aujourd'hui l'objet de mesures de protection, au niveau national mais aussi européen.

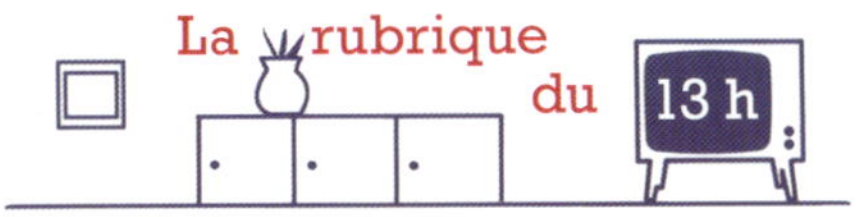

CONQUES

Midi-Pyrénées

Dans l'Aveyron, un village médiéval apparaît au fond d'un cirque. Regroupé autour de son église dédiée à sainte Foy, Conques fait partie des plus beaux villages de France. Situé sur les chemins de Saint-Jacques-de-Compostelle, il est un haut lieu de la chrétienté, et son abbatiale est un chef-d'œuvre de l'art roman. Se promener dans les ruelles pavées, comme la rue Charlemagne qui mène au vieux pont dit « romain », au milieu de vestiges intacts du Moyen Âge, se transforme en un voyage à travers le temps.

À table !

La bouilliture d'anguilles

Pays de la Loire

La bouilliture est une façon d'accommoder les nombreuses anguilles qui frayent dans la Loire : on les plonge toute une nuit dans une marinade de vin rouge auquel on ajoute un verre de cognac. Puis les anguilles cuisent avec des pruneaux dans cette marinade, qui sert ensuite de court-bouillon.

Quiz des villes & villages de France

C'est uniquement dans cette ville de la Drôme que se déguste le suisse, un biscuit de pâte sablée à l'effigie des gardes suisses du pape Pie VI, décédé dans la cité.

_ _ _ _ _ _ _

Ils ont marqué leur région...

Marie-Claude Pietragalla

Corse

Lorsque Marie-Claude Pietragalla entre à 9 ans à l'école de danse de l'Opéra de Paris, la directrice, Claude Bessy, frappée par sa présence sur scène, la repère rapidement. Marie-Claude intègre à 16 ans le corps de ballet et est nommée étoile à 27 ans, à la suite de son interprétation magistrale du rôle de Kitri, dans *Don Quichotte*. En 1996, elle devient chorégraphe. Le premier spectacle de celle qui a passé les étés de son enfance en Corse, dont son père est originaire, s'intitule *Corsica*. Elle prend en 1998 la tête du Ballet national de Marseille, où elle reste cinq ans. Depuis 2004, elle dirige sa propre compagnie, où elle exprime son univers artistique avec la plus grande des libertés.

Valence

vendredi 28 septembre

lever : 7 h 46
coucher : 19 h 35

St Venceslas

À table !

Le bleu de Bresse

Bourgogne

Le bleu de Bresse, avec sa consistance crémeuse, offre une alternative au goût prononcé des autres fromages à pâte persillée. De fabrication récente pour un fromage – il fait son apparition dans les années 1950 –, le bleu de Bresse s'accorde particulièrement bien avec les noix.

Savoirs d'antan

Si vous vous êtes peu à peu lassé de vos meubles en bois, mais que vous y tenez et que vous n'êtes pas prêt à les mettre au grenier, vous pouvez leur donner une seconde vie en les colorant. Prenez des pigments naturels de la couleur de votre choix, mélangez-les à de la cire et enduisez vos meubles de ce mélange homogène.

La rubrique du 13 h

CHÂTEAU DU CHAMP-DE-BATAILLE

Haute-Normandie

À l'emplacement de ce château, à cinq kilomètres du Neubourg, dans l'Eure, eut lieu une bataille pour l'indépendance de la Normandie en 935. C'est ainsi que l'édifice, bâti au XVIIe siècle, prit le nom de « Champ-de-Bataille ». Édifié par le comte Alexandre de Créquy, banni sur ses terres par Mazarin, le château rappelle les fastes de la cour auxquels était habitué le comte. Délaissé par ses héritiers, le palais se délabre et est pillé à la Révolution. Il faudra attendre 1947 pour que commencent des travaux de restauration.

Faune & flore

Le pottok

Aquitaine

Prononcez « pottiok » pour être sûr de ne pas vous tromper, lorsque vous évoquerez ce petit cheval typique du Pays basque. Le pottok serait arrivé dans la région il y a un million d'années, après avoir parcouru un long chemin depuis l'Amérique du Nord, alors reliée à la Sibérie par un bras de terre.

Ils ont marqué leur région...

La Veuve Clicquot

Champagne-Ardenne

C'est en 1805, à 27 ans, que Nicole-Barbe Clicquot-Ponsardin devint la célèbre Veuve Clicquot, lorsqu'elle hérita de l'entreprise de son époux, emporté par une fièvre maligne. La Rémoise au fort caractère fut la première femme à diriger une maison de champagne et une des premières femmes d'affaires de l'époque contemporaine. Cette visionnaire fit l'acquisition, parcelle par parcelle, des meilleures vignes de la région et réussit à développer son commerce au niveau européen. Véritable légende dès son vivant, elle conçut l'étiquette jaune qui habille encore aujourd'hui les bouteilles, ainsi que le procédé de remuage, qui permet de rendre les vins plus clairs et plus limpides.

Où il est recommandé de ne pas contrarier les curés

Rien ne sert de se targuer de n'avoir jamais pactisé avec le diable, d'avoir soigneusement évité ses contrats tentants, mais dont les conséquences se révèlent toujours plus noires qu'il n'y paraissait. Non, rien, car il n'est pas le seul à pouvoir vous transformer en bête malfaisante et sans âme.

On dit, en effet, qu'en Poitou-Charentes certains curés ont ce don. Ces derniers savent tout : confesseurs, oreilles attentives, observateurs de leurs paroissiens, on ne peut rien leur cacher. Un crime, un vol : ils n'ignorent aucun péché. Pourtant, un jour, dans un village, un crime fut commis sans que le curé en connût le coupable. Quel crime ? La mémoire collective l'a oublié. Quoi qu'il en soit, dès le premier dimanche suivant l'acte terrible, le prêtre s'adressa à cet anonyme, le priant de racheter sa faute. Comme personne ne se dénonçait, il réitéra sa prière le jour du Seigneur suivant, sans succès. Le troisième dimanche, la sentence tomba, et l'homme d'Église ne trembla pas, contrairement à l'assistance, quand il annonça que, puisqu'il était ainsi, l'âme du coupable inconnu allait s'éteindre là, maintenant, sur-le-champ.

Au-dehors, d'un seul coup, un homme hirsute et velu se mit à courir comme un fou : il venait d'être changé en loup-garou ! Condamné par le curé, il n'eut plus d'autre choix que de courir, sept années durant, à travers sept paroisses, dans ce corps furieux. Seule l'eau bénite pouvait protéger les habitants de ce monstre, qui n'avait, une fois transformé, qu'une seule idée en tête : les dévorer. Quand bien même, dans un moment de lucidité, il aurait voulu les prévenir et les mettre en garde contre sa propre personne, il n'aurait pu le faire, sans se condamner à un second septennat de course folle et vaine...

lundi 1er octobre

lever : 7 h 50
coucher : 19 h 28

Ste Thérèse de Lisieux

À table !

La galette pacaude

Poitou-Charentes

Pour 6 personnes
Faire fondre doucement 125 g de beurre, y ajouter 150 g de sucre et continuer à mélanger. Incorporer 1 œuf entier plus 1 blanc (conserver le jaune) et mélanger à nouveau. Ajouter 300 g de farine et 1 sachet de levure. Laisser reposer la pâte 30 min. Pendant ce temps, écraser 500 g de pruneaux dénoyautés avec un peu d'eau tiède. Séparer la pâte en 2 parts. Étaler 1 moitié dans un moule beurré, ajouter la purée de pruneaux et recouvrir avec l'autre moitié de pâte. Dorer le dessus avec le jaune d'œuf conservé, additionné d'un peu de lait, et cuire 30 min au four préchauffé à 180 °C.

La rubrique du 13 h

NOTRE-DAME DE PARIS

Île-de-France

Sur l'île de la Cité, se dresse la cathédrale Notre-Dame, chef-d'œuvre de l'architecture gothique. Commencée au XIIe siècle, à l'emplacement d'une ancienne cathédrale, l'édification de l'église dure environ deux cents ans. Sa majesté se retrouve dans ses dimensions, avec ses deux rosaces de treize mètres de diamètre et ses deux tours qui dominent la ville, la Seine et ses ponts. Située dans le cœur historique de la capitale, elle joue toujours un grand rôle dans la vie des Parisiens, qu'elle continue de rythmer avec ses fameuses cloches.

Faune & flore

Le sarrasin

Bretagne

Bien qu'on la surnomme « blé noir », cette plante n'est pas une céréale et n'a donc rien à voir avec le genre *Triticum*, qui regroupe l'ensemble des variétés de blé. Surtout utilisée dans la région pour la préparation des fameuses galettes, la farine de sarrasin a l'avantage de ne contenir aucun gluten.

Un jour en *Alsace*
1er octobre 2010

À Strasbourg, c'est le départ du rallye d'Alsace, étape française du Championnat du monde des rallyes pour la première année (à la suite du Tour de Corse). Natif de la région, Sébastien Loeb remportera la course et son septième titre mondial.

Ils ont marqué leur région…

Mahaut d'Artois

Nord-Pas-de-Calais

Maurice Druon ne fut pas tendre avec Mathilde d'Artois, dite « Mahaut », lorsqu'il la décrivit, dans *Les Rois maudits*, comme une conspiratrice prête à tout pour conserver son pouvoir, allant jusqu'à la rendre responsable de l'assassinat du dauphin de France, cinq jours après sa naissance. La vérité est peut-être plus nuancée. Cette comtesse, née dans la seconde partie du XIIIe siècle, affronta en effet durement son neveu Robert III, qu'elle déposséda de son héritage, au profit de ses filles. Mais on dit aussi d'elle qu'elle sut se montrer généreuse dans ses dons aux pauvres et aux malades, et qu'elle fut le mécène d'artistes de son époque. Mahaut fut, en 2005, incarnée au petit écran par Jeanne Moreau.

mardi 2 octobre

lever : 7 h 52
coucher : 19 h 26

St Léger

Faune & flore

Le chien ariégeois

Midi-Pyrénées

Née en Ariège, comme son nom l'indique, cette race serait issue du croisement d'un chien d'Artois avec un bleu de Gascogne. D'ailleurs, la ressemblance physique est bien visible, l'ariégeois ayant, de plus, hérité de ces deux races leur talent pour la chasse.

Quiz des villes & villages de France

Ville d'histoire, cette sous-préfecture de l'Indre-et-Loire est dotée d'un château, qui a notamment appartenu au cardinal de Richelieu.

——————

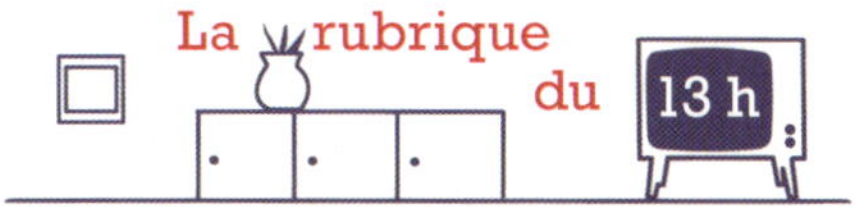

LE LION DE ROCCAPINA

Corse

Le Lion de Roccapina est un site naturel protégé, situé à une quarantaine de kilomètres de Bonifacio. Cet ensemble d'énormes blocs de granit rose doit son nom à sa forme : il figure un gigantesque lion allongé, les pattes en avant. Accessible aussi bien par la mer – on raconte qu'il la surveille – que par l'intérieur des terres, le Lion fait partie des nombreux rochers insolites qui caractérisent le paysage corse. La couronne qu'il semble porter sur la tête n'a pas été façonnée par l'érosion : ce sont les ruines d'une construction.

À table !

Sauté de veau

Haute-Normandie

Pour 4 personnes

Découper 800 g d'épaule de veau en gros cubes et les faire dorer dans une cocotte, avec un peu d'huile. Ajouter 1 oignon et 2 échalotes émincés et 1 bouquet garni ; saler, poivrer. Mouiller avec 30 cl de cidre brut, couvrir et cuire à feu moyen 50 min. Dans une casserole, faire fondre 40 g de beurre et ajouter 40 g de farine, puis délayer avec 25 cl de cidre brut, donner quelques bouillons sans cesser de remuer, ajouter 200 g de crème fraîche et verser sur la viande, dans la cocotte. Ajouter le jus de 1 citron, donner un bouillon et servir avec des pommes de terre.

Ils ont marqué leur région…

Pierre-Gilles de Gennes

Provence-Alpes-Côte d'Azur

L'« Isaac Newton de notre temps », c'est ainsi que l'académie Nobel parla de Pierre-Gilles de Gennes en 1991, lorsqu'il reçut la célèbre distinction. Ce fils d'un médecin et d'une infirmière a grandi à Barcelonnette, au cœur de la vallée de l'Ubaye. Il intègre en 1951 l'École normale supérieure et occupe, vingt ans plus tard, une chaire de physique au Collège de France. Esprit libre, il était partisan de l'interdisciplinarité et s'intéressait aux applications industrielles. En 1997, il fit une apparition dans le film de Claude Pinoteau *Les Palmes de M. Schutz*, inspiré de la vie de Pierre et Marie Curie ; il y interprétait un cocher, au côté de Georges Charpak, prix Nobel de physique en 1992.

Chinon

mercredi 3 octobre

lever : 7 h 53
coucher : 19 h 24

St Gérard

Faune & flore

Le cardon

Rhône-Alpes

Traditionnellement consommée dans la région la veille de Noël, cette plante potagère est une variété ancienne, peu présente sur les étals de nos marchés. Qu'à cela ne tienne ! Ce légume d'automne trouvera facilement sa place au jardin : installez-le dans un endroit ensoleillé et veillez à garder le sol frais.

À table !

Le vin paillé de Corrèze

Limousin

Seule création œnologique limousine, ce vin est né près de Beaulieu-sur-Dordogne, dans le terroir de Queyssac.

Après les vendanges, les plus belles grappes sont étendues sur un lit de paille, jusqu'à ce qu'elles aient perdu 2/3 de leur eau, avant de passer au pressoir et de vieillir en fûts de chêne.

La rubrique du 13 h

LE CHÂTEAU DE RARAY

Picardie

La construction de ce château de l'Oise remonte au XVIIe siècle, ordonnée par Nicolas de Lancy, conseiller du roi. On lui doit le corps de logis principal et deux portiques sculptés, qui encadrent la cour d'honneur. Les scènes de chasse représentées ont contribué à la réputation des lieux, séduisant nombre de visiteurs : parmi eux, Jean Cocteau, qui a choisi ce décor en 1946 pour le tournage de son film *La Belle et la Bête*, car il donnait un aspect fantastique au domaine de la Bête. Depuis 1782, la famille de La Bedoyère est propriétaire du château de Raray.

Savoirs d'antan

Le saviez-vous ? Les plumes de canard sont dorénavant utilisées comme matériel écologique pour isoler les maisons. L'isolant Batiplum, comme on l'appelle, est composé de plumes longues de canard et d'un petit complément de laine de mouton et de polyester.

Ils ont marqué leur région…

Jean Galmot

Guyane

Journaliste dreyfusard, Jean Galmot rejoint la Guyane en 1906, pour s'occuper d'une mine d'or près de Mana. Il découvre l'envoûtante forêt guyanaise et fait fortune, tout en s'efforçant d'améliorer le sort des ouvriers, qui le surnomment « papa Galmot ». Il devient négociant et, grâce à une quarantaine de navires, ravitaille la France en café, en cacao et en rhum. Élu député de la Guyane, il sera injustement impliqué dans une affaire d'escroquerie locale. Il meurt empoisonné, en 1928, à Cayenne, après avoir œuvré pour les droits et la liberté du peuple guyanais. Son parcours romanesque a inspiré des écrivains et un réalisateur, qui a tourné, en 1990, *Jean Galmot, aventurier*.

jeudi 4 octobre

lever : 7 h 54
coucher : 19 h 22

St François d'Assise

Faune & flore

La pipistrelle

Centre

À peine plus grosse qu'une tasse à café, cette toute petite chauve-souris est aussi la plus commune dans la région. Présente en milieu rural comme en ville, la pipistrelle s'installe généralement dans les habitations humaines, dans la fissure d'un mur ou derrière un volet.

CITATION

Champagne-Ardenne

« De Sainte-Ménehould à Clermont, la route est ravissante. […] Maisons de pierre blanche, à demi revêtues de planches, avec de grands toits de tuiles creuses qui débordent le mur de deux ou trois pieds. Presque des chalets. On sent le voisinage des montagnes. Les Ardennes, en effet, sont là. »

Victor Hugo, Le Rhin, 1842

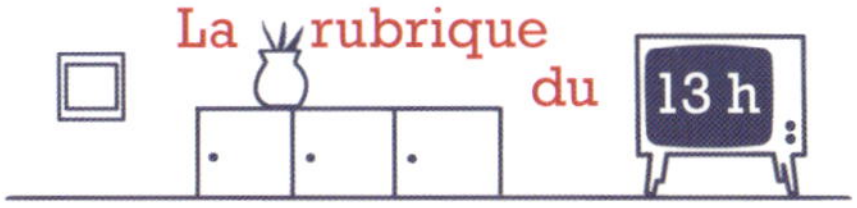

LE PONT DU DIABLE DE CÉRET

Languedoc-Roussillon

Ce pont de pierre à arche unique, bâti à Céret, date du XIVe siècle. Il enjambe le Tech, un fleuve du Roussillon, et fut en partie reconstruit au XVIIIe siècle. Seule voie d'accès au village au Moyen Âge, le pont représente, pour l'époque, une prouesse architecturale, puisqu'il mesure vingt-deux mètres de hauteur pour quarante-cinq mètres d'ouverture. Selon la légende, cet exploit n'a pu être accompli que par le diable, qui serait parti sans sceller la dernière pierre ; celle-ci est toujours manquante aujourd'hui.

À table !

Quenelles de foie

Alsace

Pour 4 personnes

Faire revenir 1 gousse d'ail et 1 oignon hachés, à feu doux, dans 20 g de beurre. Hacher 250 g de foie de porc avec 120 g de lard fumé. Ajouter l'oignon, l'ail, 100 g de mie de pain, 2 œufs battus, 2 c. à soupe de farine, du persil, de la noix de muscade, du sel et du poivre. Porter une grande casserole d'eau salée à ébullition. À l'aide de 2 c. à soupe, former des quenelles et les pocher 10 min dans l'eau chaude. Égoutter les quenelles et les servir arrosées de beurre fondu.

Ils ont marqué leur région…

Philippe Katerine

Pays de la Loire

Loufoque et décalé, l'ovni de la musique française a passé son enfance dans une famille catholique à Chantonnay, en Vendée, près de Nantes. Adolescent, Philippe Katerine compose ses premières chansons grâce à un magnétophone quatre pistes. Après des études d'arts plastiques et des petits jobs – projectionniste de cinéma, employé à l'abattoir et professeur de gymnastique –, il sort en 1991 son premier album, mais ne se fera vraiment connaître du grand public qu'en 2005, avec les chansons « Louxor, j'adore » et « 100 % VIP ». Katerine nous fait partager sa folie douce en 2010 avec son tube « La banane », dont le clip remporte le titre de clip de l'année aux Victoires de la musique.

vendredi 5 octobre

lever : 7 h 56
coucher : 19 h 20

Ste Fleur

À table !

Rougets de Bonifacio

Corse

Pour 4 personnes
Dessaler 12 filets d'anchois au sel, en les passant longuement sous l'eau, et les mixer avec 4 gousses d'ail, 1 petit bouquet de persil et 3 c. à soupe d'huile. Étaler cette préparation au fond d'un plat allant au four et déposer par-dessus 12 rougets vidés et écaillés, en les mettant tête-bêche. Saupoudrer de chapelure et cuire 15 min, au four préchauffé à 210 °C. Servir avec du fenouil ou des tomates confites.

CITATION

Languedoc-Roussillon

« Les belles filles que vous avez vues à Nîmes ne vous auront, je m'assure, pas moins délecté l'esprit par la vue que les belles colonnes de la Maison Carrée, vu que celles-ci ne sont que de vieilles copies de celles-là. »

Nicolas Poussin, Correspondance, 1911

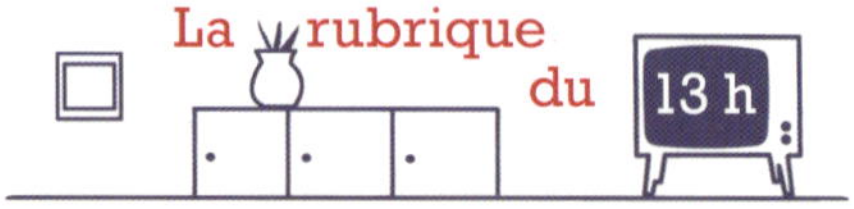

LE CHÂTEAU DE SAINT-LOUP-NANTOUARD

Franche-Comté

Près de Gray, en Haute-Saône, le château de Saint-Loup se dresse au cœur d'un parc de soixante hectares, où s'étendaient autrefois des marécages. De la première forteresse construite à la fin du XIIIe siècle, il ne subsiste aujourd'hui que peu d'éléments : une cuisine, deux tours carrées, l'ancienne chapelle et une partie du mur d'enceinte, où les douves sont encore visibles; les communs, eux, ont disparu. L'architecture de l'édifice a été largement remaniée au cours des siècles, notamment au XIXe, dans un style néogothique.

Faune & flore

La linaigrette

Auvergne

Les tourbières du Puy-de-Dôme sont l'habitat de cette plante rare, dont le nom savant, *Eriophorum*, signifie « qui porte la laine ». En effet, lorsque ses fruits arrivent à maturité, la linaigrette se pare d'un épais manteau duveteux blanc, afin de faciliter la dissémination de ses graines par le vent.

Ils ont marqué leur région...

Euzhan Palcy

Martinique

D'origine martiniquaise, Euzhan Palcy est une réalisatrice, scénariste et productrice née en 1958. Sa vocation de cinéaste éclôt avec la découverte du roman de Joseph Zobel, *La Rue Cases-Nègres*, dans lequel il dépeint la vie des ouvriers dans les champs de canne de la Martinique des années 1930. Parrainée par François Truffaut, elle adapte le livre sur grand écran, en 1983, et reçoit le lion d'argent à la Mostra de Venise, ainsi que le césar de la meilleure première œuvre, en 1984. Euzhan Palcy réalise les documentaires *Aimé Césaire, une parole pour le XXIe siècle*, en 1994, et *Parcours de dissidents*, en 2006.

samedi 6 & dimanche 7 octobre

St Bruno

Fête des Grands-Pères

Mythes et légendes
Nord-Pas-de-Calais

Le sabbat du bois d'Orville

« De vos mains grossières,
Parmi les poussières,
Écrivez sorcières :
Abracadabra. »
Victor Hugo, Odes et ballades, *1826*

En vous promenant à Thièvres, dans le Pas-de-Calais, un samedi soir, vous ne remarquerez rien d'anormal. Mais ce ne fut pas toujours le cas. Autrefois, alors que les lumières s'étaient éteintes, on voyait passer dans le ciel d'étranges ombres : des fées et des sorcières, à califourchon sur leur balai, qui se rendaient au sabbat. Ce denier se tenait dans une sombre clairière du bois d'Orville, situé non loin. Comme il se doit, Satan trônait au milieu de ses disciples, et chacun lui faisait le compte rendu de ses actes de la semaine, bien souvent des tours pendables joués aux humains. Plus tard dans la nuit, l'assemblée cessait de parler pour ne plus faire que danser, et ce jusqu'au petit matin, heure à laquelle chacun rentrait chez soi avant que les maisonnées ne s'éveillent, comme si de rien n'était.

Un jeune et curieux fermier d'Orville assista à l'un de ces rassemblements – et affirma que tout ce que l'on imaginait quant aux sabbats était vrai. Caché dans les buissons, il écouta attentivement une sorcière raconter comment elle s'était vengée d'un de ses voisins en jetant un sort à ses bêtes, toutes malades depuis. Alors qu'il s'approchait en rampant pour entendre mieux, son coude heurta un livre. Ravi d'avoir une preuve de ses découvertes, il s'enfuit et rentra au village. Montrant sa trouvaille au curé, il s'aperçut que l'ouvrage ne contenait que des pages blanches. L'homme de Dieu lui expliqua qu'il s'agissait d'un livre magique, dont l'encre ne se révélait qu'aux proches du diable, et ajouta que, s'il ne voulait pas avoir d'ennuis, il fallait absolument le rendre aux sorcières. Tremblant jusqu'au samedi suivant à l'idée de ce que ces créatures pourraient lui faire, il se rendit néanmoins le jour dit au sabbat, et remit le livre à qui de droit. Incroyable mais vrai : on le mit d'abord en garde, on le remercia finalement, et on le laissa rentrer chez lui. Un peu ensorcelé sans doute, le paysan ne put jamais se rappeler lesquelles de ses voisines se trouvaient dans le bois d'Orville ce soir-là...

lundi 8 octobre

lever : 8 h 00
coucher : 19 h 14

Ste Pélagie

À table !

La macaronade

Languedoc-Roussillon

La macaronade est une spécialité sétoise inspirée de la cuisine italienne : il s'agit d'un plat composé de macaronis, de brageoles – sortes de paupiettes de bœuf – et de sauce tomate. Il existe autant de recettes que de Sétois, c'est pourquoi le bœuf est parfois remplacé par du porc ou du veau.

La rubrique du 13 h

BASILIQUE NOTRE-DAME-DE-L'ÉPINE

Champagne-Ardenne

Cette basilique, qui avait fait une forte impression à Victor Hugo lors d'un de ses voyages, se dresse en pleine campagne, dans le petit village de L'Épine, non loin de Châlons-en-Champagne. Dédiée à la Vierge, elle accueille un pèlerinage depuis la fin du XIIe siècle. Toutefois, c'est en 1400 qu'il devient réellement important, lorsque vers la veille de l'Ascension un berger aperçoit une lumière éblouissante au milieu d'un épais buisson d'épines. S'approchant, il découvre une statue de la Vierge ; la renommée de L'Épine est faite.

Faune & flore

Le purin d'ortie

France

Les orties ont envahi votre jardin ? Et si vous en tiriez parti ? Laissez macérer, une quinzaine de jours, dans un grand récipient ouvert, un kilo d'orties avec dix litres d'eau, en remuant de temps en temps. Vous obtiendrez alors un engrais efficace et un très bon insecticide pour lutter contre les pucerons.

Un jour en *Corse*
8 octobre 1943

« La Corse a la fortune et l'honneur d'être le premier morceau libéré de la France. » C'est par ces mots que le général de Gaulle, venu à Ajaccio, célèbre le peuple corse, qui s'est soulevé contre les troupes fascistes et nazies et a reconquis son île.

Ils ont marqué leur région…

Fénelon

Aquitaine

Fénelon est né dans le Périgord en 1651. Il fut destiné dès son plus jeune âge à une carrière ecclésiastique. Il fut envoyé à 12 ans à l'université de Cahors, où il étudia la rhétorique, puis au collège du Plessis, à Paris, où il prêcha à 15 ans. Ordonné prêtre en 1675, il attira l'attention sur lui par ses qualités d'orateur. Recommandé par Bossuet, ce chrétien mystique acquit une position influente à la cour du roi et devint précepteur du Dauphin. Il rédigea *Les Aventures de Télémaque*, un traité de morale – considéré comme un texte critiquant la politique du Roi-Soleil – qui connaîtra un grand succès jusqu'au début du XXe siècle.

mardi 9 octobre

lever : 8 h 02
coucher : 19 h 12

St Denis

À table !

Mesturets

Midi-Pyrénées

Pour 4 personnes

Cuire à l'eau 300 g de courge, l'égoutter et la passer au moulin à légumes. La mélanger avec 200 g de farine, 50 g de beurre fondu, 1 c. à soupe d'huile, 2 œufs, 1 pincée de sel et de la fleur d'oranger. Faire des galettes, avec cette préparation, et les faire frire à l'huile, dans une poêle, 2 min sur chaque face. Saupoudrer de sucre et servir.

Faune & flore

La bugle rampante

Limousin

Vous la trouverez surtout dans les endroits frais et ombragés, comme les lisières forestières, car c'est là que cette plante vivace, cousine de la lavande, s'établit le plus souvent. Réputées pour leur vertu cicatrisante, ses fleurs bleu indigo ressemblent d'ailleurs beaucoup à celles de cette proche parente.

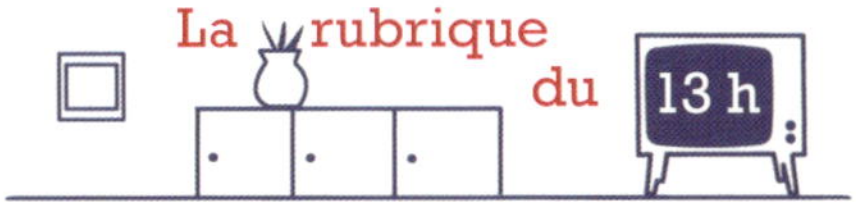

LE LAC DE PANNECIÈRE

Bourgogne

Ce lac-réservoir est né de la construction du barrage de Pannecière, en 1949, dans une tentative de réguler les eaux du bassin de la Seine. Avec ses cinq cent vingt hectares de superficie, il est le plus grand lac du parc naturel régional du Morvan. Le lac est niché dans la vallée de l'Yonne – la rivière le traverse –, et ses eaux sont très poissonneuses : les prises sont variées et souvent de belle taille. Bien qu'il soit artificiel, le lac de Pannecière est sauvage, et il comprend de nombreux petits bras, auxquels on ne peut accéder qu'en barque.

Quiz des villes & villages de France

N'attendez pas demain pour visiter cette charmante ville côtière dont le territoire comprend la presqu'île de Giens, ainsi que les îles d'Or : Porquerolles, Port-Cros et l'île du Levant !

_ _ _ _ _ _

Ils ont marqué leur région...

Bartabas

Île-de-France

Passionné de cheval dès son enfance, Bartabas révolutionne le spectacle équestre depuis bientôt une trentaine d'années. En 1985, le poète écuyer monte avec une troupe d'acrobates le projet « Zingaro », qui signifie « tsigane » en espagnol, du nom de son premier cheval, un frison noir. Il s'installe quelques années plus tard au fort d'Aubervilliers, sur proposition du maire de la commune : une dizaine de spectacles y verront le jour. Il fonde en 2003 une académie équestre, exclusivement composée de cavalières, dans la Grande Écurie du château de Versailles. Celui qui a commencé dans une troupe de théâtre ambulant continue, d'année en année, à consacrer toute son énergie aux chevaux.

Hyères

mercredi 10 octobre

lever : 8 h 03
coucher : 19 h 10

St Ghislain

Faune & flore

Le pavot cornu

Picardie

Le long cordon de galets qui borde les falaises picardes abrite nombre d'espèces végétales, dont le pavot cornu. Celui-ci produit une fleur jaune très délicate, qui tombe si elle est touchée. Mieux vaut donc se contenter de l'observer, d'autant que la sève de la plante dégage une odeur peu agréable.

À table !

Navets farcis

Basse-Normandie

Pour 4 personnes

Éplucher 4 gros navets et les évider. Hacher 1 bouquet de fines herbes, les mélanger avec 250 g de chair à saucisse. Ajouter 1 œuf battu, de la muscade, du sel et du poivre. Remplir les navets de cette farce, bien tasser et déposer 1 noix de beurre sur le dessus. Beurrer un plat à four, déposer les navets et mouiller avec 10 cl de cidre brut. Cuire 15 min à 240 °C.

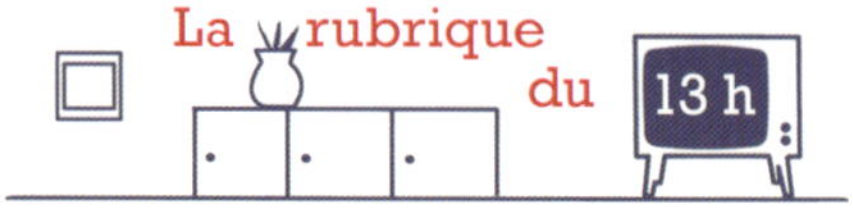

JARNAC

Poitou-Charentes

Entre Angoulême et Cognac, sur l'ancienne route impériale, Jarnac découvre ses trésors. Cette cité, puissante au Moyen Âge, possède un important patrimoine médiéval avec, par exemple, l'église Saint-Pierre, qui date du XIe siècle. Installée sur un coteau de la rive droite de la Charente, Jarnac offre aussi de splendides paysages, où le vignoble du pineau des Charentes est très présent. Enfin, on ne peut pas passer par Jarnac sans s'arrêter dans la maison natale de François Mitterrand et au musée qui lui est consacré quai de l'Orangerie.

Savoirs d'antan

Selon le type du bois avec lequel on bricole, il peut s'avérer difficile de visser certaines vis jusqu'au bout. Si vous vous retrouvez face à cette situation, frottez-les avec du savon sec, et elles n'offriront plus aucune résistance.

Ils ont marqué leur région…

Nolwenn Leroy

Bretagne

Lorsque Nolwenn s'inscrit à des cours de chant lyrique à la fin des années 1990, elle est loin d'imaginer qu'elle sera la grande gagnante, quelques années plus tard, de la deuxième édition de la « Star Academy ». Son premier album, auquel participent Pascal Obispo et Laurent Voulzy, se vend à plus de six cent mille exemplaires et lui permet de décrocher le NRJ Music Awards de la révélation francophone de l'année 2004. Sorti en 2011, *Bretonne* est un retour aux sources pour la belle brune, née en 1982 à Saint-Renan. Avec des reprises des classiques celtiques « La jument de Michao » et « Tri martolod », cet album est un des plus gros succès discographiques de l'année passée.

jeudi 11 octobre

lever : 8h05
coucher : 19h08

St Firmin

CITATION

Poitou-Charentes

« Les vaisseaux ennemis n'entreront plus à La Rochelle s'ils ne volent. »

Le cardinal de Richelieu

Faune & flore

Le saïmiri

Guyane

Petit animal arboricole très fréquent en Guyane, le saïmiri fait partie des plus petits mais aussi des plus vieux singes d'Amérique. Il vit un peu partout dans la région, principalement dans la forêt, et souvent en compagnie d'autres espèces, comme les capucins et les ouakaris.

La rubrique du 13 h

LE VALLON BÉNI

Lorraine

Ce surnom de « Vallon béni » est celui du village de Benoîte-Vaux dans le département de la Meuse. Blotti dans une vallée boisée, il ne comprend que quelques maisons et une église. Pourtant, chaque année depuis le XVIIe siècle, plusieurs milliers de personnes s'y rendent. Ils viennent se recueillir devant la statue miraculeuse de la Vierge à l'Enfant, découverte par des bûcherons au XIIe siècle : les hommes auraient entendu des voix angéliques, chantant l'Ave Maria, qui les auraient guidés au pied d'un chêne où se trouvait la statue.

À table !

Patranque

Auvergne

Pour 4 personnes

Dans une casserole à fond épais, faire bouillir 75 cl d'eau salée et poivrée. Ajouter 400 g de pain blanc rassis, en petits dés, faire cuire 15 min en remuant avec une cuillère en bois. Ajouter à cette bouillie 400 g de tomme fraîche de cantal, finement coupée, et 2 gousses d'ail hachées. Tourner énergiquement ce mélange à feu moyen, cesser de tourner lorsque la préparation forme une boule.

Ils ont marqué leur région...

Taillevent

Haute-Normandie

Né à Pont-Audemer vers 1310, Guillaume Tirel, dit « Taillevent », fut le plus célèbre cuisinier médiéval de France. Il entre dès son plus jeune âge au service de Jeanne d'Évreux, comme « enfant de cuisine ». En 1373, il devient premier queux de Charles V, c'est-à-dire chef des cuisines du roi. Sept ans plus tard, il fait profiter de son talent Charles VI, qui l'anoblit et lui donne le titre de « maistre des garnisons de cuisine du roi ». On lui attribue l'un des premiers livres culinaires, *Le Viandier*, dans lequel il accorde une place de choix aux sauces épicées et y révèle ses recettes du sabourot de poussins, du brouet de cailles, du grave d'alouettes ou de la potée de langue de bœuf.

vendredi 12 octobre

lever : 8h06
coucher : 19h06

St Wilfried

À table !

Côtes de porc à l'ardennaise

Champagne-Ardenne

Pour 4 personnes

Prendre 4 belles côtes de porc dans le carré, que le boucher aura fendues dans l'épaisseur jusqu'à l'os. Glisser ½ tranche de jambon et 1 fine tranche de gruyère, poivrer à l'intérieur de chaque côte et refermer en pressant. Faire dorer les côtes dans du beurre, dans une poêle, 5 min de chaque côté. Baisser le feu et cuire 20 min. Déglacer la poêle avec 20 cl de crème fraîche et napper les côtes de cette sauce.

DICTON

Limousin

Qui prête son aiguille sans gage en perd l'usage.

La rubrique du 13 h

LES CLOCHERS TORS DU PAYS DE BAUGÉ

Pays de la Loire

En Anjou, lorsqu'on observe un clocher, on croit parfois être trompé par les reflets des ardoises. Mais, en s'approchant un peu, on s'aperçoit qu'il ne s'agit pas d'une illusion d'optique : le Baugeois, dans le Maine-et-Loire, concentre près d'une dizaine de clochers tors, c'est-à-dire des clochers dont la flèche est tordue. On ne sait pas exactement expliquer ces curiosités architecturales : est-ce le résultat de la facétie des charpentiers, ou les clochers ont-ils été construits droits et sont-ils devenus tors par le travail du bois ?

Faune & flore

L'olivier

Provence-Alpes-Côte d'Azur

Fort symbole de la région, l'olivier est un arbre qui a avant tout besoin de soleil pour s'épanouir, même s'il est capable de résister à des températures négatives (dès lors que l'air reste sec). Réservez-lui donc l'emplacement le plus ensoleillé de votre jardin, de préférence à l'abri du vent.

Ils ont marqué leur région...

Prosper Jolyot de Crébillon

Bourgogne

Souvent appelé « Crébillon père », pour le distinguer de son fils, lui aussi écrivain, ce poète fut un des auteurs tragiques à succès du début du XVIIIe siècle. Après des études chez les jésuites de Godrans, près de Dijon, où il naquit en 1674, Crébillon fit des études de droit et fut reçu avocat. Sa première tragédie fut refusée, mais *Idoménée*, en 1705, puis *Rhadamiste et Zénobie*, en 1711, firent de lui un auteur reconnu. Cet homme fier, incapable de s'abaisser à courtiser les grands, vécut de longues périodes de misère, pendant lesquelles le public le bouda. Élu à l'Académie française en 1731 et soutenu par la marquise de Pompadour, il finira sa vie bibliothécaire du roi.

Celle qui ne savait pas skier

Il était une fois un jeune homme – que nous appellerons D., afin de préserver son anonymat –, lequel aimait éperdument une belle jeune fille – que nous nommerons A. Faits pour s'entendre et vivant tous deux dans le massif des Aravis, ils auraient dû tous deux passer leur journée à skier étant enfants, riant de concert sur les planches de bois que l'on utilisait jadis, en ces temps où, pour se déplacer, glisser était indispensable dans les montagnes. Mais voilà, jamais ils ne se croisaient sur les pentes, et le garçon était au désespoir : il aimait tant, et depuis toujours, la demoiselle, qu'il s'était juré de l'épouser dès son plus jeune âge. Mais la pauvre A. avait un secret : elle ne savait pas skier, un drame en ces contrées ! Plus fin qu'il n'en avait l'air, l'amant devina la chose, et il se déclara finalement, tout en lui avouant qu'il savait ce qu'elle n'osait dire. Quelle ne fut pas la surprise de D. quand il apprit qu'elle l'aimait tout autant, et qu'elle était prête, avec lui, à affronter les pentes glissantes des Aravis !

Le temps passa, joyeux, léger, heureux, et les amants devinrent mari et femme. Mais une ombre obscurcissait le tableau : malgré tous les efforts de D., A. ne parvenait toujours pas à skier sans tomber, et elle avait fini par haïr cette neige qui lui volait son époux. Au retour de l'hiver, elle restait seule au village, tandis que son mari et ses amis dévalaient la montagne. Quand la neige recouvrait les crêtes, A. dépérissait. Or, D., malgré son amour pour sa blanche région natale, tenait plus que tout à sa femme, ne désirant que son bonheur et celui de sa famille – il voulait de nombreux enfants. Aussi, un hiver, décida-t-il courageusement de quitter ses Alpes chéries, et, avec A., de partir vivre à Paris, où le bonheur de celle-ci ne dépendrait plus de ses progrès à ski. Elle en fut bien sûr ravie !

Et voici la comptine que l'on récite depuis :
« Cet hiver, par un beau temps clair,
Deux amoureux ont pris l'air.
Cet automne – ça n'étonnera personne –,
Les voici qui pouponnent !
Il s'appelle Camille, et ce n'est pas une fille,
Il est très mignon, c'est un petit garçon ! »

lundi 15 octobre

lever : 8 h 11
coucher : 19 h 00

Ste Thérèse d'Avila

À table !

La chèvre salée

Franche-Comté

Ce plat traditionnel du Haut-Jura se sert en général à partir de la mi-octobre et jusqu'au retour des beaux jours. Les morceaux de chèvre sont immergés avec des aromates dans un bain de saumure, pendant une journée. Ils sont ensuite cuisinés à la façon d'un pot-au-feu, avec du vin blanc et des légumes.

La rubrique du 13 h

LA TOUR DES SORCIÈRES DE ROUFFACH

Alsace

À Rouffach, une commune du Haut-Rhin située à quinze kilomètres de Colmar, les femmes étaient autrefois très surveillées, comme en témoigne la tour des Sorcières, là où furent enfermées les malheureuses soupçonnées de sorcellerie. Élevée aux XIIIe et XVe siècles, cette tour, carrée en hauteur, mais à la base cylindrique, servit de prison, jusqu'au XVIIIe siècle, à ces femmes accusées de commercer avec le diable. Rares furent celles qui échappèrent au bûcher et à ses flammes régénératrices : on compte par exemple soixante-deux procès au XVIIe siècle.

Savoirs d'antan

Votre diététicienne vous a chaudement recommandé d'éviter les matières grasses, mais vous aimeriez tout de même pouvoir profiter d'œufs au plat. Remplacez la matière grasse par une cuillère à soupe d'eau dans votre poêle antiadhésive, déposez l'œuf dès que l'eau frémit, puis laissez cuire avec un couvercle par-dessus.

Faune & flore

Le crapaud calamite

Picardie

Également connu sous le nom de « crapaud des joncs », le calamite est identifiable au premier coup d'œil, grâce à la ligne jaune qui parcourt son dos. Bien plus rare que le crapaud commun, il vit principalement dans les zones sablonneuses situées à proximité d'un plan d'eau.

Ils ont marqué leur région...

L'empereur Claude

Rhône-Alpes

Claude fut le premier empereur romain né hors d'Italie. Qui pensait, au Ier siècle de notre ère, que ce bègue, qui avait grandi à Lugdunum et qu'on disait déficient intellectuellement, allait prendre, à 50 ans, la tête de l'Empire ? Et pourtant, après avoir richement payé les prétoriens, il succéda à son neveu Caligula. Claude avait compris que l'intégration des étrangers assurerait la pérennité de l'Empire. C'est pourquoi, en 48 apr. J.-C., il accorda aux Gaulois l'accès au Sénat romain, dans un discours inscrit sur une table de bronze découverte au XVIe siècle, en bas des pentes de la Croix-Rousse, et connue sous le nom de « Table claudienne ».

mardi 16 octobre

lever : 8 h 13
coucher : 18 h 58

Ste Edwige

Faune & flore

L'âne corse

Corse

Bien que sa reconnaissance en tant que race fasse débat, l'âne corse possède des caractéristiques bien à lui : une petite taille et un pelage gris, marqué aux épaules et sur les pattes par une zone plus foncée. Plutôt robuste, l'âne corse est particulièrement apprécié pour son caractère affectueux.

Un jour en *France*

16 octobre 1978

Pour Ziggy et Marie-Jeanne, personnages de l'opéra rock *Starmania*, « le monde est stone ». Il sera bientôt aux pieds de Michel Berger et de Luc Plamondon, qui viennent de sortir un disque mythique, dont plus de deux millions de Français feront l'acquisition.

La rubrique du 13 h

ABBAYE SAINTE-MARIE À LAGRASSE

Midi-Pyrénées

L'abbaye Sainte-Marie est située au centre du pays des Corbières, dans l'Aude. Séparé du village médiéval de Lagrasse par la rivière de l'Orbieu, ce monastère bénédictin a été fondé au VIIIe siècle. Jusqu'à la Révolution, son architecture a évolué : une tour clocher a été bâtie au XVIe siècle, et, au XVIIIe siècle, le cloître gothique détruit a été remplacé. Depuis la Révolution, l'abbaye est divisée en deux lots : une partie des bâtiments appartient aujourd'hui au conseil général de l'Aude et l'autre à une communauté de chanoines.

À table !

Sardines à la mode d'Arcachon

Aquitaine

Pour 4 personnes

Prendre 8 tomates, couper 1 tranche de chaque côté du pédoncule et les évider. Les cuire au four 5 min à 150 °C. Faire griller 16 sardines 5 min de chaque côté, détacher les filets et les diviser en 2 morceaux. Mélanger les sardines avec 100 g de beurre ramolli, 2 branches de persil, de l'estragon et du cerfeuil. Garnir les tomates avec les sardines et servir avec des croûtons frits au beurre.

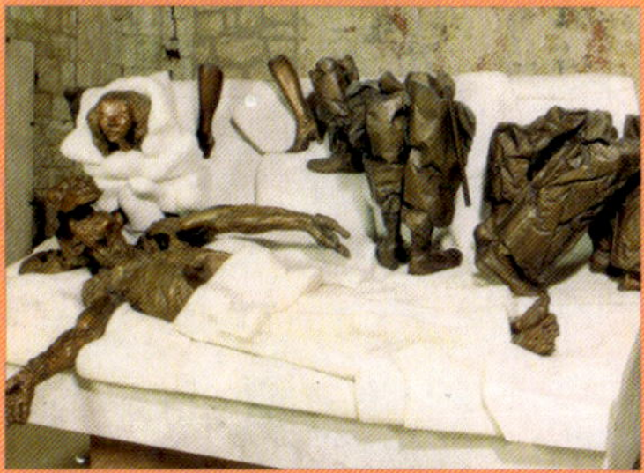

Ils ont marqué leur région…

Jean Robert Ipoustéguy

Lorraine

Ce sculpteur aux œuvres surréalistes et au style abrupt fait son apprentissage artistique en 1938 dans l'atelier de Robert Lesbounit. Dans les années 1950, il abandonne la peinture pour se consacrer à la sculpture, puis à l'écriture. Ce maître d'un expressionnisme angoissé morcelle les lumières et les ombres dans une œuvre complexe, dominée par les thèmes du sexe et de la mort. En 1968, sa *Mort du père*, l'une des sculptures les plus chères du monde à l'époque, est achetée par la National Gallery of Victoria de Melbourne. Il installe en 2001, dans l'église de Dun-sur-Meuse, sa ville natale, une sculpture monumentale de marbre et de bronze, la *Mort de l'évêque Neumann*.

mercredi 17 octobre

lever : 8 h 14
coucher : 18 h 56

St Baudouin

Faune & flore

La chouette hulotte

Île-de-France

Elle se fait à peine remarquer, pourtant cette créature vit bien en plein cœur de Paris, installée dans les grands parcs que compte la capitale. Il faut dire que la hulotte ne se manifeste qu'à la nuit tombée, lorsque vient l'heure pour elle de partir en quête de nourriture (moineaux, rongeurs...).

À table !

Le pâté de Chartres

Centre

Spécialité incontournable de la cité beauceronne, ce pâté en croûte, qui existe depuis trois siècles, est confectionné à partir de plusieurs viandes – perdreau ou canard que l'on fait mariner dans du cognac, porc, veau et divers foies –, auxquelles on ajoute des oignons et des truffes.

La rubrique du 13 h

LE CHÂTEAU DE JOSSELIN

Bretagne

Au cœur du Morbihan, trois tours dominent en à-pic les bords de l'Oust : ce sont celles du château de Josselin. Érigé au XIVe siècle par Olivier de Clisson, sur les fondations d'une forteresse datant du XIe siècle, il a dû faire face à de nombreuses destructions, au cours de l'histoire, comme en témoigne son architecture : ainsi, l'enceinte féodale abrite une majestueuse façade Renaissance de style gothique flamboyant. Possession de la famille de Rohan, depuis l'origine, le château est aussi remarquable pour ses jardins et sa roseraie.

Savoirs d'antan

Vous avez eu la main un petit peu lourde sur l'assaisonnement de votre plat, et votre palais est en feu. Pour remédier à cette situation désagréable, rincez-vous la bouche avec du lait ou du yaourt, cela atténuera rapidement les brûlures.

Ils ont marqué leur région...

Jean-Louis Murat

Auvergne

C'est en référence à Murat-le-Quaire, un village proche de La Bourboule, dans lequel il passa une partie de son enfance, que Jean-Louis Murat a choisi son nom d'artiste. Après des débuts dans le groupe Clara, le chanteur sort un 45 tours en 1981, *Suicidez-vous, le peuple est mort*, qui, à défaut de séduire le public, connaît un certain succès critique. Les titres « Si je devais manquer de toi », en 1987, et « Regrets », en duo avec Mylène Farmer, en 1991, sont des succès commerciaux. Marqué par la new wave et par la littérature romantique, cet auteur-compositeur trouve son inspiration, depuis plus de trente ans, dans cette Auvergne natale où il réside toujours.

jeudi 18 octobre

lever : 8 h 16
coucher : 18 h 54

St Luc

Faune & flore

Le frêne

Poitou-Charentes

Dans la Petite Champagne charentaise et dans le pays de Saintonge, le frêne est le roi de la forêt. Il peut en effet atteindre quarante-cinq mètres de hauteur, taille exceptionnelle pour un feuillu. Utilisé en ébénisterie comme pour le fourrage du bétail, le frêne a l'avantage de croître rapidement.

La rubrique du 13 h

LES MINES D'ARGENT DU FOURNEL

Provence-Alpes-Côte d'Azur

Ces mines de plomb argentifère ont été redécouvertes au début des années 1990 après avoir été laissées à l'abandon pendant presque un siècle. À L'Argentière-la-Bessée, l'exploitation a commencé dès le haut Moyen-Âge, nichée au fond des gorges du Fournel, puis au XIXe siècle. Peu à peu, le torrent a repris ses droits et les galeries ont été ensablées. Depuis la redécouverte des mines, des fouilles ont été mises en place et les galeries, qui courent sur une vingtaine de kilomètres, sont débarrassées petit à petit pour créer un circuit de visite de cinq cents mètres environ.

À table !

Rôti de porc à l'antillaise

Guadeloupe, Martinique

Pour 4 personnes

Saler et poivrer 1 rôti de porc, le parsemer de noisettes de beurre et le cuire au four préchauffé à 180 °C. Mélanger le jus de 1 citron vert avec 5 c. à soupe de miel liquide et 1 verre de rhum blanc. Au bout de 30 min de cuisson, verser cette sauce sur le rôti, prolonger la cuisson encore 30 min, en arrosant régulièrement. Trancher le rôti, faire réduire la sauce et servir avec du riz.

Un jour en France

18 octobre 1996

Pour faire face à l'augmentation du nombre des usagers, la France adopte le numéro de téléphone à dix chiffres. Aux anciens numéros est ainsi adjoint un indicatif de deux chiffres, choisi selon un découpage de la France métropolitaine en cinq zones géographiques.

Ils ont marqué leur région...

Théophile Gautier

Midi-Pyrénées

Ce natif de Tarbes, dont on a fêté en 2011 le bicentenaire de la naissance, découvrit la littérature avec *Robinson Crusoé*. Mais c'est après avoir été présenté à Victor Hugo par un camarade de classe, un certain Nerval, que Théophile Gautier décida de se consacrer à la littérature. Ses premières poésies furent publiées en 1830, et son premier conte fantastique en 1831. En 1835, dans la préface de *Mademoiselle de Maupin*, Gautier définit sa théorie de « l'art pour l'art », l'esthétique primant, selon lui, sur les autres fonctions de l'œuvre. Dans sa dédicace des *Fleurs du mal*, Baudelaire présentait le jeune romantique comme un « parfait magicien ès lettres françaises ».

vendredi 19 octobre

lever : 8 h 17
coucher : 18 h 52

St René

À table !

Poulet aux écrevisses

Rhône-Alpes

Pour 6 personnes

Faire revenir dans une cocotte 1 gros poulet découpé en morceaux. Saler et mouiller avec 1 verre de vin blanc sec. Laisser cuire 30 min, en ajoutant du vin, si nécessaire. En fin de cuisson, ajouter 2 tomates concassées. Dans une autre cocotte, faire revenir dans du beurre 1 kg d'écrevisses, jusqu'à ce qu'elles soient rouges, ajouter 2 échalotes et 1 gousse d'ail hachées. Flamber avec 1 petit verre de cognac. Saupoudrer de 2 c. à soupe de farine, verser 1 verre de vin blanc et 1 verre de bouillon. Réunir les deux cocottes et cuire doucement 10 min. Ajouter 3 c. à soupe de crème fraîche et 1 verre de Madère et servir.

La rubrique du 13 h

LA TOUR DES ÉCHEVINS À BRIVE-LA-GAILLARDE

Limousin

Classée depuis la fin du XIXe siècle, la tour des Échevins de Brive-la-Gaillarde est un chef-d'œuvre d'ornementation et un joyau de l'art de la Renaissance. En effet, elle est décorée avec des fleurons et des arabesques finement sculptés. Adossée à une maison noble, elle est un exemple des demeures à tourelles que l'on retrouve dans plusieurs ruelles de la ville. Le heurtoir de la porte reproduit une salamandre, le symbole de François Ier, tandis que les grilles, qui datent du XIXe siècle, sont d'inspiration Renaissance.

Faune & flore

Le saule roux

Pays de la Loire

Présent notamment dans le parc de la Brière, en Loire-Atlantique, le saule roux est une espèce pionnière et s'établit donc partout, dès lors que l'endroit est suffisamment humide et ensoleillé. Son bois, très tendre, est utilisé à diverses fins (vannerie, pâte à papier, allumettes...).

Savoirs d'antan

Vous craignez que des termites n'aient envahi votre maison. Si vous voulez en avoir la certitude, il suffit d'enfoncer une épingle dans les trous de vos meubles. Si une fine poudre de bois en ressort, c'est que les termites sont bien là, et qu'un traitement s'impose.

Ils ont marqué leur région...

Laurent Ballesta

Languedoc-Roussillon

Ce biologiste marin est depuis plusieurs années le maître incontesté de la photo sous-marine. Laurent Ballesta se bat depuis des années pour sensibiliser le grand public aux ravages qui menacent l'écosystème de la grande bleue. Réalisant les photos sous-marines les plus profondes du monde, en plongée autonome, le Montpelliérain dispose aujourd'hui d'une collection de plus de dix mille clichés des fonds marins du globe entier. Triple lauréat du Festival mondial de l'image sous-marine d'Antibes, il a consacré un livre – paru en 2003 – à la faune et la flore subaquatique du Languedoc-Roussillon.

Mam Coco

L'enfer au paradis

À l'extrême nord de la Grande-Terre, en Guadeloupe, se trouve la commune d'Anse-Bertrand, ainsi baptisée en raison du saint de même nom. L'endroit est magnifique : eau turquoise, crique paradisiaque... Pourtant, le petit bras de mer encerclé par les falaises porte, lui, un nom moins céleste : la porte d'Enfer. C'est ainsi que l'on appelait l'arche naturelle qui s'est écroulée lors du tremblement de terre de 1843. Si, dans l'anse, la mer est calme et clapote doucement, de violents courants luttent à l'embouchure. Par la mer, il faut donc les dépasser pour pénétrer dans la faille, sur la paroi de laquelle se trouve une grotte. Pour les moins courageux, un chemin y mène qui longe la falaise. Encore que, même à pied, il faille se montrer téméraire pour y aller : la grotte est sans doute hantée.

En effet, il y a de cela fort longtemps, à Anse-Bertrand, vivait une marchande, Madame Coco. N'ayant pas beaucoup d'argent malgré son commerce, elle ne pouvait s'empêcher d'envier celle qui était pourtant son excellente amie : Madame Grands-Fonds, dont la réputation de femme fortunée n'était plus à faire. La jalousie de Mam Coco, comme les Ansois l'appellent, devint si intense qu'elle tourna à l'obsession, et, ne possédant plus toute sa raison, la marchande décida de pactiser avec le diable pour parvenir à ses fins. Celui-ci accepta de « l'aider » en échange d'un sacrifice humain. L'ambitieuse Mam Coco devint ainsi riche... Mais ne tint pas parole. Le diable la retrouva sans peine, et la pauvre fut contrainte de se donner à lui corps et âme : des marins la virent ensuite à plusieurs reprises marcher sur l'eau accompagnée du malin. Il ne fit plus aucun doute qu'ils se rendaient dans la grotte qui porte aujourd'hui le nom de « trou de Mam Coco ». Si l'on n'en était pas sûr, aucun rite sorcier ne s'y déroulerait, et l'on n'y verrait pas, encore aujourd'hui, des bougies brûler à la nuit tombée...

lundi 22 octobre

lever : 8 h 22
coucher : 18 h 47

Ste Salomé

Faune & flore

La jacinthe

Haute-Normandie

Inutile d'attendre la belle saison pour profiter des jolies fleurs de la jacinthe ! Plantez quelques bulbes dans un pot, que vous placerez à l'intérieur, dans un endroit frais et sombre. Une fois que les feuilles seront sorties, mettez progressivement vos plantes à la lumière, jusqu'à la floraison.

À table !

Potage bourguignon

Bourgogne

Pour 4 personnes

Faire revenir 3 oignons émincés dans du beurre, jusqu'à les faire dorer. Mouiller l'ensemble avec 1 l de bouillon de pot-au-feu et cuire à feu doux 20 min. Couper du pain de campagne en tranches très fines. Dans une soupière allant au four, alterner des couches de pain et de comté râpé, terminer par 1 noix de beurre. Verser le bouillon et faire gratiner 10 min à four doux.

La rubrique du 13 h

CORTE

Corse

Cœur géographique de la Corse, Corte est une ville dynamique – elle compte une forte population estudiantine – et la capitale culturelle et historique de l'île de Beauté. Corte conserve des traces du conflit contre les Génois, avec sa citadelle, juchée au sommet d'une colline, à laquelle on accède en empruntant une multitude d'escaliers dans des rues étroites. La région est dominée par des montagnes grandioses, et, au sortir de la ville, les alentours sont faits de forêts et de maquis, de cirques rocheux, de torrents et de lacs d'altitude.

Un jour en

Pays de la Loire

22 octobre 1941

À Châteaubriant, vingt-sept otages français sont fusillés par les autorités allemandes, en représailles au meurtre d'un haut responsable de l'Occupation en Loire-Inférieure. L'histoire fera du plus jeune d'entre eux, Guy Môquet, un martyr de la Résistance.

Ils ont marqué leur région...

Marguerite Thiébold

Alsace

C'est dans les années 1930 que Marguerite Thiébold, encouragée par son mari, commence à mettre par écrit les histoires qu'elle racontait à ses enfants. Installée dans le Bas-Rhin, elle est lauréate, en 1936, du prix de l'Alsace littéraire et compose quelques-uns des plus célèbres romans de littérature pour jeunes filles, parmi lesquels *Le Château dans la forêt* et *Le Cygne de Solveig*. En 1956, elle commence la série des aventures de Lili – l'une des héroïnes les plus attachantes de la « Bibliothèque rose » –, qui durera près de vingt-cinq ans. Également auteur de contes de Noël et de Pâques, publiés dans des quotidiens alsaciens et nationaux, Marguerite Thiébold s'est éteinte en 1997, à Strasbourg.

mardi 23 octobre

lever : 8 h 23
coucher : 18 h 45

St Jean de Capistran

À table !

Potage à la mode de Soissons

Picardie

Pour 4 personnes

La veille, pour les faire gonfler, mettre à tremper 300 g de haricots de Soissons. Émincer 3 oignons et 3 gousses d'ail et les faire suer dans une cocotte, avec un peu de beurre, en ajoutant les haricots égouttés. Mouiller avec 1,5 l de bouillon de poule, parfumer de laurier et de thym frais et cuire 20 min. Retirer le laurier et le thym avant de mixer. Ajouter 50 cl de crème liquide et 150 g de lardons poêlés. Servir chaud avec des croûtons de pain cuits à l'huile d'olive.

Faune & flore

La rousserolle effarvatte

Basse-Normandie

Avec son plumage brun et sa petite taille, ce passereau fait partie des plus discrets. D'autant que la rousserolle effarvatte aime se cacher parmi les hautes herbes de son habitat naturel, les roselières. Il ne vous reste plus qu'à guetter son chant, si vous souhaitez la repérer.

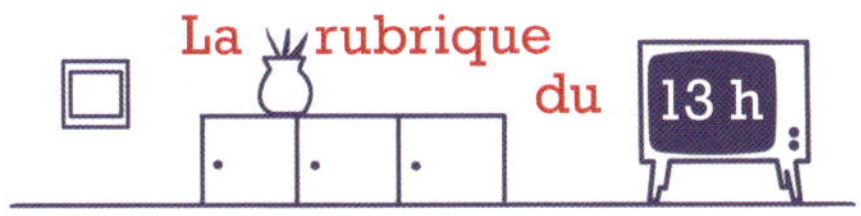

LA DUNE DU PILAT

Aquitaine

Phénomène géologique hors norme, la dune du Pilat marque l'entrée du bassin d'Arcachon. Juchée entre la forêt landaise et l'océan Atlantique, elle est le plus grand ensemble dunaire d'Europe : elle mesure deux mille sept cents mètres de long sur une largeur de cinq cents mètres, à la base, et on estime son volume à soixante millions de mètres cubes de sable. Née de la réunion de deux systèmes dunaires, elle a doublé de volume en deux siècles. En effet, elle est toujours façonnée par le vent et se déplace de quelques mètres vers l'intérieur des terres chaque année.

Quiz des villes & villages de France

Préfecture du Cantal, cette commune, dont le nom signifie « villa d'Aurelius », est la capitale française du parapluie !

_ _ _ _ _ _ _ _

Ils ont marqué leur région…

Fulbert

Centre

Né vers 960, Fulbert suivit à Reims les leçons de Gerbert d'Aurillac, futur pape. En plus de la théologie, il maîtrisait la physique, la médecine et l'astronomie. Musicien, il composa des hymnes et développa la liturgie. Juriste renommé, Fulbert fut également conseiller de princes européens, en particulier de Robert le Pieux, qui le nomma évêque de Chartres, en 1006. Cet humaniste encouragea le développement des arts et les recherches philosophiques sur l'origine et la nature de l'univers, et il fut à l'origine de la réputation européenne de l'école de Chartres. Après l'incendie qui détruisit la cathédrale en 1020, il fit appel aux princes pour financer la construction d'une nouvelle église.

Aurillac

mercredi 24 octobre

lever : 8 h 25
coucher : 18 h 43

St Florentin

À table !

Poulet au poiré

Bretagne

Pour 4 personnes
Éplucher 4 poires et les faire pocher à l'eau citronnée, pendant 20 min. Dans une cocotte, faire colorer 1 poulet dans un mélange beurre et huile. Ajouter 1 carotte et 1 oignon émincés, mouiller avec 1 verre de poiré et cuire sur feu doux et à couvert pendant 1 h. Ôter le poulet, ajouter 10 cl d'eau de cuisson des poires et porter la sauce à ébullition. Ajouter 100 g de crème fraîche et ½ verre d'eau-de-vie de pomme, faire réduire. Remettre le poulet et ajouter les poires coupées en 2. Servir chaud.

La rubrique du 13 h

LA CITADELLE DE MONTREUIL-SUR-MER

Nord-Pas-de-Calais

Le premier bâtiment construit à cet emplacement est un château royal, érigé au XIIIe siècle par Philippe Auguste. Sa situation est idéale, puisqu'il domine toute la région à l'ouest de Montreuil, à une vingtaine de kilomètres de Berck. Une citadelle est ensuite édifiée sous Henri IV : les vieilles tours – aujourd'hui seuls vestiges de cette époque – deviennent alors l'entrée de la forteresse. Pendant sept siècles, l'architecture de l'édifice a évolué, toujours dans une perspective militaire. Classée en 1926, la citadelle est démilitarisée en 1929.

Un jour en *Centre*

24 octobre 996

Hugues Capet s'éteint près de l'abbaye de Saint-Martin de Tours. Le trône revient à son fils aîné, Robert le Pieux. C'est ainsi que la tradition de l'hérédité masculine par primogéniture s'appliquera à toute la dynastie des Capétiens et se perpétuera bien au-delà.

Faune & flore

Le chêne pédonculé

Lorraine

Il se distingue du chêne sessile (ou chêne rouvre) grâce au long pédoncule qui supporte le fruit – d'où son nom. Doté d'une grande longévité (jusqu'à mille ans), le chêne pédonculé donne un bois très prisé en menuiserie, en ébénisterie ainsi que dans la construction.

Ils ont marqué leur région...

Théophraste Renaudot

Poitou-Charentes

Né en 1586 dans la cité huguenote de Loudun, dans la Vienne, Théophraste Renaudot acquiert son diplôme de médecine à 19 ans. Dans les années 1620, il se convertit au catholicisme et se rapproche de Richelieu, qui fera de lui le médecin de Louis XIII. Le 30 mai 1631, Renaudot lance *La Gazette*, le premier journal hebdomadaire publié en France, et reçoit bientôt du roi le monopole de l'information imprimée. Ce philanthrope ouvre, en 1637, le premier mont-de-piété, ainsi qu'un centre de « consultations charitables ». Le prix Renaudot, créé en 1925 et décerné à un écrivain chaque année en novembre, lui rend hommage.

jeudi 25 octobre

lever : 8 h 26
coucher : 18 h 41

St Crépin

Faune & flore

Le putois
Bourgogne

Ce petit carnivore se distingue par la couleur de son pelage, plus clair sur le dos que sur le reste du corps. Le putois est par ailleurs un chasseur hors pair, une caractéristique dont l'homme a su tirer profit, puisque le furet utilisé à la chasse n'est autre qu'une forme domestiquée du putois.

Quiz des villes & villages de France

Capitale de la tomate, cette sous-préfecture du Lot-et-Garonne est aussi connue pour son festival « Garorock » et pour son cloître Notre-Dame, classé monument historique.

La rubrique du 13 h

LES TEMPLES TAMOULS
La Réunion

Les Tamouls sont originaires du sud de l'Inde et représentent environ quarante pour cent de la population réunionnaise. Avant l'abolition de l'esclavage, en 1848, ils n'avaient pas le droit de pratiquer leur religion. Aujourd'hui, ils sont libres d'observer leurs rites, et de nombreux temples tamouls, aux couleurs chatoyantes, ont été bâtis sur l'île – par exemple à Saint-André, berceau de la communauté. Les cérémonies, comme la marche sur le feu, se déroulent dans une atmosphère à la fois solennelle et festive, au milieu des confettis, de l'encens et des pétales de fleurs.

À table !

Croustade à la toulousaine
Midi-Pyrénées

Pour 4 personnes
Nettoyer 500 g de girolles, les émincer et les faire revenir 10 min dans de la graisse de canard, avec 100 g de jambon en dés et 1 échalote émincée. Mélanger 2 jaunes d'œufs avec 20 cl de crème, 80 g de truffe émincée, du persil, de l'estragon, du sel et du poivre ; ajouter le mélange jambon-champignons. Étaler 1 abaisse de pâte brisée dans un plat, verser la garniture et recouvrir d'une seconde abaisse. Replier, en pinçant avec les doigts les 2 bords des abaisses, et cuire 30 min à 200 °C.

Ils ont marqué leur région…

Edwige Feuillère
Franche-Comté

Née à Vesoul en 1907, la jeune actrice débuta sa carrière par le théâtre de boulevard et par des sketches cinématographiques de la Paramount. Pensionnaire à la Comédie-Française de 1931 à 1933, elle privilégia le théâtre au cinéma, se tournant vers ce dernier surtout pour des raisons financières. Inoubliable « dame aux camélias », et interprète chère à Paul Claudel, artiste photogénique dotée d'un port de tête altier – mais sans être vraiment belle –, Edwige Feuillère était capable des émotions les plus intenses. On se souvient d'elle dévêtue, en 1935, dans *Lucrèce Borgia*, d'Abel Gance, et de son interprétation de « la dame en blanc » dans *Le Blé en herbe*, sorti en 1954.

Marmande

vendredi 26 octobre

lever : 8h28
coucher : 18h39

St Dimitri

À table !

Artichauts à la barigoule

Provence-Alpes-Côte d'Azur

Pour 4 personnes
Faire revenir à l'huile d'olive 2 carottes, 2 oignons et 3 échalotes émincés dans une cocotte. Déposer dessus 12 petits artichauts violets, tendres, préalablement tournés et sans foin. Arroser d'huile d'olive, ajouter 1 verre de vin blanc sec et 1 verre d'eau. Couvrir et laisser cuire à feu doux pendant 1 h 45, jusqu'à ce que le liquide ait disparu. Servir chaud parsemé de persil.

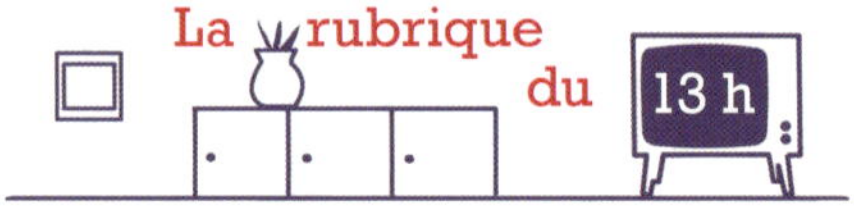

GERGOVIE

Auvergne

À six kilomètres au sud de Clermont-Ferrand, Gergovie est un lieu emblématique de la mémoire auvergnate. Propriété de l'État, le site offre un panorama extraordinaire sur la chaîne des Puys. Sur le plateau, un monument, surmonté d'un casque gaulois et érigé en 1900, accueille le visiteur, qui pourra se rendre à la maison de Gergovie. Ce musée permet de tout savoir sur la célèbre bataille de 52 av. J.-C., qui opposa Vercingétorix aux légions de César, mais aussi de connaître les caractéristiques géologiques du site et son histoire.

Faune & flore

La grue cendrée

Champagne-Ardenne

Nulle période ne sera plus propice que la fin du mois d'octobre pour observer l'élégante grue cendrée, venue faire escale dans la région. Et inutile de sortir vos jumelles pour profiter du spectacle, plus de dix mille spécimens passant ici chaque année, avant de reprendre leur longue route vers le sud.

CITATION

Nord-Pas-de-Calais

« Je grimpe à travers les hautes herbes la pente abrupte qui mène à la terrasse du Mont-Noir. On n'a pas encore fauché. Des bleuets, des coquelicots, des marguerites y foisonnent, rappelant à mes bonnes le drapeau tricolore, ce qui me déplaît, car je voudrais que mes fleurs soient seulement des fleurs. »

Marguerite Yourcenar, Le Labyrinthe du monde, 1988

Ils ont marqué leur région…

Richard Dacoury

Limousin

Après avoir été formé à Lyon, Richard Dacoury débute dans le monde du basket professionnel en 1978, avec le CSP Limoges, un club dont il va contribuer à écrire la légende sur une quinzaine d'années et au sein duquel il marquera plus de sept mille points, sous le maillot numéro sept. Élu meilleur joueur français en 1985, vainqueur de l'Euroligue avec Limoges en 1993, cet ailier totalise également près de deux cents sélections en équipe de France. Pour lui rendre hommage, le CSP Limoges a décidé, en 2010, de ne plus donner le numéro sept à un joueur de l'équipe, pour tous les matchs à venir du club.

samedi 27 & dimanche 28 octobre

Ste Émeline St Simon

Le tueur de mouches

Et, accessoirement, de dragon

Les légendes restent parfois évasives quant à l'époque où elles se déroulent. Ce n'est pas le cas de celle-ci : elle se passe en 1536. Vivait alors en Lorraine Nicolle Fauquignon, un tisserand dont l'atelier devenait, au moindre rayon de soleil, une véritable étuve. Bien au chaud, les mouches se sentaient ici comme chez elles, et passaient leur temps à vrombir dans les oreilles du jeune homme. Un jour où les insectes étaient particulièrement nombreux, il en eut assez et, d'un grand coup de main, tua cent mouches d'un coup ! Il n'en revint pas lui-même, et se sentit empli de fierté d'avoir accompli un tel exploit. À tel point qu'il inscrivit ce fait hors du commun sur son enseigne.

Un seigneur qui passait dans le village fut très impressionné par la chose, entra chez Fauquignon et lui annonça qu'il le nommait connétable et le missionnait pour tuer le dragon qui ravageait ses terres et terrorisait leurs habitants. Gonflé d'orgueil, le tisserand partit en chasse. Mais lorsqu'il vit la bête, il grimpa aussi vite qu'il pouvait, malgré ses tremblements, à la cime d'un arbre, bien décidé à n'en jamais redescendre. Mais alors que le dragon passait sous sa branche, celle-ci se cassa tout net, et Fauquignon tomba sur le dragon, qui s'envola. S'accrochant comme il le pouvait, le jeune homme tira une oreille du monstre et lui mit l'autre main sur un œil : le dragon, déstabilisé et aveuglé, alla, dans un dernier souffle, s'encastrer dans un donjon.

Le seigneur félicita Nicolle comme il se devait, regrettant de ne pas avoir de fille pour la marier à ce héros : Fauquignon dut se contenter d'énormément d'argent – on dit qu'il en fut bien content et vécut paisiblement !

lundi 29 octobre

lever : 7 h 33
coucher : 17 h 34

St Narcisse

CITATION

Lorraine

*« La cathédrale
est majestueuse
Que j'imagine
en pleine campagne
Sur quelque affluent
de quelque Meuse
Non loin de l'Océan
qu'il regagne [...]. »*

Paul Verlaine, « La cathédrale est majestueuse », Bonheur, 1891

À table !

Le coquelicot de Nemours

Île-de-France

Ce bonbon, confectionné à partir des coquelicots cueillis dans le département de la Seine-et-Marne, était autrefois consommé contre la toux. Une fois l'arôme extrait des délicates fleurs de coquelicot, on le mélange à du sirop, pour obtenir un délicieux bonbon de sucre cuit.

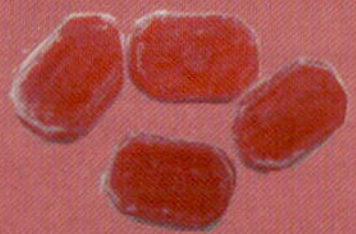

La rubrique du 13 h

LE PILAT RHODANIEN

Rhône-Alpes

Au bord du Rhône, à proximité de Lyon et de Saint-Étienne, le Pilat est un parc naturel régional aux multiples visages : dans la vallée du Gier ou dans le Haut-Pilat, le panorama est exceptionnel ; quant aux crêts, ces sommets couverts de landes, ils permettent d'apercevoir la chaîne du Mont-Blanc, le mont Ventoux et les volcans d'Auvergne. L'été, paradis des randonneurs et des adeptes du VTT – trois sentiers de grande randonnée traversent le massif –, le relief du Pilat se transforme, l'hiver, en terrain de jeu pour les amateurs de ski de fond.

Faune & flore

Le lézard vert

Languedoc-Roussillon

Du soleil, des pierres et des broussailles, voilà tout ce qu'il faut à ce petit reptile pour s'épanouir. Il n'est donc guère étonnant que le lézard vert mène la belle vie en Languedoc-Roussillon, où vous le verrez souvent fuyant le long d'un chemin ou en bordure d'un talus.

Ils ont marqué leur région...

Jean Bart

Nord-Pas-de-Calais

Ce corsaire, né à Dunkerque au milieu du XVIIe siècle, commence à sillonner les mers à 12 ans, comme mousse sur un navire de contrebande. Après avoir navigué sur des bateaux hollandais, Jean Bart rentre en France en 1672 et commande bientôt son premier corsaire. Admis dans la marine royale comme lieutenant de vaisseau en 1679, il mène une campagne en Méditerranée contre les Barbaresques et devient capitaine de frégate légère en 1686. Le Renard des mers, qui captura pas moins de trois cent quatre-vingt-six bâtiments au cours de sa carrière, fut anobli par Louis XIV et nommé commandant de la marine à Dunkerque vers 1690.

mardi 30 octobre

lever : 7 h 34
coucher : 17 h 33

Ste Bienvenue

Faune & flore

Le bernard-l'ermite

Bretagne

Si le bernard-l'ermite est un squatteur-né, c'est parce que son corps est mou et qu'il a donc besoin d'un moyen de défense efficace. Et, si cela ne suffit pas, il peut toujours prendre une anémone comme garde du corps : en échange d'une protection rapprochée, elle profitera des restes de son repas !

Savoirs d'antan

Pour soulager des lèvres gercées, appliquez une ou deux gouttes d'huile essentielle de lavande aspic (*Lavendula latifolia*). Elles retrouveront leur douceur et leur aspect pulpeux.

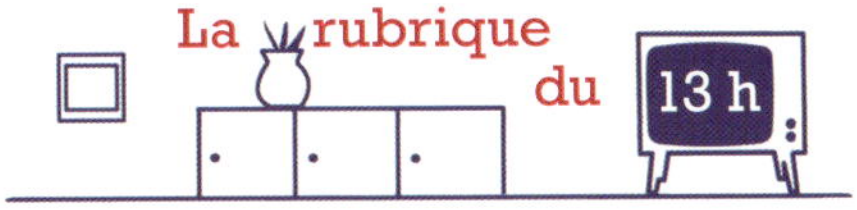

LE CHÂTEAU DE LANGEAIS

Centre

Le premier château de Langeais, édifié à la fin du Xe siècle par Foulques III Nerra, comte d'Anjou, était une forteresse défensive. En effet, le site, non loin de Tours, est un belvédère qui domine le Val de Loire. Il ne subsiste, de cette époque, que la tour principale : le château a ensuite été reconstruit au XVe siècle, d'où ce mélange entre les architectures médiévale et Renaissance. C'est dans le château de Langeais qu'a eu lieu le mariage d'Anne de Bretagne et Charles VIII, dont on peut voir aujourd'hui une reconstitution.

À table !

Le Cointreau

Pays de la Loire

Né en 1849 à Saint-Barthélemy, près d'Angers, le Cointreau est une liqueur élaborée après distillation d'écorces d'oranges.
Cette boisson, désormais incontournable en cuisine et dans les cocktails, doit son nom à la distillerie des frères Adolphe et Édouard-Jean Cointreau.

Ils ont marqué leur région...

Alain Robbe-Grillet

Basse-Normandie

Considéré comme le pape du « nouveau roman », Alain Robbe-Grillet a, dans les années 1950, consacré ses recherches à l'écriture, rejetant la forme romanesque traditionnelle pour opérer « une révolution du regard ». Installé dans le Calvados à partir de 1963, Alain Robbe-Grillet fut l'auteur d'une vingtaine de romans et a été conseiller littéraire des Éditions de Minuit pendant une trentaine d'années. Ce personnage sulfureux a aussi réalisé une dizaine de films, intellectualisant, dans certains d'entre eux, ses fantasmes sadomasochistes. Il est également l'auteur du scénario du film d'Alain Resnais *L'Année dernière à Marienbad*. Élu à l'Académie française en 2004, le provocateur, qui nous a quittés en 2008, n'avait pas souhaité être reçu sous la Coupole.

mercredi 31 octobre

lever : 7 h 36
coucher : 17 h 31

St Quentin

Faune & flore

La violette de Toulouse

Midi-Pyrénées

C'est au cours du XIXe siècle que celle que l'on a longtemps appelée « la parme » est devenue un fort symbole de la ville et de sa région. Cultivée autant pour la composition florale que pour la confection de confiseries, la violette de Toulouse bénéficie, depuis 1985, d'une appellation contrôlée.

À table !

Le raisiné bourguignon

Bourgogne

Le raisiné est une compote de raisin que l'on consomme en dessert et qui cuit très longtemps. Pour faire du raisiné, il est conseillé d'utiliser des raisins noirs très mûrs et très doux, et on peut y ajouter des fruits d'automne, tels que le coing, la pomme ou la poire.

La rubrique du 13 h

LES PASSAGES PARISIENS

Île-de-France

Les passages couverts de Paris se sont multipliés, principalement aux alentours de 1830. Remarquables par leur architecture – ils comportent bien souvent une verrière et une structure métallique –, ils sont d'une grande utilité aux Parisiens : ils font office de raccourcis entre deux rues et permettent de flâner devant les vitrines des boutiques, tout en protégeant des intempéries et de la saleté. Aujourd'hui encore, les passages couverts sont des lieux propices à la promenade, et ils font revivre le Paris du XIXe siècle.

Quiz des villes & villages de France

On appelle cette ville de la Marne « Cité des sacres », en souvenir de tous les rois qui ont été légitimés dans sa majestueuse cathédrale.

Ils ont marqué leur région…

Suzanne Lenglen

Picardie

Le nom de Suzanne Lenglen vous est familier ? C'est parce que vous avez l'habitude de regarder le tournoi de Roland-Garros : certains des plus grands matchs se déroulent sur le court qui porte son nom. Cette Compiégnoise remporta six fois le tournoi de Wimbledon, six fois les Internationaux de France et deux médailles d'or aux jeux Olympiques, dans les années 1920. Surnommée la « Divine », Suzanne Lenglen fut la première grande star du tennis féminin et la première joueuse à porter des jupes sur les courts. Le couturier Jean Patou créa pour elle le premier short de tennis féminin.

Reims

jeudi 1er novembre

lever : 7 h 38
coucher : 17 h 29

Toussaint

Faune & flore

La tanche

Franche-Comté

C'est dans les étangs de pêche montagnards du parc des Ballons des Vosges que la tanche a élu domicile. Ce poisson d'eau douce, dont la taille varie entre vingt et quarante centimètres, cherche avant tout les eaux calmes et supporte bien le manque d'oxygène des eaux stagnantes.

Un jour en *Aquitaine*

1er novembre 2004

Sur les hauteurs du village d'Urdos, Cannelle, la dernière ourse de souche pyrénéenne, est tuée par un chasseur participant à une battue aux sangliers. Depuis, on a fait venir une dizaine d'ours de Slovénie, de la même espèce que la défunte.

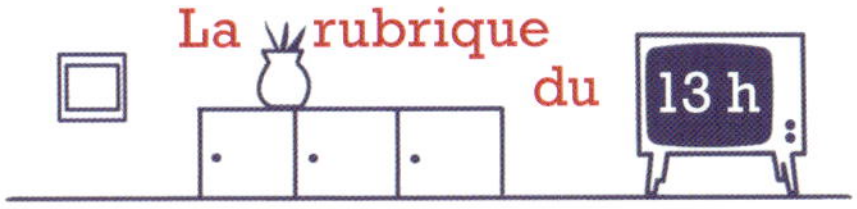

LA COLONNE DE BAVAY

Nord-Pas-de-Calais

À Bavay, dans le Nord, une colonne surmontée d'une statue de la reine Brunehaut trône au centre de la place Charles-de-Gaulle. La petite ville est le point de départ de sept chaussées Brunehaut, ces antiques voies rectilignes qui reliaient vraisemblablement d'anciennes cités gauloises entre elles. Selon la légende – infondée –, c'est la reine Brunehaut qui aurait ordonné leur construction, d'où leur nom. À la suite des bombardements de la Seconde Guerre mondiale, des ruines gallo-romaines ont été mises à jour à Bavay.

À table !

Galettes saintongeaises

Poitou-Charentes

Pour 30 galettes

Dans un saladier, mélanger 250 g de farine, 125 g de sucre, 1 pincée de sel, 1 sachet de levure chimique, 125 g de beurre ramolli, 1 œuf et 100 g de fruits confits. Pétrir un peu et laisser reposer 2 h au frais. Malaxer la pâte et l'étaler au rouleau. Découper des formes, les déposer sur une plaque de cuisson et mettre au four, préchauffé à 190 °C, pendant 30 min.

Ils ont marqué leur région...

Marcel Lollia

Guadeloupe

Dans la mémoire de ceux qui perpétuent le gwo ka – une musique traditionnelle créée par les esclaves et inspirée de rythmes africains –, Marcel Lollia, dit « Vélo », est resté le maître respecté de la percussion guadeloupéenne. Né en 1931, il a fait ses débuts au ka, le tambour traditionnel, auprès du grand maître Carnot. Il fit partie des fondateurs du groupe Akiyo, qui chercha à valoriser le carnaval guadeloupéen en remplaçant les costumes de paillettes et les bidons en plastique – qui servaient d'instruments – par des masques et des tambours en peau. Le Nègre marron du tambour, qui nous a quittés en juin 1984, eut droit à des obsèques dignes d'un chef d'État.

vendredi 2 novembre

lever : 7 h 39
coucher : 17 h 28

St Victorin

À table !

Potée limousine

Limousin

Pour 6 personnes

Laver et couper 1 chou vert en 4 et le cuire 10 min à l'eau bouillante. Porter 3 l d'eau à ébullition dans une cocotte. Y plonger 1,2 kg de petit salé dessalé et 250 g de poitrine fumée. Écumer et ajouter le chou avec 500 g de carottes, 2 blancs de poireaux, 250 g de navets, 2 oignons et 2 gousses d'ail. Cuire 1 h, puis ajouter 750 g de pommes de terre. Poursuivre la cuisson pendant 30 min. Faire rissoler 6 chipolatas ; servir avec la potée et accompagner de cornichons.

Savoirs d'antan

Vous aimeriez pouvoir manger des endives, mais leur amertume ne vous convient pas. Ajoutez un verre de lait à l'eau de cuisson, et leur goût en sera suffisamment adouci.

La rubrique du 13 h

CHÂTEAU DE BEAUMESNIL

Haute-Normandie

Situé près de Bernay, dans l'Eure, le château de Beaumesnil fut édifié entre 1633 et 1640. Sa façade en briques et en pierres ainsi que son ornementation de style baroque en font un chef-d'œuvre du style Louis XIII. Le domaine, dans son ensemble, est un hymne à la beauté : les douves sont purement décoratives – un labyrinthe de buis y occupe une île –, et de somptueux jardins, dont le plan est resté inchangé depuis le XVIIe siècle, s'étendent sur quatre-vingts hectares. Symbole de l'architecture du XVIIe siècle, le château est aussi un musée de la Reliure.

Faune & flore

Le choucas des tours

Rhône-Alpes

Impossible de le manquer, tant cet oiseau de la famille des corbeaux fait de bruit ! Vous le trouverez surtout près des parois rocheuses (flancs de montagnes, falaises), mais aussi dans des sites moins naturels (vieux murs, châteaux, ruines)... Autant dire un peu partout dans la région !

Ils ont marqué leur région...

Louis Braille

Île-de-France

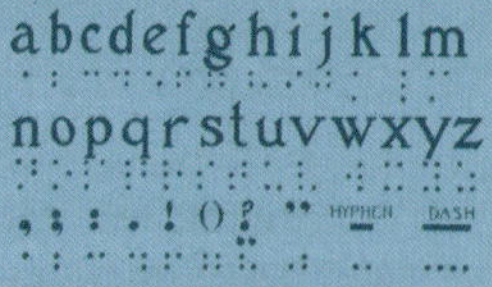

Né en 1809, le futur inventeur du système d'écriture tactile perdit la vue à 5 ans, à la suite d'une infection à l'œil droit, qui s'étendit à l'œil gauche. Louis s'était blessé en voulant utiliser les outils de son père, bourrelier à Coupvray, en Seine-et-Marne. Élève brillant, il obtint une bourse pour aller étudier à l'Institution royale des jeunes aveugles, à Paris. À l'âge de 13 ans, il inventa un système de points en relief qui allait changer la vie des aveugles. Il l'améliora plus tard, pour y introduire les mathématiques et le solfège. Le braille fut définitivement adopté par les instances gouvernementales françaises vers 1847. En 1952, cent ans après sa mort, un hommage national lui fut rendu, et son corps fut transféré au Panthéon.

Un cochon contre un percheron

Où il est conseillé de ne pas se mêler des affaires des autres et de ne pas rapporter tout ce qu'on entend

Il y a des années, dans un petit hameau perdu au milieu de la plaine de la Beauce, Alphonse, un vieux percheron, savourait une retraite bien méritée en attendant l'ultime voyage. Sacré meilleur cheval par le fermier, dès son plus jeune âge, il l'avait toujours servi admirablement et pouvait dorénavant compter sur ses meilleures attentions. L'homme lui rendait ainsi visite chaque matin et lui prodiguait les soins les plus adaptés : la plus jolie vue de la ferme, les meilleurs repas et l'affection nécessaire aux derniers jours. Alphonse coulait donc de belles journées paisibles. Son actuel compagnon d'enclos, Georges, un assez jeune cochon, qu'il avait vu naître, le distrayait par ses bavardages.

Fatigué mais heureux, Alphonse sentit la fin venir un matin gris de novembre. Son maître le trouva blotti au fond de son pré. Il ne désirait pas se lever aujourd'hui, et sentait bien qu'il ne le pourrait plus désormais. Inquiet, le fermier appela le vétérinaire, afin de trouver un remède. Après avoir examiné Alphonse, ce dernier expliqua au fermier qu'aucun soin ne pourrait changer le cours des choses. Il avait donné quelques vitamines à Alphonse, mais ne pensait pas que cela améliorerait de façon significative sa santé. Il lui fit comprendre qu'Alphonse souffrait terriblement, qu'il vaudrait mieux abréger ses souffrances. Il promit de repasser trois jours plus tard, afin de prendre une décision. Mais tout cela n'était pas tombé dans l'oreille d'un sourd – il faut croire que les cochons ont l'ouïe fine... Georges se précipita auprès de son ami, qui lui assurait la meilleure écoute de toute la ferme – les autres animaux, préférant gambader, n'avaient généralement que faire de ses racontars... Il lui rapporta ce qu'il avait entendu et l'exhorta à se lever. Alphonse, bien las, lui répondit qu'il ne le pouvait pas, et que le vétérinaire avait vu juste : il était temps pour lui de s'en aller. Mais Georges s'y refusait, et passa les trois jours à ses côtés pour l'encourager. Le fermier venait chaque matin, et se remémorait tout ce qu'ils avaient partagé. Au troisième jour, Alphonse, finalement décidé à profiter d'un dernier printemps – sa saison préférée –, réussit tant bien que mal à se mettre debout et à faire quelques pas chancelants.

Le vétérinaire, arrivé sur ces entrefaites, constata l'amélioration. Ravi, le fermier, qui connaissait ses penchants pour la bonne chère, décida de le remercier en lui offrant... le cochon.

lundi 5 novembre

lever : 7 h 44
coucher : 17 h 23

Ste Sylvie

CITATION

Pays de la Loire

« Loire, hausse ton chef ores
Bien haut,
et bien haut encores,
Et jette ton œil divin
Sur ce pays Angevin »

Joachim Du Bellay, « Au fleuve de Loire », 1549

À table !

Falette

Auvergne

La falette, un plat souvent consommé autrefois le dimanche en famille, est une poitrine de veau désossée et farcie, notamment avec un mélange de viande, des carottes et des feuilles de blettes. Chaude, elle se mange accompagnée de chou braisé ; froide, on la sert avec une salade de pissenlits.

La rubrique du 13 h

LA CHAPELLE NOTRE-DAME-DES-BOIS

Lorraine

À Éguelshardt, dans le département de la Moselle, se trouve une charmante petite chapelle surmontée d'un joli campanile, isolée en pleine forêt vosgienne. Si aucune maison ne l'entoure, c'est que la chapelle, édifiée en 1859, est l'unique bâtiment du domaine d'Erbsenthal à avoir échappé à la destruction, lors de la Seconde Guerre mondiale. Endommagée, puis laissée à l'abandon, elle fut réhabilitée par l'abbé Langenfeld. Depuis sa restauration, achevée en 1989, Notre-Dame-des-Bois accueille des pèlerinages à la Pentecôte et au 15 août.

Faune & flore

La calla des marais

Alsace

Adepte des milieux acides et humides (tourbières, marais), la calla des marais est une espèce protégée sur l'ensemble du territoire. Elle est en effet très rare, cette plante, parfois cultivée à des fins ornementales, étant uniquement présente dans le massif des Vosges.

Ils ont marqué leur région…

Robert Guédiguian

Provence-Alpes-Côte d'Azur

Fils d'un docker marseillais d'origine arménienne, Robert Guédiguian a grandi à l'Estaque, où il tournera plusieurs de ses longs-métrages. Il réalise ses premiers films avec très peu de moyens et y met en scène sa femme, Ariane Ascaride, rencontrée à la faculté d'Aix-en-Provence. Dans *Marius et Jeannette*, *La ville est tranquille* et *Marie-Jo et ses deux amours*, l'ancien militant communiste, qui se considère comme un « cinéaste de quartier », place la cité phocéenne, ses quartiers populaires et son milieu ouvrier, au cœur de son œuvre. À partir de 2008, il s'essaie au polar avec *Lady Jane* et *L'Armée du crime*.

mardi 6 novembre

lever : 7 h 45
coucher : 17 h 22

Ste Bertille

Faune & flore

L'hippocampe

Aquitaine

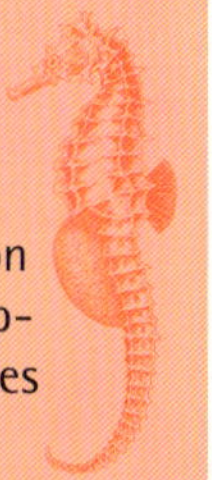

Le bassin d'Arcachon abrite une faune exceptionnelle, notamment des hippocampes. Ce petit poisson est en tout point remarquable, à commencer par son mode de déplacement uniquement vertical. Il passe le plus clair de son temps agrippé à la végétation, aspirant le plancton environnant grâce à sa trompe.

Quiz des villes & villages de France

Sur l'île de Basse-Terre, en Guadeloupe, se trouve une commune qui doit son nom à sa proximité avec trois petits cours d'eau, tout simplement.

_ _ _ _ _ - _ _ _ _ _ _ _ _

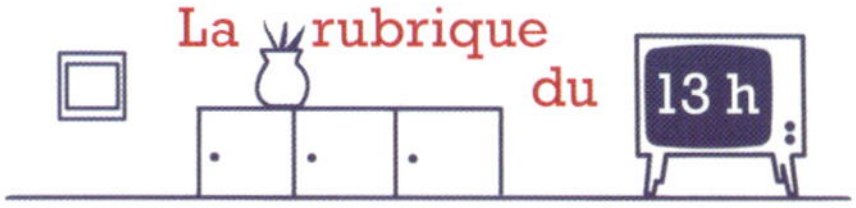

LE PONT D'ESPAGNE

Midi-Pyrénées

Ce site naturel du parc national des Pyrénées est une ancienne voie qui permettait de rejoindre l'Espagne par les sommets. Si, l'hiver, on y pratique le ski de fond, quand viennent les beaux jours, c'est le point de départ de nombreuses randonnées. Depuis Cauterets, dans la vallée du Lutour, la balade permet de longer le gave – c'est ainsi qu'on nomme un cours d'eau dans les Hautes-Pyrénées – et d'admirer de nombreuses cascades, pour arriver au magnifique lac de Gaube, également accessible en télésiège.

À table !

Le vin de Fitou

Languedoc-Roussillon

Fitou est une commune de l'Aude réputée pour ses vignobles, qui figurent parmi les plus anciens de la région. En effet, leur origine remonte à l'Antiquité, et le vin de Fitou était très apprécié au XVIIe siècle. Il développe des arômes de fruits rouges, de poivre, de pruneau ou encore de garrigue.

Ils ont marqué leur région...

Yves Simon

Champagne-Ardenne

Yves Simon mène depuis trente ans une double carrière d'écrivain et de chanteur. Il grandit dans les Vosges et se produit, adolescent, avec son groupe de rock, les Korrigans, aux casinos de Contrexéville et de Vittel. Après avoir voyagé en Europe et traversé les États-Unis, il sort en 1971 un premier roman, puis un premier 45 tours, *Les Gauloises bleues*, qui lui permet de faire la première partie d'une de ses idoles, Georges Brassens. En 1977, il abandonne la scène, qui lui prend trop de temps et d'énergie, mais enchaîne les albums studio et les romans à succès. Il renoue avec les concerts en 2007, aux « Francofolies » de La Rochelle.

Trois-Rivières

mercredi 7 novembre

lever : 7 h 47
coucher : 17 h 20

Ste Carine

À table !

Gâteaux au vin blanc

Alsace

Bien mélanger 300 g de beurre et 300 g de sucre. Ajouter 1 c. à café de cannelle et 1 verre de vin blanc d'Alsace, puis, petit à petit, 300 g de farine. Bien pétrir la pâte et l'étaler sur une surface farinée. Découper la pâte en petits rectangles et la laisser reposer la nuit. Le lendemain, cuire une vingtaine de minutes à 180 °C.

La rubrique du 13 h

LE PARC DU MARQUENTERRE

Picardie

Le parc du Marquenterre, en baie de Somme, est le paradis des oiseaux. Ce parc ornithologique de deux cent cinquante hectares, rattaché à la commune de Saint-Quentin-en-Tourmont, permet d'observer des oiseaux en nidification, en hivernage ou en migration, comme la spatule blanche ou l'aigrette garzette. Dissimulé dans des postes d'observation, on les admire sans les déranger. Le parc offre aussi une découverte de l'écosystème particulier et précieux de la baie de Somme, avec des sentiers à travers les dunes, les marais, les prairies ou les forêts.

Faune & flore

Le pic vert

Limousin

Parmi les différentes espèces de pics, le vert est le plus reconnaissable, grâce à son plumage richement coloré. Son cri, un grand éclat de rire, est sans doute son signe le plus distinctif. Sans oublier cette fâcheuse habitude de frapper troncs et branches, lorsqu'il est en quête de nourriture.

Savoirs d'antan

Si votre chat prend un malin plaisir à gratter dans la terre de vos pots de fleurs, placez-y des galets. Le résultat sera joli, et vos plantes seront à l'abri des griffes.

Ils ont marqué leur région...

Sarah Bernhardt

Bretagne

Élevée dans un couvent, cette fille de courtisane connut le succès en 1872, dans le *Ruy Blas* de Victor Hugo, qui parlait de sa « voix d'or ». Elle triompha dans *Phèdre* et *Hernani* à la Comédie-Française, qu'elle quitta pour créer sa propre troupe de théâtre, avec laquelle elle se produisit dans le monde entier. Elle fut la première, en 1896, à monter *Lorenzaccio*, réputé injouable. Amputée d'une jambe en 1915, elle continua son métier d'actrice, mais assise. Elle passa une trentaine d'étés à Belle-Île, où elle avait fait bâtir la Villa des cinq parties du monde, devenue un musée. Jean Cocteau inventa pour elle l'expression « monstre sacré ».

jeudi 8 novembre

lever : 7 h 49
coucher : 17 h 19

St Geoffroy

Quiz des villes & villages de France

Dans le film *Le bonheur est dans le pré* d'Étienne Chatiliez, Michel Serrault quitte le Jura pour cette commune du Gers, connue aussi pour son musée du Préservatif.

_ _ _ _ _ _

Faune & flore

L'étoile d'eau

Centre

Cette petite plante amphibie, aussi rare qu'éphémère, ne peut commencer chaque phase de son cycle de vie (germination, floraison…) que dans des conditions bien particulières (sols inondés ou très secs). Il lui arrive donc de disparaître, pendant plusieurs années, des sites où on la trouve communément.

La rubrique du 13 h

LA ROCHE DE SOLUTRÉ

Bourgogne

Visible depuis Mâcon, la roche de Solutré domine les vignobles du pouilly-fuissé. Cette falaise était un haut lieu de la chasse pendant la préhistoire : la découverte de nombreux ossements au pied de la roche l'atteste. Sans doute servait-elle d'immense embuscade. Solutré est un phénomène géologique, mais aussi un lieu de mémoire : on y trouve le musée départemental de la Préhistoire et, en hommage à la Résistance, François Mitterrand effectuait l'ascension de la roche chaque année au moment de la Pentecôte, depuis 1946.

À table !

Harengs de Lieurey en papillote

Haute-Normandie

Pour 4 personnes

Nettoyer 4 harengs frais de 200 g et enlever les arêtes. Faire cuire 2 œufs, puis les hacher finement. Couper 100 g de champignons de Paris et émincer 4 échalotes ; les mélanger avec les œufs et 2 c. à soupe de persil plat haché, saler et poivrer. Farcir les harengs avec ce mélange. Mélanger 40 g de beurre avec 2 c. à café de raifort râpé et étaler ce mélange sur 4 feuilles d'aluminium ou de papier sulfurisé. Déposer les poissons farcis dessus et fermer les papillotes. Cuire dans le four préchauffé à 200 °C, pendant 25 min.

Ils ont marqué leur région…

Joachim Du Bellay

Pays de la Loire

« Heureux qui, comme Ulysse, a fait un beau voyage », tel est le début du sonnet le plus célèbre de Du Bellay, celui que des millions d'enfants ont appris à l'école. Cet Angevin, né vers 1522 près de Liré, composa ce poème à Rome, où il était secrétaire de son oncle. Après avoir découvert sa vocation poétique à l'université de Poitiers, où il avait rencontré Pierre de Ronsard – avec qui il fonda la Pléiade –, Du Bellay vécut en effet quelques années dans la Ville éternelle. Mais la déception s'empara de l'humaniste, pour lequel Rome n'était plus que ruines, ambition et corruption. C'est ce sentiment qui lui inspirera ses plus beaux alexandrins.

Condom

vendredi 9 novembre

lever : 7 h 50
coucher : 17 h 17

St Théodore

À table !
Tianu di Pomi
Corse

Pour 4 personnes
Couper en morceaux 1 kg d'épaule d'agneau et les faire revenir à l'huile d'olive dans une cocotte, avec 1 botte d'oignons frais émincés, pendant 15 min. Ajouter 2 gousses d'ail écrasées, 2 c. à soupe de concentré de tomate, 1 verre de vin rouge et 1 bouquet garni. Couvrir d'eau chaude, saler, poivrer et cuire 1 h. Éplucher 700 g de pommes de terre et les faire revenir entières, dans de l'huile. Les ajouter à la viande et cuire encore 30 min.

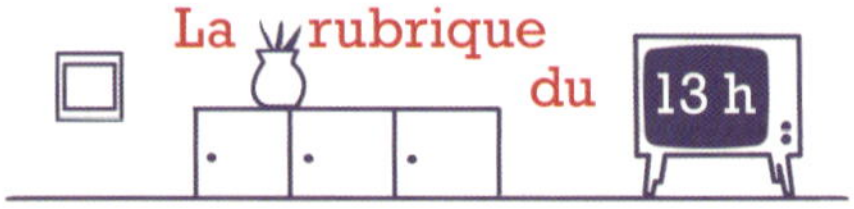

LE CANAL TUNNEL DE SAINT-ALBIN
Franche-Comté

Commencée sous Napoléon III, à partir de 1843, la mise en place du canal souterrain de Saint-Albin, en Haute-Saône, ne fut achevée qu'en 1880. Construit dans un méandre de la Saône, le canal relie deux bras de la rivière, afin de la rendre plus navigable. D'une longueur de six cent quatre-vingts mètres et d'une largeur de six mètres cinquante-cinq, il est contrôlé en aval par une écluse et réservé aux bateaux de plaisance. Inscrit au titre des monuments historiques depuis 1990, il offre l'occasion d'une promenade pittoresque, puisqu'il est possible de le longer à pied.

Un jour en *Nord-Pas-de-Calais*
9 novembre 1985

À compter de ce jour, à Lille, « on n'a plus le droit d'avoir faim ni d'avoir froid ». Coluche y est en effet venu inaugurer un des premiers Restos du cœur, et rencontrer les étudiants en école de commerce qui ont organisé son ouverture.

Faune & flore
L'ananas rouge montagne
Guadeloupe

Aux abords du chemin qui mène à la Soufrière, pousse cette magnifique plante sauvage, endémique de la région. L'ananas rouge montagne est également présent dans les jardins, où on le cultive à des fins plus ornementales que potagères, le fruit ayant un goût plutôt acide.

Ils ont marqué leur région...
René Barjavel
Rhône-Alpes

Après avoir exercé différents métiers, comme ceux de répétiteur, représentant ou employé de banque, René Barjavel, né à Nyons en 1911, devient journaliste, puis travaille dans l'édition. Publié en 1943, son roman *Ravage*, considéré comme une des œuvres fondatrices de la science-fiction française, décrit la fin de l'humanité technologique. Dialoguiste, il participe également aux scénarios des *Don Camillo* et du *Guépard*. *La Nuit des temps* et *Le Grand Secret*, parus respectivement en 1968 et en 1973, lui apportent enfin la consécration. Avec une vingtaine de romans et quelques essais, son œuvre, poétique et philosophique, aura évolué vers toujours plus d'optimisme.

samedi 10 & dimanche 11 novembre

St Léon

Armistice de 1918

La princesse venue du nord

Il était une fois un royaume, situé au-delà des frontières qui constituent aujourd'hui la France, et qui se trouverait à l'heure actuelle en Allemagne. Vivait en ces contrées une reine. Malgré la vie de château qu'elle menait là-bas, elle s'ennuyait : elle trouvait que tout était gris, froid, et, pour être honnête, elle déprimait. Contre l'avis du roi, elle décida un beau jour de s'en aller voir du pays, des terres ensoleillées, chantantes, d'autres cieux. Comme on avait peur pour elle, on lui offrit tout de même escorte, et le voyage commença, vers le sud. Le paysage changeait doucement, au rythme du pas des chevaux, mais, après de longs jours, la reine continuait de s'ennuyer. Un matin, pourtant, alors que l'on s'apprêtait à commencer la traversée des Cévennes, on la vit sourire ! Elle avait entendu un cri, et voulut savoir de quel animal il s'agissait. Chacun partit à la recherche de cette bête étrange, mais on ne voyait à la ronde que des brebis... La reine, restée seule, entendit pourtant le cri, qui se rapprochait : il s'agissait non d'un animal, mais du berger, qui rassemblait son troupeau par des « triiiiiiiiit » stridents et autres « yihaaaaaaaa » ! Tous deux furent bien étonnés.

En effet, celle qui se présenta, aux regards du pâtre, comme princesse, n'avait jamais vu auparavant de berger, lui-même n'ayant jamais rencontré aucune princesse, vivant depuis toujours sur son causse natal. Néanmoins, il ne fallut guère plus de quelques minutes pour que chacun comprenne que l'autre ne lui était pas indifférent... On décida d'un commun accord que le berger hébergerait la cour pour la nuit. Mais la reine, qui se sentait à nouveau ravie et fraîche comme une jeune fille, ne désirait pas dormir : courant partout dans la ferme en retenant ses jupes, elle voulut tout savoir, et, au matin, le berger lui jura qu'il n'avait jamais vu qui que ce fût apprendre si vite à faire les fromages ! Et lorsqu'il fallut partir, personne ne put la convaincre : le roi allait sans doute être très fâché, mais la reine voulait redevenir princesse, épouser le berger – qui, déjà amoureux, se garda bien d'intervenir – et passer sa vie ici, au milieu des brebis. Or, une reine est une reine, il fallut bien lui obéir... Et c'est ainsi que la princesse venue d'ailleurs resta là, et vécut fort heureuse avec son berger cévenol. Ils eurent d'ailleurs énormément de fromages, beaucoup de brebis, et quelques enfants – dont un fort turbulent –, mais c'est une autre histoire...

lundi 12 novembre

lever : 7 h 55
coucher : 17 h 13

St Christian

Quiz des villes & villages de France

En 742, Berthe au grand pied épouse Pépin le Bref et fait de sa ville natale, située dans l'Aisne, la capitale du royaume.

À table !

Tarte au pavot

Lorraine

Pour 6 personnes
Faire une pâte brisée et l'étaler dans un plat à tarte, en gardant de la pâte pour le couvercle de la tarte. Broyer 500 g de graines de pavot, en les mouillant avec un verre de lait chaud. Faire gonfler 1 c. à soupe de semoule dans un second verre de lait chaud salé et l'ajouter au pavot. Ajouter 2 œufs, 4 c. à soupe de crème fraîche épaisse et du sel. Mélanger bien le tout, verser dans un moule tapissé de pâte brisée. Recouvrir avec une seconde abaisse de pâte, dorer à l'œuf et placer au four préchauffé à 180 °C, pendant 45 min environ.

La rubrique du 13 h

MARAIS ET PLACE FORTE DE BROUAGE

Poitou-Charentes

Hiers-Brouage est une ville de Charente-Maritime, située entre Rochefort et Marennes, célèbre pour son marais et sa place forte. Fondée au XVIe siècle en bordure d'océan, cette ville fortifiée de quatre cents mètres de côté est peu à peu devenue un endroit stratégique, une place commerciale et militaire importante au XVIIe siècle : soldats, marins et marchands venant de tous horizons trouvaient autrefois abri à l'intérieur des remparts. Aujourd'hui, l'envasement du golfe de Saintonge a fait reculer Brouage à l'intérieur des terres.

Faune & flore

Le paillage d'hiver

Auvergne

Si le paillage est un bon moyen de réduire l'arrosage, en empêchant l'évaporation des sols, il fait également une excellente protection contre le froid et le gel. C'est le moment idéal pour le réaliser, par exemple en récupérant les bois sains, éliminés lors des travaux de taille, et en les passant au broyeur.

Ils ont marqué leur région...

Lorànt Deutsch

Île-de-France

Le football a toujours été sa passion, mais Lorànt Deustch dut abandonner à 14 ans l'idée de devenir professionnel, et il débuta sa carrière de comédien par des apparitions dans des spots publicitaires. Révélé au cinéma, en 1999, par *Le Ciel, les oiseaux et... ta mère !*, il enchaîne les tournages, de *Jet Set* à *Bienvenue chez les Rozes*. Passionné d'histoire, Lorànt Deutsch a interprété Mozart au théâtre, Jean-Paul Sartre pour la télévision, et Jean de La Fontaine pour le cinéma. Ce provincial, né à Alençon, est aussi l'auteur de *Métronome : l'histoire de France au rythme du métro parisien*.

Laon

mardi 13 novembre

lever : 7 h 57
coucher : 17 h 12

St Brice

Faune & flore

Le grand fourmilion

Provence-Alpes-Côte d'Azur

Avec ses seize centimètres d'envergure, le grand fourmilion, ou fourmilion fausse libellule, est le plus grand du genre en Europe. Il est surtout visible la nuit, lorsque, attiré par quelque lumière, il quitte lentement mais sûrement la végétation, où il se tient caché le reste du temps.

Un jour en

Limousin

13 novembre 1929

Désormais, Limoges n'évoquera plus seulement la porcelaine, mais aussi le basket-ball. Roger Foussat fonde le Limoges CSP, qui deviendra, au fil des joueurs et des années, le club le plus titré du sport français, toutes disciplines confondues.

La rubrique du 13 h

LA FORÊT D'ORIENT

Champagne-Ardenne

Le parc naturel régional de la Forêt d'Orient a remplacé l'antique forêt du Der. Le mot *der* signifie « chêne » en celte, et, en effet, on trouve encore aujourd'hui dans cette forêt beaucoup de chênes associés à des tilleuls. Le parc a une superficie de quatre-vingt mille hectares, avec plus de dix mille hectares de massifs forestiers, des lacs et de nombreux étangs. Au Moyen Âge, le parc était le centre opérationnel et spirituel des Templiers, dont on trouve plusieurs traces, notamment dans la toponymie : on se rend à la maison d'Orient ou encore au lac du Temple.

À table !

Tarte à la rhubarbe

Nord-Pas-de-Calais

Pour 8 personnes

La veille, couper 800 g de tiges de rhubarbe en tronçons de 1 à 2 cm et les faire macérer avec 100 g de sucre toute la nuit. Le lendemain, dérouler une pâte brisée dans un moule, la piquer et la saupoudrer de sucre et de farine. Égoutter la rhubarbe, la déposer sur le fond de tarte, cuire 20 min au four préchauffé à 180 °C. Battre 2 jaunes d'œufs et 1 œuf entier avec 15 cl de crème fraîche, 1 sachet de sucre vanillé et 200 g de sucre en poudre. Verser cette préparation sur la rhubarbe et remettre à cuire 20 min à 220 °C.

Ils ont marqué leur région…

Romain Mesnil

Aquitaine

Athlète perchiste au club du Stade Bordelais, Romain Mesnil est né en 1977 au Plessis-Bouchard, dans le Val-d'Oise. Il débute par hasard le saut à la perche à l'âge de 15 ans. Sans délaisser ses études – il obtient un diplôme d'ingénieur en 2001 –, il mène une carrière internationale. En 2007, à Osaka, puis deux ans plus tard, à Berlin, il finit deuxième des championnats du monde. En 2009, dépourvu de soutien financier, il publie sur YouTube une vidéo de lui-même courant nu dans les rues de Paris et, après des enchères sur eBay, il retrouve un sponsor. Il fait paraître en 2010, sous la forme d'un dialogue, une biographie bien nommée : *Ma vérité toute nue*.

mercredi 14 novembre

lever : 7 h 58
coucher : 17 h 11

St Sidoine

CITATION
Rhône-Alpes

« La continuité des grands spectacles nous fait sublimes ou stupides. Sur les Alpes on est aigle ou crétin. »

Victor Hugo, Tas de pierres, 1901

À table !
Le valençay
Centre

Cet authentique produit du Berry porte le nom de la ville de Valençay, dans la vallée de la Brenne. Ce fromage de chèvre se distingue par sa forme de pyramide tronquée, que l'on devrait au prince de Talleyrand. Consommé frais ou sec, il a un léger goût de noisette.

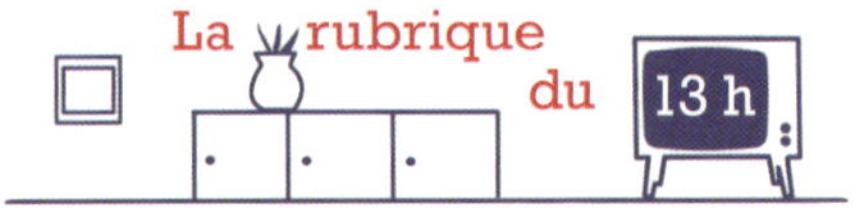

LE PARC DES CIGOGNES ET DES LOUTRES
Alsace

Ce parc zoologique, créé dans les années 1970, se situe sur la route des vins, à Hunawihr, au cœur d'anciens marais. Vingt-cinq espèces animales s'épanouissent sur environ cinq hectares : les visiteurs peuvent découvrir en plein air environ cent cinquante cigognes, qui vivent en permanence dans le parc. Grâce à un tunnel vitré, il est possible d'observer les loutres et leurs jeux aquatiques. À ces deux espèces emblématiques s'ajoutent plusieurs animaux pêcheurs, qui évoluent dans un grand bassin, qui ressemble à un aquarium géant.

Faune & flore
La posidonie
Languedoc-Roussillon

Elle a beau vivre sous l'eau, ce n'est pas une algue, mais bien une plante à fleurs sous-marine, qui, dès le printemps, donne de petits fruits flottants. Elle se maintient dans les fonds grâce à un réseau de racines et forme de véritables prairies sous-marines, les herbiers de posidonie.

Ils ont marqué leur région…
Jean Jaurès
Midi-Pyrénées

Né à Castres en 1859, Jean Jaurès est la personnalité la plus sacrée de l'histoire du socialisme français. Reçu premier à l'École normale supérieure en 1878, il devient enseignant, puis député du Tarn à 25 ans et impressionne à l'Assemblée par son éloquence. En 1892, la grève des mineurs de Carmaux est pour Jaurès une révélation : il découvre la lutte des classes et le socialisme. Il mène campagne en 1898 pour la libération de Dreyfus et fonde, en 1904, *L'Humanité* et, l'année suivante, la Section française de l'Internationale ouvrière. Jusqu'à sa mort, en 1914 – il est assassiné par un nationaliste –, il conduit les grandes batailles parlementaires pour la laïcité et les libertés syndicales.

jeudi 15 novembre

lever : 8 h 00
coucher : 17 h 10

St Albert

Faune & flore

Le polytric élégant

Île-de-France

Le marais de Brignancourt, dans le Val-d'Oise, est l'habitat de cette mousse vert foncé, qui atteint, à certains endroits, jusqu'à vingt centimètres d'épaisseur. Le polytric élégant joue un rôle primordial dans son environnement, agissant comme une réserve d'eau quasi permanente.

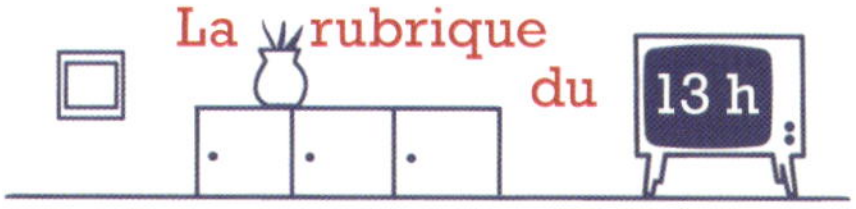

LE MOULIN À MARÉE DU BIRLOT

Bretagne

Sur l'île de Bréhat, se trouve un moulin construit entre 1633 et 1638. Sa particularité est d'utiliser la force de la mer pour moudre le grain : on retient l'eau à marée montante, et elle est libérée quand la mer redescend, actionnant la roue et le mécanisme des meules. Restauré une première fois au XVIIIe siècle, le moulin continua de moudre jusqu'en 1920. Laissé à l'abandon et endommagé par une tempête en 1987, il a été restauré une seconde fois à partir de 1990. Propriété de la commune de Bréhat, on y moud du blé noir, pour démonstration.

À table !

Sole à la champenoise

Champagne-Ardenne

Pour 4 personnes

Lever les filets de 2 soles de 400 g. Mettre, dans une petite casserole, les débris des soles avec 1/2 verre de vin blanc, 1 grand verre d'eau, du sel, du poivre, 1 bouquet garni et 1 échalote émincée. Laisser cuire 30 min. Rouler les filets de sole, les placer debout et serrés les uns contre les autres dans un plat beurré allant au four. Cuire 10 min, en les arrosant souvent pendant la cuisson. Chauffer 100 g de beurre avec 100 g de farine, laisser colorer. Mouiller ce roux avec le court-bouillon passé au tamis, ajouter 125 g de champignons, 1 c. à soupe de purée de tomates et 2 c. à soupe de crème. Servir avec les filets de sole.

Un jour en France

15 novembre 2006

L'annonce d'un décret lié à la loi Évin prépare les Français à une petite révolution : en 2008, on n'aura plus le droit de fumer dans les bars et autres lieux de fête. Il reste un peu plus d'un an pour changer ses habitudes et oublier les cafés embrumés...

Ils ont marqué leur région...

Anny Duperey

Haute-Normandie

Née à Rouen le 28 juin 1947, Anny Duperey (née Annie Legras) est actrice de cinéma, comédienne de théâtre et romancière. Son roman autobiographique *Le Voile noir*, écrit en 1992, raconte la mort accidentelle de ses deux parents, lors de son enfance en Normandie. Suite à cette double disparition, elle sera séparée de sa petite sœur, ce qui restera à jamais douloureux pour elle. Elle a vécu dix-huit ans avec l'acteur Bernard Giraudeau et a tourné avec de grands metteurs en scène tels que Godard, Delannoy, Pollack ou encore Verneuil.

vendredi 16 novembre

lever : 8 h 01
coucher : 17 h 08

Ste Marguerite

Faune & flore

La mouette pygmée

Picardie

Avec un tel nom, elle ne peut être que la plus petite de la grande famille des mouettes et des goélands. D'ailleurs, la mouette pygmée est l'unique représentante de son genre (*Hydrocoleus*), séparé il y a peu du genre *Larus* (mouette rieuse, goéland argenté...).

À table !

Le bouillon d'awara

Guyane

Cette spécialité créole se prépare avec l'awara, le fruit d'un palmier guyanais, utilisé dans cette recette sous forme de pâte. Le bouillon d'awara contient de nombreux ingrédients : lard fumé, queue de cochon, bœuf, poulet et poisson boucanés, crevettes ou crabes et légumes.

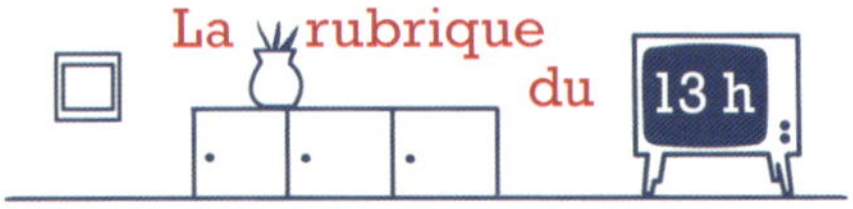

L'ÎLE-ROUSSE

Corse

L'Île-Rousse se trouve dans une partie très touristique de la Corse : la Balagne. Il s'agit d'un petit archipel de quatre îles. La ville s'appelle ainsi à cause des îlots de granit rouge qui sont reliés au rivage par une jetée. Le centre de la vieille ville, avec ses rues pavées et sa place bordée de platanes, rappelle l'histoire de la Corse : les plans de la cité ont été établis par Pascal Paoli, figure emblématique de l'identité corse. Troisième port de l'île de Beauté, L'Île-Rousse offre aussi de belles plages, comme Marinella.

Quiz des villes & villages de France

Depuis des siècles, cette charmante ville des Alpes-Maritimes perpétue une tradition artisanale : la poterie. Elle a grâce à cela attiré de nombreux artistes, tel Jean Marais, qui y a vécu les dernières années de sa vie.

_ _ _ _ _ _ _ _ _

Ils ont marqué leur région...

Jean sans Peur

Bourgogne

Le surnom de « sans Peur » fut donné à Jean, comte de Nevers, puis duc de Bourgogne, en hommage à son courage et à sa dextérité à la bataille de Nicopolis, au cours de la croisade de 1396 contre les Turcs. Il succède en 1404 à son père, Philippe le Hardi, et poursuit sa politique d'expansion de l'État bourguignon. Une lutte pour le pouvoir l'oppose à son cousin Louis d'Orléans, qu'il finit par faire assassiner. Allié à la reine Isabeau de Bavière, il cherche à écarter du pouvoir les Armagnacs, qui finiront par l'assassiner en septembre 1419. La légende raconte qu'à sa mort il ne fut pas possible de lui fermer les yeux.

Vallauris

samedi 17 & dimanche 18 novembre

Ste Élisabeth — Ste Aude

Petite mise au point sur les goublins

*« Méfious des goublins, méfious des goublins
qui rôdent l'sai dans les q'mins. »
[Méfiez-vous des goblins, méfiez-vous des goblins
qui rôdent le soir dans les chemins.]
Alfred Rossel*

Les goublins sont des lutins, qui vivent notamment dans le Cotentin. Ils sont taquins et malins. Dans chaque demeure d'humain, qu'il s'agisse d'un château ou d'un moulin, vit un de ces petits clandestins. Ils peuvent prendre la forme d'un félin, un gros chat cherchant les câlins, celle d'un lièvre le lendemain, ou bien encore celle d'un poulain. Ils jouent avec nous tantôt les bons copains, tantôt les sales gamins, voire les diablotins : on ne sait jamais quels sont leurs desseins, s'ils vont veiller au grain ou jouer les tracassins. Néanmoins, ils ne se montrent guère radins et, malgré leurs facéties de galopins, font parfois la vaisselle, le ménage et tout le tintouin ! Mais si le repas offert en échange de leurs services manque de pain, ils peuvent faire dans la nuit plus de bruit que trente tambourins, ce qui est très gênant pour tout le monde, y compris pour les voisins !

Ce qui est sûr, c'est qu'avoir un goublin chez soi n'est jamais anodin : sa présence signifie qu'il y a un trésor dans le coin... Dont le lutin, pour cent ans, est le gardien. Mais attention, il n'est, je le crains, pas facile de trouver le butin... Et lorsque sur l'or on met enfin la main, on peut encore être dans un beau pétrin ! Il est en effet inutile de prendre le gain d'un air badin : il faut le faire attraper – mais c'est très vilain – par un de ses contemporains sur le déclin, et surtout pas par son concubin – du moins si l'on tient à lui. Car on dit que celui qui déterrera le butin mourra soudain, dans l'année, sinon demain...

lundi 19 novembre

lever : 8 h 06
coucher : 17 h 05

St Tanguy

À table !

Gratin d'andouillettes

Rhône-Alpes

Pour 6 personnes
Mettre dans un plat à gratin 4 oignons émincés et 6 pommes de terre épluchées et coupées en rondelles. Disposer dessus 6 andouillettes, en creusant un peu la garniture. Arroser de 25 cl de vin blanc sec et ajouter de l'eau chaude, jusqu'à ce que les andouillettes soient recouvertes. Cuire 1 h 30 à 210 °C et servir avec une salade verte.

CITATION

Haute-Normandie

« Et Jehanne,
la bonne Lorraine
Qu'Anglais brûlèrent
à Rouen ;
Où sont-ils, où,
Vierge souveraine ?
Mais où sont
les neiges d'antan ? »

François Villon,
« Ballade des dames du temps jadis », Testament

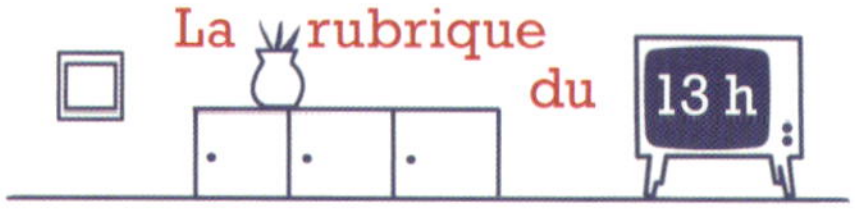

LES FOLIES SIFFAIT

Pays de la Loire

Les folies Siffait sont perchées sur la rive droite du Cellier, une petite commune de Loire-Atlantique située à vingt-cinq kilomètres de Nantes. Cet ensemble de fausses murailles et de terrasses porte le nom de son créateur, Maximilien Siffait, un homme féru d'architecture, qui avait acheté ce domaine pour laisser libre cours à son imagination. La promenade est fascinante à travers les ruines artificielles et extravagantes, les trompe-l'œil, les escaliers qui ne mènent nulle part et les jardins labyrinthiques. Enfin, le site offre une vue imprenable sur la Loire.

Faune & flore

La notonecte

Poitou-Charentes

Cette toute petite punaise (un centimètre et demi de longueur en moyenne) est un insecte piqueur, qui vit entièrement sous l'eau. Excellente nageuse, la notonecte se déplace tout aussi bien dans les airs, ce qui lui permet de coloniser très vite les plans d'eau nouvellement créés.

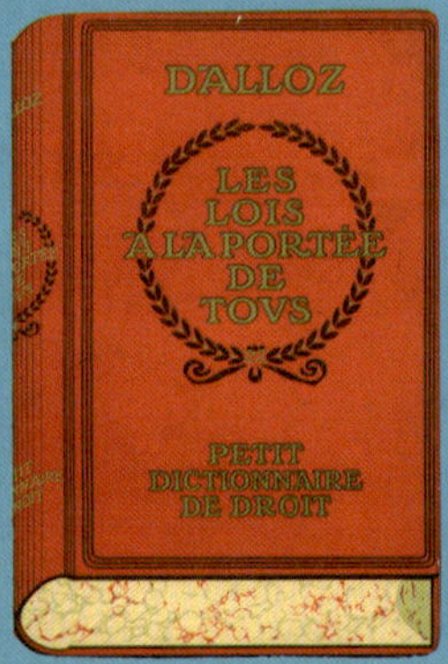

Ils ont marqué leur région...

Désiré Dalloz

Franche-Comté

Le Dalloz, outil indispensable des avocats, fut créé au XIXe siècle, par le juriste du même nom. Brillant collégien, né à Septmoncel dans le Jura, Désiré Dalloz quitta à 14 ans le collège pour entrer comme clerc dans une étude à Saint-Claude. Il monta deux ans plus tard à Paris pour étudier le droit. Il devint, en 1816, directeur du *Journal des audiences de la Cour de cassation et des cours d'appel*. Dalloz prêta serment en 1817 et commença, dès 1824, parallèlement à ses plaidoiries, la publication de la *Jurisprudence générale du royaume*. Député du Jura, il fonda en 1845, avec son frère Armand, une maison d'édition spécialisée en publications juridiques.

mardi 20 novembre

lever : 8 h 07
coucher : 17 h 04

St Edmond

Faune & flore

La chicorée

Nord-Pas-de-Calais

Que de variétés pour cette plante au goût amer, proche du pissenlit ! Il y a bien sûr la chicorée de Bruxelles, cultivée pour ses jeunes pousses, les chicons, la chicorée endive, plutôt consommée en salade, ou encore la chicorée à café, dont on déguste les racines torréfiées, puis réduites en poudre.

Un jour en

Bourgogne

20 novembre 2008

Le groupe propriétaire de la marque Amora annonce la fermeture de l'usine de Dijon, site historique de production de la célèbre moutarde. Les machines et une partie des salariés seront transférés à Chevigny-Saint-Sauveur, dans une autre usine du groupe.

La rubrique du 13 h

LA VILLA EPHRUSSI DE ROTHSCHILD

Provence-Alpes-Côte d'Azur

La construction de ce joyau de l'architecture de la Côte-d'Azur débute en 1905, lorsque la baronne Béatrice Ephrussi de Rothschild acquiert une étroite bande de terre, sur la presqu'île de Saint-Jean-Cap-Ferrat. Cette folie, grande maison inspirée des villas Renaissance de Venise ou de Florence, est un véritable palais. Bâtie au cœur de sept hectares de terrain, elle est entourée de neuf jardins d'inspirations diverses. La villa, aujourd'hui propriété de l'Académie des beaux-arts, regroupe l'incroyable collection d'objets et d'œuvres de la baronne de Rothschild.

À table !

Thon à la bordelaise

Aquitaine

Pour 4 personnes

Dans une cocotte, faire chauffer 2 c. à soupe d'huile. Y faire revenir 1 tranche de 600 g de thon, 2 min sur chaque face. Ajouter 1 oignon et 2 échalotes émincées, 4 tomates pelées coupées en 4 et 1 verre de vin de bordeaux rouge. Saler et poivrer. Couvrir et laisser mijoter 25 min. Ajouter ensuite 1 petite boîte de champignons égouttés et remettre 1 min à feu vif. Servir accompagné de pommes de terre vapeur.

Ils ont marqué leur région...

Jules Bastien-Lepage

Lorraine

Ce peintre naturaliste, né en 1848 à Damvillers, près de Verdun, se fit connaître en 1875 avec son *Annonciation aux bergers*, une œuvre à la fois étrange et artificielle, grâce à laquelle il fut second au concours du grand prix de Rome. Fils d'agriculteur, ce fin observateur de la vie rurale aimait représenter les paysans dans leurs occupations quotidiennes. Il marqua la peinture naturaliste de l'époque, notamment avec un de ses tableaux les plus célèbres, *Les Foins*.

mercredi 21 novembre

lever : 8 h 09
coucher : 17 h 03

St Gélase

À table !

Fondue bourguignonne

Bourgogne

Pour 6 personnes
Découper 1,2 kg de bœuf tendre en gros dés. Disposer, au centre de la table, un appareil à fondue ou un poêlon posé sur un réchaud et le remplir, à la moitié, d'huile d'arachide déjà chaude, dans laquelle chacun trempera un morceau de viande, à l'aide d'une fourchette. Accompagner de crudités et de sauces diverses.

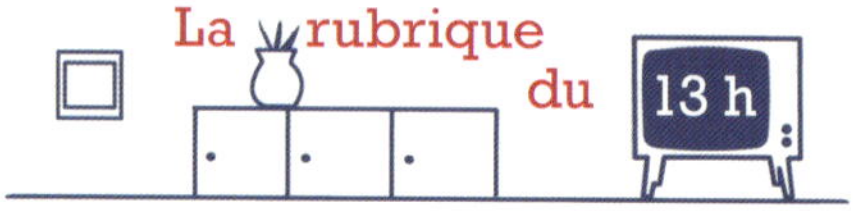

LE PRIEURÉ DE SERRABONE

Languedoc-Roussillon

Serrabone se trouve dans les Pyrénées-Orientales, au sud d'Ille-sur-Têt. Fondé au XIe siècle et agrandi au XIIe, le prieuré a été rapidement abandonné. Restauré au XXe siècle, il s'offre à la vue du visiteur au terme d'une petite route de montagne. La simplicité extérieure contraste avec la beauté de l'intérieur : la nef est faite de dalles de schiste, les chapiteaux sont admirablement travaillés, les voûtes reposent sur des colonnes de marbre, et la collégiale renferme le plus bel ensemble de sculptures romanes de la région.

Faune & flore

Le tadorne de Belon

Haute-Normandie

Les côtes planes et les vasières haut-normandes, riches en crustacés et en algues, sont le véritable garde-manger de ce bel oiseau, à mi-chemin entre le canard et l'oie. Pourtant, le tadorne de Belon nidifie rarement sur la côte et doit parfois marcher pendant des heures pour trouver de la nourriture.

CITATION

Basse-Normandie

« Pays de culture, de vallées fertiles, d'herbages verdoyants, de rivières poissonneuses, le Cotentin, cette Tempé de la France, cette terre grasse et remuée, a pourtant [...] de ces parties stériles et nues où l'homme passe et où rien ne vient, sinon une herbe rare et quelques bruyères bientôt desséchées. »

Jules Barbey d'Aurevilly, L'Ensorcelée, 1854

Ils ont marqué leur région...

Richard Bohringer

Auvergne

L'homme, né en Auvergne, est multiple : acteur, réalisateur, chanteur, auteur et... sénégalais depuis 2002 ! Il est le fils d'un officier allemand et d'une Française : à sa naissance, ses parents l'ont abandonné pour fuir en Allemagne, le confiant à sa grand-mère maternelle. Malgré ce début de vie difficile, il vivra une enfance heureuse. Cet amoureux de l'Afrique a tourné de nombreux films pour le cinéma et la télévision, mais aussi écrit : dans son livre *C'est beau une ville la nuit*, il note : « Nous ne sommes responsables que de poésie. »

jeudi 22 novembre

lever : 8 h 10
coucher : 17 h 02

Ste Cécile

Faune & flore

L'escargot de Corse

Corse

Il fait partie des animaux les plus rares de la région, l'escargot de Corse n'étant présent que dans une toute petite zone de l'île, près d'Ajaccio. Essentiellement nocturne, il passe ses journées enfoui dans le sable, parfois jusqu'à soixante centimètres de profondeur.

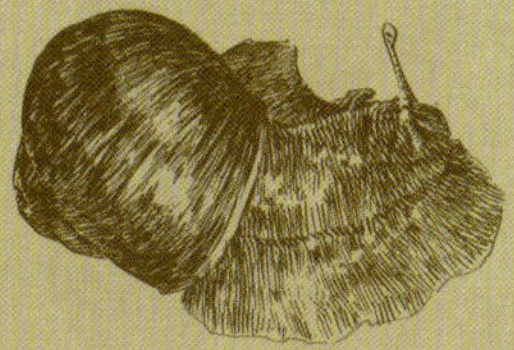

Savoirs d'antan

L'eau bouillante tue les mauvaises herbes. Ainsi, lorsque la cuisson de vos pâtes est terminée, n'hésitez pas à réutiliser cette eau pour désherber un coin de votre jardin.

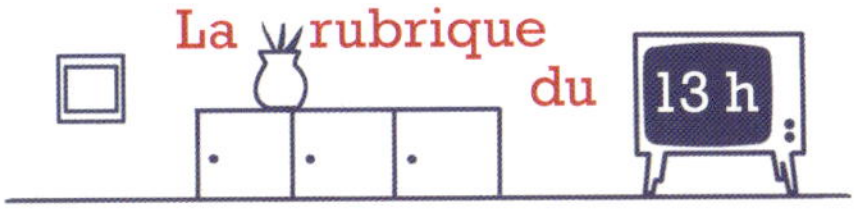

LES TOURS DE MERLE

Limousin

Cette citadelle médiévale du XIIe siècle se situe sur un éperon rocheux à la frontière du Limousin, de l'Aquitaine et de l'Auvergne. Surplombant la torrentueuse rivière Maronne, les tours de Merle regroupent les vestiges de sept châteaux réputés imprenables. Elles doivent leur nom à l'une des familles de seigneurs résidant dans la forteresse. Aujourd'hui, outre les tours et les vestiges du village, on peut visiter un parc de dix hectares et une ferme reconstituée, qui permettent d'imaginer la vie dans une seigneurie médiévale.

À table !

Bœuf picard

Picardie

Pour 6 personnes

Couper 2 kg de bœuf en cubes et les mettre dans une cocotte allant au four. Faire revenir la viande sur feu vif, dans 50 g de beurre et 1 c. à soupe d'huile, jusqu'à ce qu'elle soit saisie. Sur feu doux, faire fondre 250 g d'oignons émincés, ajouter les morceaux de viande et le jus rendu, mouiller avec 75 cl de vin blanc sec et 50 cl d'eau, ajouter 6 tomates concassées. Porter à ébullition et couvrir ; laisser cuire 2 h, au four préchauffé à 180 °C. Ajouter 1 kg de carottes en rondelles, en prenant soin de ne pas écraser la viande. Couvrir de nouveau et cuire encore 2 h.

Ils ont marqué leur région…

Étienne Dolet

Centre

Originaire d'Orléans, Étienne Dolet, au début du XVIe siècle, étudia l'éloquence à Padoue, puis le droit à Toulouse. Devenu imprimeur à Lyon, où séjournaient nombre d'écrivains sous François Ier, Dolet édita Rabelais et Marot, ainsi que des ouvrages à caractère satirique, qui lui valurent des accusations de blasphème. Condamné pour athéisme et hérésie, il fut pendu, puis brûlé avec ses livres, place Maubert, à Paris, en août 1546. Menant un travail de correcteur et de philologue, il fut un célèbre représentant de l'humanisme français, tant par ses œuvres que par son engagement intellectuel et politique.

vendredi 23 novembre

lever : 8 h 12
coucher : 17 h 01

St Clément

Faune & flore

Le hêtre

Lorraine

Certaines hêtraies vosgiennes, comme celle de Darney, sont réputées au niveau national pour la qualité de leurs arbres. Le bois est utilisé de diverses manières, que ce soit dans la menuiserie (escaliers, portes...), l'ébénisterie ou tout simplement comme bois de chauffage.

À table !

Rognons au genièvre

Nord-Pas-de-Calais

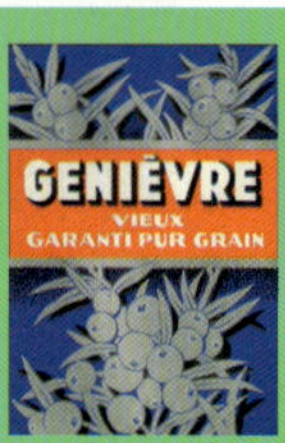

Pour 4 personnes

Nettoyer 1 kg de rognons de veau et les couper en morceaux. Les faire tremper dans de l'eau vinaigrée, pendant 20 min, puis les faire revenir dans 50 g de beurre. Écraser 12 baies de genièvre et les ajouter aux morceaux de rognons. Lorsque la viande est à point, l'arroser avec 1 verre à vin de genièvre et la flamber. Lier la sauce avec 1 c. à café de moutarde et servir.

La rubrique du 13 h

LE HARAS NATIONAL DU PIN

Basse-Normandie

Fondé à l'initiative de Colbert, ce haras est le plus ancien des haras nationaux. Dépendant du ministère de l'Agriculture, il poursuit, depuis près de trois siècles, ses missions de recherche sur la plus belle conquête de l'homme. Les bâtiments de style classique, construits entre 1715 et 1730, et les jardins à la française ont valu au haras du Pin le surnom de « Versailles du cheval ». Dans l'Orne, au cœur de plus de mille hectares de verdure, le haras, son école et son hippodrome accueillent les visiteurs comme les professionnels.

Quiz des villes & villages de France

Cette très belle cité médiévale de Loire-Atlantique jouit d'une renommée internationale grâce à la production de ses marais salants.

____

Ils ont marqué leur région...

Étienne Émile Baulieu

Alsace

Médecin, endocrinologue et biochimiste, Étienne Émile Baulieu est né à Strasbourg en 1926. Il s'engage dans la Résistance, pendant la guerre, et commence ses études de médecine à Paris, à la Libération. Il consacre par la suite la plupart de ses recherches aux hormones stéroïdes et à leur influence sur la reproduction, le vieillissement et le système nerveux. Directeur de recherches à l'INSERM, membre puis président de l'Académie des sciences et professeur honoraire au Collège de France, il a fondé en 2008 l'Institut Baulieu, qui finance notamment des recherches sur la maladie d'Alzheimer.

Guérande

samedi 24 & dimanche 25 novembre

Ste Flora | Ste Catherine

Mythes et légendes
Midi-Pyrénées

Autres temps, autres mœurs

De l'inutilité d'avoir une fille

Un roi qui, afin d'en apprécier l'étendue, arpentait ses terres au grand galop, rencontra, au détour d'une prairie isolée, un pauvre laboureur qui travaillait encore, malgré la nuit tombante.

Le toisant du haut de son cheval, le roi l'alpagua :

– Que fais-tu là, à une heure pareille et loin de toute habitation ?

– Je travaille, seigneur, lui répondit calmement le laboureur sans interrompre son ouvrage. Il faut bien vivre et, croyez-moi, il faut plus d'un coup de bêche pour gagner un sou !

– Sois plus précis : que gagnes-tu à bêcher comme un forcené ?

– Monsieur, cela dépend de mes forces autant que de la générosité des seigneurs !

Les réponses évasives du laboureur attisaient la curiosité du roi. Le bougre paraissait un peu trop satisfait de son misérable état et l'entrain qu'il mettait dans sa besogne laissait le monarque perplexe.

– Combien en une journée ?

– Ma foi, vingt sous, c'est une bonne récompense pour une rude journée.

– Tu travailles donc aussi tard pour un si maigre salaire ?

– Je dépense beaucoup de sueur, de l'aube au crépuscule, et ce, chaque jour que Dieu m'accorde du travail, mais avec ce maigre salaire, je vis, fais vivre, paye mes créances, parviens à épargner pour mes vieux jours... Pensez donc, il me reste de l'argent à jeter !

– Comment oses-tu te moquer ainsi de moi ?

– Mon seigneur, jamais je n'oserais. Regardez-moi : depuis des années, je gagne ainsi mon pain. Et je vis, n'est-ce pas ?

– Mais qu'en est-il de ceux que tu entretiens ?

– Ma femme est malade, c'est donc moi qui la nourris.

– Tu dis rembourser tes créances ?

– Pendant des années, mes parents m'ont nourri à ne rien faire. À mon tour, je les fais vivre maintenant qu'ils sont vieux et faibles.

– Que te reste-t-il donc à épargner pour tes vieux jours ?

– Mon fils n'est pas bien vieux, mais dès qu'il sera en âge, il m'aidera dans mon travail et, plus tard, je pourrai compter sur lui comme mes parents l'ont fait.

Le roi commençait à s'impatienter. Il voulait connaître le secret de la fortune du laboureur, celui qui lui accordait le luxe de pouvoir gaspiller !

– Et l'argent à jeter, alors !

Le laboureur eut une mine triste.

– De l'argent à jeter, il m'en faut, oui ! Voyez-vous, ma fille est bien jeune elle aussi : pendant des années, il me faudra la faire vivre également. Mais quand le jour sera venu pour elle de partir, croyez-vous qu'il me restera quelque chose ? N'est-ce pas là de l'argent gâché ?

lundi 26 novembre

lever : 8 h 16
coucher : 16 h 59

Ste Delphine

À table !

Poulet à la vésulienne

Franche-Comté

Pour 4 personnes
Mélanger 200 g de mie de pain à 10 cl de lait. Faire revenir 100 g d'oignons hachés dans 20 g de beurre et les ajouter dans le saladier. Ajouter 150 g de lard haché et le foie d'un poulet. Saler et poivrer, bien mélanger en éliminant l'excès de lait. Ajouter 1 œuf, puis placer cette farce à l'intérieur de 1 poulet fermier d'environ 1,5 kg. Envelopper la volaille dans 350 g de pâte brisée, la dorer à l'œuf battu et la déposer sur du papier sulfurisé beurré. Cuire au four 1 h à 210 °C. Servir le poulet découpé et arrosé de beurre fondu aux herbes hachées et au citron.

La rubrique du 13 h

L'ÉGLISE DE SAINT-JEAN-DE-LUZ

Aquitaine

Si la première église remonte au XIIe siècle, l'église actuelle date majoritairement du XVIIe siècle – on peut d'ailleurs y admirer un retable monumental en bois doré de cette époque –, et c'est en 1660 qu'elle sert de cadre au mariage de Louis XIV et de Marie-Thérèse d'Espagne. L'intérieur de Saint-Jean-Baptiste recèle des splendeurs, et de nombreux ornements ou éléments du mobilier sont classés monuments historiques. Le clocher de l'église ne comporte pas de flèche, depuis que celle-ci a été abattue par la foudre, en 1706.

Quiz des villes & villages de France

Cette ville de Seine-Maritime, aux célèbres falaises, tient lieu de décor au roman *L'Aiguille creuse* de Maurice Leblanc.

_ _ _ _ _ _ _

Faune & flore

Le cerf élaphe

Champagne-Ardenne

Quand s'achève le mois de novembre, le cerf élaphe brame une dernière fois, bien que le rut soit terminé depuis plus d'un mois. Tandis que les femelles entament une longue période de gestation, les mâles, eux, s'apaisent, afin de ne pas épuiser trop vite leurs réserves de graisse hivernales.

Ils ont marqué leur région...

Brian Joubert

Poitou-Charentes

La glace, Brian la découvre à 4 ans, à la patinoire de Poitiers. Il pense d'abord devenir hockeyeur, mais, très attiré par les sauts, il s'oriente vers le patinage artistique. À 16 ans, il est le premier Français à réaliser la combinaison quadruple boucle piquée / triple boucle piquée. En 2006-2007, c'est la consécration : Brian gagne les championnats de France, d'Europe et du monde, finissant la saison invaincu ! Le Poitevin peut aujourd'hui s'enorgueillir de sept titres de champion de France et de trois titres de champion d'Europe. Voilà de quoi faire oublier sa décevante prestation aux JO de Vancouver en 2010 ! Et, âgé de 28 ans à peine, Brian peut viser l'or à Sotchi, en 2014.

Étretat

mardi 27 novembre

lever : 8 h 17
coucher : 16 h 58

St Séverin

Faune & flore

L'aconit tue-loup

Bourgogne

Avec son cousin napel, l'aconit tue-loup est certainement la plus toxique des plantes de notre flore, son poison étant, certes, mortel pour les loups, mais aussi pour les hommes. Inutile donc de préciser qu'il ne faut en aucun cas toucher cette plante présente jusqu'à deux mille quatre cents mètres d'altitude.

CITATION

Picardie

« [...] le soleil peut se coucher tranquillement au-delà de la baie de Somme, désert humide et plat où la mer, en se retirant, a laissé des lacs oblongs, des flaques rondes, des canaux vermeils où baignent les rayons horizontaux... »

Colette, « En baie de Somme », Les Vrilles de la vigne, 1908

La rubrique du 13 h

L'AVEN D'ORGNAC

Rhône-Alpes

Situé au sud du plateau calcaire des gorges de l'Ardèche, l'aven d'Orgnac – le mot *aven* en occitan signifie « gouffre » – est un des plus beaux sites souterrains du territoire français. Explorée à partir de 1935 et ouverte au public en 1939, cette grotte se compose de plus de quatre kilomètres de galeries découvertes à ce jour, débouchant sur plusieurs salles. Chaque salle contient des chefs-d'œuvre de roches calcaires sculptées par l'eau au fil des millénaires. La beauté des lieux a permis de classer l'aven d'Orgnac parmi les grands sites de France.

À table !

L'entrecôte Bercy

Île-de-France

Le quartier de Bercy, à Paris, était autrefois un haut lieu de production vinicole : ses entrepôts étaient les plus importants de France. On proposait aux négociants en vin cette entrecôte grillée, servie avec une sauce à base d'échalotes et de vin blanc et accompagnée de persil et de cresson.

Ils ont marqué leur région...

Pierre Bachelet

Nord-Pas-de-Calais

« Au Nord c'était les corons... » Qui ne connaît pas cette chanson évoquant le travail et la vie des mineurs ? Ce sera un de ses plus grands succès ; les supporters du Racing Club de Lens en ont même fait leur hymne ! Le regard un peu triste dans un visage souriant, tel était Pierre Bachelet, né en 1944 à Paris, qui séjournera également à Calais, ville à laquelle il restera très attaché. Diplômé d'une école de cinéma, c'est en composant la bande-son du film *Emmanuelle* qu'il se fait connaître. Il chante pour un public fidèle et parcourt la France en faisant des tournées après la sortie de chacun de ses disques. Il s'éteint en 2005 et repose dans le cimetière marin de Saint-Tropez.

mercredi 28 novembre

lever : 8 h 19
coucher : 16 h 58

St Jacques de la Marche

À table !

Chichis

Provence-Alpes-Côte d'Azur

Pour 4 personnes

Délayer 1 sachet de levure de boulanger dans un peu d'eau chaude, avec 1 pincée de sel. Mélanger avec 250 g de farine et 1 c. à soupe de fleur d'oranger ; délayer le tout avec de l'eau tiède, jusqu'à obtenir une pâte assez souple. Travailler la pâte 5 min et la laisser reposer 2 h dans un endroit tiède. Mettre la pâte dans une poche à douille et faire couler des serpentins de pâte dans le bain de friture. Égoutter les chichis, quand ils sont dorés, et les saupoudrer de sucre.

La rubrique du 13 h

LES CHUTES DU CARBET

Guadeloupe

Situées dans le massif de la Soufrière, les chutes du Carbet comptent parmi les sites les plus touristiques de Guadeloupe. Au nombre de trois, elles sont issues de la rivière du Carbet, qui prend sa source sur les pentes du volcan. Elles effectuent des sauts de cent vingt-cinq, cent dix et vingt mètres et impressionnent par leur débit important et leur beauté : malgré quelques aménagements, le site garde un aspect naturel et sauvage. Depuis le séisme de 2004, on constate régulièrement des éboulements, qu'accélèrent les fréquentes pluies diluviennes.

Faune & flore

Le héron garde-bœuf

Pays de la Loire

Originaire d'Afrique, où il accompagne les troupeaux, le héron garde-bœuf a peu à peu conquis l'ensemble des continents. Depuis une vingtaine d'années, cet échassier opportuniste est de plus en plus présent dans la région, où il trouve tous les insectes et petits vertébrés dont il se nourrit.

Savoirs d'antan

Il n'est pas toujours facile de réussir une crème chantilly : bien souvent elle n'est pas assez solide. Pour en obtenir une belle, il faut placer les ingrédients au réfrigérateur une heure avant de la faire, battre la crème à vitesse réduite, puis ajouter le sucre à la fin, en augmentant la vitesse du batteur.

Ils ont marqué leur région...

Eugène Freyssinet

Limousin

« Je suis né constructeur », expliquait Eugène Freyssinet. Né à Objat, dans une modeste famille d'ingénieux artisans, cet ingénieur corrézien sortit en 1905 diplômé de l'École polytechnique et des Ponts et Chaussés. En 1917, il eut, le premier, l'idée d'augmenter la compacité du béton en le soumettant à des vibrations. Il inventa le béton précontraint et en déposa le premier brevet en 1928. Il réalisa, jusque dans les années 1960, plusieurs gros ouvrages, parmi lesquels la halle Freyssinet à la gare d'Austerlitz, la rénovation de la gare maritime du Havre, ainsi que des hangars et des pistes à l'aéroport d'Orly.

jeudi 29 novembre

lever : 8 h 20
coucher : 16 h 57

St Saturnin

Faune & flore

Le vautour fauve

Midi-Pyrénées

C'est un spectacle incroyable que celui des vautours fauves, lorsqu'ils effectuent leur ronde aérienne. Quand les restes d'un animal sont repérés, le vautour fauve, farouche, n'est pas le premier sur les lieux, bien qu'il ait le privilège de se servir en premier.

CITATION

Aquitaine

« Et la riche Aquitaine,
et les hauts Pyrénées,
Sous leurs bruyants pressoirs
font couler en ruisseaux
Des vins délicieux mûris
sur leurs coteaux. »

André Chénier, « À la France », Hymne à la Justice

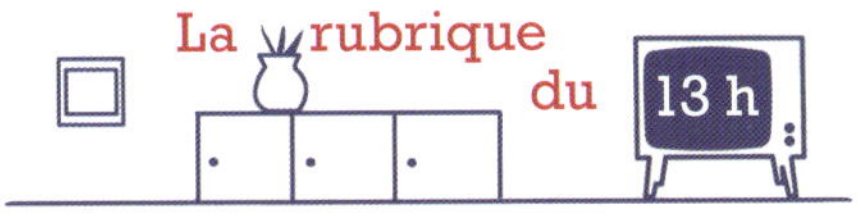

CHÂTEAU DE CONROS

Auvergne

Au cœur du Cantal, le village d'Arpajon-sur-Cère dévoile le splendide château de Conros. L'édifice, qui domine la rivière sauvage depuis son éperon rocheux, mêle architectures médiévale et Renaissance : on peut admirer son donjon et ses deux tours rondes du Moyen Âge, qui encadrent une magnifique demeure du XVIe siècle. Habité par la même famille depuis cette époque, le château comporte un parc aux arbres centenaires et une chapelle, qui abrite un sarcophage mérovingien. Désormais, Conros est aussi un lieu d'exposition.

À table !

Coquilles Saint-Jacques aux poireaux

Bretagne

Pour 4 personnes

Laver et émincer 1 kg de poireaux. Les blanchir et les faire sauter au beurre. Les réserver au chaud. Éplucher et hacher 4 échalotes et les faire réduire dans 10 cl de vin blanc et 5 cl de vinaigre. Ajouter 25 cl de crème fraîche à la réduction, continuer à faire réduire. Ajouter 20 g de beurre et réserver au chaud. Faire sauter 20 belles noix de coquilles Saint-Jacques dans de l'huile d'olive, saler, poivrer et flamber avec 2 c. à soupe de cognac. Dresser les poireaux sur les assiettes et disposer dessus les noix de Saint-Jacques.

Ils ont marqué leur région…

Alfred Sauvy

Languedoc-Roussillon

Tous les lycéens, ou presque, ont entendu parler d'Alfred Sauvy. C'est en effet cet économiste qui fut à l'origine, en 1954, de l'expression « tiers-monde », en référence au tiers état de Sieyès. Né en 1898 à Villeneuve-de-la-Raho, où son père possédait un domaine viticole, Sauvy commença son parcours à la Statistique Générale de la France. Engagé, Sauvy fut un proche de Pierre Mendès France et de Jean Monnet. Fondateur et premier directeur, en 1945, de l'Institut national d'études démographiques, il enseigna à Sciences Po, à l'ENA, à Polytechnique, et collabora au *Monde* jusqu'à un âge avancé.

vendredi 30 novembre

lever : 8 h 21
coucher : 16 h 56

St André

À table !

Carottes au cidre

Basse-Normandie

Pour 4 personnes
Éplucher et laver 800 g de carottes et les couper en rondelles. Émincer 4 beaux oignons et les faire revenir dans du beurre, ajouter les carottes et les faire dorer légèrement. Saler, poivrer, mouiller avec 30 cl de cidre brut et laisser mijoter 20 min. Ajouter 20 cl de crème fraîche et baisser le feu ; poursuivre la cuisson 10 min.

La rubrique du 13 h

CHÂTEAU MÉDIÉVAL DE CHÂTEAUDUN

Centre

Dans le cœur historique de Châteaudun, en Eure-et-Loir, le visiteur découvre une forteresse, bâtie entre les XIIe et XVIe siècles, qui surplombe la vallée du Loir. On trouvait déjà, à cet endroit, une place forte au VIe siècle : d'ailleurs, *châteaudun* signifie « château sur une butte ». Les aménagements principaux sont dus à Jean de Dunois, au XVe siècle. L'attrait principal du château réside dans son donjon : il mesure trente et un mètres de haut pour dix-sept mètres de diamètre, avec des murs de quatre mètres d'épaisseur.

Faune & flore

Le tussilage

Nord-Pas-de-Calais

Plante pionnière, typique du premier stade de colonisation des terrils, cette plante vivace développe un réseau de rhizomes et de racines, qui lui permet de s'accrocher aux sols les plus meubles. Le tussilage contribue ainsi à fixer les pentes instables et favorise l'apparition d'autres espèces.

Un jour en

Île-de-France

30 novembre 1987

François Mitterrand inaugure l'Institut du monde arabe. La façade sud du bâtiment, créée par l'architecte Jean Nouvel, étonne par ses moucharabiehs faits d'acier et de verre, qui concilient tradition orientale et esthétique occidentale.

Ils ont marqué leur région...

Alexandre Dumas

Picardie

Fils d'un général de la Révolution française, Alexandre Dumas sera toute sa vie attaché à Villers-Cotterêts, ville de l'Aisne où il est né. Adolescent, il s'initie à ce qui deviendra les deux passions de sa vie : les femmes et la littérature. Il commence avec des vaudevilles, mais devient célèbre avec un drame, *Henri III et sa cour*, joué en 1829 à la Comédie-Française. Dumas père écrit des dizaines de romans historiques, parmi lesquels *Les Trois Mousquetaires*, *Le Comte de Monte-Cristo* et *La Reine Margot*. Ce fin gourmet est aussi l'auteur d'un *Grand dictionnaire de cuisine*. Son corps est transféré en 2002 au Panthéon, à l'occasion du bicentenaire de sa naissance.

De l'ingéniosité des uns et de la crédulité des autres

Les querelles de voisinage se règlent aujourd'hui devant les tribunaux, mais ce ne fut pas toujours le cas. Ainsi, jadis, un litige opposait les habitants d'Ajaccio et ceux de Bastelica : chacun désirait s'approprier la célèbre tour de Capitello. Quelle fierté, en effet, que de posséder celle qui défendit si bien les Corses contre les pilleurs venus de la Méditerranée, à laquelle elle fait vaillamment face... Afin de régler le problème, les Ajacciens décidèrent un jour d'accrocher des chaînes à l'édifice, et de le tirer de leur côté. Les Bastelicais en furent bien perplexes et, inquiets de ne pouvoir rivaliser, demandèrent conseil autour d'eux. Un habitant du village de Frasseto, que certaines versions de la légende nomment Stratafu, et que toutes s'accordent à trouver malicieux et plein de finesse, eut alors une idée. Ils avaient bien des chèvres, à Bastelica, et des cordes tressées avec les solides poils de ces dernières ? On lui affirma que oui.

Quand vint le moment où les citoyens d'Ajaccio entourèrent la tour de leurs chaînes, ceux de Bastelica firent de même, avec des cordes neuves, et tous se mirent à tirer d'un sens et dans l'autre. D'abord, rien ne se passa, mais, au bout de quelques minutes, les Bastelicais commencèrent à reculer, semblant gagner du terrain. Non que la tour bougeât, mais le poil de chèvre s'étirait, donnant aux Ajacciens l'illusion que la tour se déplaçait ! Étonnés, puis craignant qu'elle ne tombe, ces derniers lâchèrent prise, en criant : « Stop, arrêtez tout, la tour est à vous ! » Et voici pourquoi, depuis, c'est aux Bastelicais que l'on attribue la tour de Capitello.

lundi 3 décembre

lever : 8 h 25
coucher : 16 h 55

St François-Xavier

Faune & flore

La noix du Périgord

Aquitaine

Déjà présent dans la région à l'époque de Cro-Magnon, le petit fruit oléagineux a longtemps été considéré comme un produit précieux et a, à maintes reprises, servi de monnaie d'échange. Célèbre pour son huile, la noix du Périgord bénéficie d'une appellation d'origine contrôlée depuis 2002.

À table !

Sauce à la Joinville

Champagne-Ardenne

Créée au XIXe siècle en l'honneur du prince de Joinville, cette sauce sublime les poissons d'eau douce. Elle est élaborée à partir d'un fumet de poisson, auquel on ajoute des échalotes, des crevettes et des écrevisses, des trompettes de la mort, de la crème fraîche et du cognac.

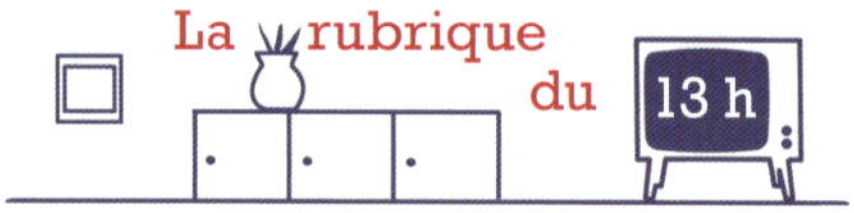

LE PONT DE TANCARVILLE

Haute-Normandie

Les travaux pour la construction de ce pont suspendu à trois travées métalliques ont débuté en 1955, pour s'achever en 1959. À l'époque, le franchissement de l'estuaire de la Seine pour relier Rouen au Havre est devenu indispensable, et on imagine alors un pont d'une longueur de mille quatre cent vingt mètres, entre Tancarville et le marais Vernier. L'ouvrage s'élève à cinquante mètres au-dessus de l'eau, avec des pylônes de cent vingt-cinq mètres de haut, un record pour l'époque. Avec six millions de véhicules qui l'empruntent chaque année, le pont de Tancarville a permis le développement du Havre.

Savoirs d'antan

Pour nettoyer un écran d'ordinateur, inutile d'acheter des lingettes toutes faites qui risqueraient de le rayer. Le plus simple est de se munir d'un coton, de l'imbiber d'un peu d'eau et de vinaigre blanc, de l'essorer, puis de le passer doucement sur l'écran.
Essuyer ensuite avec un coton propre.

Ils ont marqué leur région...

Tante Arie

Franche-Comté

En Franche-Comté, lorsque venaient les grands froids, ce n'était ni saint Nicolas, ni le père Noël, ni le père Fouettard, qui apportait des jouets aux enfants : c'était la tante Arie. Tantôt présentée comme une fée qui se penche sur le lit des enfants endormis, pour leur recommander d'être sages, tantôt comme une sorcière aux cheveux blancs, mais au visage jeune, on dit qu'elle habitait une grotte en forêt, sur le Lomont, où elle entreposait des milliers de cadeaux. Certains disent que la légende est celle d'une jeune fille noble du XVe siècle, dont le père était mort lors d'une croisade.

mardi 4 décembre

lever : 8 h 26
coucher : 16 h 55

Ste Barbara

Faune & flore

La cigogne

Alsace

Autrefois, la région abritait de nombreux spécimens de ce volatile, auquel les légendes reconnaissent la tâche d'apporter les bébés. Alors que l'espèce avait pratiquement disparu dans les années 1970, on voit, depuis quelques années, des cigognes nicher à nouveau sur les toits des maisons et des églises.

CITATION

Centre

*« Car je suis né
et ai été nourri jeune
au jardin de France :
c'est Touraine. »*

François Rabelais, Pantagruel, 1532

La rubrique du 13 h

LES JARDINS DU CHÂTEAU DE VERSAILLES

Île-de-France

Il aura fallu quarante ans pour que la magnificence des jardins du château de Versailles soit complète. Pour Louis XIV, l'aménagement des jardins est aussi important que l'architecture du château. En 1661, il charge donc André Le Nôtre de faire du parc les plus beaux jardins du monde. À cette époque, le parc s'étend sur plus de huit mille hectares. Aujourd'hui, l'archétype du jardin à la française est un domaine de huit cent cinquante hectares, qui compte trois cent cinquante mille arbres, quatre cents sculptures, cinquante fontaines et six cent vingt jeux d'eau.

À table !

Moules et courgettes gratinées au curé nantais

Pays de la Loire

Pour 4 personnes

Nettoyer 1,2 kg de moules de bouchot. Faire suer, dans 20 g de beurre, 1 échalote et 1 gousse d'ail hachées, ajouter 20 cl de muscadet, 1 bouquet garni et les moules. Les décoquiller, lorsqu'elles sont ouvertes, et les réserver. Faire réduire le jus de cuisson, ajouter 20 cl de crème et faire réduire de nouveau, jusqu'à ce que la sauce soit onctueuse. Rectifier l'assaisonnement. Faire revenir à l'huile d'olive 250 g de courgettes coupées en rondelles et les répartir dans quatre plats à gratin, ajouter les moules décortiquées et napper de sauce. Recouvrir de fines tranches de curé nantais et faire gratiner au four, pendant 10 min, à 200 °C.

Ils ont marqué leur région...

Jean Auguste Dominique Ingres

Midi-Pyrénées

Formé par son père, sculpteur et peintre, Ingres entre à 11 ans à l'Académie royale de Toulouse, en 1791, puis fréquente l'atelier de Jacques Louis David à Paris. Ce grand admirateur de Raphaël est directeur de l'Académie de France à Rome de 1835 à 1840. Chef de file de l'école néoclassique, il s'oppose aux romantiques, comme Delacroix, en compagnie duquel il reçoit une médaille, lors de l'Exposition universelle de 1855. Ingres peindra jusqu'à la fin de ses jours, réalisant à 82 ans son célèbre *Bain turc*, exposé au Louvre.

mercredi 5 décembre

lever : 8 h 27
coucher : 16 h 54

St Gérald

À table !

La cornuelle

Poitou-Charentes

La cornuelle est un biscuit sablé de forme triangulaire – elle tire son nom de ces trois « cornes » –, au centre percé d'un trou. Aromatisée à la vanille ou au citron, elle est parsemée de grains d'anis. Il existe des variantes en pâte feuilletée, ou avec une garniture de crème.

Quiz des villes & villages de France

Cette station balnéaire de l'Hérault est une des destinations estivales préférées des Français. Le jour, on se prélasse sur ses longues plages qui bordent la Méditerranée, et, le soir, on dilapide ses jetons au casino.

__ ______-_____

La rubrique du 13 h

LE PARC ORIENTAL DE MAULÉVRIER

Pays de la Loire

À une quinzaine de kilomètres de Cholet, l'ancien parc du château de Maulévrier abrite un jardin japonais aménagé entre 1899 et 1910 par un architecte passionné par l'Extrême-Orient, Alexandre Marcel. Après quarante ans d'abandon, le parc est restauré et, en 1987, il est reconnu comme un exemple des grands jardins de promenade et de transformation de la période Edo (XVIIe-XIXe siècle). Depuis, sur douze hectares, le parc retrouve l'aspect de paysage japonais et fait l'objet d'une intervention permanente de jardiniers et de paysagistes.

Faune & flore

Le cormoran huppé

Bretagne

Vêtu tout de noir, cet oiseau marin, que l'on n'observera jamais à l'intérieur des terres, possède une allure unique. La petite huppe, légèrement repliée vers l'avant, qui orne sa tête n'apparaît qu'à la saison des amours (décembre à mai) et indique que l'animal est prêt à se reproduire.

Ils ont marqué leur région...

Dominique Sialelli

Corse

On doit à cet entrepreneur diplômé d'HEC la création d'un produit inspiré du terroir de l'île de Beauté : une bière fabriquée à partir de la farine de châtaigne, matière première riche en qualités brassicoles. L'idée en est venue à Dominique Sialelli et à sa femme, Armelle, après un concert d'I Muvrini, à Corte, en 1992. Le projet voit le jour après quatre années d'études de marché et de recherches d'investisseurs, et il donne à sa bière le nom de « Pietra », en hommage au village dont sa famille est originaire, Pietraserena. Il est aussi à l'origine du projet d'un soda local, le Corsica Cola, qui est né au printemps 2003.

La Grande-Motte

Un jour en France
6 décembre 1987

Succès inespéré pour le premier « Téléthon », diffusé sur Antenne 2 : 181 327 459 francs de promesses de dons pour la recherche sur les myopathies. Le compteur affichant le résultat n'étant prévu que pour une somme à huit chiffres, le dernier sera peint à la main !

Faune & flore
La saxifrage œil-de-bouc
Franche-Comté

Cette plante extrêmement rare, témoin de la richesse passée de la flore franc-comtoise, ne pousse que dans la région. L'observer est un véritable défi pour le naturaliste amateur, qui mettra, néanmoins, toutes les chances de son côté en se promenant du côté de Frasne, dans le Doubs.

La rubrique du 13 h

LA GALERIE EUROPÉENNE DE LA FORÊT ET DU BOIS
Bourgogne

Situé en Saône-et-Loire, ce lieu immense, d'une surface de deux mille mètres carrés, est entièrement dédié à la forêt. Le bois dans tous ses états, tel est l'objectif de la galerie. L'exposition permanente présente la richesse de la forêt, tout en insistant sur sa fragilité et la nécessité de la protéger. Les arts et techniques du bois sont expliqués – des objets en bois du monde entier sont rassemblés –, et la galerie est aussi un lieu d'animation avec des bornes tactiles pour tester ses connaissances. Un arboretum complète la visite.

À table !
Tartines gratinées au sainte-maure de Touraine
Centre

Pour 6 personnes
Découper, dans une boule de pain de campagne, 6 tranches de 2 à 3 cm d'épaisseur et les beurrer. Déposer, sur chaque tranche de pain, 1 tranche fine de jambon cru fumé et recouvrir de rondelles de sainte-maure de Touraine cendré. Enfourner sur la grille, à 180 °C : c'est prêt lorsque le pain est légèrement coloré. Servir avec une salade verte.

Ils ont marqué leur région...
Yves Montand
Provence-Alpes-Côte d'Azur

Si l'accent d'Yves Montand, né Ivo Livi, fleure bon la garrigue et les cigales, c'est qu'il vécut à Marseille dès ses 3 ans. Devenu star, voyageant entre Paris, le Japon et Broadway, il restera toujours provençal dans l'âme. Et la Provence le lui rendit bien : c'est à Saint-Paul-de-Vence – au restaurant La Colombe d'Or – qu'il rencontra Simone Signoret, et là que tout deux vinrent chaque année se retrouver entre les spectacles, les pièces et les films, bavarder au Café de la Place et jouer à la pétanque. Marcel Pagnol lui-même, Provençal s'il en est, fut d'ailleurs témoin au mariage ensoleillé de ces deux étoiles.

vendredi 7 décembre

lever : 8 h 30
coucher : 16 h 54

St Ambroise

À table !

Petit salé aux lentilles

Auvergne

Pour 6 personnes

Faire dessaler 1 kg de petit salé, l'égoutter et le mettre dans un faitout, couvrir d'eau, poivrer. Faire cuire à petits bouillons pendant 2 h. Éplucher 2 carottes et planter des clous de girofle dans 2 oignons pelés. Les mettre dans une Cocotte-Minute avec 1 bouquet garni et 600 g de lentilles vertes, bien recouvrir d'eau, saler légèrement et poivrer. Faire cuire sous pression environ 20 min. Découper la viande cuite en gros morceaux, les mettre dans la cocotte avec 4 saucisses de Montbéliard et 2 verres de bouillon. Cuire, cocotte ouverte, pendant 20 min à feu doux.

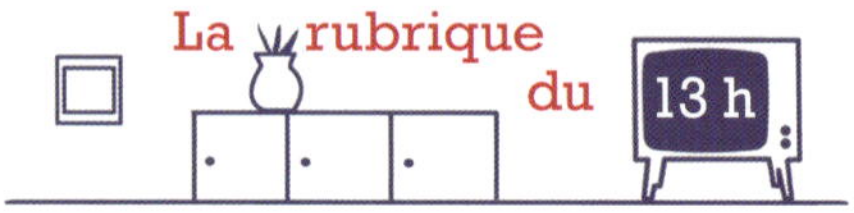

LE SENTIER D'ART CONTEMPORAIN

Lorraine

Au départ de Lahaymeix, dans la Meuse, plusieurs sentiers invitent les promeneurs à une expérience particulière. En effet, six villages des alentours ont eu l'idée de partager leur territoire, pour concevoir une exposition permanente, appelée « Le Vent des Forêts ». Pendant quelques semaines, les villages accueillent en résidence des artistes venant du monde entier, qui réalisent des œuvres contemporaines en bois, en fer ou en pierre. Ces œuvres sont visibles le long d'un parcours d'une quarantaine de kilomètres, qui s'organise en boucles.

Faune & flore

L'edelweiss

Rhône-Alpes

Nulle autre fleur que celle de la jolie « immortelle des neiges » n'est plus emblématique de la région alpine. Son nom, d'origine germanique, signifie « d'un blanc noble », un hommage à la couleur et à la texture, très soyeuse, du duvet qui recouvre la tige et les feuilles.

Savoirs d'antan

Un petit coup de fatigue peut être atténué grâce aux fruits secs. Riches et énergétiques, ils sont idéaux pour lutter contre la fatigue hivernale, parce qu'ils apportent des glucides rapides, qui déclenchent un regain d'énergie immédiat. N'hésitez pas à en glisser dans le cartable de vos enfants.

Ils ont marqué leur région...

Jules Dumont D'Urville

Basse-Normandie

Cet explorateur calvadosien fait sa première expédition hydrographique en mer Noire et en mer Égée, où il découvre la célèbre *Vénus de Milo* en 1820. Il devient bientôt lieutenant de vaisseau et part explorer les mers du Sud, notamment l'Océanie, à bord de l'*Astrolabe*. En 1840, en dépit de diverses embûches – scorbut et bateau prisonnier des glaces –, il parcourt les eaux de l'Antarctique et hisse le drapeau français sur une terre qu'il baptisera du nom de sa femme Adèle, la terre Adélie.

samedi 8 & dimanche 9 décembre

St Elfried St Pierre Fourier

Mythes et légendes
Centre

Le Grand Bissêtre

« Eh bien ne voilà pas mon enragé de maître ?
Il nous va faire encor quelque nouveau bissêtre. »
Molière, L'Étourdi ou Les Contretemps, *1653*

Tous les amoureux de la nature le savent : la Brenne, dans le Berry, est un endroit merveilleux. Surnommé « le Pays des mille étangs », ce coin de paradis en compte davantage encore, réjouissant les promeneurs comme les oiseaux. Nombreux sont les guifettes moustacs, les hérons pourprés, les grèbes à cou noir, les vanneaux huppés et les grands butors qui viennent y nicher, pour le plus grand plaisir des ornithologues. Il fait bon, en effet, les observer derrière ses jumelles, pendant la journée, et partager avec eux un peu de ce havre de paix. Malheureusement, une autre faune habite ces marécages brumeux, qui ne sort que la nuit. Et celle-ci, il ne fait jamais bon la croiser. C'est ainsi que se terre, parmi les joncs, le Grand Bissêtre.

À première vue, son nom n'évoque rien de terrible. Et pourtant, à y regarder de plus près, il vient du latin *bissextus*, qui signifie « malheur ». Car, chez les Romains déjà, le jour en plus du mois de février était de très mauvais augure, et les années bissextiles s'avéraient tragiques. Ce sont des temps où les traîtres refont surface, où les hommes se révèlent mauvais et où les créatures ressurgissent de la vase. Génie malfaisant, le Grand Bissêtre est l'incarnation de cette superstition, régissant les événements de ces années et traînant derrière lui son lot d'infortunes et de misères. Le monstre pestilentiel courant dans les campagnes insufflait aux habitants des fièvres fatales. Longtemps, les femmes ont craint d'accoucher les années où février comportait trop de jours : on disait qu'elles ne pourraient alors avoir que des filles et qu'ensuite elles n'enfanteraient plus pendant sept ans. En somme, par crainte du malheur, ne rien entreprendre d'important durant les années bissextiles est la meilleure façon de ne pas s'attirer les foudres marécageuses du Grand Bissêtre.

lundi 10 décembre

lever : 8 h 33
coucher : 16 h 53

St Romaric

CITATION

Corse

« L'île de Corse… J'ai quelque pressentiment qu'un jour cette petite île étonnera l'Europe. »

Jean-Jacques Rousseau, *Du contrat social*, 1762

À table !

Le crémant d'Alsace

Alsace

Ce vin blanc pétillant, qui bénéficie d'une AOC, est principalement issu du cépage pinot blanc. Il est élaboré selon la méthode champenoise : le vin est soumis deux fois au processus de fermentation, la seconde fermentation ayant lieu alors que le vin est déjà dans sa bouteille.

La rubrique du 13 h

LE CHAOS DE MONTPELLIER-LE-VIEUX

Midi-Pyrénées

Cet univers de roches aux formes étranges s'étend sur cent vingt hectares sur le territoire de la commune de La Roque-Sainte-Marguerite dans l'Aveyron. Le chaos se compose de quatre cirques autour d'une arête culminant à huit cent trente-six mètres, le Douminal. Situés dans le causse Noir, un haut plateau calcaire du sud du Massif central, ces amas de pierre grise ont été façonnés par les rivières alentour – le site surplombe les gorges de la Dourbie – et les éléments.

Faune & flore

Le busard Saint-Martin

Limousin

Protégé au niveau national, le busard Saint-Martin se distingue de son cousin cendré par l'absence d'une bande noire sur les ailes. Il construit toujours son nid à même le sol, généralement dans une prairie ou un champ, là où la nourriture (petits oiseaux, rongeurs…) abonde.

Ils ont marqué leur région…

Julien Gracq

Pays de la Loire

Lorsque Louis Poirier, qui prendra plus tard le pseudonyme de Julien Gracq, entre en 1921 à l'internat du lycée Clemenceau à Nantes, quittant difficilement la maison familiale, il se réfugie dans Dumas, Stendhal et Poe. Élève brillant, il est admis à l'École normale supérieure, où il découvre André Breton. On ressent l'influence des écrivains romantiques et surréalistes dans son premier roman, *Au château d'Argol*, paru en 1938, alors que Gracq est devenu professeur d'histoire. La Seconde Guerre mondiale lui inspire *Le Rivage des Syrtes*, roman pour lequel il refuse le prix Goncourt. Il fait paraître, en 1985, *La Forme d'une ville*, où il évoque Nantes de façon originale.

mardi 11 décembre

lever : 8 h 34
coucher : 16 h 53

St Daniel

Faune & flore

Le scarabée sacré

Languedoc-Roussillon

Uniquement présent dans les zones sablonneuses, ce bousier fait des boulettes de sa nourriture, avant de l'acheminer jusqu'à sa cachette souterraine. Ce comportement peu ragoûtant est pourtant nécessaire à la survie de la larve, qui aura besoin de consommer une boulette entière pour se transformer.

Quiz des villes & villages de France

Cette ville des Yvelines, en Île-de-France, abrite un magnifique château, dans lequel François Ier aimait séjourner, en période de chasse, et où il mourut en mars 1547.

____

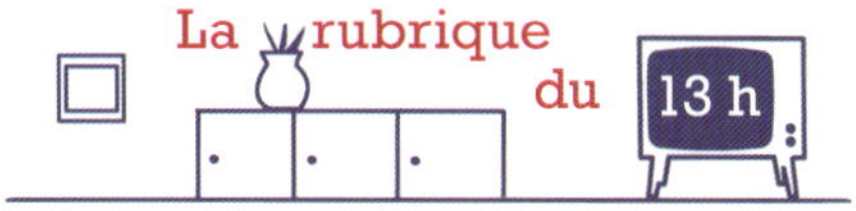

COGNAC

Poitou-Charentes

Dans la vallée de la Charente, la ville de Cognac est aujourd'hui mondialement connue, grâce à la renommée de son élixir. Pourtant, autrefois, l'économie de la cité était centrée sur le commerce du sel. La viticulture, introduite à l'époque gallo-romaine, a aujourd'hui supplanté cette activité, et le vignoble de la « liqueur des dieux » s'étend sur quatre-vingt mille hectares. Après la visite des chais et une dégustation, les visiteurs flânent dans le Vieux-Cognac, admirant les maisons à pans de bois et en pierre de taille du Moyen Âge.

À table !

Œufs brayons

Haute-Normandie

Pour 6 personnes

Battre 12 œufs de cane avec 3 c. à soupe de crème fraîche, saler et poivrer. Beurrer 6 ramequins et les remplir avec les œufs. Cuire 10 min au bain-marie, à 150 °C. Faire fondre 100 g de beurre avec 6 c. à soupe de crème fraîche, saler, poivrer. Laisser épaissir à feu doux en remuant. Tailler 6 tranches de pain en disques de la taille des ramequins et les dorer à la poêle, dans 100 g de beurre. Placer un croûton au centre de chaque assiette et démouler le contenu du ramequin dessus. Saupoudrer de persil haché et entourer de sauce à la crème.

Ils ont marqué leur région...

Danny Boon

Nord-Pas-de-Calais

Bienvenue chez les Ch'tis, Rien à déclarer, « Le K-way », cela vous évoque sans doute quelqu'un ? Daniel Hamidou, plus connu sous le nom de Dany Boon, est né le 26 juin 1966 à Armentières, d'un père kabyle et d'une mère picarde. En 1989, il arrive à Paris, survit en faisant le mime, puis se produit sur diverses scènes. Ses sketches finiront par rencontrer le succès. Devenu réalisateur de cinéma, il va battre tous les records d'entrées avec *Bienvenue chez les Ch'tis.*

Rambouillet

mercredi 12 décembre

lever : 8 h 35
coucher : 16 h 53

St Corentin

À table !

La caudière

Nord-Pas-de-Calais

Pour 4 personnes
Peler et émincer 3 oignons et les faire revenir à l'huile dans un faitout. Ajouter 1,2 kg de pommes de terre pelées et coupées en quartiers, 2 branches de thym, 2 feuilles de laurier et 2 c. à soupe de persil haché. Mouiller avec 3 l d'eau, saler, poivrer et porter à ébullition 15 min. Nettoyer et tronçonner 1,2 kg de poissons, les mettre dans le faitout et laisser bouillir 10 min. Ajouter 1 l de moules cuites et décoquillées. Battre 1 œuf avec 15 cl de crème fraîche et 3 gousses d'ail écrasées et verser dans la soupe. Servir immédiatement.

L'ARBRE AUX ÉPOUSAILLES DE LUCHEUX

Picardie

Cette curiosité botanique est un vieux tilleul dont le tronc est séparé en deux parties. Personne ne sait exactement à quelle époque cet arbre aux épousailles fut planté sur la place du Jeu-de-Tamis à Lucheux, dans la Somme. Avant qu'un cyclone ne le décapite en 1876, il avait la hauteur d'une maison de quatre étages, et les nombreux nœuds que comportait son écorce permettaient une ascension aisée. Selon la tradition, les jeunes mariés essaient de passer à travers le tronc, et celui qui y réussit le premier sera le maître dans le ménage !

Faune & flore

La néphile dorée

La Réunion

Avec sa taille impressionnante, la bibe, comme elle est communément appelée sur l'île, pourrait en faire pâlir plus d'un ! Que les âmes sensibles se rassurent, la néphile dorée est généralement inoffensive. Et heureusement, car elle élit souvent domicile dans les jardins ou sur les chemins de randonnée.

Savoirs d'antan

Vous vous êtes brûlé et vous n'avez pas la pommade adéquate sous la main pour soulager la douleur. Comme nos grands-mères le faisaient, mélangez un peu de miel à quelques gouttes d'huile essentielle de lavande, et appliquez cette mixture sur la brûlure.

Ils ont marqué leur région...

Albert Dupontel

Bretagne

Après avoir appris la comédie au Théâtre national de Chaillot et à l'école d'Ariane Mnouchkine, Albert Dupontel se lance dans le one-man show, puis dans la réalisation au cinéma, en 1996, avec *Bernie*, un film controversé. Il mène depuis une double carrière de comédien et de metteur en scène. En 2009, plus d'un million de spectateurs se pressent dans les salles obscures pour voir *Le Vilain*, dans lequel Catherine Frot campe une étonnante vieille bigote. Fils d'un médecin de Trégomeur, Dupontel a passé une partie de sa vie en Bretagne, notamment dans la région de Vannes, où il a écrit certains de ses films.

jeudi 13 décembre

lever : 8 h 36
coucher : 16 h 53

Ste Lucie

Faune & flore

Le narcisse jaune

Bourgogne

Les puristes vous diront qu'il ne s'agit pas là de la vraie jonquille, celle qui est notamment cultivée à Grasse pour son parfum. Et effectivement, en observant de plus près le narcisse jaune, on se rend compte qu'il n'a de commun avec son cousin méditerranéen que la couleur de sa fleur.

DICTON

Guadeloupe

Toute la pluie n'enlève pas la force d'un piment.

La rubrique du 13 h

LE SENTIER KARSTIQUE DES MALROCHERS

Franche-Comté

Il faut se rendre à Besain, dans le département du Jura, pour emprunter ce sentier balisé, qui regroupe de nombreuses curiosités géologiques. Le paysage tourmenté, au cœur des sous-bois, est propice aux légendes : le monde végétal et le monde minéral ne font plus qu'un. Le site doit son apparence à l'érosion : au fil du temps, la nature a sculpté de véritables monstres de pierre, d'où le nom de « Malrochers ». Sur près de cinq kilomètres, l'esprit vagabonde à la découverte de gouffres, grottes, cuvettes, et autres labyrinthes.

À table !

Lentilles au figatellu

Corse

Pour 4 personnes

Cuire à part, dans de l'eau bouillante salée, 500 g de lentilles vertes et 3 carottes coupées en rondelles. Dans une casserole, faire revenir dans de l'huile d'olive 4 oignons coupés en lamelles et la moitié de 1 figatellu en morceaux. Ajouter 1 c. à soupe de concentré de tomates dilué dans 1 verre d'eau, 2 gousses d'ail pressées et 1 verre de vin blanc. Saler, poivrer, ajouter les lentilles et laisser mijoter davantage, si nécessaire, en ajoutant de l'eau, si besoin. Servir parsemé de persil.

Ils ont marqué leur région...

Saint Vincent de Paul

Île-de-France

Ce prêtre catholique, originaire des Landes, fut capturé par des pirates lors d'un voyage en Méditerranée, en 1605, et enfermé à Tunis, d'où il s'évadera au bout de deux ans. De retour en France, il devint aumônier de la reine Margot. Renommé pour sa charité, il fonda la congrégation des Prêtres de la Mission, dont les membres deviendront les lazaristes, et celle des Filles de la Charité, qui sera à l'origine de l'hôpital des Enfants-Trouvés de Paris. Saint patron des œuvres charitables, il créa enfin un hospice, le futur hôpital de la Salpêtrière. Son corps est exposé dans la chapelle des Lazaristes, dans le VIe arrondissement.

vendredi 14 décembre

lever : 8h36
coucher : 16h54

Ste Odile

À table !

Soupe de marrons

Limousin

Pour 6 personnes
Dans 2 l d'eau, cuire pendant 40 min 500 g de marrons en boîte, 3 oignons, 2 blancs de poireaux et 2 branches de céleri émincés ; saler, poivrer. Retirer le céleri, mixer la soupe et ajouter 10 cl de crème fraîche. Servir avec du pain grillé.

Savoirs d'antan

Pour éviter de transformer votre salle de bains en piscine et de devoir porter un maillot de bain lorsque vous faites prendre un bain à un bébé, pensez à mettre la pomme de douche dans un gant de toilette, en le resserrant avec un élastique : cela permettra d'adoucir la puissance du jet d'eau et d'éviter toute aspersion inutile.

La rubrique du 13 h

LA CATHÉDRALE DE BOULOGNE-SUR-MER

Nord-Pas-de-Calais

Cette cathédrale, inspirée de Saint-Pierre de Rome – comme en témoigne son dôme, qui s'élève à quatre-vingt-huit mètres –, a été construite entre 1827 et 1857. Si l'édifice est récent, le culte de la Vierge à cet endroit est très ancien. En effet, la cathédrale remplace une église rasée après la Révolution. Selon la tradition, Marie est apparue aux habitants de Boulogne, au VIIe siècle, pour leur annoncer qu'elle avait choisi leur église. Elle les guida jusqu'à une statue de bois, dont il ne reste aujourd'hui qu'une main.

Faune & flore

La tortue cistude

Centre

Les milliers d'étangs qui ponctuent la Sologne et la Brenne sont l'habitat de cette petite tortue d'eau douce, grande amatrice des fonds vaseux. Cette excellente nageuse se déplace également très bien sur la terre ferme, la cistude pondant ses œufs généralement à plusieurs centaines de mètres des rives.

Ils ont marqué leur région…

Philippe Oyhamburu

Aquitaine

Adolescent dans les années 1930, Philippe Oyhamburu se passionne pour la musique basque à Hendaye et à Biarritz, où il rencontre les joueurs de flûte Jontxu Hillau et Michel d'Arcangues. Il commence sa carrière comme accordéoniste, dans le groupe historique Olaeta, puis la poursuit comme chef de chœur au sein d'Oldarra. Il est professeur de danse du groupe des étudiants basques de Paris de 1943 à 1944, et crée, en 1954, les ballets et chœurs Etorki, avec lesquels il a depuis parcouru le monde. Ambassadeur de la culture basque, il est aussi l'auteur de plusieurs ouvrages, dont le remarquable *Dictionnaire trilingue des patronymes basques*.

samedi 15 & dimanche 16 décembre

Ste Ninon — Ste Alice

Mythes et légendes
Picardie

Le ménétrier

Il est des métiers qui ont disparu, et c'est à déplorer. C'est entre autres le cas des ménétriers : héritiers des ménestrels, ils passaient dans les campagnes égayer les soirées d'été comme d'hiver, faire danser les villageois sur les grand-places et étourdir les villageoises dans les salles de bal. C'est l'une de ces délicieuses et enivrantes soirées qu'un violoniste picard venait de vivre : rentrant chez lui, après avoir fait tournoyer les jupons d'Heilly, il fredonnait gaiement, son instrument sous un bras, une galette sous l'autre. Mais, alors qu'il commençait à traverser le bois, il sentit une présence derrière lui : un loup gigantesque le suivait, et se tenait dans une position d'attaque qui ne laissait rien présager de bon. Fort heureusement, le ménétrier eut la présence d'esprit de jeter un morceau de sa galette à la bête, puis de presser le pas, sans donner l'impression d'avoir peur. Le manège se reproduisit un moment, mais l'homme n'eut bientôt plus de nourriture, et le loup, sur ses talons, semblait avoir toujours faim...

Il fallut donc se résigner, et le violoniste, acceptant avec une infinie tristesse l'idée de sa mort, sortit son violon de son étui, afin de jouer un dernier morceau. Tendant l'oreille et penchant la tête, le loup, surpris, écouta avec attention, puis se mit à hurler et à bondir, comme ensorcelé par la mélodie du ménétrier. Petit à petit, attirées par le mélodieux raffut, de petites créatures firent leur apparition : goblins, houppeux, éternueux, tous les lutins du bois d'Heilly étaient venus danser eux aussi ! Et les rondes se poursuivirent des heures durant, tant et si bien que le loup fut bientôt mort de fatigue. On le jeta alors, sans ménagement, dans les fougères, et l'on dansa de plus belle. Quand le jour fut sur le point de se lever, le chef des goblins expliqua au ménétrier que ses camarades et lui-même devaient rentrer, afin de ne pas être surpris par le soleil. Mais, comme ils étaient ravis d'avoir passé une si bonne nuit, ils tinrent à le remercier, et chacun vida ses poches. Or, les poches des lutins ne contiennent pas la même chose que les nôtres : le ménétrier s'en revint chez lui l'étui rempli de pièces d'or et de pierres précieuses, riche et heureux.

lundi 17 décembre

lever : 8 h 39
coucher : 16 h 54

St Judicaël

À table !

Terrine lorraine

Lorraine

Pour 8 personnes
Tapisser une grande terrine de crépine. Hacher grossièrement 500 g de foie de porc, 1,5 kg d'échine de porc, 250 g de jambon cuit et 2 oignons. Ajouter 4 œufs, 100 g de crème fraîche, 12 mirabelles coupées en 2, 1 c. à soupe de sel, 1 c. à café de poivre, du thym, du romarin et de la muscade ; bien mélanger. Remplir la terrine et faire cuire 2 h au bain-marie, dans le four préchauffé à 200 °C.

Quiz des villes & villages de France

Cette commune de la Haute-Saône accueille tous les ans un festival dédié à Jacques Brel, ce qui n'est sûrement pas étranger au fait qu'une des chansons de l'artiste porte le nom de la ville.

La rubrique du 13 h

LE CUL DU CERF

Champagne-Ardenne

Sous cette étrange appellation se cache un ravin circulaire de deux cents mètres de largeur et de soixante-dix mètres de profondeur, situé à Orquevaux, en Haute-Marne. Ce site constitue une curiosité naturelle. Il s'agit d'un cirque façonné par l'érosion et creusé durant des millions d'années par la résurgence de la Manoise : c'est l'action de l'eau dans la roche calcaire qui lui a donné sa forme et, par la suite, son nom évocateur. La mention du cerf viendrait de la blancheur des pentes abruptes, rappelant les poils de l'arrière-train de l'animal.

Faune & flore

L'aigle de Bonelli

Provence-Alpes-Côte d'Azur

La Provence fait partie des rares régions françaises à accueillir ce rapace très menacé, une trentaine de couples nicheurs seulement ayant été recensés en 2010. Car l'aigle de Bonelli, présent dans cet environnement depuis deux cent mille ans, subit, avant tout, la forte urbanisation de son habitat.

Ils ont marqué leur région...

Jean-Baptiste Labat

Martinique

Ce missionnaire dominicain, né en 1663, est bien connu en Martinique sous le nom de « père Labat ». En 1694, il débarque aux Antilles dans la paroisse de Macouba, où il rénove de nombreux bâtiments. Jusqu'en 1705, il occupe, en Martinique et en Guadeloupe, des fonctions d'ingénieur et de bâtisseur, et fonde la paroisse du François, où il développe et modernise l'industrie de la canne à sucre. Ce baroudeur décrivit, dans son *Nouveau voyage aux isles de l'Amérique* – qu'il illustra en partie lui-même –, ses aventures ainsi que de nombreux aspects de la société caribéenne, dont l'esclavage, qu'il défendait.

Vesoul

mardi 18 décembre

lever : 8 h 39
coucher : 16 h 55

St Gatien

Faune & flore
Le pin laricio de Corse
Corse

À la fois endémique et emblématique de l'île de Beauté, le pin laricio de Corse est en réalité un pin noir d'Autriche, présent un peu partout en Europe. Cet arbre rustique, cultivé sur l'ensemble du territoire, croît rapidement et offre un bois de très bonne qualité.

CITATION
Bourgogne

« Nous venions de Milly [...] tous les jours, quelque temps qu'il fit. Plus la température était pluvieuse ou froide, plus le chemin était pour nous amusant à faire et plus nous le prolongions. »

Alphonse de Lamartine, Les Confidences, 1849-1851

La rubrique du 13 h

LE VILLAGE DE L'AN MIL DE MELRAND
Bretagne

C'est près de Melrand, dans le Morbihan, que furent découverts, en 1902, les vestiges archéologiques très bien conservés d'un village médiéval. Devenu écomusée en 1985, le site présente des reconstitutions fidèles de l'époque : maisons, four à pain ou four du potier, poulailler et maison du tanneur permettent de connaître la vie en Bretagne, aux alentours de l'an mil. Le site comporte aussi un jardin, avec des plantes cultivées au Moyen Âge, notamment pour leurs vertus thérapeutiques. Enfin, des animaux rustiques complètent la reconstitution.

À table !
Niflettes
Île-de-France

Le nom des niflettes viendrait de l'expression *ne flete*, qui signifierait « ne pleure pas ». Ces petits biscuits étaient, en effet, traditionnellement offerts à la Toussaint. Originaires de la ville de Provins, les niflettes sont de petites tartelettes en pâte feuilletée, garnies de crème pâtissière.

Ils ont marqué leur région...

Hugues Aufray
Rhône-Alpes

« Céline » et « Stewball » commencent à faire des ravages dès 1966, et, cette même année, Hugues Aufray achète une ferme en Ardèche, à côté d'Orgnac-l'Aven. Ce pionnier de l'écologie fait une longue et remarquable carrière d'auteur, compositeur et interprète, influencé par le folklore américain – il a notamment permis aux Français de découvrir Bob Dylan. Né à Neuilly-sur-Seine le 18 août 1929, il partage aujourd'hui sa vie entre sa maison près de Paris et sa ferme en Rhône-Alpes.

mercredi 19 décembre

lever : 8 h 40
coucher : 16 h 55

St Urbain

Quiz des villes & villages de France

Chaque année, la fête de la Mirabelle anime les rues de cette ville de Moselle qui a vu la construction, en 2010, d'un nouveau Centre Pompidou.

À table !

L'épaule du Ballon

Franche-Comté

Les secrets de fabrication de cette spécialité du Territoire de Belfort sont jalousement gardés. Il s'agit d'une épaule d'agneau désossée et farcie avec des myrtilles. Elle doit son nom à sa forme arrondie ; ou peut-être est-ce pour rendre hommage aux sommets alentour ?

La rubrique du 13 h

LE MONASTÈRE NOTRE-DAME-DE-DUSENBACH

Alsace

Haut lieu du patrimoine historique et spirituel alsacien, Notre-Dame-de-Dusenbach se situe non loin des trois châteaux de Ribeauvillé, anciens fiefs des seigneurs de Ribeaupierre. Centre d'un pèlerinage très célèbre depuis le XIIIe siècle, le monastère fut plusieurs fois détruit au cours de son histoire. Reconstruit au XIXe siècle dans un style néo-gothique, il est désormais classé monument historique. Chaque année, les pèlerins sont nombreux à emprunter le chemin de croix pour se rendre au monastère et à méditer le long du ruisseau, dans la forêt avoisinante.

Faune & flore

L'obione faux-pourpier

Picardie

Cet arbrisseau d'une cinquantaine de centimètres est une espèce représentative de la flore du littoral picard. Pour le repérer, rien de plus simple : cherchez parmi les plantes bordant les tapis de salicorne, de préférence dans une vasière, car c'est là que l'obione faux-pourpier aime à pousser.

Ils ont marqué leur région...

Jean-Pierre Coffe

Lorraine

L'animateur de « Ça ne se bouffe pas, ça se mange » est né en 1938 à Lunéville, en Lorraine. Orphelin de père, il est élevé par sa mère, qui quittera la Lorraine pour s'installer à Paris. Pris de passion pour le théâtre, il s'inscrit au cours Simon et vit de petits boulots. Après trois ans de service militaire et deux ans de convalescence, à la suite d'un grave accident de voiture, Jean-Pierre Coffe ouvre un restaurant à Paris, fréquenté par Michel Denisot et Pierre Lescure, qui, séduits par son bagout, lui proposent une audition pour Canal +. La télévision va lui apporter la célébrité, mais cet amoureux du terroir est également l'auteur de nombreux ouvrages, guides culinaires, livres de recettes, conseils de jardinage...

Metz

jeudi 20 décembre

lever : 8 h 41
coucher : 16 h 55

St Théophile

Faune & flore

Le gardon

Île-de-France

Facilement identifiable, grâce à la couleur de son corps et de ses nageoires, le gardon est très prolifique, chaque femelle pondant chaque année près de deux cent mille œufs ! C'est d'ailleurs tout le secret de ce poisson, qui, peu regardant sur la qualité de l'eau, s'est ainsi maintenu dans la Seine parisienne.

Un jour à

La Réunion

20 décembre 1848

Sur l'île, soixante mille hommes recouvrent leur liberté : la France vient d'y abolir l'esclavage. Mais il faudra attendre la suppression du statut colonial de La Réunion, en 1946, pour que la ségrégation raciale disparaisse pour de bon.

La rubrique du 13 h

LES RUINES DES CARS

Limousin

À la limite des communes des Pérols-sur-Vézère et de Saint-Merd-les-Oussines, à huit cent cinquante mètres d'altitude, dans un paysage typique du plateau de Millevaches, des vestiges gallo-romains en granit des IIe et IIIe siècles ont été mis au jour. Les premières fouilles de 1936 ont révélé deux édifices funéraires – temple rectangulaire, mausolée – et les restes d'une vaste villa. Celle-ci était alimentée en eau, comme le montrent les différentes conduites et le fameux bassin des Cars, dont la vocation n'est pas totalement élucidée.

À table !

Saumon au champagne

Champagne-Ardenne

Pour 8 personnes

Hacher 4 échalotes, émincer 150 g de champignons de Paris et les déposer sur le fond d'un plat allant au four. Poser 1 saumon de 2 kg dessus, le parsemer de noisettes de beurre, poivrer et mouiller avec la moitié de 1 bouteille de champagne. Couvrir d'aluminium et cuire 1 h au four, à 200 °C, en arrosant régulièrement du jus de cuisson et en ajoutant progressivement le reste de la bouteille de champagne. Filtrer la sauce et la faire réduire de moitié dans une casserole. Hors du feu, ajouter 250 g de crème fraîche, mélangée à 3 jaunes d'œufs ; faire épaissir sans bouillir. Servir avec le poisson.

Ils ont marqué leur région...

Cadet Rousselle

Bourgogne

Mais qui était donc ce Cadet Rousselle, aux trois maisons, aux trois habits et aux trois chapeaux ? Guillaume Joseph Rousselle, qu'on affublera du sobriquet de « Cadet », commença sa carrière à Auxerre comme laquais, avant de la poursuivre en tant que clerc d'huissier, en 1780. Menant une existence aisée, bon vivant, un brin excentrique, il acheta une petite maison branlante et biscornue, qu'il fit agrandir. Il devint en 1792 le sujet d'une chanson satirique de Gaspard de Chenu – un notable auxerrois –, sur l'air de Jean de Nivelle. Devenue le chant de l'armée du Nord pendant la Révolution française, cette chanson se répandit dans tout le pays.

vendredi 21 décembre

lever : 8 h 41
coucher : 16 h 56

St Pierre Canisius

Faune & flore

Le crapaud sonneur à ventre jaune

Auvergne

Le sonneur n'est pas prêteur, c'est là son moindre défaut ! Ce crapaud, à peine plus gros qu'un œuf, défend si bien son territoire que rares sont les animaux qui osent s'installer dans son habitat. Un habitat, qui, en outre, n'a rien d'enviable : fossé, mare et toute autre petite étendue d'eau, même croupie.

À table !

L'andouille de Guéméné

Bretagne

L'andouille de Guéméné, d'après Guéméné-sur-Scorff dans le Morbihan, est préparée avec des chaudins de porcs, c'est-à-dire des gros intestins, qui sont enfilés les uns sur les autres. L'andouille est ensuite fumée, avant d'être cuite dans une eau frémissante, pendant 3 ou 4 h.

La rubrique du 13 h

NOTRE-DAME DE RODEZ

Midi-Pyrénées

Monumentale, colossale, les adjectifs ne manquent pas pour décrire la cathédrale de Rodez. Commencée au XIIIe siècle sur les ruines d'une cathédrale romane, la construction de l'édifice se poursuit sur trois siècles, les travaux étant interrompus par la guerre de Cent Ans et par diverses épidémies. La cathédrale, bâtie en grès rose et longue de cent deux mètres pour trente-sept mètres de large, est visible de partout aux alentours, grâce à son clocher, haut de quatre-vingt-sept mètres, en dentelle de pierre : de style gothique flamboyant, il est l'un des plus beaux de France.

Un jour en *Aquitaine*

21 décembre 2003

À Bordeaux, Alain Juppé et Jacques Chirac célèbrent l'inauguration du tramway. Celui-ci a pour particularité d'utiliser un système d'alimentation par le sol, ou APS, ce qui permet de ne pas installer de caténaires dans les quartiers historiques.

Ils ont marqué leur région…

Philippe Torreton

Haute-Normandie

C'est au lycée, en Seine-Maritime, que Philippe Torreton découvre le théâtre grâce à un de ses professeurs, M. Désir. Il réussit le concours d'entrée au Conservatoire national supérieur d'art dramatique de Paris et accède, en 1990, à la Comédie-Française. Le Rouennais enchaîne les rôles prestigieux, prenant les habits de Scapin, Lorenzaccio ou Hamlet. Il est repéré par Bertrand Tavernier, qui le fait tourner dans *Capitaine Conan*, pour lequel il obtient un césar en 1997. Torreton, qui alterne, depuis une vingtaine d'années, les rôles au cinéma, au théâtre et à la télévision, s'est également essayé à la mise en scène en 2007, en montant *Don Juan*.

samedi 22 & dimanche 23 décembre

Hiver

St Armand

L'insondable trou noir du diable sournois

Certains disent que c'est pour les beaux yeux d'une demoiselle que le pauvre Carl, fossoyeur et sonneur de cloches d'une petite bourgade du Nord, vendit son âme au diable. D'autres que c'est pour remédier à sa virilité vacillante et pour assouvir ses désirs d'orgies. Jalousie et médisance, probablement. Mais peu importe, car, à Pitgam et aux alentours, la légende du fossoyeur est connue de tous. Carl était solitaire. Son métier ne suscitait ni la curiosité ni l'envie : il n'était pas très beau, son pénible ouvrage lui avait usé le dos, les rhumatismes et la solitude l'avaient marqué. Il n'avait pas plus goûté à la douceur d'un autre corps que connu l'amour, car jamais une femme n'avait seulement posé son regard sur lui.

Aussi, lorsqu'un soir de Noël, au retour de la messe de minuit, le diable en personne l'arrêta pour lui proposer de devenir l'homme le plus convoité de la gent féminine en échange de son âme, il n'hésita pas un instant. Dix ans de plaisirs s'offraient à lui, pendant lesquels toute sa solitude serait oubliée. Et il connut en effet toutes les voluptés que les femmes peuvent procurer : sa vie s'en trouva transformée. Il abandonna la pelle et la pioche pour mener la grande vie et, peu à peu, Carl oublia que ses jours ici-bas étaient comptés. Dix Noël après avoir apposé son nom sur le contrat diabolique, alors qu'il quittait l'église en bonne compagnie, il resta figé sous le porche : le malin, arborant un sourire carnassier, l'attendait sur le parvis. Une fois sa stupeur passée, Carl, qui était plus rusé qu'il n'y paraissait, fit mine de contester : si le pacte qu'il avait signé lui garantissait dix ans de privilèges, pourquoi son maître venait-il le chercher la neuvième année tout juste écoulée ? Le diable était stupéfait qu'on lui tînt tête, mais il enrageait plus encore que ce misérable osât contester la parfaite honnêteté de son marché. Il brandit furieusement le contrat sous les yeux de Carl, mais ce dernier, prétextant une vue défaillante et la pénombre ambiante, demanda la permission de lire le document à la lueur des cierges. Le diable accepta et, sitôt parvenu dans l'église, Carl plongea dans l'eau bénite le parchemin, qui se consuma. Le diable, furieux de s'être fait duper ainsi, entra dans une telle colère et trépigna si fort que le sol s'ouvrit sous ses pieds et qu'il fut entraîné au plus profond de l'enfer. La terre ne s'est jamais refermée depuis, et, à Pitgam, on peut encore se rendre au bord de l'eau sombre du trou au diable, un gouffre dont il serait bien téméraire de vouloir mesurer la profondeur.

lundi 24 décembre

lever : 8 h 42
coucher : 16 h 58

Ste Adèle

Faune & flore

L'orchis brûlé

Pays de la Loire

Parmi les espèces d'orchidées qui poussent dans les Mauges, l'orchis brûlé est sans doute la plus élégante, avec son port dense aux mille petites fleurs blanches. Le sommet arbore une jolie teinte marron violacé, qui a valu à cette petite plante sauvage son appellation.

À table !

Salade de sole au foie gras

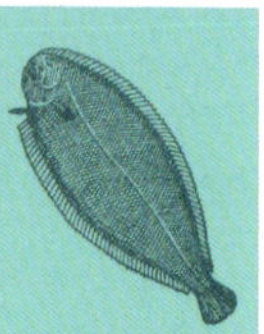

Aquitaine

Pour 4 personnes

Couper 4 filets de sole en goujonnettes et les fariner. Les faire colorer à la poêle avec un morceau de beurre et une goutte d'huile. Les réserver au chaud. Dans une autre poêle, faire dorer à feu vif 150 g de foie gras de canard cru, escalopé en 4 morceaux. Préparer une salade de mâche. Disposer dans les assiettes la mâche, la sole et le foie gras. Déglacer la poêle avec du vinaigre de cidre et verser sur la salade.

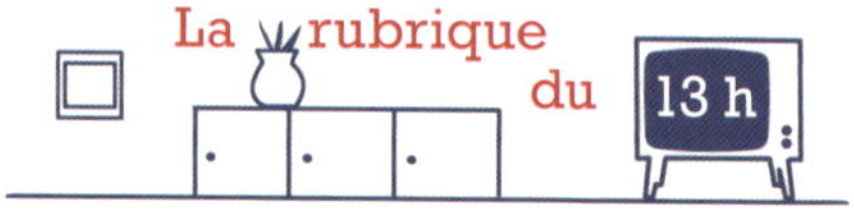

L'ÎLE DE VASSIVIÈRE

Limousin

Au cœur du Limousin, le lac de Vassivière s'étale à perte de vue. Le plus important plan d'eau de la région, avec une superficie de mille hectares, est né en 1950, suite à la construction d'un barrage. Au milieu du lac, l'île de Vassivière est un site unique, qui appartient au Centre international d'art et du paysage, consacré à la création contemporaine. Sur l'île, on trouve un lieu couvert destiné aux expositions temporaires, tandis que le parc de trente hectares met en scène de nombreuses sculptures, comme ce phare à l'acoustique particulière.

Savoirs d'antan

Savez-vous qu'une pomme de pin peut donner des indications météorologiques ? Placez-la sur votre balcon ou dans votre jardin. Si elle s'ouvre, c'est qu'il va faire beau, et si elle se ferme, qu'il va pleuvoir. Une bonne chose à savoir si un baromètre vous fait défaut.

Ils ont marqué leur région...

Charlotte Corday

Basse-Normandie

Fille d'un ancien lieutenant normand des armées du roi et descendante de Corneille, Charlotte Corday est une enfant cultivée, qui grandit au couvent. Sympathisante des Girondins modérés, pendant la Révolution française, elle est indignée par les outrances du Jacobin radical Marat, surnommé le « Massacreur de Septembre », qu'elle considère comme un tyran responsable de la Terreur. Elle le rencontre, en prétextant vouloir dénoncer des Girondins caennais, et le poignarde dans sa baignoire, le 13 juillet 1793. Elle sera condamnée, quelques jours plus tard, et guillotinée place de la Révolution, l'actuelle place de la Concorde.

mardi 25 décembre

lever : 8 h 43
coucher : 16 h 58

Noël

Faune & flore

L'huîtrier pie

Haute-Normandie

Si, en ces fêtes de fin d'année, vous avez l'occasion de déguster des huîtres, sachez que ce n'est pas le cas de cet échassier peu discret du littoral normand. Il porte donc très mal son nom, car l'huîtrier pie mange effectivement des coquillages (principalement des palourdes)…, mais jamais d'huîtres !

La rubrique du 13 h

LA CITADELLE DE BASTIA

Corse

Construite au XVe siècle, sur un promontoire rocheux, à l'emplacement d'une ancienne forteresse, la citadelle de Bastia était la résidence des gouverneurs de Corse, dont le palais est aujourd'hui un musée d'ethnographie. Les bâtiments abritaient aussi la Haute Cour de justice de l'île, ainsi que la prison. Après le rattachement de la Corse à la France, au XVIIIe siècle, la citadelle est délaissée, mais elle n'oublie pas pour autant ses origines génoises : derrière les remparts, les jardins suspendus et les ruelles étroites forment un charmant quartier.

À table !

Poulet à la picarde

Picardie

Pour 6 personnes

Éplucher et couper en rondelles 3 blancs de poireaux, les faire fondre dans une cocotte avec 100 g de beurre. Saler, poivrer et laisser cuire 20 min à feu très doux. Ajouter 1 poulet coupé en morceaux, 2 feuilles de laurier et 1 verre de vin blanc. Couvrir et laisser mijoter 45 min, en remuant de temps en temps. Presser le jus de ½ citron, le mélanger à 150 g de crème fraîche et 2 jaunes d'œufs. En fin de cuisson, verser ce mélange sur le poulet, et chauffer sans laisser bouillir. Servir.

Quiz des villes & villages de France

Dans cette ville de l'Hérault, située non loin de la Méditerranée, on peut flâner dans le quartier de l'Écusson, le centre-ville médiéval très bien conservé, avant de se rendre place de la Comédie.

____

Ils ont marqué leur région…

Patrick Blanc

Île-de-France

Ce botaniste français est l'inventeur des étonnants *Murs végétaux* qu'on a vus fleurir dans divers endroits de la capitale, ces dix dernières années. Chercheur au CNRS, Patrick Blanc, qui parcourt les forêts équatoriales depuis qu'il a 19 ans, développe, dans les années 1980, une technique de culture qui permet de végétaliser une surface verticale, en défiant la pesanteur, participant ainsi à la dépollution de l'air. Il réalise, en 1988, son premier *Mur végétal* à la Cité des sciences et de l'industrie, à La Villette, puis développe son concept à la Fondation Cartier, en 1998, et au musée du quai Branly, inauguré en 2006.

Montpellier

mercredi 26 décembre

lever : 8 h 43
coucher : 16 h 59

St Étienne

À table !

Gratin de chouchous

La Réunion

Pour 4 personnes
Faire cuire à l'eau bouillante 4 chouchous entiers, appelés aussi « christophines » ou « chayottes », sans les éplucher, pendant 30 à 40 min. Les laisser dégorger, les éplucher et les couper en cubes grossiers. Faire revenir 2 tranches de jambon fumé avec 1 oignon, 1 gousse d'ail, du persil haché et du thym. Mélanger les chouchous, le jambon avec de la sauce béchamel et mettre dans un plat à gratin. Saupoudrer de gruyère râpé et faire gratiner à 200 °C.

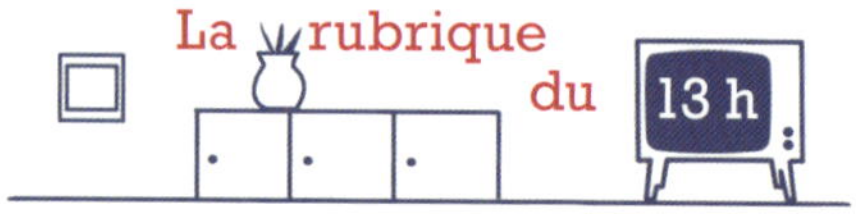

LA FORTERESSE DE POLIGNAC

Auvergne

À cinq kilomètres du Puy-en-Velay, Polignac est un petit village accroché à une butte volcanique. À son sommet, derrière des falaises de cent mètres de hauteur, la forteresse médiévale veille sur la vallée. Bâtie avec le tuf volcanique pris sur place, la forteresse est aujourd'hui en ruine, hormis son donjon carré du XIVe siècle. Du temps où elle était habitée par les vicomtes de Polignac, qu'on surnommait « les rois de la montagne », elle pouvait abriter huit cents soldats. Au cœur de plusieurs conflits dans la région, elle fut délaissée au XVIIe siècle.

Faune & flore

Le pygargue à queue blanche

Champagne-Ardenne

Il ne fait pas bon vivre aux côtés du pygargue à queue blanche, lorsqu'on est mouette ou goéland ! Ce rapace imposant est tout aussi puissant que fainéant et n'hésite pas à s'en prendre aux œufs et aux poussins des espèces alentour, lorsqu'il ne parasite pas un adulte, afin de lui faire rendre sa proie !

Un jour en

Languedoc-Roussillon

26 décembre 1793

Depuis la tour de la Babote, observatoire de Montpellier, Louis-Sébastien Lenormand s'élance dans le vide, s'agrippant à une armature en bois attachée à un tissu tendu, qu'il a baptisé « parachute ». Il atterrit sain et sauf, acclamé par la foule.

Ils ont marqué leur région...

Saint Roch

Languedoc-Roussillon

La légende raconte que Roch naquit vers 1340, à Montpellier, avec une croix rouge sur la poitrine qui ne s'effaça jamais. Il perdit ses parents à 20 ans, distribua ses biens aux pauvres et prit le bâton de pèlerin. Il gagna alors l'Italie, où il soigna des pestiférés d'un simple signe de croix. Il tomba malade et s'isola dans la forêt, où un chien lui apportait des boules de pain volées à son maître ; d'où l'expression « c'est saint Roch et son chien », pour parler de deux êtres inséparables. Pris pour un espion, il mourut misérablement au cachot vers 1378. Un culte se développa peu de temps après sa mort, notamment à Montpellier, où une chapelle lui fut dédiée dès 1420.

jeudi 27 décembre

lever : 8 h 43
coucher : 17 h 00

St Jean l'Évangéliste

À table !
Galette aux griaudes
Bourgogne

Pour 4 personnes
Faire fondre 100 g de beurre. Pétrir 250 g farine avec 25 g de sucre, 10 g de levure de boulanger, 3 œufs et ½ c. à café de sel. Incorporer le beurre fondu et refroidi, puis 100 g de griaudes (morceaux de lard grillés). Laisser lever la pâte à température ambiante 1 à 2 h, puis la déposer dans un moule beurré. Dorer avec 1 jaune d'œuf et ciseler légèrement la surface au couteau. Laisser lever à nouveau, 1 h environ. Cuire au four à 180 °C, 40 min environ.

Faune & flore
Le sceau-de-Salomon
Lorraine

Drôles de petites cloches que celles du sceau-de-Salomon, jadis utilisées pour leurs propriétés astringentes ! Mais si celles-ci sont parfaitement inodores et très décoratives, méfiez-vous, en revanche, des petits fruits noirs qui apparaissent après la floraison et qui sont assez toxiques.

La rubrique du 13 h

LE CHÂTEAU D'ANGERS
Pays de la Loire

À Angers, sur son promontoire dominant la Maine, il est impossible de manquer ce château massif. L'édifice, qui était le siège des comtes d'Anjou depuis le IXe siècle, est transformé en forteresse au XIIIe siècle pour lutter contre les Anglais. Son enceinte, comprenant dix-sept tours, se déroule sur près d'un kilomètre. Devenu plus tard une résidence, il perd peu à peu sa vocation défensive, et le parc, d'une superficie de deux hectares et demi, est aménagé. Après la Révolution et jusqu'en 1850, le château devient prison ; il sera restauré au XXe siècle.

Savoirs d'antan

Si vous tapissez le fond de votre poubelle d'une feuille de papier journal, cela permettra d'en réduire les mauvaises odeurs. En effet, les encres et le traitement chimique du papier journal sont une solution radicale contre les bactéries et, ainsi, contre les odeurs qu'elles génèrent.

Ils ont marqué leur région…
Hubert-Félix Thiéfaine
Franche-Comté

Saviez-vous qu'avant de séduire le public avec sa poésie noire et loufoque, Hubert-Félix Thiéfaine avait passé quatre ans au petit séminaire, avec l'idée de devenir prêtre ? Après des études de psychologie à Besançon, il monte à Paris en 1971, pour tenter sa chance dans la musique. En dehors du titre « La fille du coupeur de joints », qui deviendra un classique avec le temps, son premier album, sorti en 1978, reste confidentiel. Mais le bouche-à-oreille est efficace, si bien que le concert de Thiéfaine à Bercy, en 1998, affiche complet. Ce troubadour moderne, qui vit toujours dans son Jura natal, signe en 2011 un seizième album studio, *Suppléments de mensonge*.

vendredi 28 décembre

lever : 8 h 43
coucher : 17 h 01

Sts Innocents

Faune & flore

L'ancolie des Pyrénées

Midi-Pyrénées

La rare ancolie des Pyrénées est une espèce endémique de la région, fréquentant les pelouses et les éboulis subalpins. De petite taille, elle se distingue par la forme de ses éperons, qui, contrairement à ceux de l'ancolie commune, sont droits ou légèrement recourbés.

À table !

Rognons au pinot

Alsace

Pour 4 personnes

Dégraisser 4 rognons de veau en prenant soin de ne pas les abîmer, les émincer et les faire mariner quelques heures dans 75 cl de pinot noir d'Alsace, avec du sel, du poivre noir et 2 échalotes émincées. Dans une poêle, saisir les rognons, puis les réserver. Réduire la marinade et déglacer avec 30 cl de crème fraîche, sans faire bouillir. Verser la sauce sur les rognons et servir avec des pommes sautées ou des nouilles alsaciennes.

La rubrique du 13 h

LE CHÂTEAU DE COUCY

Picardie

Au nord de Soissons, se trouvent les vestiges du château fort de Coucy, une incroyable forteresse édifiée au début du XIIIe siècle. En ruine depuis le XVIIe siècle, elle a encore souffert durant la Première Guerre mondiale : avant sa destruction en 1917, le donjon mesurait cinquante-quatre mètres de haut, soit vingt mètres de plus que le donjon du roi au Louvre. Comme souvent, les ruines inspirent bien des légendes : on raconte que le château de Coucy abriterait toujours sous ses pierres une fortune considérable, amassée au cours des multiples guerres de la région.

CITATION

Franche-Comté

« La Loue fumait davantage, et, déjà, de longues traînées bleutées montaient du barrage pour se coller aux rives. L'eau demeurait sombre, mais, dans ses parties les plus hautes, la nappe de brume se teintait de rose. Ici, le chant du barrage était plus présent que celui des oiseaux. »

Bernard Clavel, Tiennot, 1977

Ils ont marqué leur région...

Louis Joseph Gay-Lussac

Limousin

Gay-Lussac est un chimiste et physicien. Il découvre en 1802 la loi de la dilatation des gaz, puis les lois volumétriques, qui portent aujourd'hui son nom. En 1804, il fait une ascension en ballon pour étudier le magnétisme terrestre, les variations de température et l'humidité. Ses recherches l'amènent à une nouvelle ascension à sept mille seize mètres, hauteur encore jamais atteinte et qui ne sera dépassée que quarante ans plus tard. Député de Limoges dans les années 1830, Gay-Lussac sera pendant près de vingt-cinq ans professeur à la Sorbonne, puis au Muséum national d'histoire naturelle, de 1833 à 1848.

La rue des Masques

À l'endroit où le Guil, après avoir creusé ses gorges vertigineuses à travers le massif du Queyras, s'apprête à se jeter dans la Durance, il est une rue sans fenêtre ni lampadaire, une rue sans maison, pour tout dire. La rue des Masques – c'est ainsi qu'on appelle le défilé qui sépare Guillestre de Mont-Dauphin – compte pourtant des habitants, et ceux-ci ne sont en rien des plaisantins. En effet, dans les Alpes et en Provence, le mot « masque » n'évoque ni fête ni carnaval : il fait se signer les vieillards, claquer les portes et trembler les genoux.

Tout commença lorsque, il y a des siècles, les pâtres des environs entendirent la terre trembler à cet endroit et virent les énormes rochers se disjoindre, pour laisser place à une vallée courte, sinueuse et encaissée. Dès que l'herbe en eut retapissé le fond, les troupeaux purent à nouveau venir y brouter au frais. Jusqu'au jour où une bergère, qui était restée plus tard que d'habitude, arriva affolée au village : elle avait vu un géant sortir de la roche et la pointer fixement du doigt. Par la suite, de telles rencontres se reproduisirent fréquemment entre les villageois et leurs inquiétants voisins. Il fut convenu que brebis et chèvres se passeraient de l'herbe, pourtant abondante, de la rue, qui prit dès lors son nom définitif de « rue des Masques ». Mais toute calamité a son explication, et, un soir de décembre, un jeune berger, plus hardi que ses compagnons, se rendant en hâte à la messe de minuit et voulant éviter un détour trop long, emprunta la rue maudite. Alors qu'il entendait les douze coups du clocher sonner au loin, il vit, à la lueur de sa torche, quelque chose briller sur le chemin. C'étaient des pièces d'or tombées d'un petit sac éventré, abandonné au pied de la paroi. La nouvelle fit le tour du village, le soir même : les rochers de la rue regorgeaient de trésors, que les masques veillaient jalousement nuit et jour, sauf entre les douze coups de la messe de minuit, trop terrifiante, même pour les démons les plus endurcis.

Depuis, chaque année, le soir de Noël, quelques téméraires s'aventurent dans la rue des Masques, à la recherche de sacs d'or et de coffres de pierres précieuses, attendant que sonne le premier coup, pour découvrir, entre les énormes blocs épars de la rue des Masques, une faille, une grotte dans la roche, la cachette d'un trésor bien gardé.

lundi 31 décembre

lever : 8 h 44
coucher : 17 h 03

St Sylvestre

À table !

Beuchelle de Tours

Centre

Dans le patois tourangeau, *beuchelle* correspond à quelque chose qui mijote. Dans cette recette, inventée au début du XXe siècle par Édouard Nignon, le chef des cuisines de l'archiduc François-Joseph d'Autriche, des rognons et des ris de veau mijotent avec des morilles et de la crème.

Quiz des villes & villages de France

Aux portes du Marais poitevin, cette très belle cité a une particularité étonnante : c'est ici que sont nées la plupart des mutuelles d'assurance dès les années 1930 !

_ _ _ _ _ _ _ _

La rubrique du 13 h

LE JARDIN DE BALATA

Martinique

À une dizaine de kilomètres de Fort-de-France, ce parc botanique de trois hectares réunit plus de trois mille variétés de plantes tropicales provenant du monde entier. Dès l'entrée et la majestueuse allée de palmiers – le parc en compte trois cents espèces différentes –, on se croit au paradis. Ouvert depuis 1986, le parc, qui s'étend autour d'une ancienne maison créole avec son toit en pagode, est conçu comme une œuvre d'art. Le bassin, ses lotus et ses jacinthes d'eau succèdent aux fougères géantes, et la bambouseraie cède la place aux fleurs multicolores.

Faune & flore

Le grand dauphin

Basse-Normandie

Celui que l'on nomme également « dauphin souffleur » fait partie des rares cétacés à pouvoir être observé depuis les côtes normandes. Il n'apparaît guère seul, car le grand dauphin est un animal social, chaque troupeau étant généralement composé d'une dizaine d'individus, mâles et femelles confondus.

Ils ont marqué leur région…

André Spada

Corse

Spada, dit « le sanglier » et « le bandit de Dieu », fut l'un des derniers bandits corses. Né d'un père sarde, dans une ruelle d'Ajaccio, il exerça d'abord les métiers de bûcheron et de charbonnier, avant de s'engager dans l'artillerie en 1917. Il acquit ainsi la nationalité française. Le destin de Spada bascula en 1922 : alors qu'il tentait de défendre un ami qui allait se faire arrêter, il tira sur les gendarmes et en blessa un mortellement. Il prit alors le maquis pour une dizaine d'années, commettant divers crimes, jusqu'à ce que la guillotine retentît pour lui devant la prison de Bastia, en juin 1935.

Picardie

Crédits photographiques

1er janvier
© Collection KHARBINE-TAPABOR, Coll privée IM/KHARBINE TAPABOR

2 janvier
À table : © Charlotte Villain et Dimitri Fontaine ;
13 h : © Antoine Scannapiego ;
Faune & flore : © KEYSTONE-FRANCE

3 janvier
À table : © anne Feneau #23805189 - Fotolia.com ;
13 h : © Cédric Vanherzeeke ;
Ils ont marqué leur région : © Pool JO SYDNEY 2000/GAMMA

4 janvier
À table : © Distillerie des Terres Rouges-Salers ;
13 h : © Association au Fil du Temps/Périgord Patrimoine

5 janvier
13 h : © Marco Desscouleurs #25055198 - Fotolia.com ;
Ils ont marqué leur région : © Collection Kharbine-Tapabor, © Coll. Jonas/KHARBINE-TAPABOR

6 janvier
À table : Monkey Business #8655394 - Fotolia.com ;
13 h : © Cédric Vanherzeeke ;
Faune & flore : © FOOD-micro #24029205 - Fotolia.com ;
Ils ont marqué leur région : © François Darmigny

7 janvier/8 janvier
© Collection KHARBINE-TAPABOR, © Jean-Baptiste Hostache

9 janvier
À table : © Collection IM/KHARBINE-Tapabor ;
13 h : © Cédric Vanherzeeke ;
Faune & flore : Élisabeth Derouet © ;
Ils ont marqué leur région : © Cheuva/KHARBINE-TAPABOR

10 janvier
À table : © Collection KHARBINE-TAPABOR, © Photocomptoir #20825526 - Fotolia.com ;
13 h : © Jeanne Hainneville ;
Faune & flore : © Zlajs #23131008 - Fotolia.com ;
Ils ont marqué leur région : © RAT ROMUALD/GAMMA

11 janvier
13 h : © Thomas LAUNOIS #13420128 - Fotolia.com ;
Faune & flore : © Alexandra Nivet ;
Savoirs d'antan : © Emilia Stasiak #1232777 - Fotolia.com ;
Ils ont marqué leur région : © Coll. Jonas/KHARBINE-TAPABOR

12 janvier
À table : © Unclesam #27791946 - Fotolia.com ;
13 h : © brunoh #8460553 - Fotolia.com ;
Faune & flore : © Alessio Cola #13531604 - Fotolia.com, © Maslov Dmitry #4027242 - Fotolia.com ;
Ils ont marqué leur région : © Jean-Baptiste Hostache

13 janvier
À table : © Collection IM/KHARBINE-TAPABOR ;
13 h : © Office de Tourisme de la Rive Gauche du Lac d'Annecy/S.CANNESSANT ;
Faune & flore : © ARNAUD JORON #13897471- Fotolia.com ;
Ils ont marqué leur région : © KEYSTONE-FRANCE

14 janvier/15 janvier
© Coll. Jonas/KHARBINE-TAPABOR, © Coll. Helion/KHARBINE-TAPABOR, Rouen, musée des Beaux-Arts, © C. Lancien/C. Loisel, Musées de la Ville de Rouen

16 janvier
À table : © gabuchia #10724475 - Fotolia.com ;
13 h : © Armelle Gavouyère ;
Faune & flore : © Collection KHARBINE TAPABOR, © Jean-Jacques Cordier #4719419 - Fotolia.com

17 janvier
À table : © Lucas Nestler #14403631 - Fotolia.com ;
Faune & flore : © aquilae30 #30171013- Fotolia.com ;
Ils ont marqué leur région : © Collection IM/KHARBINE-TAPABOR

18 janvier
13 h : © Gaëlle Vanherzeeke ;
Faune & flore : © PackShot #25914754 - Fotolia.com ;
Ils ont marqué leur région : © Coll. Perron/KHARBINE-TAPABOR,
Coll. Perron/KHARBINE-TAPABOR

19 janvier
À table : © vnlit #4990386 - Fotolia.com ;
13 h : © nool #18898948 - Fotolia.com ;
Ils ont marqué leur région : © Achille T.

20 janvier
À table : © Florilegius/KHARBINE-TAPABOR, © FOOD-micro #24028048 - Fotolia.com ;
13 h : © Philophoto #16055652 - Fotolia.com ;
Faune & flore : © Andreas Trepte ;
Ils ont marqué leur région : © Guy DURAND/RAPHO

21 janvier/22 janvier
© BancoFotos #19657594 - Fotolia.com

23 janvier
À table : © Andrea Moro #4217760 - Fotolia.com ;
13 h : © Musée de la Cohue ;
Faune & flore : © RG. #7074491 - Fotolia.com ;

Ils ont marqué leur région : © Frederic SOULOY/GAMMA

24 janvier
13 h : © Céline Derouet ;
Faune & flore : © Élisabeth Derouet ;
Ils ont marqué leur région : © Brice TOUL/GAMMA

25 janvier
À table : © Nimbus #21682642 - Fotolia.com ;
13 h : © Nicolas Brasseur ;
Faune & flore : © Paolo Zavanella #5800915 - Fotolia.com

26 janvier
13 h : © Raphaël Carpentier ;
Faune & flore : © manurevah #20052204 - Fotolia.com ;
Ils ont marqué leur région : © Collection Grob/KHARBINE-TAPABOR

27 janvier
13 h : © Photo Passion #3807614 - Fotolia.com ;
Ils ont marqué leur région : © Georges Blanc,
© Secret Side #21259578 - Fotolia.com

28 janvier/29 janvier
© Collection LOU/KHARBINE-TAPABOR

30 janvier
À table : © OSCAR #7182448 - Fotolia.com ;
13 h : © www.leuropevueduciel.com

31 janvier
13 h : © Cédric Vanherzeeke ;
Faune & flore : © BigBen #5806226 - Fotolia.com ;
Ils ont marqué leur région : © Cheuva/KHARBINE-TAPABOR

1er février
À table : © FOOD-micro #27288337 - Fotolia.com ;
13 h : © Jean-Marie MAILLET #26889820 - Fotolia.com

2 février
À table : © Mastrofoto #11805528 - Fotolia.com,
© Collection IM/KHARBINE-TAPABOR ;
13 h : © Julie Quetier ;
Ils ont marqué leur région : © Collection KHARBINE-TAPABOR

3 février
À table : © Collection IM/KHARBINE-TAPABOR ;
13 h : © Maryvonne Duboc ;
Faune & flore : © Pierre Marey #9345760 - Fotolia.com ;
Savoirs d'antan : © Igor Dutina #7056520 - Fotolia.com ;
Ils ont marqué leur région : © Eric BOUVET/GAMMA

4 février/5 février
© Collection Kharbine-Tapabor

6 février
13 h : © yves mourglia #3417135 - Fotolia.com ;
Ils ont marqué leur région : © Collection IM/KHARBINE-TAPABOR

7 février
À table : © Collection KHARBINE-TAPABOR ;
13 h : © Cédric Vanherzeeke ;
Faune & flore : © photolibre #14301058 - Fotolia.com ;
Ils ont marqué leur région : © Lionel FLUSIN/GAMMA

8 février
À table : © Bernard GIRARDIN #9907028 - Fotolia.com ;
13 h : © Muriel #6398065 - Fotolia.com ;
Faune & flore : © Mairie de Roscoff ;
Ils ont marqué leur région : © Jean-Baptiste Hostache

9 février
À table : © ster #133615 - Fotolia.com ;
13 h : © Collection KHARBINE-TAPABOR ;
Faune & flore : © Picture Partners #24346863 - Fotolia.com ;
Ils ont marqué leur région : © Collection KHARBINE-TAPABOR

10 février
À table : © Collection KHARBINE-TAPABOR,
© AGfoto #26231580 - Fotolia.com ;
13 h : © Antoine Baglan ;
Savoirs d'antan : © Collection IM/KHARBINE-TAPABOR

11 février/12 février
© Coll. Jonas/KHARBINE-TAPABOR,
© RomainQuéré #24465455 - Fotolia.com

13 février
À table : © Collection IM/KHARBINE-TAPABOR ;
13 h : © Jeanne Lebastard ;
Faune & flore : © Sandrine Pinard #8706968 - Fotolia.com ;
Ils ont marqué leur région : © Jean Vigne/KHARBINE-TAPABOR

14 février
À table : © schleff #21847236 - Fotolia.com ;
13 h : © Ministère de la Culture et de la communication

15 février
À table : Laurent Saillard #13609282 - Fotolia.com ;
13 h : © Olivier Poncelet #11445464 - Fotolia.com ;
Ils ont marqué leur région : © Ulf ANDERSEN/GAMMA

16 février
À table : © photothèque du BIP ;
13 h : © F. Mulet/PNR des Caps et Marais d'Opale ;
Faune & flore : © Carsten Steps #13221423 - Fotolia.com ;
Savoirs d'antan : © Nubephoto #8762813 - Fotolia.com ;
Ils ont marqué leur région : © Collection KHARBINE-TAPABOR

17 février
À table : © lainon #22822273 - Fotolia.com ;
13 h : © J.-F. Ferraton ;
Faune & flore : © Jean-Baptiste Hostache ;
Ils ont marqué leur région : © Jean-Christian BOURCART/RAPHO

18 février/19 février
© Cédric Vanherzeeke

20 février
Faune & flore : © Hantzb #15224453 - Fotolia.com ;
Ils ont marqué leur région : © Jean-Baptiste Hostache

21 février
À table : © margouillat photo #30779917 - Fotolia.com ;
13 h : © virdg #8635639 - Fotolia.com ;
Ils ont marqué leur région : © Céline Derouet

22 février
À table : © Collection IM/KHARBINE-TAPABOR ;
13 h : © Gaëlle Vanherzeeke ;
Ils ont marqué leur région : © KEYSTONE-FRANCE

23 février
À table : © SGV #23542701 - Fotolia.com ;
13 h : © Yves Roland #11602600 - Fotolia.com ;
Ils ont marqué leur région : © Robert DOISNEAU/RAPHO

24 février
À table : © Collection Kharbine-Tapabor ;
13 h : © Aurélia Monnier ;
Faune & flore : © romaneau #25010455 - Fotolia.com ;
Ils ont marqué leur région : © Louis MONIER/GAMMA

25 février/26 février
© Collection KHARBINE-TAPABOR

27 février
À table : © pandore #3752108 - Fotolia.com ;
13 h : © nool #19679539 - Fotolia.com ;
Faune & flore : © Céline Derouet ;
Ils ont marqué leur région : © Cheuva/KHARBINE-TAPABOR

28 février
À table : © Unclesam #4234324 - Fotolia.com,
© Teamarbeit #8365811 - Fotolia.com ;
13 h : © Thomas LAUNOIS #24371490 - Fotolia.com ;
Ils ont marqué leur région : ©Franck Budel

29 février
13 h : © Collection IM/KHARBINE-TAPABOR ;
Faune & flore : © corinne Bomont #22041385 - Fotolia.com ;
Ils ont marqué leur région : © Office du tourisme de Sainte-Ménehould

1er mars
À table : © Collection IM/KHARBINE-TAPABOR ;
13 h : © david.a #25864181 - Fotolia.com ;
Ils ont marqué leur région : © Jean Vigne/KHARBINE-TAPABOR

2 mars
À table : © arnowssr #4180954 - Fotolia.com,
© daumy #19276855, Fotolia.com ;
13 h : © Europhoton #25398588 - Fotolia.com ;
Faune & flore : © Gérard Derouet ;
Ils ont marqué leur région : © Coll. Brice/KHARBINE-TAPABOR

3 mars/4 mars
© Coll. Bertrand/KHARBINE-TAPABOR

5 mars
À table : © Coll. Jonas/KHARBINE-TAPABOR,
© Nimbus #26714537 - Fotolia.com ;
13 h : © Office de Tourisme Pays d'Aubazine-Beynat ;
Faune & flore : © thieury #26064867 - Fotolia.com ;
Ils ont marqué leur région : © THIRE/GAMMA, © Coll. Perron/KHARBINE-TAPABOR

6 mars
À table : © Blue Moon #10482209 - Fotolia.com ;
13 h : © J.-Cl. Lemée ;
Ils ont marqué leur région : © Pool BENAINOUS/DUCLOS/GAMMA

7 mars
À table : © MIRRO #2450803 - Fotolia.com ;
13 h : © mattei #612868 - Fotolia.com ;
Faune & flore : © wojciech nowak #25296622 - Fotolia.com ;
Ils ont marqué leur région : © Eric TRAVERS/GAMMA,
© Jean Vigne/KHARBINE-TAPABOR

8 mars
À table : © Collection IM/KHARBINE-TAPABOR,
© guy #18742110 - Fotolia.com ;
13 h : © Perrine Rauch ;
Faune & flore : © Richard Villalon #6351838 - Fotolia.com ;
Ils ont marqué leur région : Jean-Baptiste Hostache

9 mars
À table : © Laure Fons #23385285 - Fotolia.com ;
13 h : © Jean-Baptiste Hostache ;
Faune & flore : © Collection IM/KHARBINE-TAPABOR ;
Ils ont marqué leur région : © Marie-Lan Nguyen/Wikimedia Commons

12 mars
À table : © Collection IM/KHARBINE-TAPABOR ;
Ils ont marqué leur région : Karpati,
© Gilles BASSIGNAC/GAMMA

13 mars
À table : © Nimbus #18601353 - Fotolia.com ;
13 h : © Laurence de Suzanne ;
Faune & flore : © Patrick J. #27137810 - Fotolia.com ;
Ils ont marqué leur région : © DR

14 mars
À table : Collection IM/KHARBINE-TAPABOR,
© Chlorophylle #10993660 - Fotolia.com ;
13 h : © Parc JJR Paysages crédit Oise Tourisme/Étienne Tartron ;
Faune & flore : © Bzhflower #6400279 - Fotolia.com ;
Ils ont marqué leur région : © KEYSTONE-FRANCE

15 mars
À table : © Horst Frank ;

13 h : © Julie Quetier ;
Ils ont marqué leur région : © Collection IM/KHARBINE-TAPABOR

16 mars
À table : © fotogisèle #2097903 - Fotolia.com ;
13 h : © Marc Hermier ;
Faune & flore : © celeste clochard #26948706 - Fotolia.com ;
Ils ont marqué leur région : © KEYSTONE-FRANCE

17 mars/18 mars
© Collection KHARBINE-TAPABOR,
© Jérôme SALORT #1383339 - Fotolia.com

19 mars
13 h : © Office du Tourisme de Lens ;
Ils ont marqué leur région : © Andy French

20 mars
13 h : © Mathieu GUY #9363753 - Fotolia.com ;
Faune & flore : © Collection IM/KHARBINE-TAPABOR

21 mars
À table : © FOOD-micro #27278466 - Fotolia.com ;
13 h : © Camp's #15522506 - Fotolia.com ;
Faune & flore : © Coll. Jonas/KHARBINE-TAPABOR ;
Ils ont marqué leur région : © Collection Grob/KHARBINE-TAPABOR

22 mars
À table : © Photo JLP/ KHARBINE-TAPABOR ;
13 h : © Cédric Vanherzeeke ;
Faune & flore : © arenysam #5566479- Fotolia.com

23 mars
À table : © FOOD-micro #27291700 - Fotolia.com ;
13 h : © Evelyne Prodhon ;
Savoirs d'antan: © Collection IM/KHARBINE-TAPABOR ;
Ils ont marqué leur région : © Collection KHARBINE-TAPABOR

24 mars/25 mars
© JEAN VIGNE/KHARBINE-TAPABOR.Coll,
© GROB/KHARBINE TAPABOR

26 mars
À table : © Michael Gray #25177232 - Fotolia.com ;
13 h : © Yvann K #9873475 - Fotolia.com ;
Ils ont marqué leur région : © Raphael GAILLARDE/GAMMA

27 mars
À table : © Collection IM/KHARBINE-TAPABOR,
© Collection IM/KHARBINE-TAPABOR ;
13 h : © Charlotte Villain ;
Faune & flore : © inacio pires #7849050 - Fotolia.com ;
Ils ont marqué leur région : © Thomas SCREVE #10386922 - Fotolia.com, © Collection IM/KHARBINE-TAPABOR

28 mars
À table : © Edward Westmacott #10180817 - Fotolia.com ;
13 h : © bluesky6867 #9564911 - Fotolia.com ;
Faune & flore : © illustrez-vous #15377229 - Fotolia.com

29 mars
À table : © Dionisvera #22976103 - Fotolia.com,
© Monika 3 Steps Ahead #11343079 - Fotolia.com ;
13 h : © Petitonnerre #21741379 - Fotolia.com ;
Faune & flore : © Michael Ireland #6181155 - Fotolia.com ;
Ils ont marqué leur région : © Pierre HOUNSFIELD/GAMMA

30 mars
À table : © Unclesam #16210277 - Fotolia.com,
© Unclesam #8811044 - Fotolia.com ;
13 h : © beatrice prève #23873843 - Fotolia.com ;
Faune & flore : © Collection MX/KHARBINE-TAPABOR ;
Ils ont marqué leur région : © Jean-Baptiste Hostache

31 mars/1er avril
© Collection Kharbine-Tapabor

2 avril
À table : © Collection IM/KHARBINE-TAPABOR ;
13 h : © Julie Quetier ;
Faune & flore : © anne Feneau #24659241 - Fotolia.com ;
Ils ont marqué leur région : © Ulf ANDERSEN/GAMMA

3 avril
À table : © Collection IM/KHARBINE-TAPABOR ;
13 h : © Carole Monnier ;
Ils ont marqué leur région : © Serge BENHAMOU/GAMMA

4 avril
À table : © Les Pointilleuses ;
13 h : © Gérard Derouet ;
Faune & flore : © Collection LOU/KHARBINE-TAPABOR

5 avril
À table : © illustrez-vous #13708772 - Fotolia.com ;
Faune & flore : © Coll. Jonas/KHARBINE-TAPABOR

6 avril
À table : © Mist #8617186 - Fotolia.com,
© Distillerie Denoix à Brive ;
13 h : © Camp's #29094499 - Fotolia.com ;
Faune & flore : © Jean Vigne/KHARBINE-TAPABOR ;
Ils ont marqué leur région : © Jean-Baptiste Hostache,
© Daniel Prest/KHARBINE-TAPABOR

7 avril/8 avril
© Collection KHARBINE-TAPABOR

9 avril
À table : © cassam #26409650 - Fotolia.com ;
13 h : © Office du tourisme de Saint-Raphaël/JF. Cholley ;
Faune & flore : © cynoclub #1466029 - Fotolia.com ;
Ils ont marqué leur région : © Hervé Hascoët

10 avril
À table : © COLLECTION IM/KHARBINE TAPABOR ;
13 h : © tuc_44 #10439448 - Fotolia.com ;
Faune & flore : © Comité Régional du Tourisme de Champagne Ardenne ;
Ils ont marqué leur région : © KEYSTONE-FRANCE

11 avril
À table : © Collection IM/KHARBINE-TAPABOR ;
13 h : © thibaud JACQUELINE #22148216 - Fotolia.com ;
Faune & flore : © pioregur #4814385 - Fotolia.com ;
Ils ont marqué leur région : © Jean-Baptiste Hostache

12 avril
À table : © illustrez-vous #20098993 - Fotolia.com ;
13 h : © Gaëlle Vanherzeeke ;
Faune & flore : © Michael Gäbler ;
Ils ont marqué leur région : © KEYSTONE-FRANCE

13 avril
À table : © FOOD-micro #27275566 - Fotolia.com ;
13 h : © JONATHAN #553577- Fotolia.com ;
Faune & flore : © Wilfried Berns/Tiermotive.de ;
Ils ont marqué leur région : © Jean-Baptiste Hostache

14 avril/15 avril
© Collection KHARBINE-TAPABOR

16 avril
À table : © FOOD-micro #24030733 - Fotolia.com ;
13 h : © delmo07 #8767865 - Fotolia.com ;
Faune & flore : © danielo #6437504 - Fotolia.com ;
Ils ont marqué leur région : © James Veysey/ CAMERAPRESS /GAMMA

17 avril
À table : © Unclesam #14884007 - Fotolia.com ;
13 h : © Léopold Mauger ;
Faune & flore : © Bernard BAILLY #3503287 - Fotolia.com ;
Ils ont marqué leur région : © Collection KHARBINE-TAPABOR

18 avril
À table : © Collection IM/KHARBINE-TAPABOR ;
13 h : © Aurélia Monnier ;
Ils ont marqué leur région : © Brice TOUL/GAMMA

19 avril
À table : © Les pointilleuses ;
13 h : © Élisabeth Derouet ;
Ils ont marqué leur région : © PATRICK OTHONIEL/JDD/GAMMA

20 avril
À table : © FOOD-micro #27293612 - Fotolia.com ;
13 h : © Jacques Martel – Bergues ;
Faune & flore : © Jean-Baptiste Hostache

21 avril/22 avril
© Collection KHARBINE-TAPABOR

23 avril
À table : © FOOD-micro #27294462 - Fotolia.com ;
13 h : © DR ;
Faune & flore : © Jean-Baptiste Hostache ;
Ils ont marqué leur région : © Collection KHARBINE-TAPABOR

24 avril
À table : © minicel73 #16420303 - Fotolia.com,
© guy #14171170 - Fotolia.com ;
13 h : © Frederic Koessler ;
Faune & flore : © A Maze #26582816 - Fotolia.com ;
Ils ont marqué leur région : © Jean-Baptiste Hostache

25 avril
À table : © hvoya #7961370 - Fotolia.com,
© FOOD-micro #27294722 - Fotolia.com ;
13 h : © Gaëlle Vanherzeeke ;
Ils ont marqué leur région : © Eric CATARINA/GAMMA

26 avril
À table : © Collection KHARBINE-TAPABOR ;
13 h : © Collection KHARBINE-TAPABOR ;
Faune & flore : © Sten Porse ;
Ils ont marqué leur région : © Collection NB/KHARBINE-TAPABOR

27 avril
À table : © Barbara Pheby #17434460 - Fotolia.com ;
13 h : © bluesky6867 #9973727 - Fotolia.com ;
Faune & flore : © gousses #27631259 - Fotolia.com ;
Ils ont marqué leur région : © Collection KHARBINE-TAPABOR

28 avril/29 avril
© Collection Kharbine-Tapabor

30 avril
À table : © Studio DER #23729922 - Fotolia.com ;
13 h : © Corinne Graillot ;
Faune & flore : © Anette Linnea Rasmus #434160 - Fotolia.com ;
Ils ont marqué leur région : © Eric CATARINA/STILLS/GAMMA

1er mai
13 h : © JONATHAN #17375045 - Fotolia.com ;
Faune & flore : © bzh2224 #27883285 ;
Ils ont marqué leur région : © KEYSTONE-FRANCE

2 mai
13 h : © Aurélia Monnier ;
Faune & flore : © Sutil #27272214 - Fotolia.com ;
Ils ont marqué leur région : © KEYSTONE-FRANCE

3 mai
À table : © Frog 974 #21592755 - Fotolia.com ;
13 h : © Sylvain Bouquet #4998462 - Fotolia.com ;
Faune & flore : © asb #14104488 - Fotolia.com ;
Savoirs d'antan: © Olivier Le Moal #5294798 - Fotolia.com ;
Ils ont marqué leur région : © Xavier ROSSI/GAMMA

4 mai
À table : © ExQuisine #23457833 - Fotolia.com ;
13 h : © Lucas Destrem ;
Faune & flore : © Isabelle Cano/club du cursinu ;
Ils ont marqué leur région : © KHARBINE-TAPABOR/
COLL. S. Kakou

5 mai/6 mai
© Illust. Pizzi/KHARBINE-TAPABOR

7 mai
À table : © Collection IM/KHARBINE-TAPABOR ;
13 h : © Stéphane Tauziede #1350204 - Fotolia.com ;
Faune & flore : © Janet Thorpe #4433948 - Fotolia.com ;
Ils ont marqué leur région : © Louis MONIER/GAMMA

8 mai
13 h : © René Goguey - SEM Alésia

9 mai
À table : © alain wacquier #23305577- Fotolia.com ;
13 h : © Office du Tourisme de Soule ;
Faune & flore : © pipoune33 #22037112 - Fotolia.com ;
Ils ont marqué leur région : © KEYSTONE-FRANCE

10 mai
À table : © Jean-Baptiste Hostache ;
13 h : © Stéphane Stroobant #26114180 ;
Faune & flore : © Toanet #31114460 - Fotolia.com ;
Ils ont marqué leur région : © Collection Grob/KHARBINE-
TAPABOR

11 mai
À table : © Joerg Mikus #26174835 - Fotolia.com ;
13 h : © Dean Moriarty #16940081 - Fotolia.com ;
Faune & flore : © Cosmin Manci #25029636 - Fotolia.com ;
Ils ont marqué leur région : © KEYSTONE-FRANCE

12 mai/13 mai
© Jean-Baptiste Hostache, © Collection KHARBINE-TAPABOR

14 mai
À table : © Christian STAEBLER #12670656 - Fotolia.com ;
13 h : © Ouarda Benkhanouche ;
Faune & flore : © Mélissa Bradette #4550193 - Fotolia.com

15 mai
À table : © raphotography #18569556 - Fotolia.com ;
13 h : © Forteresse du Faucon Noir ;
Faune & flore : © Mathieu Menand ;
Ils ont marqué leur région : © Serge BENHAMOU/GAMMA

16 mai
À table : © FOOD-micro #27285082 ;
© Collection IM/KHARBINE-TAPABOR ;
13 h : © Office du tourisme de COUSOLRE ;
Faune & flore : © emer #11597590 - Fotolia.com ;
Ils ont marqué leur région : © KEYSTONE-FRANCE

17 mai
À table : © Coll. Jonas/KHARBINE-TAPABOR ;
13 h : © Icamp #680858 - Fotolia.com ;
Faune & flore : © Mathieu Menand ;
Ils ont marqué leur région : © Jean-Baptiste Hostache

18 mai
À table : © mimon #15255361 - Fotolia.com ;
13 h : © Bernard Henriette ;
Ils ont marqué leur région : © Jean Vigne/KHARBINE-TAPABOR

19 mai/20 mai
© Christian Musat #13978056,
© Collection KHARBINE-TAPABOR

21 mai
À table : © Mikhail Basov #8261236 - Fotolia.com,
© Dušan Zidar #8573003 - Fotolia.com ;
13 h : © Christophe Fouin ;
Faune & flore : Élisabeth Derouet ;
Ils ont marqué leur région : © Aline Dudouit

22 mai
À table : © Dionisvera #22907898 - Fotolia.com ;
13 h : © Élodie Buhagiar ;
Faune & flore : © synto #1028056 - Fotolia.com ;
Ils ont marqué leur région : © Marc GANTIER/GAMMA

23 mai
À table : © sonia chatelain #17786793 - Fotolia.com ;
13 h : ©Jean-Louis Didelon ;
Faune & flore : © Thierry Hoarau #19219073 - Fotolia.com ;
Ils ont marqué leur région : © Collection KHARBINE-TAPABOR

24 mai
À table : © effe45 #20270058 - Fotolia.com ;
13 h : © Yohann Anselme ;
Faune & flore : © SFG #26740588 - Fotolia.com ;
Ils ont marqué leur région : © Philippe CROCHET/PHOTONEWS/
GAMMA

25 mai
13 h : © OTSI Pays de Langres - photo : Jean-François Feutriez ;
Faune & flore : © Maria Brzostowska #4654068 - Fotolia.com ;
Ils ont marqué leur région : © Haguard du Nord

26 mai/27 mai
© Cheuva/KHARBINE-TAPABOR,
© Coll. Jonas/KHARBINE-TAPABOR

28 mai
13 h : © Paul Coenen ;
Faune & flore : © Mathieu Menand ;
Ils ont marqué leur région : © Philippe Etheldrede

29 mai
À table : © Ekkehard Stein #24433436 - Fotolia.com,
© Photo R.Perrin/KHARBINE-TAPABOR ;

13 h : © K. Groß ;
Faune & flore : © - Fotolia.com getlolo #5205385 - Fotolia.com

30 mai
À table : © matka_Wariatka #768980 - Fotolia.com ;
13 h : © Magali Marescaux ;
Faune & flore : © DP/BG #13143902 - Fotolia.com ;
Ils ont marqué leur région : © KEYSTONE-FRANCE

31 mai
À table : © tfazevedo #14341099 - Fotolia.com ;
13 h : © Château de Brézé ;
Faune & flore : © Bernd Haynold ;
Ils ont marqué leur région : © Jean-Baptiste Hostache

1er juin
À table : © Maurice Metzger #19300423 - Fotolia.com, © robocip #3510005 - Fotolia.com ;
13 h : © goleador #14779206 - Fotolia.com ;
Faune & flore : © Mathieu Menand ;
Ils ont marqué leur région : © Serge BENHAMOU/GAMMA

2 juin/3 juin
© Collection Kharbine-Tapabor, © Collection Kharbine-Tapabor

4 juin
À table : © Marzia Giacobbe #20500645 - Fotolia.com ;
13 h : © coco1740 #25355038 - Fotolia.com ;
Faune & flore : © Jean Vigne/KHARBINE-TAPABOR ;
Ils ont marqué leur région : © Collection IM/KHARBINE-TAPABOR

5 juin
À table : © DjiggiBodgi.com #3069201 - Fotolia.com ;
13 h : © Mairie Pépieux ;
Faune & flore : © Collection IM/KHARBINE-TAPABOR ;
Ils ont marqué leur région : © Alexis DUCLOS/GAMMA

6 juin
À table : © Coll. Jonas/KHARBINE-TAPABOR ;
13 h : © Aurélia Monnier ;
Faune & flore : © Christian Musat #17099230 - Fotolia.com ;
Ils ont marqué leur région : © Tomo Jesenicnik #13669400 - Fotolia.com

7 juin
À table : © volff #8591159 - Fotolia.com ;
13 h : © Photo Campiglia/KHARBINE TAPABOR ;
Faune & flore : © suerob #25443781 - Fotolia.com ;
Ils ont marqué leur région : © Bernard Rauch

8 juin
À table : © Collection Grob/KHARBINE-TAPABOR ;
13 h : © N. Robert PNRC www.parc-corse.org www.ouestcorsica.com ;
Faune & flore : © Élisabeth Derouet

9 juin/10 juin
© Collection KHARBINE-TAPABOR,
© SophySweden #24799382 - Fotolia.com

11 juin
À table : © Sander #20034729 - Fotolia.com ;
13 h : © Pierre Tollard ;
Faune & flore : © Ornitolog82 #26489722 - Fotolia.com ;
Ils ont marqué leur région : © DR

12 juin
À table : © Collection IM/KHARBINE-TAPABOR ;
13 h : © L. Gayte/mairie de Manosque ;
Faune & flore : © Jean-Marc Moingeon ;
Ils ont marqué leur région : © Coll. Perrin/KHARBINE-TAPABOR

13 juin
À table : © OSCAR #7182448 - Fotolia.com ;
13 h : © Tonic Aventure ;
Ils ont marqué leur région : © KEYSTONE-FRANCE

14 juin
À table : © Collection IM/KHARBINE-TAPABOR ;
13 h : © yuricbel #23671430 - Fotolia.com ;
Faune & flore : © Ornitolog82 #24075551 - Fotolia.com ;
Ils ont marqué leur région : © Jean-Baptiste Hostache

15 juin
13 h : © Galerie Capazza ;
Faune & flore : © Robby Schenk #212580- Fotolia.com ;
Ils ont marqué leur région : © Jean-Baptiste Hostache

16 juin/17 juin
© Jean-Baptiste Hostache,
© Collection IM/KHARBINE-TAPABOR

18 juin
À table : © Collection IM/KHARBINE-TAPABOR ;
13 h : © JONATHAN #16132862 - Fotolia.com ;
Faune & flore : © Collection KHARBINE-TAPABOR ;
Ils ont marqué leur région : © DR

19 juin
À table : © tuja66 #26456022 - Fotolia.com ;
13 h : © Laurence de Suzanne ;
Faune & flore : © Christophe ROURE #14772910 - Fotolia.com

20 juin
À table : © Collection LOU/KHARBINE-TAPABOR ;
13 h : © Mairie Étival ;
Faune & flore : © Yi Liu #18866994 - Fotolia.com ;
Ils ont marqué leur région : © Collection KHARBINE-TAPABOR

21 juin
À table : © Collection KHARBINE-TAPABOR ;
13 h : © Hidehiko Nagaishi ;
Faune & flore : © Coll. Jonas/KHARBINE-TAPABOR ;
Ils ont marqué leur région : © LASKI DIFFUSION/GAMMA

22 juin
À table : © Marco Mayer #30086125 - Fotolia.com ;
13 h : © Gautier Deschamps ;
Ils ont marqué leur région : © Collection KHARBINE-TAPABOR

23 juin/24 juin
© Collection KHARBINE-TAPABOR,
© Collection Kharbine-Tapabor

25 juin
À table : © Les pointilleuses

26 juin
À table : © margouillat photo #30730870 - Fotolia.com ;
13 h : © Gaëlle Vanherzeeke ;
Faune & flore : © Daniel Prudek #21840317- Fotolia.com ;
Ils ont marqué leur région : © Laurent ZABULON/GAMMA

27 juin
À table : © Yves Damin #22411834 - Fotolia.com ;
13 h : © OTPM et ville de Montbéliard/DBretey ;
Faune & flore : © Collection KHARBINE-TAPABOR ;
Ils ont marqué leur région : © Olivier Roellinger

28 juin
À table : © Collection KHARBINE-TAPABOR ;
13 h : © Office de tourisme de Soissons ;
Ils ont marqué leur région : © KEYSTONE-FRANCE

29 juin
À table : © COLLECTION IM/KHARBINE TAPABOR ;
13 h : © JPL communication ville Armentières ;
Faune & flore : © Alonbou #17169299 - Fotolia.com ;
Ils ont marqué leur région : © KEYSTONE-FRANCE

30 juin/1er juillet
© Office de Tourisme de Masevaux

2 juillet
À table : © Collection IM/KHARBINE-TAPABOR ;
13 h : © La Mairie de Fromelennes ;
Faune & flore : © saiva_l #23606840 - Fotolia.com

3 juillet
À table : © Coll. Perrin/KHARBINE-TAPABOR ;
13 h : © La Planète des Crocodiles ;
Ils ont marqué leur région : © DR

4 juillet
À table : © Collection IM/KHARBINE-TAPABOR ;
13 h : © Fort de Mutzig ;
Faune & flore : © Skagway #14879653 - Fotolia.com ;
Ils ont marqué leur région : © KEYSTONE-FRANCE

5 juillet
13 h : © Pat on stock #8894881 - Fotolia.com ;
Faune & flore : © Terre de Sienne #25984808 - Fotolia.com ;
Ils ont marqué leur région : © DR

6 juillet
À table : © Jessica Blanc #3870351 - Fotolia.com ;
13 h : © philippe Devanne #26243458 - Fotolia.com ;
Faune & flore : © FHoTo #13773785 ;
Ils ont marqué leur région : © KEYSTONE-FRANCE

7 juillet/8 juillet
© Collection IM/KHARBINE-TAPABOR,
JEAN VIGNE/KHARBINE TAPABOR

9 juillet
À table : © chanelle #21511944 - Fotolia.com ;
13 h : © Alexandre Ronsaut ;
Faune & flore : © Jean-Baptiste Hostache

10 juillet
À table : © Giuseppe Porzani #25848644
- Fotolia.com, © felinda #192119 - Fotolia.com ;
13 h : © Conseil général des Vosges – C. Voegelé ;
Faune & flore : © Thomas LAUNOIS #23283613 - Fotolia.com ;
Ils ont marqué leur région : © ARNOLD BRUNO/PHOTONEWS/GAMMA

11 juillet
À table : © Nimbus #28300802 - Fotolia.com ;
13 h : © Moustique #12435047 - Fotolia.com ;
Ils ont marqué leur région : © Isabelle WEINGARTEN/GAMMA

12 juillet
13 h : © Philippe GRAILLE #15015163 - Fotolia.com ;
Faune & flore : © Élisabeth Derouet ;
Ils ont marqué leur région : © Museum für Literatur am Oberrheinchickt

13 juillet
À table : © Patryssia #28728267 - Fotolia.com ;
13 h : © Caroline Gonçalvès ;
Faune & flore : © Jan Zoetekouw #12072198 - Fotolia.com ;
Ils ont marqué leur région : © Frédéric SOULOY/GAMMA

14 juillet/15 juillet
© Collection IM/KHARBINE-TAPABOR, © Céline Derouet,
© Collection KHARBINE-TAPABOR

16 juillet
À table : © Franco Deriu #20111506 - Fotolia.com ;
13 h : © Freddy Smeets #3868440 - Fotolia.com ;
Faune & flore : © mdalla #15718511 - Fotolia.com ;
Ils ont marqué leur région : © Collection KHARBINE-TAPABOR

17 juillet
À table : © Collection KHARBINE-TAPABOR ;
13 h : © Guédelon ;
Faune & flore : Collection KHARBINE-TAPABOR © ;
Ils ont marqué leur région : © Collection Soc/KHARBINE-TAPABOR

18 juillet
À table : © Frog 974 #26550092 - Fotolia.com ;
13 h : © Christophe Morlat

19 juillet
À table : © Bratwustle #13700219 - Fotolia.com ;
13 h : © garra #12939864 - Fotolia.com ;
Faune & flore : © artjazz #26514278 - Fotolia.com ;
Ils ont marqué leur région : © DR

20 juillet
À table : © Chaser #11086472 - Fotolia.com ;
13 h : © JM-Guyon #26612235 - Fotolia.com ;
Faune & flore : © Fanfo #7827254 - Fotolia.com

21 juillet/22 juillet
© Collection LOU/KHARBINE-TAPABOR,
© Collection KHARBINE-TAPABOR

23 juillet
À table : © Coll. Rossignol/KHARBINE-TAPABOR,
© cachou34 #43178 - Fotolia.com ;
13 h : © Office de Tourisme intercommunal de l'Emblavez ;
Faune & flore : © Capnord #5090147 - Fotolia.com ;
Ils ont marqué leur région : © Collection Kharbine-Tapabor

24 juillet
À table : © Emilia Stasiak #465945 - Fotolia.com ;
13 h : © JONATHAN #16045706 - Fotolia.com ;
Faune & flore : © JEAN VIGNE/KHARBINE TAPABOR ;
Savoirs d'antan : © Maksim Shebeko #26305549 - Fotolia.com

25 juillet
À table : © kiboka #25126716 - Fotolia.com ;
13 h : © M. Plancher ;
Faune & flore : © Élisabeth Derouet ;
Ils ont marqué leur région : © Frederic SOULOY/GAMMA

26 juillet
À table : © margouillat photo #23349032 - Fotolia.com ;
13 h : © Dioni Dourojeanni ;
Ils ont marqué leur région : © Collection IM/KHARBINE-TAPABOR

27 juillet
À table : © Collection IM/KHARBINE-TAPABOR ;
13 h : © Cituation et Ensemble ;
Ils ont marqué leur région : © Jean-Baptiste Hostache

28 juillet/29 juillet
© Coll. JeanVigne/KHARBINE-TAPABOR,
© Collection KHARBINE-TAPABOR

30 juillet
À table : © DR ;
13 h : © Gaëlle Vanherzeeke ;
Faune & flore : © Jean-Baptiste Hostache

31 juillet
À table : © ExQuisine #18628592 - Fotolia.com,
© Collection IM/KHARBINE-TAPABOR ;
13 h : © Office de Tourisme Lisieux Pays d'Auge ;
Faune & flore : © Raphael Goetter #1328086 - Fotolia.com ;
Ils ont marqué leur région : © Pool GAMMA/LAFAILLE/POULET/GAMMA

1er août
À table : © Robby Schenk #3534965 - Fotolia.com ;
13 h : © Carole Monnier ;
Faune & flore : © Petra Louise #6243478 - Fotolia.com

2 août
À table : © helenedevun #24501307 - Fotolia.com ;
13 h : © Fédération La Caponnière – Belfort ;
Faune & flore : © Pierre Rigaux ;
Ils ont marqué leur région : © Eric CATARINA/GAMMA

3 août
À table : © Jean-Luc GIROLET #23523611 - Fotolia.com ;
13 h : © Mézières, Hier et Aujourd'hui ;
Faune & flore : © Gérard Derouet

4 août/5 août
© Coll. Jonas/KHARBINE-TAPABOR

6 août
À table : © Philippe Olivier ;
13 h : © Hélice Terrestre ;
Faune & flore : © Jeanne Hainneville

7 août
À table : © mallivan #27950802 - Fotolia.com, © komar.maria #28865332 - Fotolia.com ;
13 h : © Barrisol-Normalu ;
Faune & flore : © Eric Isselée #6712122 - Fotolia.com ;
Ils ont marqué leur région : © Jean-Baptiste Hostache

8 août
Ils ont marqué leur région : © GARY C CASKEY/UPI/GAMMA

9 août
À table : © Les Pointilleuses, © Collection IM/KHARBINE-TAPABOR ;
13 h : © cdt86 ;
Ils ont marqué leur région : © Pool BENAINOUS/HOUNSFIELD/LEGRAND/GAMMA

10 août
À table : © Edyta Pawlowska #659458 - Fotolia.com, © volff #7628300 - Fotolia.com ;
13 h : © Mairie de Lestards ;
Ils ont marqué leur région : © Collection KHARBINE-TAPABOR

11 août/12 août
© Coll. KHARBINE-TAPABOR

13 août
À table : © Jean-Louis Didelon ;
13 h : © Magali Marescaux ;
Faune & flore : © Élisabeth Derouet ;
Ils ont marqué leur région : © Collection IM/KHARBINE-TAPABOR

14 août
À table : © Coll. MIGNY/KHARBINE-TAPABOR ;
13 h : © Annick Vanherzeeke ;
Faune & flore : © Max Tactic #14837459 - Fotolia.com ;
Ils ont marqué leur région : © Raphael GAILLARDE/GAMMA

15 août
À table : © photlook #20961968 - Fotolia.com ;
13 h : © Henri Du Laz ;
Faune & flore : © Élisabeth Derouet ;
Ils ont marqué leur région : © Ulf ANDERSEN/GAMMA

16 août
À table : © Collection IM/KHARBINE-TAPABOR ;
Ils ont marqué leur région : © Jean-Baptiste Hostache

17 août
À table : © Richard Villalon #3085771 - Fotolia.com, © Collection privée IM/KHARBINE TAPABOR ;
13 h : © La Fabuloserie

18 août/19 août
© Collection KHARBINE-TAPABOR, © Jean-Baptiste Hostache

20 août
À table : © Yasonya #25113434 - Fotolia.com ;
13 h : © P. Laplace/Hendaye Tourisme ;
Faune & flore : © DR ;
Ils ont marqué leur région : © Pierre-Yves Clausse/ Virgile Delâtre

21 août
À table : © Volodymyr Shevchuk #27897196 - Fotolia.com ;
13 h : © Château de Valençay ;
Faune & flore : © Alonbou #16502743 - Fotolia.com

22 août
À table : © Unclesam #32553323 - Fotolia.com ;
13 h : © Laurence de Susanne ;
Faune & flore : © VANESSA ARNOUX #137478 ;
Ils ont marqué leur région : © KEYSTONE-France, © Lena Lir #3864700 - Fotolia.com

23 août
À table : © Patryssia #28569178 - Fotolia.com ;
13 h : © Cityhunter #6587637 - Fotolia.com ;
Faune & flore : © Photofranck #2162785 - Fotolia.com ;
Ils ont marqué leur région : © Collection IM/KHARBINE-TAPABOR

24 août
À table : © Confiserie Florian ;
13 h : © Nicolas Debussy ;
Ils ont marqué leur région : © Guides Culturels Pyrénéens

25 août/26 août
© Collection IM/KHARBINE-TAPABOR, © Collection KHARBINE-TAPABOR

27 août
À table : © Patryssia #32074458 - Fotolia.com ;
13 h : © Charles Onephithak-Marescaux ;
Faune & flore : © mdalla #16078749 - Fotolia.com ;
Savoirs d'antan : © Frog 974 #16022889 - Fotolia.com ;
Ils ont marqué leur région : © Quentin Latour

28 août
À table : © JPC-PROD #32254561 - Fotolia.com ;
13 h : © foxytoul #17533110 - Fotolia.com ;
Faune & flore : © alberto maisto #2499906 - Fotolia.com ;
Ils ont marqué leur région : © Collection KHARBINE-TAPABOR

29 août
À table : © Collection IM/KHARBINE-TAPABOR, © kiboka #24128642 - Fotolia.com ;
13 h : © Gaëlle Vanherzeeke ;
Faune & flore : © stillkost #28051982 - Fotolia.com ;
Ils ont marqué leur région : © Christophe LOVINY/GAMMA

30 août
À table : © rok venturini #13373316 - Fotolia.com, © Armelle FERRE ;13 h : © Famille Cesari ;
Faune & flore : © Sandfrau #25107944 - Fotolia.com ;
Ils ont marqué leur région : © Collection KHARBINE-TAPABOR

31 août
À table : © blende40 #27394524 - Fotolia.com ;
13 h : © Frère Thomas Georgeon ;
Faune & flore : © JMP de Nieuwburgh #27654081 - Fotolia.com ;
Ils ont marqué leur région : © Collection NB/KHARBINE-TAPABOR

1er septembre/2 septembre
© Collection Grob/KHARBINE-TAPABOR, © Collection Kharbine-Tapabor

3 septembre
À table : © MFP Poulaillon ;
13 h : © Château médiéval d'Oricourt ;
Faune & flore : © Ville de Toulouse ;
Ils ont marqué leur région : © picsfive #22717314 - Fotolia.com, © Tim Clich

4 septembre
À table : © Sean M #8757270 - Fotolia.com ;
13 h : © Agathe Roby ;
Faune & flore : © Gennadij Kurilin #161404 - Fotolia.com ;
Ils ont marqué leur région : © Jean-Baptiste Hostache, © Juhanson

5 septembre
À table : © mickyso #31322798 - Fotolia.com ;
13 h : © Agence Départementale de Développement Économique et Touristique des Vosges ;
Faune & flore : © Mathieu Menand ;
Ils ont marqué leur région : © Alain BENAINOUS/GAMMA

6 septembre
13 h : © SFG #14198852 - Fotolia.com ;
Savoirs d'antan : © Collection KHARBINE-TAPABOR ;
Ils ont marqué leur région : © Ulf ANDERSEN/GAMMA

7 septembre
À table : © Les Pointilleuses ;
13 h : photo Henri Gaud © Éditions Gaud et EPCC Abbaye de Saint-Savin-sur-Gartempe et Vallée des Fresques ;
Faune & flore : © Patrick S #17865323 - Fotolia.com ;
Ils ont marqué leur région : © Ling Fei

8 septembre/9 septembre
© Coll. Jonas/KHARBINE-TAPABOR,
© Coll privee IM/KHARBINE TAPABOR

10 septembre
À table : © Iosif Szasz-Fabian #694472 - Fotolia.com ;
13 h : © J.Kieffer #6708 - Fotolia.com

11 septembre
À table : © Dani Vincek #20681707 - Fotolia.com ;
Faune & flore : © herbac #27065492 - Fotolia.com

12 septembre
13 h : © Jean François Lange ;
Faune & flore : © Roque141 #31821524 - Fotolia.com ;
Ils ont marqué leur région : © JO ATLANTA 96/GAMMA

13 septembre
À table : © Igor Dutina #5407021 - Fotolia.com ;
13 h : © bernard wolff #2163636 - Fotolia.com ;
Faune & flore : © Patrick JEAN/Muséum d'histoire naturelle de Nantes ;
Ils ont marqué leur région : © MARY EVANS/KEYSTONE-FRANCE

14 septembre
À table : © lu-photo #19931952 - Fotolia.com ;
13 h : © Magali Marescaux ;
Faune & flore : © Mathieu Menand ;
Ils ont marqué leur région : © Sandrine ROUDEIX/JDD/GAMMA, © Bernard MAURIN #5584615

15 septembre/16 septembre
© Photo CAMPIGLIA/KHARBINE-TAPA,
© Jean-Baptiste Hostache

17 septembre
À table : © Richard Villalon #12375723 - Fotolia.com,
© Jean-Baptiste Hostache ;
13 h : © Office de Tourisme de Carpentras - photo de Philippe Médard ;
Faune & flore : © Parato #3449130 - Fotolia.com

18 septembre
À table : © Binnette ;
13 h : © Office de Tourisme intercommunal Calais Côte d'Opale ;
Faune & flore : © Mathieu Menand ;
Ils ont marqué leur région : © Jean-Baptiste Hostache, © Theodore Wood/CAMERAPRESS/GAMMA

19 septembre
À table : © Collection Grob/KHARBINE-TAPABOR ;
13 h : © Frédéric COIGNOT #15731865 - Fotolia.com ;
Savoirs d'antan : © Collection Grob/KHARBINE-TAPABOR

20 septembre
13 h : © E. Follet ;
Faune & flore : © dadou #6835993 - Fotolia.com ;
Ils ont marqué leur région : © Collection Grob/KHARBINE-TAPABOR

21 septembre
À table : © Unclesam #17091030 - Fotolia.com ;
13 h : © PackShot #20479702 - Fotolia.com ;
Faune & flore : © Mathieu Menand ;
Ils ont marqué leur région : © Coll. Perrin/KHARBINE-TAPABOR

22 septembre/23 septembre
© Coll. Jonas/KHARBINE-TAPABOR

24 septembre
À table : © bzh2224 #23360906 - Fotolia.com ;
13 h : © Ville et communauté d'agglomération Montluçonnaise ;
Faune & flore : © Michel Sfez ;
Ils ont marqué leur région : © Coll. Perron/KHARBINE-TAPABOR

25 septembre
À table : © Alexandar Iotzov #21422487 - Fotolia.com ;
13 h : © Photec ;
Faune & flore : © Roberto Fasoli #22429490 - Fotolia.com

26 septembre
13 h : © PHB.cz #24020443 - Fotolia.com ;
Faune & flore : © Coll. Jonas/KHARBINE-TAPABOR ;
Ils ont marqué leur région : © Collection IM/KHARBINE-TAPABOR

27 septembre
À table : © Coll. MIGNY/KHARBINE-TAPABOR ;
13 h : © Christian Bousquet/OT de Conques ;
Faune & flore : © Eric Isselée #16914629 - Fotolia.com ;
Ils ont marqué leur région : © David BOUTARD/GAMMA

28 septembre
À table : © Les Pointilleuses ;
13 h : © Jean-Louis Didelon ;
Faune & flore : © Céline Derouet ;
Ils ont marqué leur région : © Collection IM/KHARBINE-TAPABOR

29 septembre/30 septembre
© Coll. Jonas/KHARBINE-TAPABOR,
© Collection KHARBINE-TAPABOR

1er octobre
À table : © Marco Mayer #20974534 - Fotolia.com ;
13 h : © Gaëlle Vanherzeeke ;
Ils ont marqué leur région : © Cheuva/KHARBINE-TAPABOR

2 octobre
À table : © laurent007 #4315556 - Fotolia.com ;
13 h : © Armelle Gavouyère ;
Faune & flore : © CallallooAlexis #11794783 - Fotolia.com ;
Ils ont marqué leur région : © PRESSENS BILD/GAMMA

3 octobre
À table : © Chambre d'agriculture de la Corrèze ;
13 h : © Golf de Raray ;
Faune & flore : © Mathieu Menand ;
Savoirs d'antan : Jean Vigne/KHARBINE-TAPABOR ;
Ils ont marqué leur région : © Collection Kharbine-Tapabor

4 octobre
À table : © Paylessimages #15845119 - Fotolia.com ;
13 h : © Office de tourisme de Céret ;
Faune & flore : © manubelin #1208013 - Fotolia.com ;
Ils ont marqué leur région : © Alain BENAINOUS/GAMMA

5 octobre
À table : © René Gastinel #1284489 - Fotolia.com ;
13 h : © Château de Saint Loup ;
Faune & flore : © loziette64 #29910640 - Fotolia.com ;
Ils ont marqué leur région : © Guillaume COLLET/GAMMA

6 octobre/7 octobre
© Coll. Jonas/KHARBINE-TAPABOR

8 octobre
À table : © ninette_luz #22950862 - Fotolia.com ;
13 h : © Office du tourisme de Chalons-en-Champagne ;
Faune & flore : © Mathieu Menand

9 octobre
À table : © david delecourt #18218914 - Fotolia.com ;
© Ils ont marqué leur région : © Helene BAMBERGER/GAMMA

10 octobre
À table : © Barbro Bergfeldt #14649977 - Fotolia.com ;
13 h : © Office de Tourisme de la Communauté de Communes de Jarnac ;
Faune & flore : © Julijah #24087320 - Fotolia.com ;
Ils ont marqué leur région : © Frederic SOULOY/GAMMA

11 octobre
À table : © RomainQuéré #17939047 - Fotolia.com ;
13 h : © Communauté de Communes Meuse-Voie Sacrée ;
Faune & flore : Marie Paranthoën ;
Ils ont marqué leur région : © Coll. JeanVigne/KHARBINE-TAPABOR

12 octobre
À table : © margouillat photo #30804876 - Fotolia.com ;
13 h : © Office du tourisme du Baugeois ;
Faune & flore : © Allegra #27397145 - Fotolia.com ;
Ils ont marqué leur région : © Jean-Baptiste Hostache

13 octobre/14 octobre
© Collection KHARBINE-TAPABOR,
© Coll. Perrin/KHARBINE-TAPABOR,
© Jean-Baptiste Hostache

15 octobre
À table : © Jean-Luc GIROLET #18457682 - Fotolia.com ;
13 h : © Office de tourisme du canton de Rouffach ;
Savoirs d'antan : © pitrs #21078781 - Fotolia.com

16 octobre
À table : © PHOTON #13307122 - Fotolia.com ;
13 h : © Agathe Roby ;
Faune & flore : © Collection IM/KHARBINE-TAPABOR ;
Ils ont marqué leur région : © Office de Tourisme du Val Dunois

17 octobre
À table : Collection MX/KHARBINE-TAPABOR ;
13 h : © jeanphilippe delisle #5031813 - Fotolia.com ;
Faune & flore : © beatrice prève #25969727 - Fotolia.com ;
Ils ont marqué leur région : © Lionel FLUSIN/GAMMA

18 octobre
À table : © Collection IM/KHARBINE-TAPABOR ;
13 h : © Mairie de L'Argentière-La Bessée ;
Faune & flore : © arenysam #7793432©, Michael Hieber #15960162 - Fotolia.com ;

19 octobre
À table : © soleg #6840194 - Fotolia.com ;
13 h : © Office de Tourisme de Brive-la-Gaillarde ;
Faune & flore : © Mathieu Menand ;
Ils ont marqué leur région : © Collection KHARBINE-TAPABOR

20 octobre/21 octobre
© Élodie Bourgeois, © Coll. Jonas/KHARBINE-TAPABOR

22 octobre
À table : ©Aurélia Monnier ;
13 h : © patm83 #22017570 - Fotolia.com ;
Faune & flore : © Élisabeth Derouet ;
Ils ont marqué leur région : © DR

23 octobre
À table : © Jérôme Salort #16578549 - Fotolia.com ;
13 h : © Florence Rougier ;
Faune & flore : © lathuille #33192139 - Fotolia.com ;
Ils ont marqué leur région : © Éric Rasson

24 octobre
À table : © matka_Wariatka #103301 - Fotolia.com ;
13 h : © www.mincoin.fr ;
Faune & flore : © Coll. Jonas/KHARBINE-TAPABOR

25 octobre
À table : © Gérard Derouet ;
13 h : © Jeanne Hainneville ;
Ils ont marqué leur région : © Collection KHARBINE-TAPABOR

26 octobre
À table : © TheStockCube #28789776 - Fotolia.com ;
13 h : © lophie #23278731 - Fotolia.com ;
Faune & flore : Collection Grob/KHARBINE-TAPABOR ;
Ils ont marqué leur région : © Frédéric SOULOY/GAMMA

27 octobre/28 octobre
© Collection KHARBINE-TAPABOR,
© Collection KHARBINE-TAPABOR

29 octobre
À table : © Les pointilleuses ;
13 h : © Gaëlle Vanherzeeke ;
Faune & flore : © Élisabeth Derouet ;
Ils ont marqué leur région : © Collection LOU/KHARBINE-TAPABOR

30 octobre
À table : © Collection IM/KHARBINE-TAPABOR ;
13 h : © Jean-Louis Didelon ;
Savoirs d'antan : © Daniel Hughes #221482 - Fotolia.com ;
Ils ont marqué leur région : © KEYSTONE-FRANCE

31 octobre
À table : © Louis Renaud #25661149 - Fotolia.com ;
13 h : © TMAX #4628390 - Fotolia.com ;
Faune & flore : © La Maison de la Violette ;
Ils ont marqué leur région : © Collection KHARBINE-TAPABOR, Collection KHARBINE-TAPABOR

1er novembre
À table : © photosjcc #28155168 - Fotolia.com ;
13 h : © J.-L. Hens ;
Faune & flore : © Witold Krasowski #27046540 - Fotolia.com ;
Ils ont marqué leur région : © Jean-Baptiste Hostache

2 novembre
À table : © SARL Brard ;
13 h : © Jean-Louis Didelon ;
Faune & flore : © Thomas Stettler #11870153 - Fotolia.com ;
Ils ont marqué leur région : © Robert Valette

3 novembre/4 novembre
© Jean-Baptiste Hostache

5 novembre
À table : © FOOD-micro #27290717 - Fotolia.com ;
13 h : © Office de Tourisme du Pays de Bitche ;
Ils ont marqué leur région : © Antoine AGOUDJIAN/RAPHO

6 novembre
À table : © Céline Deschamps ;
13 h : © AKTAES ;
Faune & flore : © ondatra #6237282 - Fotolia.com ;
Ils ont marqué leur région : © KEYSTONE-FRANCE

7 novembre
À table : © Collection IM/KHARBINE-TAPABOR ;
13 h : © Jean-Louis Didelon ;
Faune & flore : © Élisabeth Derouet ;
Savoirs d'antan : © Collection IM/KHARBINE-TAPABOR ;
Ils ont marqué leur région : © Collection NBL/KHARBINE TAPABOR

8 novembre
À table : © Coll. Jonas/KHARBINE-TAPABOR ;
13 h : © PHB.cz #22188107 - Fotolia.com ;
Faune & flore : © Mathieu Menand ;
Ils ont marqué leur région : © Collection Kharbine-Tapabor

9 novembre
Faune & flore : © Claudine et Pierre Guezennec/ti.racoon.free.fr ;
Ils ont marqué leur région : © KEYSTONE-FRANCE

10 novembre/11 novembre
© Jean-Baptiste Hostache

12 novembre
À table : © Europhoton #21991471 - Fotolia.com ;
13 h : © philippe Devanne #16207945 - Fotolia.com ;
Faune & flore : © JEAN VIGNE/KHARBINE TAPABOR ;
Ils ont marqué leur région : © DR, © Photo JLP/ KHARBINE-TAPABOR

13 novembre
À table : © Marc AUCOUTURIER #807178 - Fotolia.com ;
13 h : © Peter van Bussel-PNRFO ;
Faune & flore : © Pixelmania #15988884 - Fotolia.com ;
Ils ont marqué leur région : © Stephane ALLAMAN/HOA-QUI

14 novembre
À table : © FOOD-micro #24026509 - Fotolia.com ;
13 h : Centre de Réintroduction – Hunawihr ;
Ils ont marqué leur région : © Collection NB/Kharbine-Tapabor

15 novembre
À table : © Marco Mayer #28492447 - Fotolia.com ;
13 h : © rudiuk #18293363 - Fotolia.com ;
Faune & flore : © Odette Lussiana ;
Ils ont marqué leur région : © Serge BENHAMOU/GAMMA

16 novembre
13 h : © bruno dorison #25378122 - Fotolia.com ;
Faune & flore : © Ekaterina Dushenina #7304042- Fotolia.com ;
Ils ont marqué leur région : © Collection Grob/KHARBINE-TAPABOR

17 novembre/18 novembre
© Collection KHARBINE-TAPABOR,
© Collection Kharbine-Tapabor

19 novembre
À table : © Michel Brunon Boucherie ;
13 h : © Simon Denier ;
Faune & flore : © iamtheking33 #12564913 - Fotolia.com ;
Ils ont marqué leur région : © Collection IM/KHARBINE-TAPABOR

20 novembre
À table : © Coll. MIGNY/KHARBINE-TAPABOR ;
13 h : © C. Recoura ;
Faune & flore : © Pavel Savchenkov #4591505- Fotolia.com

21 novembre
À table : © Ludovic L'HENORET #15654010 - Fotolia.com ;
13 h : © Jean-Louis Didelon ;
Ils ont marqué leur région : © Sylvie BISCION/GAMMA

22 novembre
À table : © carrion1 #28705346 - Fotolia.com ;
13 h : © CHG #7449273 - Fotolia.com ;
Faune & flore : © Jean-Baptiste Hostache ;
Savoirs d'antan : © J. Y. #6268616 - Fotolia.com ;
Ils ont marqué leur région : © Collection KHARBINE-TAPABOR

23 novembre
À table : Collection IM/KHARBINE-TAPABOR ;
13 h : © Haras du Pin ;
Ils ont marqué leur région : © Raphael GAILLARDE/GAMMA

24 novembre/25 novembre
Collection KHARBINE-TAPABOR

26 novembre
À table : © FOOD-micro #27289528 - Fotolia.com ;
13 h : © Céline Derouet ;
Faune & flore : © Collection Florilegius/KHARBINE-TAPABOR ;
Ils ont marqué leur région : © Serge BENHAMOU/GAMMA

27 novembre
À table : Collection KHARBINE-TAPABOR ;
13 h : © J.-M. André ;
Faune & flore : © Jean-Baptiste Hostache ;
Ils ont marqué leur région : © KEYSTONE-FRANCE

28 novembre
À table : © margouillat photo #29634968 - Fotolia.com ;
13 h : © Ouarda Benkhanouche ;
Faune & flore : © surub #29952922 - Fotolia.com ;
Savoirs d'antan : © mo-ment #27705552 - Fotolia.com ;
Ils ont marqué leur région : © Association E.F. – F. Guyon

29 novembre
À table : © dutourdumonde #21561057 - Fotolia.com ;
13 h : © Joël Damase ;
Faune & flore : © sebtoja #29099076 - Fotolia.com ;
Ils ont marqué leur région : © Louis MONIER/GAMMA

30 novembre
À table : © briwema #21017141 - Fotolia.com ;
13 h : © Olivier Tuffé #5415938 - Fotolia.com ;
Faune & flore : © Mathieu Menand ;
Ils ont marqué leur région : © Collection Grob/KHARBINE-TAPABOR

1er décembre/2 décembre
© mattei #121233 - Fotolia.com,
© Collection IM/KHARBINE-TAPABOR

3 décembre
À table : © JEAN VIGNE/KHARBINE TAPABOR ;
13 h : © Cédric Vanherzeeke ;
Faune & flore : © legabatch #18922952 - Fotolia.com ;
Ils ont marqué leur région : © Collection KHARBINE-TAPABOR

4 décembre
À table : © Collection IM/KHARBINE-TAPABOR ;
13 h : © Armelle Gavouyère ;
Faune & flore : © Marco Desscouleurs #26987760 - Fotolia.com

5 décembre
À table : © Jean-Baptiste Hostache ;
13 h : © Asso. Parc oriental de Maulévrier ;
Faune & flore : © suerob #15917150 - Fotolia.com ;
Ils ont marqué leur région : © Dominique Sialelli

6 décembre
À table : © FOOD-micro #27275911 - Fotolia.com ;
13 h : © Hervé Negre ;
Ils ont marqué leur région : © Collection KHARBINE-TAPABOR

7 décembre
À table : © mimon #20023230 - Fotolia.com ;
13 h : © Vincent Mauger, Le théorème des dictateurs , Le Vent des Forêts ;
Faune & flore : © Mathieu Menand ;
Savoirs d'antan : © Gaëlle Vanherzeeke

8 décembre/9 décembre
© Collection Grob/KHARBINE-TAPABOR,
© joel #9654824 - Fotolia.com,
© Collection Kharbine-Tapabor

10 décembre
13 h : © Parc de loisirs de Montpellier-le-Vieux ;
Ils ont marqué leur région : © Jean Vigne/KHARBINE-TAPABOR

11 décembre
À table : © Les Pointilleuses ;
13 h : © romaneau #19948908 - Fotolia.com ;
Faune & flore : © Efendy #19250800 - Fotolia.com ;
Ils ont marqué leur région : © Franck CRUSIAUX/GAMMA

12 décembre
À table : © JPC-PROD #31861055 - Fotolia.com ;
13 h : © Doullens Tourisme ;
Faune & flore : © margouillat photo #3809038 - Fotolia.com ;
Ils ont marqué leur région : © Francis DEMANGE/GAMMA

13 décembre
À table : © silencefoto #24221429 - Fotolia.com ;
13 h : © OT Poligny ;
Ils ont marqué leur région : © Collection IM/KHARBINE-TAPABOR

14 décembre
À table : © AlcelVision #26425321 - Fotolia.com ;
13 h : © PackShot #18478359 - Fotolia.com ;
Faune & flore : © Pascal06 #24725882 - Fotolia.com ;
Ils ont marqué leur région : © Philippe Oyhamburu

15 décembre/16 décembre
© Collection KHARBINE-TAPABOR,
© Collection KHARBINE-TAPABOR

17 décembre
À table : © danimages #25139258 - Fotolia.com ;
13 h : © Hervé Verlet ;
Ils ont marqué leur région : © JEAN VIGNE/KHARBINE TAPABOR

18 décembre
À table : © beaba #13104116 - Fotolia.com ;
13 h : © MELRAND – Village de l'an mil ;
Faune & flore : © DOMINIQUE MARIOTTI #23955589 - Fotolia.com ;
Ils ont marqué leur région : © KEYSTONE-FRANCE

19 décembre
À table : © Photothèque Belfort Tourisme – Berçot ;
13 h : © Gaëlle Vanherzeeke ;
Faune & flore : © Mathieu Menand ;
Ils ont marqué leur région : © Louis MONIER/GAMMA

20 décembre
À table : © Collection IM/KHARBINE-TAPABOR ;
13 h : © Annie Marsaleix ;
Faune & flore : © auremar #15819559 - Fotolia.com ;
Ils ont marqué leur région : © Collection Kharbine-Tapabor

21 décembre
À table : © SARL Brard ;
13 h : © Flô #1140018 - Fotolia.com ;
Faune & flore : © Karl Bolf #9390755 - Fotolia.com ;
Ils ont marqué leur région : © Frederic SOULOY/GAMMA

22 décembre/23 décembre
© Collection KHARBINE-TAPABOR, © Collection IM/KHARBINE-TAPABOR

24 décembre
13 h : © Gaëlle Vanherzeeke ;
Faune & flore : © Mathieu Menand ;
Savoirs d'antan : © Marie DEPREZ #854804 - Fotolia.com

25 décembre
13 h : © mattei #3062971 - Fotolia.com ;
Faune & flore : © AlexQ #10071400 - Fotolia.com ;
Ils ont marqué leur région : © Patrick Blanc

26 décembre
À table : © Unclesam #23082311 - Fotolia.com ;
13 h : © Dean Moriarty #29969984 - Fotolia.com ;
Faune & flore : © FHoTo #20995610 - Fotolia.com ;
Ils ont marqué leur région : © Coll. Jonas/KHARBINE-TAPABOR

27 décembre
À table : © Patryssia #25739622 - Fotolia.com ;
13 h : © DX #5378007 - Fotolia.com ;
Faune & flore : © Florilegius/KHARBINE-TAPABOR ;
Ils ont marqué leur région : © Eric CATARINA/GAMMA

28 décembre
13 h : © jerane #20172517 - Fotolia.com ;
Faune & flore : © Mathieu Menand ;
Ils ont marqué leur région : © Collection Grob/KHARBINE-TAPABOR

29 décembre/30 décembre
© Collection IM/KHARBINE-TAPABOR,
© Collection Kharbine-Tapabor

31 décembre
À table : © superfood #10197740 - Fotolia.com ;
13 h : © PackShot #12133647 - Fotolia.com ;
Ils ont marqué leur région : © KEYSTONE-FRANCEs

Direction artistique
Isabelle Dupont

Direction éditoriale
Annabelle Roche

Réalisation
Aurélia Monnier

Avec la collaboration de
Aurélie Argellies
Corinne Burgaud
Céline Candie
Céline Derouet
Élisabeth Derouet
Marie Derouet
Camille Didelon
Hélène Duhamel
Jean-Baptiste Hostache
Ana Sinde
Gaëlle Vanherzeeke

Photogravure : Turquoise, 77184 Émerainville
Achevé d'imprimer en septembre 2011 en Espagne par Dedalo Grupo

ISBN 13 : 978-2-7499-1474-9
Dépôt légal : octobre 2011
LAF : 1480

7-13 boulevard Paul-Émile Victor – Île de la Jatte
92521 Neuilly-sur-Seine Cedex

www.michel-lafon.com